Nascimento da Biopolítica

MICHEL FOUCAULT

Nascimento da Biopolítica

Curso dado no Collège de France (1978-1979)

Edição estabelecida por Michel Senellart
sob a direção de
François Ewald e Alessandro Fontana

Tradução EDUARDO BRANDÃO
Revisão da tradução CLAUDIA BERLINER

martins fontes

Esta obra foi publicada originalmente em francês com o título
NAISSANCE DE LA BIOPOLITIQUE por Éditions du Seuil.
© Seuil / Gallimard, 2004.
Edição estabelecida por Michel Senellart sob a direção de
François Ewald e Alessandro Fontana.
© 2022 Martins Editora Livraria Ltda., São Paulo, para a presente edição.

Publisher   *Evandro Mendonça Martins Fontes*
Coordenação editorial   *Vanessa Faleck*
Produção editorial   *Carolina Cordeiro Lopes*
Revisão   *Renata Sangeon*
Bárbara Parente

2ª edição junho de 2022 | **Fonte** Berkeley Oldstyle Book
Papel Book Creamy 60 g/m² | **Impressão e acabamento** Imprensa da Fé

Dados Internacionais de Catalogação na Publicação (CIP)
Angélica Ilacqua CRB-8/7057

Foucault, Michel, 1926-1984.

Nascimento da biopolítica : curso dado no Collège de France (1978-1979) / Michel Foucault ; tradução de Eduardo Brandão ; revisão da tradução de Claudia Berliner. – 2. ed. – São Paulo : Martins Fontes – selo Martins, 2022.
480 p.

Edição estabelecida por Michel Senellart, sob a direção de François Ewald e Alessandro Fontana
Bibliografia
ISBN 978-65-5554-017-8
Título original: Naissance de la biopolitique

1. Filosofia moderna - Séc. xx 2. Liberalismo i. Título ii. Brandão, Eduardo iii. Berliner, Claudia.

22-1662   CDD-194

Índice para catálogo sistemático:
1. Filosofia moderna – Séc. xx

Todos os direitos desta edição reservados à
Martins Editora Livraria Ltda.
Av. Dr. Arnaldo, 2076
01255-000 São Paulo SP Brasil
Tel.: (11) 3116 0000
info@emartinsfontes.com.br
www.emartinsfontes.com.br

SUMÁRIO

Nota XIII

CURSO, ANO DE 1978-1979

Aula de 10 de janeiro de 1979 3
Questões de método. – Supor que os universais não existem. – Resumo do curso do ano precedente: o objetivo limitado do governo da razão de Estado (política externa) e o objetivo ilimitado do Estado de polícia (política interna). – O direito como princípio de limitação externa da razão de Estado. – Perspectiva do curso deste ano: a economia política como princípio de limitação interna da razão governamental. – Objeto geral desta pesquisa: o par série de práticas/regime de verdade e seus efeitos de inscrição no real. – O que é o liberalismo?

Aula de 17 de janeiro de 1979 37
O liberalismo e a adoção de uma nova arte de governar no século XVIII. – As características específicas da arte liberal de governar: (1) A constituição do mercado como lugar de formação de verdade e não mais apenas como domínio de jurisdição. – Questões de método. Objetos das pesquisas empreendidas em torno da loucura, da penalidade e da sexualidade: esboço de uma história dos "regimes de veridição". – Em que deve consistir uma crítica política do saber. – (2) O problema da limitação do exercício do poder público. Os dois tipos de solução: o radicalismo jurídico francês e o utilitarismo inglês. – A questão

da "utilidade" e a limitação do exercício do poder público. – Observação sobre o estatuto do heterogêneo em história: lógica de estratégia contra lógica dialética. – A noção de "interesse" como operadora da nova arte de governar.

Aula de 24 de janeiro de 1979 67
As características específicas da arte liberal de governar (II): (3) O problema do equilíbrio europeu e das relações internacionais. – O cálculo econômico e político no mercantilismo. O princípio da liberdade de mercado segundo os fisiocratas e Adam Smith: nascimento de um novo modelo europeu. – O aparecimento de uma racionalidade governamental estendida à escala mundial. Exemplos: a questão do direito marítimo; os projetos de paz perpétua no século XVIII. – Os princípios da nova arte liberal de governar: um "naturalismo governamental"; a produção da liberdade. – O problema da arbitragem liberal. Seus instrumentos: (1) a gestão dos perigos e a adoção de mecanismos de segurança; (2) os controles disciplinares (o panoptismo de Bentham); (3) as políticas intervencionistas. – A gestão da liberdade e suas crises.

Aula de 31 de janeiro de 1979 97
A fobia do Estado. – Questões de método: sentidos e implicações da colocação entre parênteses de uma teoria do Estado na análise dos mecanismos de poder. – As práticas governamentais neoliberais: o liberalismo alemão dos anos 1948-1962; o neoliberalismo americano. – O neoliberalismo alemão (I). – Seu contexto político-econômico. – O Conselho Científico reunido por Erhard em 1947. Seu programa: liberação dos preços e limitação das intervenções governamentais. – A via média definida por Erhard em 1948 entre a anarquia e o "Estado-cupim". – Seu duplo significado: (a) o respeito à liberdade econômica como condição da representatividade política do Estado; (b) a instituição da liberdade econômica como estopim para a formação de uma soberania política. – Característica fundamental da governamentalidade alemã contemporânea: a liberdade econômica, fonte de legitimidade jurídica e de consenso político. – O crescimento econômico, eixo de uma nova consciência histórica que

possibilita a ruptura com o passado. – A adesão da Democracia Cristã e do SPD à política liberal. – Os princípios liberais de governo e a ausência de racionalidade governamental socialista.

Aula de 7 de fevereiro de 1979 135
O neoliberalismo alemão (II). – Seu problema: como a liberdade econômica pode ao mesmo tempo fundar e limitar o Estado? – Os teóricos neoliberais: W. Eucken, F. Böhm, A. Müller-Armack, F. von Hayek. – Max Weber e o problema da racionalidade irracional do capitalismo. As respostas da Escola de Frankfurt e da Escola de Friburgo. – O nazismo como campo de adversidade necessário à definição do objetivo neoliberal. – Os obstáculos à política liberal na Alemanha desde o século XIX: (a) a economia protecionista segundo List; (b) o socialismo de Estado bismarckiano; (c) a implantação, durante a Primeira Guerra Mundial, de uma economia planificada; (d) o dirigismo de tipo keynesiano; (e) a política econômica do nacional-socialismo. – A crítica neoliberal do nacional-socialismo a partir desses diferentes elementos da história alemã. – Consequências teóricas: extensão dessa crítica ao New Deal e aos planos Beveridge; dirigismo e crescimento do poder estatal; a massificação e a uniformização, efeitos do estatismo. – O que está em jogo no neoliberalismo: sua novidade em relação ao liberalismo clássico. A teoria da concorrência pura.

Aula de 14 de fevereiro de 1979 175
O neoliberalismo alemão (III). – Utilidade das análises históricas em relação ao presente. – Em que o neoliberalismo se distingue do liberalismo clássico? – Seu desafio específico: como regular o exercício global do poder político com base nos princípios de uma economia de mercado e as transformações que daí decorrem. – O descolamento entre a economia de mercado e as políticas do *laissez-faire*. – O colóquio Walter Lippmann (26-30 de agosto de 1938). – O problema do estilo da ação governamental. Três exemplos: (a) a questão dos monopólios; (b) a questão das "ações conformes". Os fundamentos da política econômica segundo W. Eucken. Ações reguladoras e ações ordenadoras; (c) a política social. A crítica ordoliberal da eco-

nomia do bem-estar. – A sociedade como ponto de aplicação das intervenções governamentais. A "política de sociedade" (*Gesellschaftspolitik*). – Primeiro aspecto dessa política: a formalização da sociedade com base no modelo da empresa. – Sociedade de empresa e sociedade judiciária, duas faces de um mesmo fenômeno.

Aula de 21 de fevereiro de 1979... 215
Segundo aspecto da "política de sociedade", segundo os ordoliberais: o problema do direito numa sociedade regulada segundo o modelo da economia concorrencial de mercado. – Retorno ao colóquio Walter Lippmann. – Reflexões a partir de um texto de Louis Rougier. – (1) A ideia de uma ordem jurídico-econômica. Reciprocidade das relações entre os processos econômicos e a moldura institucional. – Desafio político: o problema da sobrevivência do capitalismo. – Dois problemas complementares: a teoria da concorrência e a análise histórica e sociológica do capitalismo. – (2) A questão do intervencionismo jurídico. – Recapitulação histórica: o Estado de direito no século XVIII, em oposição ao despotismo e ao Estado de polícia. Reelaboração da noção no século XIX: a questão das arbitragens entre cidadãos e poder público. O problema dos tribunais administrativos. – O projeto neoliberal: introduzir os princípios do Estado de direito na ordem econômica. – Estado de direito e planificação segundo Hayek. – (3) O crescimento da demanda judiciária. – Conclusão geral: a especificidade da arte neoliberal de governar na Alemanha. O ordoliberalismo em face do pessimismo de Schumpeter.

Aula de 7 de março de 1979.. 249
Observações gerais: (1) O alcance metodológico da análise dos micropoderes. (2) O inflacionismo da fobia do Estado. Suas ligações com a crítica ordoliberal. – Duas teses sobre o Estado totalitário e o decrescimento da governamentalidade de Estado no século XX. – Observações sobre a difusão do modelo alemão na França e nos Estados Unidos. – O modelo neoliberal alemão e o projeto francês de uma "economia social de mercado". – O contexto da passagem, na França, a uma economia

neoliberal. – A política social francesa: o exemplo da seguridade social. – A dissociação entre o econômico e o social segundo Giscard d'Estaing. – O projeto de um "imposto negativo" e suas implicações sociais e políticas. Pobreza "relativa" e pobreza "absoluta". A renúncia à política do pleno emprego.

Aula de 14 de março de 1979 289
O neoliberalismo americano. Seu contexto. – Diferenças entre os neoliberalismos americano e europeu. – O neoliberalismo americano como reivindicação global, foco utópico e método de pensamento. – Aspectos desse neoliberalismo: (1) A teoria do capital humano. Os dois processos que ela representa: (a) uma incursão da análise econômica no interior do seu próprio campo: crítica da análise clássica do trabalho em termos de fator tempo; (b) uma extensão da análise econômica a campos considerados até então não econômicos. – A mutação epistemológica produzida pela análise neoliberal: da análise dos processos econômicos à análise da racionalidade interna dos comportamentos humanos. – O trabalho como conduta econômica. – Sua decomposição em capital-competência e renda. – A redefinição do *homo oeconomicus* como empreendedor de si mesmo. – A noção de "capital humano". Seus elementos constitutivos: (a) os elementos inatos e a questão da melhoria do capital humano genético; (b) os elementos adquiridos e o problema da formação do capital humano (educação, saúde etc.). – Interesse dessas análises: retomada do problema da inovação social e econômica (Schumpeter). Uma nova concepção da política de crescimento.

Aula de 21 de março de 1979 321
O neoliberalismo americano (II). – A aplicação da grade econômica aos fenômenos sociais. – Retorno à problemática ordoliberal: os equívocos da *Gesellschaftspolitik*. A generalização da forma "empresa" no campo social. Política econômica e *Vitalpolitik*: uma sociedade a favor do mercado e contra o mercado. – A generalização ilimitada da forma econômica do mercado no neoliberalismo americano: princípio de inteligibilidade dos comportamentos individuais e princípio crítico das interven-

ções governamentais. – Aspectos do neoliberalismo americano: (2) A delinquência e a política penal. – Recapitulação histórica: o problema da reforma do direito penal no fim do século XVIII. Cálculo econômico e princípio de legalidade. A parasitagem da lei pela norma no século XIX e o nascimento de uma antropologia criminal. – A análise neoliberal: (1) a definição do crime; (2) a caracterização do sujeito criminoso como *homo oeconomicus*; (3) o estatuto da pena como instrumento de "enforço" da lei. O exemplo do mercado da droga. – Consequências dessa análise: (a) a supressão antropológica do criminoso; (b) o descarte do modelo disciplinar.

Aula de 28 de março de 1979 355
O modelo do *homo oeconomicus*. – Sua generalização a toda forma de comportamento no neoliberalismo americano. – Análise econômica e técnicas comportamentais. – O *homo oeconomicus* como elemento básico da nova razão governamental surgida no século XVIII. – Elementos para uma história da noção de *homo oeconomicus* antes de Walras e de Pareto. – O sujeito de interesse na filosofia empirista inglesa (Hume). – A heterogeneidade entre sujeito de interesse e sujeito de direito: (1) O caráter irredutível do interesse em relação à vontade jurídica. (2) A lógica inversa do mercado e do contrato. – Segunda inovação em relação ao modelo jurídico: a relação do sujeito econômico com o poder político. Condorcet. A "mão invisível" de Adam Smith: a invisibilidade do vínculo entre a busca do lucro individual e o aumento da riqueza coletiva. Caráter não totalizável do mundo econômico. A necessária ignorância do soberano. – A economia política como crítica da razão governamental: exclusão da possibilidade de um soberano econômico, sob suas duas formas, mercantilista e fisiocrática. – A economia política, ciência lateral em relação à arte de governar.

Aula de 4 de abril de 1979 387
Elementos para uma história da noção de *homo oeconomicus* (II). – Volta ao problema da limitação do poder soberano pela atividade econômica. – A emergência de um novo campo, correlativo da arte liberal de governar: a sociedade civil. – *Homo*

oeconomicus e sociedade civil: elementos indissociáveis da tecnologia governamental liberal. – Análise da noção de "sociedade civil": sua evolução de Locke a Ferguson. O *Ensaio sobre a história da sociedade civil* de Ferguson (1787). As quatro características essenciais da sociedade civil segundo Ferguson: (1) ela é uma constante histórico-natural; (2) ela assegura a síntese espontânea dos indivíduos. Paradoxo do vínculo econômico; (3) ela é uma matriz permanente de poder político; (4) ela constitui o motor da história. – Aparecimento de um novo sistema de pensamento político. – Consequências teóricas: (a) a questão das relações entre Estado e sociedade. As problemáticas alemã, inglesa e francesa; (b) a regulagem do exercício do poder: da sabedoria do príncipe aos cálculos racionais dos governados. – Conclusão geral.

Resumo do curso 421
Situação do curso 431

Índices 437
   Índice das noções 439
   Índice dos nomes de pessoas 455

NOTA

Michel Foucault ensinou no Collège de France de janeiro de 1971 até a sua morte, em junho de 1984 – com exceção de 1977, quando gozou de um ano sabático. O título da sua cadeira era: *História dos sistemas de pensamento*.

Essa cadeira foi criada em 30 de novembro de 1969, por proposta de Jules Vuillemin, pela assembleia geral dos professores do Collège de France em substituição à cadeira de história do pensamento filosófico, que Jean Hyppolite ocupou até a sua morte. A mesma assembleia elegeu Michel Foucault, no dia 12 de abril de 1970, titular da nova cadeira[1]. Ele tinha 43 anos.

Michel Foucault pronunciou a aula inaugural no dia 2 de dezembro de 1970[2].

O ensino no Collège de France obedece a regras específicas. Os professores têm a obrigação de dar 26 horas de aula por ano (metade das quais, no máximo, pode ser dada na

....

1. Michel Foucault encerrou o opúsculo que redigiu para sua candidatura com a seguinte fórmula: "Seria necessário empreender a história dos sistemas de pensamento" ("Titres et travaux", *in Dits et Écrits, 1954-1988*, ed. por D. Defert e F. Ewald, colab. J. Lagrange, Paris, Gallimard, 1994, 4 vols.; cf. vol. I, p. 846) [Ed. bras.: *Ditos e escritos*, 5 vols. temáticos, Rio de Janeiro, Forense Universitária, 2006].
2. Foi publicada pelas Éditions Gallimard em maio de 1971 com o título: *L'Ordre du discours*. [Ed. bras.: *A ordem do discurso*, São Paulo, Loyola, 1999.]

forma de seminários³). Devem expor a cada ano uma pesquisa original, o que os obriga a sempre renovar o conteúdo do seu ensino. A frequência às aulas e aos seminários é inteiramente livre, não requer inscrição nem qualquer diploma. E o professor também não fornece certificado algum⁴. No vocabulário do Collège de France, diz-se que os professores não têm alunos, mas ouvintes.

O curso de Michel Foucault era dado todas as quartas-feiras, do começo de janeiro até o fim de março. A assistência, numerosíssima, composta de estudantes, professores e pesquisadores, curiosos, muitos deles estrangeiros, mobilizava dois anfiteatros do Collège de France. Michel Foucault queixou-se repetidas vezes da distância que podia haver entre ele e seu "público" e do pouco intercâmbio que a forma do curso possibilitava⁵. Sonhava com um seminário que servisse de espaço para um verdadeiro trabalho coletivo. Fez várias tentativas nesse sentido. Nos últimos anos, no fim da aula, dedicava um bom tempo para responder às perguntas dos ouvintes.

Eis como, em 1975, um jornalista do *Nouvel Observateur*, Gérard Petitjean, transcrevia a atmosfera reinante: "Quando Foucault entra na arena, rápido, decidido, como alguém que pula na água, tem de passar por cima de vários corpos para chegar à sua cadeira, afasta os gravadores para pousar seus papéis, tira o paletó, acende um abajur e arranca, a cem por

....
3. Foi o que Michel Foucault fez até o início da década de 1980.
4. No âmbito do Collège de France.
5. Em 1976, na (vã) esperança de reduzir a assistência, Michel Foucault mudou o horário do curso, que passou de 17h45 para as 9 da manhã. Cf. o início da primeira aula (7 de janeiro de 1976) de *"Il faut défendre la société"*. *Cours au Collège de France, 1976*, ed. por M. Bertani e A. Fontana, sob a dir. de F. Ewald e A. Fontana, Paris, Gallimard/Seuil, 1997 [ed. bras.: *Em defesa da sociedade*, São Paulo, Martins Fontes, 1999].

hora. Voz forte, eficaz, transportada por alto-falantes, única concessão ao modernismo de uma sala mal iluminada pela luz que se eleva de umas bacias de estuque. Há trezentos lugares e quinhentas pessoas aglutinadas, ocupando todo e qualquer espaço livre [...] Nenhum efeito oratório. É límpido e terrivelmente eficaz. Não faz a menor concessão ao improviso. Foucault tem doze horas por ano para explicar, num curso público, o sentido da sua pesquisa durante o ano que acabou de passar. Então, compacta o mais que pode e enche as margens como aqueles missivistas que ainda têm muito a dizer quando chegam ao fim da folha. 19h15. Foucault para. Os estudantes se precipitam para a sua mesa. Não é para falar com ele, mas para desligar os gravadores. Não há perguntas. Na confusão, Foucault está só". E Foucault comenta: "Seria bom poder discutir o que propus. Às vezes, quando a aula não foi boa, bastaria pouca coisa, uma pergunta, para pôr tudo no devido lugar. Mas essa pergunta nunca vem. De fato, na França, o efeito de grupo torna qualquer discussão real impossível. E, como não há canal de retorno, o curso se teatraliza. Tenho com as pessoas que estão aqui uma relação de ator ou de acrobata. E, quando termino de falar, uma sensação de total solidão..."[6].

Michel Foucault abordava seu ensino como pesquisador: explorações para um futuro livro, desbravamento também de campos de problematização, que se formulavam muito mais como um convite lançado a eventuais pesquisadores. É por isso que os cursos do Collège de France não repetem os livros publicados. Não são o esboço desses livros, embora certos temas possam ser comuns a livros e cursos. Têm seu estatuto próprio. Originam-se de um regime discursivo específico no conjunto dos "atos filosóficos" efetuados por Michel Foucault. Neles desenvolve, em particular, o pro-

....
6. Gérard Petitjean, "Les Grands Prêtres de l'université française", *Le Nouvel Observateur*, 7 de abril de 1975.

grama de uma genealogia das relações saber/poder em função do qual, a partir do início dos anos 1970, refletirá sobre seu trabalho – em oposição ao de uma arqueologia das formações discursivas que ele até então dominara[7].

Os cursos também tinham uma função na atualidade. O ouvinte que assistia a eles não ficava apenas cativado pelo relato que se construía semana após semana; não ficava apenas seduzido pelo rigor da exposição: também encontrava neles uma luz sobre a atualidade. A arte de Michel Foucault estava em diagonalizar a atualidade pela história. Ele podia falar de Nietzsche ou de Aristóteles, da perícia psiquiátrica no século XIX ou da pastoral cristã, mas o ouvinte sempre tirava do que ele dizia uma luz sobre o presente e sobre os acontecimentos contemporâneos. A força própria de Michel Foucault em seus cursos vinha desse sutil cruzamento entre uma fina erudição, um engajamento pessoal e um trabalho sobre o acontecimento.

◆

Os anos 1970 viram o desenvolvimento e o aperfeiçoamento dos gravadores de fita cassete – a mesa de Michel Foucault logo foi tomada por eles. Os cursos (e certos seminários) foram conservados graças a esses aparelhos.

Esta edição toma como referência a palavra pronunciada publicamente por Michel Foucault e fornece a sua transcrição mais literal possível[8]. Gostaríamos de poder publicá-la tal qual. Mas a passagem do oral ao escrito impõe uma intervenção do

---

7. Cf. em particular "Nietzsche, la généalogie, l'histoire", *in Dits et Écrits*, II, p. 137. [Ed. bras.: "Nietzsche, a genealogia e a história", *in Microfísica do poder*, Roberto Machado (org.), Rio de Janeiro, Graal, 1979.]
8. Foram utilizadas, em especial, as gravações realizadas por Gérard Burlet e Jacques Lagrange, depositadas no Collège de France e no IMEC.

editor: é necessário, no mínimo, introduzir uma pontuação e definir parágrafos. O princípio sempre foi o de ficar o mais próximo possível da aula efetivamente pronunciada.

Quando parecia indispensável, as repetições foram suprimidas; as frases interrompidas foram restabelecidas e as construções incorretas, retificadas.

As reticências assinalam que a gravação é inaudível. Quando a frase é obscura, figura entre colchetes uma integração conjectural ou um acréscimo.

Um asterisco no rodapé indica as variantes significativas das notas utilizadas por Michel Foucault em relação ao que foi dito.

As citações foram verificadas e as referências aos textos utilizados, indicadas. O aparato crítico se limita a elucidar os pontos obscuros, a explicitar certas alusões e a precisar os pontos críticos.

Para facilitar a leitura, cada aula foi precedida por um breve resumo que indica suas principais articulações.

O texto do curso é seguido do resumo publicado no *Annuaire du Collège de France*. Michel Foucault os redigia geralmente no mês de junho, pouco tempo depois do fim do curso, portanto. Era a oportunidade que tinha para destacar, retrospectivamente, a intenção e os objetivos dele. E constituem a melhor apresentação de suas aulas.

Cada volume termina com uma "situação", de responsabilidade do editor do curso. Trata-se de dar ao leitor elementos de contexto de ordem biográfica, ideológica e política, situando o curso na obra publicada e dando indicações relativas a seu lugar no âmbito do *corpus* utilizado, a fim de facilitar sua compreensão e evitar os contrassensos que poderiam se dever ao esquecimento das circunstâncias em que cada um dos cursos foi elaborado e ministrado.

Nascimento da biopolítica, curso ministrado em 1979, é editado por Michel Senellart.

♦

Com esta edição dos cursos no Collège de France, vem a público um novo aspecto da "obra" de Michel Foucault.

Não se trata, propriamente, de inéditos, já que esta edição reproduz a palavra proferida em público por Michel Foucault, excluindo o suporte escrito que ele utilizava e podia ser muito elaborado.

Daniel Defert, que possui as notas de Michel Foucault, permitiu que os editores as consultassem. A ele nossos mais vivos agradecimentos.

Esta edição dos cursos no Collège de France foi autorizada pelos herdeiros de Michel Foucault, que desejaram satisfazer à forte demanda de que eram objeto, assim na França como no exterior. E isso em incontestáveis condições de seriedade. Os editores procuraram estar à altura da confiança que neles foi depositada.

François Ewald e Alessandro Fontana

CURSO
ANO DE 1978-1979

AULA DE 10 DE JANEIRO DE 1979

> Questões de método. – Supor que os universais não existem. – Resumo do curso do ano precedente: o objetivo limitado do governo da razão de Estado (política externa) e o objetivo ilimitado do Estado de polícia (política interna). – O direito como princípio de limitação externa da razão de Estado. – Perspectiva do curso deste ano: a economia política como princípio de limitação interna da razão governamental. – Objeto geral desta pesquisa: o par série de práticas/regime de verdade e seus efeitos de inscrição no real. – O que é o liberalismo?

[Vocês conhecem] a citação de Freud: "*Acheronta movebo.*"[1] Pois bem, gostaria de situar o curso deste ano sob o signo de outra citação menos conhecida, que foi feita por alguém menos conhecido, bem, de certo modo, o estadista inglês Walpole[2], que dizia a propósito da sua maneira de governar: "*Quieta non movere*"[3], "não se deve tocar no que está quieto". É o contrário de Freud, em certo sentido. Então eu gostaria, na verdade, este ano, de continuar um pouco o que eu tinha começado a lhes dizer ano passado, ou seja, reconstruir a história do que poderíamos chamar de arte de governar. "Arte de governar" – vocês lembram em que sentido restritivo eu a entendi, pois eu havia utilizado a própria palavra "governar", deixando de lado todas as mil maneiras, modalidades e possibilidades que existem de guiar os homens, de dirigir sua conduta, de forçar suas ações e reações etc. Eu havia deixado de lado, portanto, tudo o que normalmente se entende, tudo o que foi entendido por muito tempo como o governo dos filhos, o governo das famílias, o governo de uma casa, o governo das almas, o governo das comunidades etc. Só havia considerado, e este ano também só considerarei, o governo dos homens na medida em que, e somente na medida em que, ele se apresenta como exercício da soberania política.

"Governo" portanto no sentido estrito, mas "arte" também, "arte de governar" no sentido estrito, pois por "arte de governar" eu não entendia a maneira como efetivamente os governantes governaram. Não estudei nem quero estudar a prática governamental real, tal como se desenvolveu, determinando aqui e ali a situação que tratamos, os problemas postos, as táticas escolhidas, os instrumentos utilizados, forjados ou remodelados etc. Quis estudar a arte de governar, isto é, a maneira pensada de governar o melhor possível e também, ao mesmo tempo, a reflexão sobre a melhor maneira possível de governar. Ou seja, procurei apreender a instância da reflexão *na* prática de governo e *sobre* a prática de governo. Em certo sentido, se vocês quiserem, o que eu quis estudar foi a consciência de si do governo, e aliás esse termo "consciência de si" me incomoda, não vou empregá-lo porque preferiria dizer que o que eu procurei e gostaria também este ano de procurar captar é a maneira como, dentro e fora do governo, em todo caso o mais próximo possível da prática governamental, tentou-se conceitualizar essa prática que consiste em governar. Gostaria de tentar determinar a maneira como se estabeleceu o domínio da prática do governo, seus diferentes objetos, suas regras gerais, seus objetivos de conjunto a fim de governar da melhor maneira possível. Em suma é, digamos, o estudo da racionalização da prática governamental no exercício da soberania política.

Isso implica imediatamente certa opção de método, sobre a qual procurarei enfim tornar um dia de maneira mais detida, mas gostaria desde já de lhes indicar que optar por falar ou partir da prática governamental é, evidentemente, uma maneira explícita de deixar de lado como objeto primeiro, primitivo, dado, um certo número de noções, como, por exemplo, o soberano, a soberania, o povo, os súditos, o Estado, a sociedade civil – todos esses universais que a análise sociológica, assim como a análise histórica e a análise da filosofia política, utiliza para explicar efetivamente a prática governamental. Eu gostaria de fazer precisamente o inverso, isto é, partir dessa prática tal como ela se apresenta, mas ao mesmo tempo tal como ela é refletida e racionalizada, para ver, a partir daí, como pode efetivamente se constituir um certo número de coisas, sobre o estatuto das quais será evidentemente necessário se interrogar, que são o Estado e a sociedade, o soberano e os súditos etc. Em outras palavras, em vez de partir dos universais para deles deduzir fenômenos concretos, ou antes, em vez de partir dos universais como grade de inteligibilidade obrigatória para um certo número de práticas concretas, gostaria de partir dessas práticas concretas e, de certo modo, passar os universais pela grade dessas práticas. Não que se trate do que se poderia chamar de uma redução historicista, redução historicista essa que consistiria em quê? Pois bem, precisamente, em partir desses universais tais como são dados e em ver como a história, ou os modula, ou os modifica, ou estabelece finalmente sua não validade. O historicismo parte do universal e passa-o, de certo modo, pelo ralador da história. Meu problema é o inverso disso. Parto da decisão, ao mesmo tempo teórica e metodológica, que consiste em dizer: suponhamos que os universais não existem; e formulo nesse momento a questão à história e aos historiadores: como vocês podem escrever a história, se não admitem *a priori* que algo como o Estado, a sociedade, o soberano, os súditos existe? Era a mesma questão que eu formulava quando indagava, não se a loucura existe, vou examinar se a história me dá, me remete algo como a loucura; não, ela não me remete algo como a loucura, logo a loucura não existe. Não era esse o raciocínio, não era esse o método, de fato. O método consistia em dizer: suponhamos que a loucura não exista. Qual é, por conseguinte, a história que podemos fazer desses diferentes acontecimentos, dessas diferentes práticas que, aparentemente, se pautam por esse suposto algo que é a loucura?[4] Portanto é exatamente o inverso do historicismo que eu gostaria de estabelecer aqui. Nada, portanto, de interrogar os universais utilizando como método crítico a história, mas partir da decisão da inexistência dos universais para indagar que história se pode fazer. Tornarei sobre isso mais detidamente adiante[5].

Ano passado, vocês se lembram, procurei fazer o estudo de um desses episódios importantes, creio, da história do governo. Esse episódio era aquele, *grosso modo*, do aparecimento e da instauração do que na época se chamava de razão de Estado, num sentido infinitamente mais forte, mais estrito, mais rigoroso, mais amplo também que o sentido que foi dado em seguida a essa noção[6]. O que eu havia tentado identificar era a emergência de um certo tipo de racionalidade na prática governamental, um certo tipo de racionalidade que permitiria regrar a maneira de governar com base em algo que se chama Estado e, em relação a essa prática governamental, em relação a esse cálculo da prática governamental, exerce a um só tempo o papel de um já dado, visto que é verdade que o que será governado é um Estado que se apresenta como já existente, que se governará nos marcos de um Estado, mas o Estado será ao mesmo tempo um objetivo a construir. O Estado é ao mesmo tempo o que existe e o que ainda não existe suficientemente. E a razão de Estado é precisamente uma prática, ou antes, uma racionalização de uma prática que vai se situar entre um Estado apresentado como dado e um Estado apresentado como a construir e a edificar. A arte de governar deve então estabelecer suas regras e racionalizar suas maneiras de fazer propondo-se como objetivo, de certo modo, fazer o dever-ser do Estado tornar-se ser. O dever-fazer do governo deve se identificar com o dever-ser do Estado. O Estado tal como é dado – a *ratio* governamental – é o que possibilitará, de maneira refletida, ponderada, calculada, fazê-lo passar ao seu máximo de ser. O que é governar? Governar segundo o princípio da razão de Estado é fazer que o Estado possa se tornar sólido e permanente, que possa se tornar rico, que possa se tornar forte diante de tudo o que pode destruí-lo.

Duas palavras sobre o que eu havia procurado dizer ano passado, para resumir um pouco o curso do ano passado. Gostaria de insistir em dois ou três pontos. Primeiro, como vocês se lembram, o que caracterizava essa nova racionalidade governamental chamada razão de Estado, que se havia constituído *grosso modo* no decorrer do século XVI, é que nela o Estado era definido e recortado como uma realidade ao mesmo tempo específica e autônoma, ou ao menos relativamente autônoma. Ou seja, o governo do Estado deve, é claro, respeitar certo número de princípios e regras que excedem ou dominam o Estado e são exteriores em relação ao Estado. O governante do Estado deve respeitar as leis divinas, morais, naturais, leis que não são homogêneas nem intrínsecas ao Estado. Mas, embora respeitando essas leis, o que o governante tem de fazer é bem diferente de assegurar a salvação dos seus súditos no outro mundo, enquanto na Idade Média vocês veem o soberano ser correntemente definido como alguém que deve ajudar seus súditos a se salvar no outro mundo. Doravante, o governante do Estado não precisa mais se preocupar com a salvação dos seus súditos no outro mundo, pelo menos não de maneira direta. Ele tampouco tem de estender sua benevolência paterna sobre seus súditos e estabelecer entre eles relações de pai e filho, enquanto na Idade Média o papel paterno do soberano era sempre muito acentuado e nítido. Em outras palavras, o Estado não é nem uma casa, nem uma igreja, nem um império. O Estado é uma realidade específica e descontínua. O Estado só existe para si mesmo e em relação a si mesmo, qualquer que seja o sistema de obediência que ele deve a outros sistemas como a natureza ou como Deus. O Estado só existe por si mesmo e para si mesmo, só existe no plural, isto é, ele não tem, num horizonte histórico mais ou menos próximo ou distante, de se fundir ou de se submeter a algo como uma estrutura imperial que seria de certo modo uma teofania de Deus no mundo, teofania que conduziria os homens numa humanidade enfim reunida até o limiar do fim do mundo. Não há portanto integração do Estado ao Império. O Estado só existe como os Estados, no plural.

Especificidade e pluralidade do Estado. Essa especificidade plural do Estado, procurei lhes mostrar por outro lado que ela tomou corpo num certo número de maneiras precisas de governar, ao mesmo tempo maneiras de governar e instituições correlativas a essas maneiras. Primeiro, do lado econômico, era o mercantilismo, isto é, uma forma de governo. O mercantilismo não é uma doutrina econômica, é muito mais, é algo bem diferente de uma doutrina econômica. É certa organização da produção e dos circuitos comerciais de acordo com o princípio de que, primeiro, o Estado deve se enriquecer pela acumulação monetária; segundo, deve se fortalecer pelo crescimento da população; terceiro, deve estar e se manter num estado de concorrência permanente com as potências estrangeiras. Eis quanto ao mercantilismo. A segunda maneira de o governo segundo a razão de Estado se organizar e tomar corpo numa prática é a gestão interna, isto é, o que na época se chamava polícia, isto é, a regulamentação indefinida do país de acordo com o modelo de uma organização urbana densa. Enfim, terceiro, organização de um exército permanente e de uma diplomacia igualmente permanente. Organização, por assim dizer, de um aparelho diplomático-militar permanente tendo como objetivo manter a pluralidade dos Estados fora de qualquer absorção imperial e de tal modo que certo equilíbrio possa se estabelecer entre eles, sem que finalmente unificações de tipo imperial possam se dar através da Europa.

Mercantilismo portanto, Estado de polícia por outro lado, balança europeia: tudo isso é que foi o corpo concreto dessa nova arte de governar que se pautava pelo princípio da razão de Estado. São três maneiras, solidárias de resto umas das outras, [de] governar de acordo com uma racionalidade que tem por princípio e por domínio de aplicação o Estado. E foi aí que procurei lhes mostrar que o Estado, longe de ser uma espécie de dado histórico-natural, que se desenvolveria por seu próprio dinamismo como um "monstro frio"[7] cuja semente teria sido jogada num momento dado na história e, pouco a pouco, a devoraria, o Estado não é isso, o Estado não é um monstro frio, é o correlato de uma certa maneira de governar. E o problema está em saber como se desenvolve essa maneira de governar, qual a sua história, como ela ganha, como ela encolhe, como ele se estende a determinado domínio, como ela inventa, forma, desenvolve novas práticas – é esse o problema, e não fazer do [Estado]*, como no teatro de fantoches, uma espécie de policial que viria reprimir as diferentes personagens da história.

Várias observações a esse respeito. Primeiro esta: nessa arte de governar pautada pela razão de Estado, há um traço que acredito ser bastante característico e importante para compreender a continuação. É que, vejam bem, o Estado, ou melhor, o governo segundo a razão de Estado, em sua política externa, digamos em suas relações com os outros Estados, se dá um objetivo que é um objetivo limitado, ao contrário do que havia sido o horizonte, o projeto, o desejo da maioria dos governantes e dos soberanos da Idade Média, a saber: colocar-se com respeito aos outros Estados nessa posição imperial que lhe daria, na história e na teofania ao mesmo tempo, um papel decisivo. Em compensação, com a razão de Estado, admite-se que cada Estado tem seus interesses, que tem, por conseguinte, de defender, e defender absolutamente, seus interesses, mas que seu objetivo não deve ser alcançar no fim dos tempos a posição unificadora de um império total e global. Ele não tem de sonhar ser um dia o império do último dia. Cada Estado deve se autolimitar em seus próprios objetivos, assegurar sua independência e um certo estado das suas forças que lhe permita nunca estar em situação de infe-

....
* Lapso manifesto. M. Foucault diz: a história.

rioridade, seja em relação ao conjunto dos outros países, seja em relação aos seus vizinhos, seja em relação ao mais forte de todos os outros países – são diferentes teorias da balança europeia da época, pouco importa. Mas, como quer que seja, é essa autolimitação externa que caracteriza a razão de Estado tal como se manifesta na formação dos aparelhos diplomático-militares do século XVII. Do tratado de Vestefália à Guerra dos Sete Anos – ou, digamos, às guerras revolucionárias que vão introduzir uma dimensão bem diferente –, essa política diplomático-militar vai se pautar pelo princípio de autolimitação do Estado, pelo princípio da concorrência necessária e suficiente entre os diferentes Estados.

Em compensação, na ordem do que hoje se chamaria de política interna, o Estado de polícia implica o quê? Pois bem, ele implica justamente um objetivo ou uma série de objetivos que poderíamos dizer ilimitados, pois se trata precisamente, no Estado de polícia, para os que governam, de considerar e encarregar-se não somente da atividade dos grupos, não somente das diferentes condições, isto é, dos diferentes tipos de indivíduos com seu estatuto particular, não somente de encarregar-se disso, mas encarregar-se da atividade dos indivíduos até em seu mais tênue grão. Nos grandes tratados de polícia dos séculos XVII e XVIII, todos os que coligem os diferentes regulamentos e procuram sistematizá-los concordam quanto a isso e o dizem expressamente: o objeto da polícia é um objeto quase infinito. Ou seja, como potência independente em face das outras potências, quem governa de acordo com a razão de Estado tem objetivos limitados. Em compensação, na medida em que deve gerir um poder público que regula o comportamento dos súditos, quem governa tem um objetivo ilimitado. A concorrência entre Estados é precisamente o ponto de articulação desses objetivos limitados e desses objetivos ilimitados, porque é precisamente para poder entrar em concorrência com os outros Estados, isto é, para se manter num certo estado de equilíbrio sempre desequilibrado, de equilíbrio concorrencial com os outros Estados, que quem governa vai [ter de regulamentar a vida dos] seus súditos, sua atividade econômica, sua produção, o preço [pelo qual] vão vender as mercadorias, o preço pelo qual vão comprá-las etc. [...]. A limitação do objetivo internacional do governo segundo a razão de Estado, essa limitação nas relações internacionais tem por correlato a ilimitação no exercício do Estado de polícia.

A segunda observação que eu gostaria de fazer sobre esse funcionamento da razão de Estado no século XVII e no início do século XVIII é que, evidentemente, o objeto interior sobre o qual vai se exercer o governo segundo a razão de Estado ou, se quiserem, o Estado de polícia, é ilimitado em seus objetivos. No entanto, isso não quer dizer de forma alguma que não há um certo número de mecanismos de compensação, ou antes, um certo número de posições a partir das quais se vai procurar estabelecer uma linha de demarcação, uma fronteira para esse objetivo ilimitado que é prescrito ao Estado de polícia pela razão de Estado. Houve muitas maneiras de buscar limites para a razão de Estado, do lado da teologia, claro. Mas gostaria de insistir num outro princípio de limitação da razão de Estado naquela época, que é o direito.

De fato, aconteceu uma coisa curiosa. É que, durante toda a Idade Média, no fundo o crescimento do poder real se fez a partir de quê? A partir do exército, claro. Fez-se também a partir das instituições judiciárias. Foi como pedra angular de um Estado de justiça, de um sistema de justiça acompanhado de um sistema armado, que o rei pouco a pouco limitou e reduziu os jogos complexos dos poderes feudais. A prática judiciária havia sido o multiplicador do poder real durante toda a Idade Média. Ora, quando se desenvolver, a partir do século XVI e principalmente do início do século XVII, essa nova racionalidade governamental, o direito vai servir ao contrário como ponto de apoio para toda pessoa que quiser, de uma maneira ou de outra, limitar essa extensão indefinida de uma razão de Estado que toma corpo num Estado de polícia. A teoria do direito e as instituições judiciárias vão servir agora, não mais como multiplicadoras, mas ao contrário como subtratoras do poder real. Assim é que, a partir do século XVI e durante todo o século XVII, vamos ver desenvolver-se toda uma série de problemas, de polêmicas, de batalhas políticas, em torno por exemplo das leis fundamentais do reino, leis fundamentais do reino essas que os juristas vão objetar à razão de Estado dizendo que nenhuma prática governamental, nenhuma razão de Estado pode justificar o seu questionamento. Elas existem, de certo modo, antes do Estado, pois são constitutivas do Estado e, por conseguinte, por mais absoluto que seja o poder do rei, ele não deve, diz certo número de juristas, tocar nessas leis fundamentais. O direito constituído por essas leis fundamentais aparece assim fora da razão de Estado e como princípio dessa limitação.

Temos também a teoria do direito natural e direitos naturais que fazem valer como direitos imprescritíveis, que nenhum soberano, como quer que seja, pode transgredir. Temos ainda a teoria do contrato celebrado entre os indivíduos para constituir um soberano, contrato que comporta certo número de cláusulas a que o soberano deveria submeter-se pois, precisamente, é por força desse contrato, e das cláusulas formuladas nesse contrato, que o soberano se torna soberano. Temos ainda, na Inglaterra mais que na França, por sinal, a teoria do acordo entre o soberano e os súditos para constituir precisamente um Estado, pelos termos do qual o soberano se compromete a fazer e a não fazer certo número de coisas. Temos também toda aquela reflexão histórico-jurídica de que eu lhes falava há dois ou três anos, não lembro mais[8], e na qual procurávamos mostrar que, historicamente, o poder real havia sido por muito tempo algo bem diferente de um governo absoluto, que a razão que reinava e tinha se estabelecido entre o soberano e seus súditos não era de forma alguma a razão de Estado, porém muito mais uma espécie de transação entre, por exemplo, a nobreza e o chefe militar que ela havia encarregado de assumir, durante os tempos de guerra e talvez um pouco depois, as funções de chefe. E seria daí, dessa espécie de situação de direito primitivo, que o rei teria saído, abusando em seguida da situação para infringir essas leis históricas originárias que agora seria necessário reencontrar.

Em suma, de todo modo, essas discussões em torno do direito, a vivacidade dessas discussões e, aliás, o intenso desenvolvimento de todos os problemas e teorias do que poderíamos chamar de direito público, o ressurgimento dos temas do direito natural, do direito originário, do contrato etc., que tinham sido formulados na Idade Média num contexto totalmente diferente, tudo isso é de certo modo o avesso, a consequência de e a reação a essa nova maneira de governar que se estabelecia a partir da razão de Estado. De fato, o direito, as instituições judiciárias que haviam sido intrínsecas ao desenvolvimento do poder real ora se tornam de certo modo exteriores e como que exorbitantes em relação ao exercício de um governo segundo a razão de Estado. Não é de espantar que vejamos todos esses problemas de direito formulados sempre, pelo menos em primeira instância, pelos que se opõem ao novo sistema da razão de Estado. Na França, por exemplo, são os parlamentares, são os protestantes, são os nobres que se referem mais ao aspecto histórico-jurídico. Na Inglaterra foi a burguesia contra a monarquia absoluta dos Stuart, foram os dissidentes religiosos a partir do início do século XVII. Em suma, é sempre do lado da oposição que se faz a objeção de direito à razão de Estado e, por conseguinte, se recorre à reflexão jurídica, às regras do direito, à instância do direito contra a razão de Estado. O direito público, digamos numa palavra, é de oposição nos séculos XVII e XVIII*, ainda que, é claro, cer-

....
* O manuscrito precisa, p. 10: "(salvo nos Estados alemães, que têm de se fundar em direito contra o Império)".

to número de teóricos favoráveis ao poder real retome o problema e procure integrá-lo, procure integrar as questões de direito, a interrogação do direito, à razão de Estado e à sua justificação. Em todo caso, creio eu, há uma coisa a reter. É que, mesmo que seja verdade que a razão de Estado formulada, manifestada como Estado de polícia, encarnada no Estado de polícia, mesmo que essa razão de Estado tenha objetivos ilimitados, houve uma perpétua tentativa nos séculos XVI e XVII de limitá-la, e essa limitação, esse princípio, essa razão de limitação da razão de Estado é encontrada na razão jurídica. Mas, como vocês veem, trata-se de uma limitação externa. Aliás, os juristas sabem muito bem que a questão de direito deles é extrínseca à razão de Estado, já que definem a razão de Estado como, precisamente, o que está fora da órbita do direito.

Limites de direito exteriores ao Estado, à razão de Estado — isso quer dizer, primeiramente, que os limites que se procura pôr à razão de Estado são limites que vêm de Deus ou que foram estabelecidos de uma vez por todas na origem, ou que foram formulados numa história remota. Dizer que são extrínsecos à razão de Estado quer dizer também que eles possuem um funcionamento de certo modo puramente limitativo, dramático, pois, no fundo, só se objetará o direito à razão de Estado quando a razão de Estado houver ultrapassado esses limites de direito, e é nesse momento que o direito poderá definir o governo como ilegítimo, poderá lhe objetar suas usurpações e, no limite, até mesmo liberar os súditos do seu dever de obediência.

Eis, *grosso modo*, como eu havia procurado caracterizar essa maneira de governar que se chama razão de Estado. Bem, agora eu gostaria de me situar mais ou menos no meado do século XVIII, mais ou menos (com a reserva que lhes direi daqui a pouco) naquela época em que Walpole dizia: "*quieta non movere*", "não se deve tocar no que está quieto". Gostaria de me situar mais ou menos nessa época, e aí creio que somos obrigados a constatar uma transformação importante que vai, a meu ver, caracterizar de modo geral o que poderíamos chamar de razão governamental moderna. Em que consiste essa transformação? Pois bem, numa palavra, ela consiste na instauração de um princípio de limitação da arte de governar que já não lhe seja extrínseco como era o direito no século XVII, [mas] que vai ser intrínseco a ela. Regulação interna da racionalidade governamental. De um modo geral, e de um modo abstrato, o que é essa regulação interna? Enfim, como é que se pode entendê-la antes de toda forma histórica precisa e concreta? O que pode ser uma limitação interna da racionalidade governamental?

Em primeiro lugar, essa regulação será uma regulação, uma limitação de fato. De fato: isto é, não será uma limitação de direito, ainda que o direito se ache na obrigação, um dia ou outro, de transcrevê-la em forma de regras a não serem transgredidas. Em todo caso, dizer que é uma limitação de fato quer dizer que, se o governo vier a atropelar essa limitação, a violar essas fronteiras que lhe são postas, não será ilegítimo por isso, não terá de certo modo abandonado sua essência, não se verá destituído dos seus direitos fundamentais. Dizer que há uma limitação de fato da prática governamental quererá dizer que o governo que desconhecer essa limitação será simplesmente um governo, mais uma vez não ilegítimo, não usurpador, mas um governo inábil, um governo inadequado, um governo que não faz o que convém.

Em segundo lugar, limitação intrínseca da arte de governar quer dizer que é uma limitação que, sendo embora de fato, ainda assim é geral. Ou seja, não se trata simplesmente de uma espécie de conselhos de prudência que, em determinada circunstância, indicariam o que é melhor não fazer, que indicariam simplesmente que, em determinada circunstância, é melhor se abster do que intervir. Não. Regulação interna quer dizer que há, sim, uma limitação que, sendo embora de fato, é geral, isto é, seja como for, segue um traçado relativamente uniforme em função de princípios que são sempre válidos em todas as circunstâncias. E o problema será precisamente definir esse limite, ao mesmo tempo geral e de fato, que o governo deverá impor a si mesmo.

Em terceiro lugar, limitação interna quer dizer que o princípio dessa limitação não deve ser buscado – já que se trata precisamente de saber em que se apoia essa generalidade – em algo que seria, por exemplo, direitos de natureza prescritos por Deus a todos os homens, uma Escritura revelada ou mesmo a vontade dos súditos que aceitaram num momento dado entrar em sociedade. Não, o princípio dessa limitação não deve ser buscado no que é exterior ao governo, mas no que é interno à prática governamental, isto é, nos objetivos do governo. Essa limitação se apresentará então como sendo um dos meios, e talvez o meio fundamental, de atingir esses objetivos. Para atingir esses objetivos, é preciso, talvez, limitar a ação governamental. A razão governamental não tem de respeitar esses limites porque existe fora dela, antes do Estado, em torno do Estado, um certo número de limites definitivamente estabelecidos. Não, de forma alguma. A razão governamental deverá respeitar esses limites na medida em que pode calculá-los por conta própria em função dos seus objetivos e como [o] melhor meio para alcançá-los.

Em quarto lugar, essa limitação de fato, geral, que se realiza em função da prática governamental, vai estabelecer, claro, uma demarcação entre o que se deve fazer e o que convém não fazer. Vai assinalar o limite de uma ação governamental, mas esse limite não vai ser traçado nos súditos, nos indivíduos-súditos que o governo dirige. Ou seja, não se vai tentar determinar qual é, nos súditos, a parte que deve ser submetida à sua ação e a parte de liberdade que é definitivamente e de uma vez por todas reservada. Em outras palavras, essa razão governamental não cinde os súditos numa parte de liberdade reservada absolutamente e numa parte de submissão imposta ou consentida. Na verdade, a demarcação não vai se estabelecer nos indivíduos, nos homens, nos súditos; ela vai se estabelecer na própria esfera da prática governamental, ou antes, na própria prática governamental entre as operações que podem ser feitas e as que não podem ser feitas, em outras palavras, entre as coisas a fazer e os meios a empregar para fazê-las, de um lado, e as coisas a não fazer. O problema portanto não é onde estão os direitos fundamentais e como os direitos fundamentais dividem o domínio da governamentalidade possível e o domínio da liberdade fundamental. A linha demarcatória vai se estabelecer entre duas séries de coisas, cuja lista[9] Bentham estabeleceu num dos seus textos mais importantes sobre os quais procurarei tornar, a demarcação se dá entre *agenda* e *non agenda*, as coisas a fazer e as coisas a não fazer.

Em quinto lugar, essa limitação, que é portanto uma limitação de fato, uma limitação geral, uma limitação em função dos objetivos do governo, uma limitação que não divide os súditos, mas sim as coisas a fazer, essa limitação interna é evidente que não são os que governam que, com plena soberania e com plena razão, vão por si próprios decidir*. E, na medida em que o governo dos homens é uma prática que não é imposta pelos que governam aos que são governados, mas uma prática que fixa a definição e a posição respectiva dos governados e dos governantes uns diante dos outros e em relação aos outros, "regulação interna" quererá dizer que essa limitação não é imposta exatamente nem por um lado nem pelo outro, em todo caso não é imposta global, definitiva e totalmente por, diria eu, transação, no sentido bem amplo da palavra "transação", isto é, "ação entre", isto é, por toda uma série de conflitos, de acordos, de discussões, de concessões recíprocas – tudo isso peripécias que têm por efeito estabelecer finalmente na prática de governar uma demarcação de fato, uma demarcação geral, uma demarcação racional entre o que é para fazer e o que é para não fazer.

....

* M.F.: vão eles próprios decidir o que é e o que não é para fazer.

Numa palavra, digamos que o princípio de direito, seja ele histórica ou teoricamente definido, pouco importa, o princípio de direito punha outrora em face do soberano e do que ele podia fazer certo limite: não ultrapassarás esta linha, não desconsiderarás este direito, não violarás esta liberdade fundamental. O princípio de direito contrabalançava nessa época a razão de Estado com um princípio externo. Digamos que entramos aqui, como vocês veem, numa era que é a da razão governamental crítica. Essa razão governamental crítica ou essa crítica interna da razão governamental, vocês veem que ela não vai mais girar em torno da questão do direito, que ela não vai mais girar em torno da questão da usurpação e da legitimidade do soberano. Não vai ter mais essa espécie de aparência penal que o direito público ainda tinha nos séculos XVI e XVII, quando dizia: se o soberano desconsidera essa lei, deve ser punido com uma sanção de ilegitimidade. Toda a questão da razão governamental crítica vai girar em torno de como não governar demais[10]. Não é ao abuso da soberania que se vai objetar, é ao excesso do governo. E é comparativamente ao excesso do governo, ou em todo caso à delimitação do que seria excessivo para um governo, que se vai medir a racionalidade da prática governamental.

Pois bem, essa transformação, creio eu, fundamental nas relações entre direito e prática governamental, essa emergência de uma limitação interna da razão governamental, eu lhes disse, antes de tê-la caracterizado de uma maneira abstrata, que ela se situava, que era identificável *grosso modo* por volta do meado do século XVIII. O que permitiu a sua emergência, como é que isso se deu? Claro, seria preciso levar em conta (tornarei sobre esse ponto, pelo menos em parte, posteriormente) toda uma transformação de conjunto, mas hoje eu gostaria simplesmente de indicar qual é o instrumento intelectual, qual é a forma de cálculo e de racionalidade que pôde possibilitar a autolimitação de uma razão governamental como autorregulação de fato, geral, intrínseca às próprias operações do governo e que possa ser objeto de transações indefinidas. Pois bem, mais uma vez, esse instrumento intelectual, o tipo de cálculo, a forma de racionalidade que permite que a razão governamental se autolimite não é o direito. O que vai ser, a partir do meado do século XVIII? Pois bem, evidentemente a economia política.

"Economia política": os próprios equívocos da palavra e do seu sentido naquela época indicam aliás de que se tratava fundamentalmente, pois vocês sabem que a expressão "economia política", vocês a veem, entre 1750 e 1810-1820, oscilar entre diferentes polos semânticos. Ora se trata de visar, através dessa expressão, certa análise estrita e limitada da produção e da circulação das riquezas. Ora por "economia política" entende-se também, de forma mais ampla e mais prática, todo método de governo capaz de assegurar a prosperidade de uma nação. E, finalmente, [a] economia política – por sinal é o termo que vocês veem utilizado por Rousseau em seu célebre verbete "Economia política" da *Enciclopédia*[11] –, a economia política é uma espécie de reflexão geral sobre a organização, a distribuição e a limitação dos poderes numa sociedade. A economia política, a meu ver, é fundamentalmente o que possibilitou assegurar a autolimitação da razão governamental.

Por que e como a economia política possibilitou isso? Aqui também – entrarei em mais detalhes posteriormente – gostaria simplesmente de indicar certo número de pontos que são, creio eu, indispensáveis para compreender o conjunto das coisas de que eu queria lhes falar este ano. Pois bem, primeiramente a economia política, ao contrário justamente do pensamento jurídico dos séculos XVI e XVII, não se desenvolveu fora da razão de Estado. Ela não se desenvolveu contra a razão de Estado e para limitá-la, pelo menos em primeira instância. Ao contrário, ela se formou no próprio âmbito dos objetivos que a razão de Estado havia estabelecido para a arte de governar, porque, afinal de contas, que objetivos a economia política se propõe? Pois bem, ela se propõe como objetivo o enriquecimento do Estado. Ela se propõe como objetivo o crescimento simultâneo, correlativo e convenientemente ajustado da população, de um lado, e dos meios de subsistência, do outro. O que se propõe a economia política? Pois bem, garantir de forma conveniente, ajustada e sempre proveitosa a concorrência entre os Estados. A economia política se propõe justamente a manutenção de certo equilíbrio entre os Estados para que, precisamente, a concorrência possa se dar. Ou seja, ela retoma muito exatamente os objetivos que eram os da razão de Estado e que o Estado de polícia, que o mercantilismo, que a balança europeia haviam tentado realizar. Logo, a economia política vai se alojar, em primeira instância, no próprio bojo dessa razão governamental que os séculos XVI e XVII haviam definido e, nessa medida, por assim dizer, ela não vai de forma alguma ter a posição de exterioridade que o pensamento jurídico tinha.

Em segundo lugar, a economia política não se propõe em absoluto como uma objeção externa à razão de Estado e à sua autonomia política, já que – e este é um ponto que será historicamente importante – a primeira consequência política da primeira reflexão econômica que houve na história do pensamento europeu, pois bem, [é] precisamente uma consequência que vai totalmente de encontro ao que quiseram os juristas. É uma consequência que conclui pela necessidade de um despotismo total. A primeira economia política é, bem entendido, a dos fisiocratas, e vocês sabem que os fisiocratas (tornarei sobre isso posteriormente) concluíram, a partir da sua análise econômica, que o poder político devia ser um poder sem limitação externa, sem contrapeso externo, sem fronteira vinda de outra coisa que não ele próprio, e é isso que eles chamaram de despotismo[12]. O despotismo é um governo econômico, mas que não é encerrado, que não é desenhado em suas fronteiras por nada além de uma economia que ele próprio definiu e ele próprio controla totalmente. Despotismo absoluto e, por conseguinte, nessa medida, vocês veem aí também que a linha de tendência que havia sido desenhada pela razão de Estado não foi invertida pela economia política, pelo menos em primeira instância ou pelo menos nesse nível, e que a economia política pode aparecer como estando na linha reta de uma razão de Estado que dava ao monarca um poder total e absoluto.

Em terceiro lugar, a economia política, sobre o que ela reflete precisamente? O que ela analisa? Não algo como direitos anteriores que teriam sido inscritos seja na natureza humana, seja na história de uma sociedade dada. A economia política reflete sobre as próprias práticas governamentais, e ela não interroga essas práticas governamentais em termos de direito para saber se são legítimas ou não. Ela não as encara sob o prisma da sua origem, mas sob o dos seus efeitos, não se perguntando, por exemplo: o que é que autoriza um soberano a cobrar impostos?, mas simplesmente: quando se cobra um imposto, quando se cobra esse imposto nesse momento dado, de tal categoria de pessoas ou de tal categoria de mercadorias, o que vai acontecer? Pouco importa ser esse direito legítimo ou não*, o problema é saber quais efeitos ele tem e se esses efeitos são negativos. É nesse momento que se dirá que o imposto em questão é ilegítimo ou que, em todo caso, não tem razão de ser. Mas é sempre no interior desse campo da prática governamental e em função dos seus efeitos, não em função do que poderia fundá-la em direito, que a questão econômica vai ser colocada: quais são os efeitos reais da governamentalidade ao cabo do seu exercício?, e não: quais são os direitos originários que podem fundar essa governamentalidade? É a terceira razão pela qual a economia política pôde, em sua reflexão, em sua nova racionalidade, ocupar um lugar, por assim dizer, no próprio interior da prática e da razão governamentais estabelecidas na época precedente.

....

* M. Foucault acrescenta: em termos de direito.

Quarta razão é que, respondendo a esse tipo de questão, a economia política revelou a existência de fenômenos, de processos e de regularidades que se produzem necessariamente em função de mecanismos inteligíveis. Esses mecanismos inteligíveis e necessários podem, claro, ser contrariados por certas formas de governamentalidade, por certas práticas governamentais. Podem ser contrariados, podem ser perturbados, podem ser obscurecidos, mas, como de todo modo não será possível evitá-los, não se poderá suspendê-los total e definitivamente. Como quer que seja, eles repercutirão sobre a prática governamental. Em outras palavras, o que a economia política descobre não são direitos naturais anteriores ao exercício da governamentalidade, o que ela descobre é uma certa naturalidade própria da prática mesma do governo. Há uma natureza própria dos objetos da ação governamental. Há uma natureza própria dessa ação governamental mesma, e é isso que a economia política vai estudar. Essa noção* da natureza vai portanto mudar inteiramente com o aparecimento da economia política. A natureza não é, para a economia política, uma região reservada e originária sobre a qual o exercício do poder não deveria ter influência, a não ser ilegítima. A natureza é algo que corre sob, através, no próprio exercício da governamentalidade. Ela é, por assim dizer, sua hipoderme indispensável. É a outra face de algo cuja face visível, visível para os governantes, é a própria ação destes. A própria ação destes tem uma camada subjacente, ou melhor, tem outra face, e essa outra face é a governamentalidade. Pois bem, é precisamente isso que a economia política estuda em sua necessidade própria. Não um fundo, mas sim um correlato perpétuo. Assim, por exemplo, é uma lei de natureza, explicarão os economistas, a de que a população, por exemplo, se desloca para os salários mais elevados; é uma lei de natureza a de que uma tarifa aduaneira protetora

....
* M. Foucault acrescenta: natural e.

dos altos preços dos meios de subsistência acarreta fatalmente algo como a escassez alimentar.

Enfim, último ponto – que explica como e por que a economia política pôde se apresentar como forma primeira dessa nova *ratio* governamental autolimitativa – é que, se há uma natureza que é própria da governamentalidade, dos seus objetos e das suas operações, a consequência disso é que a prática governamental não poderá fazer o que tem de fazer a não ser respeitando essa natureza. Se ela atropelar essa natureza, se não a levar em conta ou se for de encontro às leis estabelecidas por essa naturalidade própria dos objetos que ela manipula, vai haver imediatamente consequências negativas para ela mesma, em outras palavras, vai haver sucesso ou fracasso, sucesso ou fracasso que agora são o critério da ação governamental, e não mais legitimidade ou ilegitimidade. Substituição portanto da [legitimidade]* pelo sucesso. Tocamos aqui no problema da filosofia utilitarista de que deveremos falar. Vocês veem como uma filosofia utilitarista vai poder se conectar diretamente a esses novos problemas da governamentalidade (mas pouco importa por enquanto, mais tarde voltaremos a isso).

O sucesso ou o fracasso vão substituir portanto a demarcação legitimidade/ilegitimidade, mas tem mais. O que vai fazer que um governo atropele, a despeito inclusive dos seus objetivos, a naturalidade própria dos objetos que ele manipula e das operações que ele faz? O que vai fazer que ele viole assim essa natureza, a despeito até do sucesso que busca? Violência, excesso, abuso, sim, talvez; mas no fundo desses excessos, violências e abusos não é simplesmente, não é fundamentalmente a maldade do príncipe que vai estar em questão. O que está em questão, o que explica isso tudo é que o governo, no momento em que viola essas leis de natureza, pois bem, ele simplesmente as desconhece. Ele as desconhe-

....
* M.F.: do fracasso.

ce porque ignora sua existência, ignora seus mecanismos, ignora seus efeitos. Em outras palavras, os governos podem se enganar. E o maior mal de um governo, o que faz que ele seja ruim, não é o príncipe ser ruim, é ele ser ignorante. Em suma, entram simultaneamente na arte de governar e pelo viés da economia política, primeiro, a possibilidade de uma autolimitação, a possibilidade de que a ação governamental se limite em função da natureza do que ela faz e daquilo sobre o que ela age [e, segundo, a questão da verdade]*. Possibilidade de limitação e questão da verdade: essas duas coisas são introduzidas na razão governamental pelo viés da economia política.

Vocês dirão que não é sem dúvida a primeira vez que a questão da verdade e a questão da autolimitação da prática governamental se colocam. Afinal de contas, o que é que se entendia por sabedoria do príncipe, na tradição? A sabedoria do príncipe era algo que fazia o príncipe dizer: conheço muito bem as leis de Deus, conheço muito bem a fraqueza humana, conheço muito bem minhas próprias limitações, para não limitar meu poder, para não respeitar o direito do meu súdito. Mas vê-se bem que essa relação entre princípio de verdade e princípio de autolimitação é totalmente diferente na sabedoria do príncipe e no que está emergindo agora, que é uma prática governamental que se preocupa com saber quais vão ser, nos objetos que ela trata e manipula, as consequências naturais do que é empreendido. Os prudentes conselheiros que outrora definiam os limites de sabedoria em função da presunção do príncipe já não têm nada a ver com esses especialistas econômicos que estão aparecendo e, por sua vez, têm por tarefa dizer na verdade a um governo quais são os mecanismos naturais do que ele manipula.

Com a economia política entramos portanto numa era cujo princípio poderia ser o seguinte: um governo nunca sabe

....
* Frase inacabada. Manuscrito, p. 20: "Em suma, entram simultaneamente na arte de governar, pelo viés da economia política, a possibilidade da autolimitação e a questão da verdade."

o bastante que corre o risco de sempre governar demais, ou também: um governo nunca sabe direito como governar apenas o bastante. O princípio do máximo/mínimo na arte de governar substitui aquela noção do equilíbrio equitativo, da "justiça equitativa" que ordenava outrora a sabedoria do príncipe. Pois bem, é essa, a meu ver, na questão da autolimitação pelo princípio da verdade, é essa a formidável cunha que a economia política introduziu na presunção indefinida do Estado de polícia. Momento evidentemente capital já que se estabelece em seus lineamentos mais importantes, não, é claro, o reinado da verdade na política, mas certo regime de verdade que é característico precisamente do que poderíamos chamar de era da política, cujo dispositivo básico continua, em suma, sendo o mesmo ainda hoje. Quando digo regime de verdade, não quero dizer que a política ou a arte de governar, por assim dizer, finalmente, alcança nessa época a racionalidade. Não quero dizer que se atingiu nesse momento uma espécie de limiar epistemológico a partir do qual a arte de governar poderia se tornar científica. Quero dizer que esse momento que procuro indicar atualmente, que esse momento é marcado pela articulação, numa série de práticas, de um certo tipo de discurso que, de um lado, o constitui como um conjunto ligado por um vínculo inteligível e, de outro lado, legisla e pode legislar sobre essas práticas em termos de verdadeiro ou falso.

Concretamente, isso quer dizer o seguinte. No fundo, nos séculos XVI, XVII, antes mesmo aliás, e ainda até meados do século XVIII, existia toda uma série de práticas que eram, vamos dizer, as cobranças de impostos, as tarifas aduaneiras, os regulamentos de fabricação, as regulamentações sobre as tarifas dos cereais, a proteção e a codificação das práticas de mercado, enfim tudo isso – que era o quê, e era pensado como o quê? Pois bem, era pensado como o exercício de direitos soberanos, de direitos feudais, como a manutenção dos costumes, como procedimentos de enriquecimento eficazes para o Tesouro, como técnicas para impedir as revoltas urbanas de descontentamento desta ou daquela categoria de súditos. Enfim, tudo isso eram práticas pensadas, claro, mas pensadas a partir de acontecimentos e de princípios de racionalização diferentes. Entre essas diferentes práticas, que iam, vamos dizer, da tarifa aduaneira à cobrança de impostos, à regulamentação de mercado e produção etc., entre essas diferentes práticas será possível estabelecer, a partir do meado do século XVIII, uma coerência pensada, racionalizada; coerência estabelecida por mecanismos inteligíveis que ligam essas diferentes práticas e os efeitos dessas diferentes práticas uns aos outros e vão, por conseguinte, permitir julgar todas essas práticas como boas ou ruins, não em função de uma lei ou de um princípio moral, mas em função de proposições que serão, elas próprias, submetidas à demarcação do verdadeiro e do falso. É portanto toda uma porção da atividade governamental que vai passar assim para um novo regime de verdade, e esse regime de verdade tem por efeito fundamental deslocar todas as questões que, precedentemente, a arte de governar podia suscitar. Essas questões, outrora, eram: será que governo efetivamente de acordo com as leis morais, naturais, divinas etc.? Era portanto a questão da conformidade governamental. Depois, passou a ser, nos séculos XVI e XVII, com a razão de Estado: será que governo bastante bem, com bastante intensidade, com bastante profundidade, com bastantes detalhes para levar o Estado até o ponto estabelecido por seu dever-ser, para levar o Estado ao seu máximo de força? E agora o problema vai ser: será que governo bem no limite desse demais e desse pouco demais, entre esse máximo e esse mínimo que a natureza das coisas fixa para mim, quero dizer, as necessidades intrínsecas às operações de governo? É isso, a emergência desse regime de verdade com o princípio de autolimitação do governo, o objeto que eu gostaria de tratar este ano.

Afinal de contas, foi esse mesmo problema que eu me coloquei a propósito da loucura, a propósito da doença, a propósito da delinquência e a propósito da sexualidade. Em todos esses casos, não se trata de mostrar como esses objetos ficaram por muito tempo ocultos, antes de ser enfim descobertos, não se trata de mostrar como todos esses objetos não são mais que torpes ilusões ou produtos ideológicos a serem dissipados à [luz]* da razão que enfim atingiu seu zênite. Trata-se de mostrar por que interferências toda uma série de práticas – a partir do momento em que são coordenadas a um regime de verdade –, por que interferências essa série de práticas pôde fazer que o que não existe (a loucura, a doença, a delinquência, a sexualidade etc.) se tornasse porém uma coisa, uma coisa que no entanto continuava não existindo. Ou seja, não [como] um erro – quando digo que o que não existe se torna uma coisa, não quero dizer que se trata de mostrar como um erro pôde efetivamente ser construído –, não como a ilusão pôde nascer, mas [o que] eu gostaria de mostrar [é] que foi certo regime de verdade e, por conseguinte, não um erro que fez que uma coisa que não existe possa ter se tornado uma coisa. Não é uma ilusão, já que foi precisamente um conjunto de práticas, e de práticas reais, que estabeleceu isso e, por isso, o marca imperiosamente no real.

O objeto de todos esses empreendimentos concernentes à loucura, à doença, à delinquência, à sexualidade e àquilo de que lhes falo agora é mostrar como o par "série de práticas/regime de verdade" forma um dispositivo de saber-poder que marca efetivamente no real o que não existe e submete-o legitimamente à demarcação do verdadeiro e do falso.

O que não existe como real, o que não existe como pertencente a um regime de verdadeiro e falso é esse momento, nas coisas de que me ocupo atualmente, que assinala o nascimento dessa bipolaridade dissimétrica da política e da economia. A política e a economia, que não são nem coisas que existem, nem erros, nem ilusões, nem ideologias. É algo que não existe e no entanto está inscrito no real, estando subordinado a um regime que demarca o verdadeiro e o falso.

....
* Lapso manifesto. M.F.: bruma.

Pois bem, esse momento cujo principal componente procurei indicar é, portanto, o momento que se situa entre Walpole, de que lhes falava, e outro texto. Walpole dizia: *"quieta non movere"*, "não se deve tocar no que está quieto". Conselho de prudência, sem dúvida, e ainda se estava na ordem da sabedoria do príncipe, ou seja, se as pessoas estão quietas, se as pessoas não se agitam, se não há descontentamento nem revolta, pois bem, fiquemos quietos. Sabedoria do príncipe. Ele dizia isso, creio, por volta dos anos 1740. Em 1751, um artigo anônimo é publicado no *Journal économique*; foi escrito na verdade pelo marquês d'Argenson[13], que acabava naquele momento de abandonar os negócios na França. O marquês d'Argenson, lembrando-se do que o comerciante Le Gendre disse a Colbert – quando Colbert lhe perguntou: "O que posso fazer pelos senhores?", Le Gendre respondeu: "O que o senhor pode fazer por nós? Deixai-nos fazer"[14] –, d'Argenson, nesse texto sobre o qual tornarei[15], diz: pois bem, agora o que eu gostaria de fazer é comentar este princípio: "deixai-nos fazer"[16], porque, mostra ele, é exatamente esse o princípio essencial que todo governo deve respeitar, deve seguir em matéria econômica[17]. Nesse momento ele colocou claramente o princípio da autolimitação da razão governamental. "Autolimitação da razão governamental": o que quer dizer isso, afinal? O que é esse novo tipo de racionalidade na arte de governar, esse novo tipo de cálculo que consiste em dizer e em fazer o governo dizer "aceito, quero, projeto, calculo que não se deve mexer em nada disso?". Pois bem, acho que é isso que se chama, em linhas gerais, "liberalismo"*.

....
* Entre aspas no manuscrito. M. Foucault desiste aqui de ler as últimas páginas deste (pp. 25-32). Um certo número de elementos dessa conclusão é retomado e desenvolvido na aula seguinte.

"Deve-se entender essa palavra ['liberalismo'] num sentido bem amplo.
1. Aceitação do princípio de que deve haver em algum lugar uma limitação do governo, que não seja simplesmente um direito externo.

Eu tinha pensado lhes dar este ano um curso sobre a biopolítica. Procurarei lhes mostrar como todos os problemas que procuro identificar atualmente, como todos esses problemas têm como núcleo central, claro, esse algo que se chama população. Por conseguinte, é a partir daí que algo como a biopo-

....

2. O liberalismo também é uma prática: em que encontrar exatamente o princípio de limitação do governo e como calcular os efeitos dessa limitação?

3. O liberalismo é, num sentido mais estrito, a solução que consiste em limitar ao máximo as formas e domínios de ação do governo.

4. Enfim, o liberalismo é a organização dos métodos de transação próprios para definir a limitação das práticas de governo:
– constituição, parlamento
– opinião, imprensa
– comissões, inquéritos

Uma das formas da governamentalidade moderna. Ela se caracteriza pelo fato de que, em vez de se chocar contra limites formalizados por jurisdições, ela se [atribui?] limites intrínsecos formulados em termos de veridição.

a. Claro, não são dois sistemas que se sucedem, nem mesmo que vão entrar num conflito insuperável. Heterogeneidade não quer dizer contradição, mas tensões, atritos, incompatibilidades mútuas, ajustes bem-sucedidos ou fracassados, misturas instáveis etc. Quer dizer também tarefa, incessantemente retomada porque nunca acabada, de estabelecer seja uma coincidência, seja pelo menos um regime comum. Essa tarefa é a de estabelecer em direito a autolimitação que o saber prescreve a um governo.

Essa tarefa vai assumir duas formas, do [século] XVIII a nossos dias:
– ou interrogar a razão governamental, a necessidade da sua própria limitação, para reconhecer, através do que se deve deixar livre, os direitos a que se pode dar acesso e estatuto na prática governamental. Assim, interrogar-se sobre os objetivos, vias e meios de um governo esclarecido, logo autolimitado: pode ele dar lugar ao direito de propriedade, ao direito à subsistência possível, ao direito ao trabalho etc.
– ou interrogar os direitos fundamentais, fazer valer todos eles e de uma vez. E, a partir daí, só deixar um governo se formar se sua autorregulação reproduzir todos eles.

Método [riscado: revolucionário] da subordinação governamental.

O método do resíduo jurídico necessário e suficiente é a prática liberal. O método do condicionamento governamental exaustivo é o procedimento revolucionário.

lítica poderá se formar. Parece-me, contudo, que a análise da biopolítica só poderá ser feita quando se compreender o regime geral dessa razão governamental de que lhes falo, esse

....

> b. Segunda observação: essa autolimitação da razão governamental, característica do 'liberalismo', se acha numa relação estranha com o regime da razão de Estado. – Esta abre para a prática governamental um domínio de intervenção indefinida, mas por outro lado ela se atribui, pelo princípio de uma balança concorrencial entre Estados, objetivos internacionais limitados.
> – A autolimitação da prática governamental pela razão liberal foi acompanhada do desmantelamento dos objetivos internacionais e do aparecimento de objetivos ilimitados, com o imperialismo.
> A razão de Estado havia sido correlativa do desaparecimento do princípio imperial, em benefício do equilíbrio concorrencial entre Estados. A razão liberal é correlativa da ativação do princípio imperial, não sob a forma do Império, mas sob a forma do imperialismo, e isso em ligação com o princípio da livre concorrência entre os indivíduos e as empresas.
> Quiasma entre objetivos limitados e objetivos ilimitados quanto ao domínio da intervenção interior e ao campo da ação internacional.
> c. Terceira observação: essa razão liberal se estabelece como autolimitação do governo a partir de uma 'naturalidade' dos objetos e práticas próprios desse governo. Que naturalidade é essa?
> – a das riquezas? Sim, mas simplesmente como meios de pagamento que se multiplicam ou escasseiam, estagnam ou circulam. Mas, antes, os bens na medida em que são produções, que são úteis e utilizados, na medida em que são trocados entre parceiros econômicos.
> – É também a [dos] indivíduos. Não, porém, como súditos obedientes ou indóceis, mas na medida em que eles próprios estão ligados a essa naturalidade econômica, em que sua quantidade, sua longevidade, sua saúde, sua maneira de se comportar se encontram em relações complexas e entrelaçadas com esses processos econômicos.
> Com a emergência da economia política, com a introdução do princípio limitativo na própria prática governamental, realiza-se uma substituição importante, ou melhor, uma duplicação, pois os sujeitos de direito sobre os quais se exerce a soberania política aparecem como uma *população* que um governo deve administrar.
> É aí que a linha de organização de uma 'biopolítica' encontra seu ponto de partida. Mas quem não vê que isso é apenas uma parte de algo bem mais amplo, que [é] essa nova razão governamental?
> Estudar o liberalismo como quadro geral da biopolítica."

regime geral que podemos chamar de questão de verdade – antes de mais nada da verdade econômica no interior da razão governamental –, e, por conseguinte, se se compreender bem o que está em causa nesse regime que é o liberalismo, o qual se opõe à razão de Estado, ou antes, [a] modifica fundamentalmente sem talvez questionar seus fundamentos. Só depois que soubermos o que era esse regime governamental chamado liberalismo é que poderemos, parece-me, apreender o que é a biopolítica.

Então, desculpem-me, durante algumas sessões, cuja quantidade não posso lhes dizer de antemão, vou lhes falar do liberalismo. E para que as temáticas deste se mostrem quem sabe um pouco mais claramente – pois afinal de contas que interesse tem falar do liberalismo, dos fisiocratas, de d'Argenson, de Adam Smith, de Bentham, dos utilitaristas ingleses, senão porque, claro, esse problema do liberalismo está efetivamente colocado para nós em nossa atualidade imediata e concreta? De que se trata quando se fala de liberalismo, quando a nós mesmos, atualmente, é aplicada uma política liberal, e que relação isso pode ter com essas questões de direito que chamamos de liberdades? De que se trata nisso tudo, nesse debate de hoje em dia em que, curiosamente, os princípios econômicos de Helmut Schmidt[18] fazem um eco bizarro a esta ou aquela voz que nos vem dos dissidentes do Leste, todo o problema da liberdade, do liberalismo? Bem, é um problema que é nosso contemporâneo. Então, digamos assim, depois de situar um pouco o ponto de origem histórico disso tudo, fazendo aparecer o que é, a meu ver, a nova razão governamental a partir do século XVIII, darei um pulo para a frente e lhes falarei do liberalismo alemão contemporâneo, já que, por paradoxal que seja, a liberdade nesta segunda metade do século XX – enfim, digamos mais exatamente, o liberalismo – é uma palavra que nos vem da Alemanha.

NOTAS

1. Citação de Virgílio, *Eneida*, VII, 312, posta em epígrafe da *Traumdeutung* (Leipzig, Deutike, 1911, 1ª ed. 1900 / *L'Interprétation des rêves*, trad. fr. de I. Meyerson, revista por D. Berger, Paris, PUF, 1971, p. 1) e retomada no corpo do texto (*ibid.*, p. 516): "*Flectere si nequeo Superos, Acheronta movebo*", "se eu não posso dobrar os deuses de cima, moverei o Aqueronte". O mote já é citado por M. Foucault, sem referência explícita a Freud, em *La Volonté de savoir*, Paris, Gallimard, "Bibliothèque des histoires", 1976, p. 103 [ed. bras.: *A vontade de saber*, Rio de Janeiro, Graal, 1979, p. 77]: "Na verdade, essa questão, tão repetida em nossa época [a propósito do sexo], nada mais é que a forma recente de uma afirmação considerável e de uma prescrição secular: a verdade está ali, tratem de ir surpreendê-la. *Acheronta movebo*: velha decisão". Essa citação, antes de Freud, já era muito apreciada por Bismarck, que a emprega várias vezes em seus *Pensamentos e lembranças* (cf. C. Schmitt, *Théorie du partisan*, trad. fr. M.-L. Steinhauser, Paris, Calmann-Lévy, 1972, p. 253; ed. orig.: *Theorie des Partisanen*, Berlim, Duncker & Humblot, 1963).

2. Robert Walpole, primeiro conde de Orford (1676-1745), líder do partido *whig*, que exerceu as funções de "primeiro-ministro" (*First Lord of the Treasury* e *Chancellor of the Exchequer*) de 1720 a 1742; governou com pragmatismo, valendo-se da corrupção parlamentar com o fim de preservar a tranquilidade política.

3. Cf. a precisão dada mais adiante por Foucault, p. 22: "Ele dizia isso, creio, por volta dos anos 1740". A fórmula é conhecida por ter sido a divisa de Walpole, como atestam diversos escritos do seu filho, Horace: cf., por exemplo, *Letters*, VIII, Londres-Nova York, Lawrence and Bullen, G. P. Putnam's Sons, 1903, p. 121. Cf. L. Stephen, *History of English Thought in the Eighteenth Century*, Londres, Smith & Elder, 1902; reed. Bristol, Thoemmes Antiquarian Books, 1991, t. 2, p. 168. Provém de Salústio, *De Conjuratione Catilinae*, 21, 1 (trad. fr. F. Richard, Paris, Garnier-Flammarion, 1968, p. 43): "Postquam accepere ea homines, quibus mala abunde monia erant, sed neque res neque spes bona ulla, tametsi illis *quieta movere* magna merces videbatur, [...]" ("Entre esses homens que vinham ouvir esse discurso, o mal havia in-

vadido tudo e não havia nada de bom a encontrar no presente, nem a esperar no futuro – é verdade que, para eles, já era uma bela recompensa *perturbar a paz pública* [...]"). Ela ilustra a regra inerente à *Common Law*, conhecida pelo nome de regra do precedente, segundo a qual é necessário ater-se, em matéria judiciária, ao que foi decidido e não modificar o que existe ("stare decisis" e "quieta non movere"). É igualmente citada por F. A. Hayek, *The Constitution of Liberty*, Londres, Routledge & Kegan Paul, 1960; reed. 1976, p. 410: "Though *quieta non movere* may at times be a wise maxim for the statesman, it cannot satisfy the political philosopher" / *La Constitution de la liberté*, trad. fr. R. Audouin & J. Garello, Paris, Litec, "Liberalia", 1994, p. 406.

4. Cf. P. Veyne, "Foucault révolutionne l'histoire", in *Comment on écrit l'histoire*, Paris, Le Seuil, "Points Histoire", 1979, pp. 227-30, sobre esse nominalismo metodológico, a propósito da fórmula "a loucura não existe" [ed. bras.: *Como se escreve a história*, Brasília, UnB, 1998]. Como o texto de Paul Veyne data de 1978, parece que Michel Foucault dá, aqui, prosseguimento ao diálogo com o autor de *Le Pain et le Cirque*, que homenageou no curso do ano anterior (cf. *Sécurité, Territoire, Population. Cours au Collège de France, 1977-1978*, ed. por M. Senellart, Paris, Gallimard-Le Seuil, "Hautes Études", 2004, aula de 8 de março de 1978, p. 245 [ed. bras.: *Segurança, território, população*, São Paulo, Martins Fontes, 2007]). Ver as observações de M. Foucault sobre esse mesmo tema na aula de 8 de fevereiro de 1978, p. 122. A crítica dos universais é reafirmada no verbete "Foucault", publicado, sob o pseudônimo de Maurice Florence, no *Dictionnaire des philosophes* de Denis Huismans em 1984 [ed. bras.: *Dicionário dos filósofos*, São Paulo, Martins Fontes, 2001]: cf. *Dits et Écrits, 1954-1988*, ed. por D. Defert & F. Ewald, colab. J. Lagrange, Paris, Gallimard, 1994, 4 vols. [doravante, DE, em referência a essa edição], IV, nº 345, p. 634: a primeira escolha de método implicada pela "questão das relações entre sujeito e verdade" consistia num "ceticismo sistemático em relação a todos os universais antropológicos".

5. M. Foucault não torna sobre essa questão nas aulas seguintes do curso.

6. Cf. *Sécurité, Territoire, Population*, aulas de 8, 15 e 22 de março de 1978.

7. Cf. *ibid.*, aula de 1º de fevereiro de 1978, pp. 112 e 118, n. 39.

8. Cf. *"Il faut défendre la société". Cours au Collège de France, 1975-1976*, ed. por M. Bertani e A. Fontana, Paris, Gallimard-Le Seuil, "Hautes Études", 1997.

9. Jeremy Bentham (1748-1832), *Method and Leading Features of an Institute of Political Economy (including Finance) Considered Not Only as a Science but as an Art* (1800-1804), in *Jeremy Bentham's Economic Writings*, ed. estabelecida por W. Stark, Londres, G. Allen e Unwin, 1954, t. III, pp. 305-80. É no fim da primeira parte, "The Science", na seção "Genesis of the Matter of Wealth", que Bentham introduz a célebre distinção entre *sponte acta*, *agenda* e *non agenda*, que estrutura em seguida os três capítulos ("Wealth", "Population", "Finance") da parte seguinte, "The Art". Os *sponte acta* são as atividades econômicas desenvolvidas espontaneamente pelos membros de uma comunidade, sem nenhuma intervenção do governo. As *agenda* e *non agenda* designam as atividades econômicas do governo, conforme contribuam ou não para aumentar a felicidade (maximização dos prazeres e minimização dos esforços), objetivo de toda ação política. A demarcação dos domínios entre essas três classes varia de acordo com o tempo e o lugar, sendo a extensão dos *sponta acta* relativa ao grau de desenvolvimento econômico dos países. M. Foucault faz uma breve alusão, novamente, a essa lista benthamista das *agenda* na aula de 7 de março de 1979 (*infra*, p. 269), mas não torna propriamente sobre o texto citado (a não ser, talvez, de forma indireta no fim da aula de 24 de janeiro (*infra*, pp. 90-1), a propósito do panoptismo como fórmula geral do governo liberal).

10. A fórmula "não governar demais" é do marquês d'Argenson (cf. *infra*, nota 16). Cf. igualmente B. Franklin, *Principes du commerce*, citado e traduzido [em francês] por E. Laboulaye, em sua introdução para a coletânea de textos do mesmo autor, *Essais de morale et d'économie politique*, Paris, Hachette, 5ª ed., 1883, p. 8: "Um sólido escritor [francês] diz que é muito instruído em ciência política quem compreende toda a força desta máxima: *não governem demais*, máxima que talvez diga mais respeito ao comércio do que a qualquer outro interesse público". (Laboulaye, em nota, remete a Quesnay.)

11. Esse verbete foi impresso pela primeira vez no volume V da *Encyclopédie*, pp. 337-49, publicado em novembro de 1755. Cf. Jean-Jacques Rousseau, *Oeuvres complètes*, Paris, Gallimard, "Bibliothèque de la Pleiade", t. III, 1964, pp. 241-78. Sobre esse texto, cf. já *Sécurité, Territoire, Population*, aula de 1º de fevereiro de 1978, pp. 98 e 116, n. 21.

12. Cf. P. P. F. J. H. Le Mercier de La Rivière, *L'Ordre naturel et essentiel des sociétés politiques*, Londres, chez Jean Nourse – Paris, chez Desaint, 1767 (sem nome de autor), cap. 24, "Du despotisme légal" (esse texto teve duas reedições no século XX: Paris, P. Geuthner, "Col-

lection des économistes et des réformateurs sociaux de la France", 1910, e Paris, Fayard, "Corpus des oeuvres de philosophie en langue française", 2000).

13. René-Louis de Voyer, marquês d'Argenson (1694-1757), secretário de Estado para os Negócios Estrangeiros de 1744 a 1747, autor de *Mémoires et Journal*, publicadas e anotadas pelo marquês d'Argenson, Paris, 1858 (uma primeira edição, bastante incompleta, havia aparecido em 1835 na coleção Baudouin das "Mémoires sur la Révolution française"), e de *Considérations sur le gouvernement ancien et présent de la France*, Amsterdam, Rey, 1764. Ele foi, com o abade de Saint-Pierre, um dos membros assíduos do Club de l'Entresol, inaugurado em 1720, por iniciativa do abade Alary, que o cardeal Fleury fechou em 1731. A expressão "laissez faire" já é recorrente no esboço de uma dissertação sobre a liberdade de comércio datada de 31 de julho de 1742 (*Journal et Mémoire*, ed. por J. B. Rathery, Paris, Renouard, t. IV, 1862: "Mémoire à composer pour délibérer par le pour et le contre, et décider que la France devrait laisser l'entrée et la sortie libres dans le royaume de toutes marchandises nationales et étrangères").

14. L.-P. Abeille, *Lettre d'un négociant sur la nature du commerce des grains* (Marselha, 8 de outubro de 1763), s.l.n.d.; reed. *in id.*, *Premiers opuscules sur le commerce des grains: 1763-1764*, introd. e índice analítico de E. Depitre, Paris, P. Geuthner, "Collection des économistes et des réformateurs sociaux de la France", 1911, p. 103: "Não posso terminar melhor esta Carta, senão aplicando ao comércio dos trigos em particular o que um Negociante de Rouen respondeu ao sr. Colbert sobre o comércio em geral: *Deixai-nos fazer* [*Laissez-nous faire*]".

15. M. Foucault não volta a fazer referência a esse texto.

16. D'Argenson, "Lettre à l'auteur du *Journal économique* au sujet de la *Dissertation sur le commerce* de M. le Marquis Belloni", *Journal économique*, abril de 1751, pp. 107-17; reed. *in* G. Klotz, org., *Politique et Économie au temps des Lumières*, Publications de l'Université de Saint-Étienne, 1995, pp. 41-4: "Conta-se que o senhor Colbert reuniu vários deputados do comércio em sua casa para lhes perguntar o que ele poderia fazer pelo comércio; o mais sensato e menos bajulador entre eles disse-lhe esta simples frase: *Deixai-nos fazer*. Já se terá refletido o bastante sobre o grande sentido desse mote? Esta aqui não é mais que uma tentativa de comentário" (p. 42). É em *L'Éloge de Gournay*, de Turgot, escrito em 1759, que encontramos a primeira menção, no século XVIII, ao nome de Le Gendre ("É conhecida a resposta de Le Gendre ao

sr. Colbert: deixai-nos fazer", in *Oeuvres de Turgot*, ed. E. Daire, Paris, Guillaumin, 1844, t. I, p. 288; Turgot, *Formation et Distribution des richesses*, Paris, Garnier-Flammarion, 1997, pp. 150-1). – D'Argenson é também autor da máxima "não governar demais" (cf. G. Weulersse, *Le Mouvement physiocratique en France, de 1756 à 1770*, Paris, Félix Alcan, 1910, 2 vols.: cf. I, pp. 17-8), que cita este trecho da homenagem publicada nas *Éphémérides du citoyen*, junho de 1768, p. 156: "Ele tinha composto um livro cujo objeto e cujo título eram excelentes: *não governar demais [pas trop gouverner]*". Ele próprio afirma ter escrito um tratado intitulado *Pour gouverner mieux, il faudrait gouverner moins* [Para governar melhor, seria preciso governar menos], *Mémoires et Journal*, *op. cit.*, t. V, p. 362; citado por A. Oncken, *Die Maxime "Laissez faire et laissez passer"*, Berna, K. J. Wyss, 1886, p. 58.

17. D'Argenson, "Lettre à l'auteur du *Journal économique*...", art. citado, p. 44: "Sim, a liberdade regrada e clara sempre fará mais pelo comércio de uma nação do que a mais inteligente das dominações". Ele defende essa mesma posição, a propósito do comércio de cereais, num outro artigo do *Journal économique*, maio de 1754, pp. 64-79: "Arguments en faveur de la liberté du commerce des grains", reed. in G. Klotz, org., *Politique et Économie...*, *op. cit.*, pp. 45-54.

18. Helmut Schmidt (nascido em 1918): deputado do SPD no Bundestag em 1953, tornou-se chanceler em maio de 1974, depois da retirada de Willy Brandt. Ficando em minoria, cedeu o posto a Helmut Kohl em 1982.

AULA DE 17 DE JANEIRO DE 1979

> O liberalismo e a adoção de uma nova arte de governar no século XVIII. – As características específicas da arte liberal de governar: (1) A constituição do mercado como lugar de formação de verdade e não mais apenas como domínio de jurisdição. – Questões de método. Objetos das pesquisas empreendidas em torno da loucura, da penalidade e da sexualidade: esboço de uma história dos "regimes de veridição". – Em que deve consistir uma crítica política do saber. – (2) O problema da limitação do exercício do poder público. Os dois tipos de solução: o radicalismo jurídico francês e o utilitarismo inglês. – A questão da "utilidade" e a limitação do exercício do poder público. – Observação sobre o estatuto do heterogêneo em história: lógica de estratégia contra lógica dialética. – A noção de "interesse" como operadora da nova arte de governar.

Gostaria de burilar um pouco as teses ou hipóteses que propus na última vez acerca da arte de governar, acerca do que, a meu ver, é uma nova arte de governar que começou a ser formulada, pensada e desenhada mais ou menos em meados do século XVIII. Essa nova arte de governar se caracteriza essencialmente, creio eu, pela instauração de mecanismos a um só tempo internos, numerosos e complexos, mas que têm por função – é com isso, digamos assim, que se assinala a diferença em relação à razão de Estado – não tanto assegurar o crescimento do Estado em força, riqueza e poder, [o] crescimento indefinido do Estado, mas sim limitar do interior o exercício do poder de governar.

Creio que essa arte de governar é, evidentemente, nova em seus mecanismos, nova em seus efeitos, nova em seu princípio. Mas só o é até certo ponto, porque não se deve imaginar que essa arte de governar constituiria a supressão, o apagamento, a abolição, a *Aufhebung*, como vocês preferirem, dessa razão de Estado de que eu havia procurado lhes falar na última vez. Na verdade, não se deve esquecer que essa nova arte de governar ou essa arte de governar o menos possível, essa arte de governar entre um máximo e um mínimo, e mais para o mínimo do que para o máximo, pois bem, essa arte tem de ser considerada uma espécie de duplicação, em todo caso, digamos, de burilamento interno da razão de Estado, é um princípio para a sua manutenção, para o seu desenvolvimento mais completo, para o seu aperfeiçoamento. Digamos que não é algo diferente da razão de Estado, que não é um elemento externo e negador em relação à razão de Estado. É antes o ponto de inflexão da razão de Estado na curva do seu desenvolvimento. Eu diria, se vocês quiserem, para dar uma definição que não é muito boa, que é a razão do Estado mínimo no interior e como princípio organizador da própria razão de Estado, ou então, é a razão do governo mínimo como princípio de organização da própria razão de Estado. Alguém (infelizmente não consegui encontrar nos meus papéis, mas vou encontrar e lhes direi quem é), alguém falou, no fim do século XVIII, claro, de um "governo frugal"[1]. Pois bem, creio que, de fato, entra-se nesse momento numa época que poderíamos chamar de época do governo frugal, o que não deixa, claro, de apresentar certo número de paradoxos, já que é durante esse período do governo frugal, inaugurado no século XVIII e de que sem dúvida ainda não saímos, que vemos desenvolver-se toda uma prática governamental, ao mesmo tempo extensiva e intensiva, com os efeitos negativos, com as resistências, as revoltas etc. que se sabe, precisamente contra essas invasões de um governo que no entanto se diz e se pretende frugal. Digamos o seguinte: esse desenvolvimento extensivo e intensivo do governo que no entanto se pretende frugal não parou – e é por isso que se pode dizer que se está na era do governo frugal –, não parou de ser assediado de dentro e de fora pela questão do demais e do pouco demais. Forçando as coisas e caricaturando-as, diria o seguinte: quaisquer que sejam de fato a extensão e o desenvolvimento intensivo também desse governo, a questão da frugalidade esteve no próprio cerne da reflexão que girou em torno dele*. A questão da frugalidade, se não substituiu, pelo menos duplicou e até certo ponto fez recuar, marginalizar um pouco outra questão que, ao contrário, rondou a reflexão política dos séculos XVI-XVII, [do] início do século XVIII ainda, e era o problema da constituição. Monarquia, aristocracia, democracia, todas essas questões, claro, nem por isso desaparecem. Mas, assim como essas eram as questões fundamentais, eu ia dizendo as questões supremas dos séculos XVII e XVIII, a partir do fim do século XVIII, durante todo o século XIX e, claro, em nossos dias mais do que nunca, a questão da frugalidade do governo, e não a da constituição dos Estados, é que é o problema sem dúvida fundamental. [A] questão da frugalidade do governo é a questão do liberalismo. Pois bem, gostaria agora de voltar a dois ou três pontos que eu havia evocado na última vez para tentar precisá-los e burilá-los.

Eu havia procurado lhes mostrar na última vez que essa ideia, esse tema, melhor dizendo, esse princípio regulador de um governo frugal tinha se formado a partir do que se podia chamar, do que designei grosseiramente como a conexão à razão de Estado, e o cálculo da razão de Estado, de certo regime de verdade, o qual encontrava sua expressão e sua formulação teórica na economia política. O aparecimento da economia política e o problema do governo mínimo eram, como procurei lhes indicar, duas coisas interligadas. Mas creio que é preciso tentar precisar um pouco mais a natureza dessa conexão. Quando falo em conexão da economia política à razão de Estado, quer isso dizer que a economia política propôs certo modelo de governo? Quer isso dizer que os homens de Estado se iniciaram na economia política ou que começaram a ouvir os economistas? Quer isso dizer que o modelo econômico tornou-se princípio organizador da prá-

....

* M. Foucault acrescenta: e lhe foi colocada.

tica governamental? Não foi, evidentemente, isso o que eu quis dizer. O que eu queria dizer, o que procurei designar, era uma coisa que é, a meu ver, de uma natureza e de um nível um pouco diferentes. O princípio dessa conexão que eu procuro identificar, essa conexão entre prática de governo e regime de verdade, seria isto: [...] haveria portanto uma coisa que no regime de governo, na prática governamental dos séculos XVI-XVII, já da Idade Média também, tinha constituído um dos objetos privilegiados da intervenção, da regulação governamental, uma coisa que havia sido o objeto privilegiado da vigilância e das intervenções do governo. E é esse lugar mesmo, e não a teoria econômica, que, a partir do século XVIII, vai se tornar um lugar e um mecanismo de formação de verdade. E, [em vez de] continuar a saturar esse lugar de formação da verdade com uma governamentalidade regulamentar indefinida, vai-se reconhecer — e é aí que as coisas acontecem — que se deve deixá-lo agir com o mínimo possível de intervenções, justamente para que ele possa formular a sua verdade e propô-la como regra e norma à prática governamental. Esse lugar de verdade não é, evidentemente, a cabeça dos economistas, mas o mercado.

Digamos as coisas mais claramente, se me permitem. O mercado, no sentido bastante geral da palavra, tal como funcionou na Idade Média, no século XVI, no século XVII, creio que poderíamos dizer, numa palavra, que era essencialmente um lugar de justiça. Um lugar de justiça em que sentido? Em vários sentidos. Primeiro, claro, era um lugar dotado de uma regulamentação extremamente prolífica e estrita: regulamentação quanto aos objetos a levar aos mercados, quanto ao tipo de fabricação desses objetos, quanto à origem desses produtos, quanto aos direitos a serem pagos, quanto aos próprios procedimentos de venda, quanto aos preços estabelecidos, claro. Logo, lugar dotado de regulamentação — isso era o mercado. Era também um lugar de justiça no sentido de que o preço de venda estabelecido no mercado era considerado, aliás tanto pelos teóricos quanto pelos práticos, um preço justo ou, em todo caso, um preço que devia ser o justo preço[2], isto é, um preço que devia manter certa relação com o trabalho feito, com as necessidades dos comerciantes e, é claro, com as necessidades e as possibilidades dos consumidores. Lugar de justiça, a tal ponto que o mercado devia ser um lugar privilegiado da justiça distributiva, já que, como vocês sabem, para pelo menos certo número de produtos fundamentais, como os produtos alimentícios, as regras do mercado faziam que se chegasse a um arranjo para que, se não os mais pobres, pelo menos alguns dos mais pobres pudessem comprar coisas, assim como os mais ricos. Esse mercado era portanto, nesse sentido, um lugar de justiça distributiva. Enfim, era um lugar de justiça na medida em que o que devia ser essencialmente assegurado no mercado, pelo mercado, ou antes, pelas regulamentações de mercado, era o quê? A verdade dos preços, como diríamos hoje em dia? De jeito nenhum. O que devia ser assegurado era a ausência de fraude. Em outras palavras, era a proteção do comprador. A regulamentação de mercado tinha por objetivo, portanto, de um lado, a distribuição tão justa quanto possível das mercadorias, e também o não roubo, o não delito. Em outras palavras, no fundo, o mercado era percebido naquela época como um risco que talvez o comerciante corresse de um lado, mas o comprador com toda certeza de outro. E era necessário proteger o comprador contra o perigo que representava uma mercadoria ruim e contra a fraude de quem a vendia. Era necessário portanto assegurar essa ausência de fraude quanto à natureza dos objetos, quanto à sua qualidade etc. Esse sistema – regulamentação, justo preço, sanção da fraude – fazia portanto que o mercado fosse essencialmente, funcionasse realmente como um lugar de justiça, um lugar em que devia aparecer na troca e se formular nos preços algo que era a justiça. Digamos que o mercado era um lugar de jurisdição.

Ora, é aqui que a mudança se produz por certo número de razões que evocarei daqui a pouco. O mercado surgiu, em meados do século XVIII, como já não sendo, ou antes, como não devendo mais ser um lugar de jurisdição. O mercado apareceu como, de um lado, uma coisa que obedecia e devia obedecer a mecanismos "naturais"*, isto é, mecanismos espontâneos, ainda que não seja possível apreendê-los em sua complexidade, mas espontâneos, tão espontâneos que quem tentasse modificá-los só conseguiria alterá-los e desnaturá-los. De outro lado – e é nesse segundo sentido que o mercado se torna um lugar de verdade –, não só ele deixa aparecer os mecanismos naturais, como esses mecanismos naturais, quando os deixam agir, possibilitam a formação de certo preço que Boisguilbert[3] chamará de preço "natural", que os fisiocratas chamarão de "bom preço"[4], que posteriormente será chamado de "preço normal"[5], enfim, pouco importa, um certo preço natural, bom, normal, que vai exprimir a relação adequada, uma certa relação adequada entre custo de produção e extensão da demanda. O mercado, quando se deixa que ele aja por si mesmo de acordo com a sua natureza, com a sua verdade natural, digamos assim, permite que se forme certo preço que será metaforicamente chamado de preço verdadeiro, que às vezes será também chamado de justo preço, mas já não traz consigo, em absoluto, essas conotações de justiça. Será um certo preço que vai oscilar em torno do valor do produto.

A importância da teoria econômica – quero dizer, dessa teoria que foi edificada no discurso dos economistas e se formou na cabeça deles –, a importância dessa teoria da relação preço-valor vem precisamente do fato de que ela possibilita que a teoria econômica indique uma coisa que agora vai ser fundamental: que o mercado deve ser revelador de algo que é como uma verdade. Não, é claro, que os preços sejam, em

....
* Entre aspas no manuscrito.

sentido estrito, verdadeiros, que haja preços verdadeiros e preços falsos, não é isso. Mas o que se descobre nesse momento, ao mesmo tempo na prática governamental e na reflexão dessa prática governamental, é que os preços, na medida em que são conformes aos mecanismos naturais do mercado, vão constituir um padrão de verdade que vai possibilitar discernir nas práticas governamentais as que são corretas e as que são erradas. Em outras palavras, o mecanismo natural do mercado e a formação de um preço natural é que vão permitir – quando se vê, a partir deles, o que o governo faz, as medidas que ele toma, as regras que impõe – falsificar ou verificar a prática governamental. Na medida em que, através da troca, o mercado permite ligar a produção, a necessidade, a oferta, a demanda, o valor, o preço etc., ele constitui nesse sentido um lugar de veridição, quero dizer, um lugar de verificabilidade/falsificabilidade para a prática governamental[6]. Por conseguinte, o mercado é que vai fazer que um bom governo já não seja simplesmente um governo que funciona com base na justiça. O mercado é que vai fazer que o bom governo já não seja somente um governo justo. O mercado é que vai fazer que o governo, agora, para poder ser um bom governo, funcione com base na verdade. Portanto, em toda essa história e na formação de uma nova arte de governar, a economia política não deve seu papel privilegiado ao fato de que ditaria ao governo um bom tipo de conduta. A economia política foi importante, inclusive em sua formulação teórica, na medida em que (somente na medida, mas é uma medida evidentemente considerável) indicou onde o governo devia ir buscar o princípio de verdade da sua própria prática governamental. Digamos em termos simples e bárbaros que o mercado, de lugar de jurisdição que era até o início do século XVIII, está se tornando, por meio de todas essas técnicas que, por sinal, evoquei ano passado a propósito da escassez alimentar, dos mercados de cereais etc.[7], um lugar que chamarei de lugar de veridição. O mercado deve dizer a verdade, deve dizer a verdade em relação à prática governamental. Seu papel de veridição é que vai, doravante, e de uma forma simplesmente secundária, comandar, ditar, prescrever os mecanismos jurisdicionais ou a ausência de mecanismos jurisdicionais sobre os quais deverá se articular.

Quando eu falava do acoplamento realizado no século XVIII entre certo regime de verdade e uma nova razão governamental – e isso em ligação com a economia política –, não queria de modo algum dizer, portanto, que teria havido, por um lado, formação de um discurso científico e teórico que seria a economia política e, por outro lado, os governantes teriam sido ou seduzidos por essa economia política, ou obrigados a levá-la em conta por alguma pressão deste ou daquele grupo social. Quis dizer que o mercado, objeto há muitíssimo tempo privilegiado pela prática governamental e objeto mais privilegiado ainda nos séculos XVI e XVII, sob o regime de uma razão de Estado e de um mercantilismo que fazia do comércio, precisamente, um dos principais instrumentos da força do Estado, tinha se tornado, agora, um lugar de veridição. Isso não apenas, não tanto porque supostamente se entrou na era de uma economia mercantil – isso, ao mesmo tempo que é verdade, não esclarece nada –, não porque as pessoas quiseram fazer a teoria racional do mercado: foi o que fizeram, mas não bastava. Na verdade, para compreender como o mercado, na sua realidade, tornou-se para a prática governamental um lugar de veridição, seria necessário estabelecer o que eu chamaria de uma relação poligonal ou poliédrica, como vocês preferirem, entre certa situação monetária, que era a do século XVIII, com, de um lado, um novo afluxo de ouro e, [de outro], uma relativa constância das moedas, um crescimento econômico e demográfico contínuo na mesma época, uma intensificação da produção agrícola, o acesso à prática governamental de certo número de técnicos portadores, ao mesmo tempo, de métodos e de instrumentos de reflexão e, enfim, a conformação teórica de um certo número de problemas econômicos.

Em outras palavras, não creio que seja necessário buscar – e, por conseguinte, não creio que se possa encontrar – a causa* da constituição do mercado como instância de veridição. O que seria preciso fazer se quiséssemos analisar esse fenômeno, absolutamente fundamental, a meu ver, na história da governamentalidade ocidental, essa irrupção do mercado como princípio de veridição, [seria] simplesmente efetuar, relacionando entre si os diferentes fenômenos que eu evocava há pouco, a inteligibilização[8] desse processo, mostrar como ele foi possível... Isto é, não se trata de mostrar – o que de todo modo é uma tarefa inútil – que ele teria sido necessário, tampouco que é um possível, um dos possíveis num campo determinado de possíveis. Digamos que o que permite tornar inteligível o real é mostrar simplesmente que ele foi possível. Que o real é possível: é isso a sua inteligibilização. Digamos de maneira geral que temos aqui, nessa história de mercado jurisdicional, depois veridicional, um desses incontáveis cruzamentos entre jurisdição e veridição que é sem dúvida um dos fenômenos fundamentais na história do Ocidente moderno.

Foi um pouco em torno dessas [questões] que procurei organizar certo número de problemas. Por exemplo, a propósito da loucura. O problema não era mostrar que tinha se formado na cabeça dos psiquiatras certa teoria, ou certa ciência, ou certo discurso com pretensões científicas, que teria sido a psiquiatria e teria se concretizado ou teria encontrado seu lugar de aplicação no interior dos hospitais psiquiátricos. Tampouco se tratava de mostrar como instituições de encerramento que existiam havia muito tempo tinham secretado, a partir de determinado momento, sua própria teoria e sua própria justificação numa coisa que havia sido o discurso dos psiquiatras. Tratava-se de estudar a gênese da psiquiatria a partir e através das instituições de encerramento que esta-

....
* M. Foucault repete, enfatizando o artigo: *a* causa.

vam original e essencialmente articuladas a mecanismos de jurisdição em sentido bastante lato – pois o fato era que se tratava de jurisdições de tipo policial, mas em todo caso, por enquanto, nesse nível, isso não tem muita importância – e que, a partir de certo momento e em condições que se tratava precisamente de analisar, foram ao mesmo tempo sustentadas, substituídas, transformadas e deslocadas por processos de veridição.

Do mesmo modo, estudar as instituições penais queria dizer estudá-las primeiro, é claro, como lugares e formas em que a prática jurisdicional era predominante e, podemos dizer, autocrática. [Estudar] como, nessas instituições penais fundamentalmente ligadas a uma prática jurisdicional, tinha se formado e se desenvolvido certa prática veridicional que começava a instituir – claro que com o acompanhamento da criminologia, da psicologia etc., mas não é isso o essencial – a questão veridicional que está no cerne do problema da penalidade moderna, a ponto até de embaraçar sua jurisdição, e era a questão da verdade formulada ao criminoso: quem é você? A partir do momento em que a prática penal substitui a questão: o que você fez? pela questão: quem é você?, a partir desse momento, vocês veem que a função jurisdicional do penal está se transformando ou é secundada pela questão da veridição, ou eventualmente minada por ela.

Do mesmo modo, estudar a genealogia do objeto "sexualidade" através de um certo número de instituições queria dizer tentar identificar, em coisas como as práticas da confissão, a direção de consciência, o relatório médico etc., o momento em que se fez a troca e o cruzamento entre certa jurisdição das relações sexuais, que definem o que é permitido e o que é proibido, e a veridição do desejo, que é aquilo em que se manifesta atualmente a armadura fundamental do objeto "sexualidade".

Vocês veem que isso tudo – quer se trate do mercado, do confessional, da instituição psiquiátrica ou da prisão –, em todos esses casos, trata-se de abordar sob diversos ângulos uma história da verdade, ou antes, de abordar uma história da verdade que estaria acoplada, desde a origem, a uma história do direito. Enquanto, com muita frequência, o que se procura fazer é uma história do erro ligada a uma história das proibições, o que eu lhes sugeriria era fazer uma história da verdade acoplada à história do direito. História da verdade entendida, é óbvio, não no sentido de que se trataria de reconstituir a gênese do verdadeiro através dos erros eliminados ou retificados; uma história do verdadeiro que tampouco seria a constituição de certo número de racionalidades historicamente sucessivas e se estabeleceria pela retificação ou pela eliminação de ideologias. Essa história da verdade tampouco seria a descrição de sistemas de verdades insulares e autônomos. Tratar-se-ia da genealogia de regimes veridicionais, isto é, da análise da constituição de certo direito da verdade a partir de uma situação de direito, com a relação direito/verdade encontrando sua manifestação privilegiada no discurso, o discurso em que se formula o direito e em que se formula o que pode ser verdadeiro ou falso; de fato, o regime de veridição não é uma certa lei da verdade, [mas sim] o conjunto das regras que permitem estabelecer, a propósito de um discurso dado, quais enunciados poderão ser caracterizados, nele, como verdadeiros ou falsos.

Fazer a história dos regimes de veridição e não a história da verdade, e não a história do erro, e não a história da ideologia etc., fazer a história da [veridição]* significa, é claro, renunciar a empreender mais uma vez a tal crítica da racionalidade europeia, a tal crítica do excesso de racionalidade europeia, que, como vocês sabem, foi incessantemente retomada desde o início do século XIX, sob diversas formas. Do romantismo à Escola de Frankfurt[9], foi sempre esse questionamento da racionalidade com o peso de poder que lhe seria

....
* M.F.: jurisdição.

próprio, foi sempre isso que foi posto em questão. Ora, a crítica* do saber que eu lhes proporei não consiste, justamente, em denunciar o que haveria de – eu ia dizendo monotonamente, mas isso não se diz –, então o que haveria de continuamente opressivo sob a razão, porque, afinal de contas, acreditem, a desrazão é igualmente opressiva. Essa crítica política do saber não consistiria tampouco em pôr a nu a presunção de poder que haveria em toda verdade afirmada, porque, acreditem também, a mentira ou o erro também constituem abusos de poder. A crítica que lhes proponho consiste em determinar em que condições e com quais efeitos se exerce uma veridição, isto é, mais uma vez, um tipo de formulação do âmbito de certas regras de verificação e de falsificação. Por exemplo, quando digo que a crítica consistiria em determinar em que condições e com quais efeitos se exerce uma veridição, vocês veem que o problema não consistiria em dizer, portanto: vejam como a psiquiatria é opressiva, já que é falsa. Não consistiria nem mesmo em ser um pouco mais sofisticado e dizer: olhem como ela é opressiva, já que é verdadeira. Consistiria em dizer que o problema está em trazer à luz as condições que tiveram de ser preenchidas para que se pudessem emitir sobre a loucura – mas a mesma coisa valeria para a delinquência, a mesma coisa valeria para o sexo – os discursos que podem ser verdadeiros ou falsos de acordo com as regras que são as da medicina ou as da confissão ou as da psicologia, pouco importa, ou as da psicanálise.

Em outras palavras, para que tenha um alcance político, a análise tem de visar não a gênese das verdades ou a memória dos erros. Saber quando determinada ciência começou a dizer a verdade, que importância tem? Lembrar-se de todos os erros que os médicos cometeram ao falar sobre o sexo ou a loucura não adianta nada... A meu ver, o que tem uma importância política atual é determinar que regime de veridi-

....
* O manuscrito acrescenta, p. 10 bis: "política".

ção foi instaurado num determinado momento, que é precisamente aquele a partir do qual podemos agora reconhecer, por exemplo, que os médicos do século XIX disseram tantas tolices sobre o sexo. Lembrar-se de que os médicos do século XIX disseram muitas tolices sobre o sexo não tem politicamente nenhuma importância. Só tem importância a determinação do regime de veridição que lhes permitiu dizer como verdadeiras e afirmar como verdadeiras algumas coisas que, aliás, hoje sabemos talvez não o fossem tanto assim. É precisamente esse o ponto em que a análise histórica pode ter um alcance político. Não é uma história do verdadeiro, não é uma história do falso: a história da veridição é que tem importância politicamente. Era isso o que eu queria lhes dizer a propósito dessa questão do mercado ou, digamos, da conexão de um regime de verdade à prática governamental.

Segunda questão, segundo ponto sobre o qual gostaria de burilar um pouco o que disse a vocês na última vez. Eu lhes dizia, vocês se lembram, que no regime da pura razão de Estado a governamentalidade ou, em todo caso, a linha de tendência da governamentalidade era sem termo, não tinha fim. Em certo sentido, a governamentalidade era ilimitada. Era precisamente isso que caracterizava o que se chamava, na época, de polícia, o que se chamará no fim do século XVIII, e com um olhar já retrospectivo, de Estado de polícia. O Estado de polícia é um governo que se confunde com a administração, um governo que é inteiramente administrativo e uma administração que tem para si, atrás de si, o peso integral de uma governamentalidade.

Eu havia procurado lhes mostrar como, na verdade, essa governamentalidade integral, essa governamentalidade com linha de tendência ilimitada teve, não exatamente um limite, mas um contrapeso na existência tanto de instituições judiciárias e de magistrados, como de discursos jurídicos centrados, precisamente, no problema de [saber] que direito tem o soberano de exercer seu poder e em que limites de direito a ação do soberano pode se inscrever. Logo, não era algo completamente desequilibrado, não era algo completamente ilimitado na razão de Estado, mas havia um sistema de, por assim dizer, duas partes relativamente externas uma à outra.

Eu lhes indiquei também que no novo sistema, na nova razão governamental criada no século XVIII, o sistema do governo frugal ou o sistema da razão do Estado mínimo implicava algo bem diferente. Por um lado, uma limitação e, por outro, uma limitação interna. Limitação interna, mas não se deve crer que seja uma limitação de natureza totalmente diferente do direito. É uma limitação que é sempre e apesar de tudo uma limitação jurídica, pois o problema está precisamente em saber como, no regime da nova razão governamental, dessa razão governamental autolimitada, essa limitação pode ser formulada em termos de direito. Vocês veem como o problema é diferente, pois, por um lado, no sistema da antiga razão de Estado vocês tinham uma governamentalidade de tendência indefinida com, no exterior, um sistema de direito que se opunha, que se opunha aliás, dentro de limites políticos concretos e bem conhecidos: entre o poder real [de um lado] e os defensores da instituição judiciária, de outro. Trata-se, neste caso, de um problema diferente que é o seguinte: visto que a governamentalidade tem de se autolimitar, como vai ser possível formular em direito essa autolimitação sem que, com isso, o governo se veja paralisado e, também, sem que seja sufocado – e é exatamente esse o problema – esse lugar de verdade de que o mercado era o exemplo privilegiado e que, a esse título, tinha de ser respeitado? Em termos claros, o problema que vai se colocar a partir do fim do século XVIII é o seguinte: se há uma economia política, o que acontece com o direito público? Ou ainda: que bases podem ser encontradas para o direito que vai articular o exercício do poder público, visto que existe pelo menos uma região – e outras mais, sem dúvida – em que a não intervenção do governo é absolutamente necessária, não por razões de direito, mas por razões de fato, ou antes, por razões de verdade? Limitado por respeito à verdade, como é que o poder, como é que o governo vai poder formular esse respeito à verdade em termos de lei a respeitar?* Afinal de contas, o fato de que as faculdades de direito na França tenham sido por muito tempo, até estes últimos anos, igualmente faculdades de economia política, para grande mal-estar dos economistas e dos juristas, nada mais é que o prolongamento, certamente abusivo em termos de história, de um fato originário fundamental, que era o de que não se podia pensar a economia política, isto é, a liberdade de mercado, sem levantar ao mesmo tempo o problema do direito público, a saber, a limitação do poder público.

Temos aliás a prova disso em certo número de coisas precisas e concretas. Afinal de contas, os primeiros economistas eram ao mesmo tempo juristas e gente que colocava o problema do direito público. Beccaria, por exemplo, teórico do direito público essencialmente sob a forma do direito penal, também era economista[10]. Adam Smith[11]: basta ler *A riqueza das nações*, nem é preciso ler os outros textos de Adam Smith para ver que o problema do direito público atravessa inteiramente toda a sua análise. Bentham, teórico do direito público, era ao mesmo tempo economista e escreveu livros de economia política[12]. E, fora esses fatos que mostram a pertinência originária do problema da economia política [ao] da limitação do poder público, vocês o encontrarão o tempo todo nos problemas colocados no decorrer dos séculos XIX e XX sobre a legislação econômica, sobre a separação entre o governo e a administração, sobre a constituição de um direito administrativo, sobre a necessidade ou não da existência de tribunais administrativos específicos[13] etc. Não era portanto um desaparecimento do direito que eu evocava da últi-

....
* M. Foucault acrescenta: Esse acoplamento que, agora, nos parece estranhíssimo entre economia política e direito público... *[frase inacabada]*

ma vez ao falar da autolimitação da razão governamental, mas o problema posto pela limitação jurídica de um exercício do poder político que os problemas de verdade impunham estabelecer.

Logo, poderíamos dizer, deslocamento do centro de gravidade do direito público. O problema fundamental, essencial, do direito público já não vai ser tanto, como no século XVII, no século XVIII, como fundar a soberania, em que condições o soberano pode ser legítimo, em que condições ele poderá legitimamente exercer seus direitos, e sim como pôr limites jurídicos para o exercício de um poder público. Esquematicamente, pode-se dizer que, no fim do século XVIII e início do século XIX, foram propostas essencialmente duas vias para essa elaboração: uma que chamarei, digamos, a via axiomática, jurídico-dedutiva, que foi até certo ponto a via da Revolução Francesa – também poderíamos chamá-la de via rousseauniana*. Em que consiste? Pois bem, consiste justamente em partir, não do governo e da sua necessária limitação, mas em partir do direito, do direito em sua forma clássica, isto é, [em] procurar definir quais são os direitos naturais ou originários que pertencem a todos os indivíduos, definir em seguida em que condições, por causa de quê, segundo que formalidades, ideais ou históricas, aceitou-se uma limitação ou uma troca de direito. Consiste também em definir os direitos cuja cessão se aceitou e, ao contrário, os direitos para os quais nenhuma cessão foi acordada e que permanecem, por conseguinte, em qualquer condição e sob todos os governos possíveis, ou em todo regime político possível, direitos imprescritíveis. Enfim, a partir daí, e somente a partir daí, uma vez assim definidos a divisão dos direitos, a esfera de soberania e os limites do direito da soberania, pode-se então deduzir, mas somente deduzir, o que podemos chamar de fronteiras da competência do governo, mas no âmbito esta-

....
* A outra via é chamada, no manuscrito (p. 15), de "via indutiva e residual".

belecido pela armadura que constitui a própria soberania. Em outras palavras, esse procedimento consiste, em termos claros e simples, em partir dos direitos do homem para chegar à delimitação da governamentalidade, passando pela constituição do soberano. Direi que é, *grosso modo*, a via revolucionária. É uma maneira de colocar, logo de saída e por uma espécie de reinício ideal ou real da sociedade, do Estado, do soberano e do governo, o problema da legitimidade e da incessibilidade dos direitos. Vocês veem, portanto, que esse procedimento, apesar de ter sido política e historicamente o procedimento dos revolucionários, é um procedimento que podemos dizer retroativo, ou retroacionário, na medida em que consiste em retomar o problema do direito público que era exatamente aquele que os juristas não haviam cessado de opor à razão de Estado dos séculos XVII e XVIII. E é nisso que vocês têm uma continuidade entre os teóricos do direito natural do século XVII e, digamos, os juristas e os legisladores da Revolução Francesa.

A outra via consiste, não em partir do direito, mas em partir da própria prática governamental. Partir dessa prática governamental e procurar analisá-la, mas analisá-la em função de quê? Em função dos limites de fato que podem ser postos a essa governamentalidade. Limites de fato que podem vir da história, que podem vir da tradição, que podem vir de um estado de coisas historicamente determinado, mas também podem ser e também devem ser determinados como os limites de certo modo desejáveis, os limites adequados a serem estabelecidos justamente em função dos objetivos da governamentalidade, dos objetos com que ela lida, dos recursos do país, sua população, sua economia etc. – em suma, a análise do governo, da sua prática, dos seus limites de fato, dos seus limites desejáveis. E deduzir, a partir daí, em que seria contraditório, ou absurdo, o governo mexer. Melhor ainda, e mais radicalmente, deduzir aquilo em que seria inútil o governo mexer. Inútil quer dizer que a esfera de competência do governo vai ser definida agora e, se essa via for seguida, justamente a partir do que seria útil e inútil o governo fazer ou não fazer. O limite de competência do governo será definido pelas fronteiras da utilidade de uma intervenção governamental. Colocar a um governo, a cada instante, a cada momento da sua ação, a propósito de cada uma das suas instituições, velhas ou recentes, a questão: é útil? é útil para quê? dentro de que limites é útil? a partir de que se torna inútil? a partir de que se torna nocivo? Essa questão não é a questão revolucionária: quais são os meus direitos originais e como posso fazê-los valer em face de um soberano? Mas é a questão radical, é a questão do radicalismo inglês. O problema do radicalismo inglês é o problema da utilidade.

Não se deve pensar que o radicalismo político inglês nada mais é que a projeção, no plano político, de uma ideologia, digamos, utilitarista. Ao contrário, a partir de uma elaboração interna, que é também uma elaboração perfeitamente pensada, que é também uma reflexão perpetuamente investida, permeada, de elementos filosóficos, teóricos, jurídicos, logo, a partir da prática do governo, definir qual deve ser sua esfera de competência, e defini-la em termos de utilidade. A partir disso, o utilitarismo aparece como algo bem diferente de uma filosofia, algo bem diferente de uma ideologia. O utilitarismo é uma tecnologia do governo, assim como o direito público era, na época da razão de Estado, a forma de reflexão ou, se quiserem, a tecnologia jurídica com a qual se procurava limitar a linha de tendência indefinida da razão de Estado.

Uma observação a propósito da palavra "radicalismo", "radical". O termo "radical" havia sido empregado na Inglaterra (a palavra, creio eu, data do fim do século XVII ou do início do século XVIII) para designar – e é isso que é muito interessante – a posição dos que queriam fazer valer, em face dos abusos reais ou possíveis do soberano, os direitos originários, os célebres direitos originários que os povos anglo-saxões teriam detido antes da invasão pelos normandos (falei-lhes disso há dois ou três anos[14]). O radicalismo é isso. Ele consistia portanto em fazer valer os direitos originários, no sentido em que o direito público, em suas reflexões históricas, podia identificar os direitos fundamentais. Agora, o radicalismo inglês, a palavra "radical" vai designar a posição que consiste em colocar continuamente ao governo, à governamentalidade em geral, a questão da sua utilidade ou da sua não utilidade.

Duas vias portanto: a via revolucionária, articulada essencialmente sobre as posições tradicionais do direito público; e a via radical, articulada essencialmente sobre a nova economia da razão de governar. Duas vias que implicam duas concepções da lei, pois de um lado, na via axiomática revolucionária, digamos assim, a lei vai ser concebida como o quê? Como a expressão de uma vontade. Vamos ter portanto um sistema vontade-lei. Vocês vão encontrar o problema da vontade, é claro, no próprio cerne de todos os problemas de direito, o que também autentica o fato de que essa problemática é uma problemática fundamentalmente jurídica. A lei é concebida portanto como a expressão de uma vontade, de uma vontade coletiva que manifesta a parte de direito que os indivíduos aceitaram ceder e a parte que eles querem reservar. Na outra problemática, na via radical utilitarista, a lei será concebida como efeito de uma transação que vai colocar, de um lado, a esfera de intervenção do poder público e, de outro, a esfera de independência dos indivíduos. Isso nos leva a outra distinção igualmente importantíssima: de um lado, vamos ter uma concepção da liberdade que é uma concepção jurídica – todo indivíduo detém originalmente certa liberdade da qual cederá ou não certa parte – e, de outro, a liberdade não vai ser concebida como exercício de certo número de direitos fundamentais, ela vai ser percebida simplesmente como a independência dos governados em relação aos governantes. Temos portanto duas concepções absolutamente heterogêneas da liberdade, uma concebida a partir dos direitos do homem, a outra percebida a partir da independência dos governados. O sistema dos direitos do homem e o sistema da independência dos governados são dois sistemas que, não digo que não se penetram, mas têm uma origem histórica diferente e comportam uma heterogeneidade, uma disparidade que é, a meu ver, essencial. O problema atual do que chamamos direitos do homem: bastaria ver onde, em que país, como, sob que forma são reivindicados, para ver que, de vez em quando, trata-se de fato da questão jurídica dos direitos do homem e, no outro caso, trata-se dessa outra coisa que é, em relação à governamentalidade, a afirmação ou a reivindicação da independência dos governados.

Dois caminhos para constituir em direito a regulação do poder público, duas concepções da lei, duas concepções da liberdade. É essa ambiguidade que caracteriza, digamos, o liberalismo europeu do século XIX e também do século XX. E, quando digo dois caminhos, quando digo duas vias, quando digo duas concepções da liberdade, do direito, não quero dizer que se trata de dois sistemas separados, estranhos, incompatíveis, contraditórios, totalmente excludentes um em relação ao outro, mas quero dizer que temos aí dois procedimentos, duas coerências, duas maneiras de fazer, por assim dizer, heterogêneas. E o que é preciso ter bem presente é que a heterogeneidade nunca é um princípio de exclusão ou, se preferirem, a heterogeneidade nunca impede nem a coexistência, nem a junção, nem a conexão. Digamos que é precisamente aí e nesse gênero de análise que se faz valer, que é necessário fazer valer, sob pena de cair no simplismo, uma lógica que não seja uma lógica dialética. Porque a lógica dialética, o que é? Pois bem, a lógica dialética é uma lógica que põe em jogo termos contraditórios no elemento do homogêneo. Proponho substituir essa lógica da dialética pelo que chamarei de lógica da estratégia. E uma lógica da estratégia não faz valer termos contraditórios num elemento do homogêneo que promete sua resolução numa unidade. A lógica da estratégia tem por função estabelecer quais são as conexões possíveis entre termos díspares e que permanecem díspares. A lógica da estratégia é a lógica da conexão do heterogêneo, não é a lógica da homogeneização do contraditório. Rejeitemos portanto a lógica da dialética e procuremos ver (em todo caso é o que procurarei lhes mostrar no curso) quais conexões puderam manter unidos, puderam fazer conjugar-se a axiomática fundamental dos direitos do homem e o cálculo utilitário da independência dos governados.

Gostaria de acrescentar uma coisa a esse respeito, mas creio que seria longo demais, por isso tornarei mais tarde sobre ela*. Gostaria simplesmente, a partir daí, de voltar um

....

* M. Foucault passa rapidamente por cima das páginas 18-20 do manuscrito:

> "Encontraríamos evidentemente muitos exemplos disso no discurso dos revolucionários americanos. Talvez o pensamento revolucionário seja precisamente isto: pensar simultaneamente a utilidade da independência e a axiomática dos direitos (Revolução Americana).
> [p. 18 bis] Essa heterogeneidade foi perfeitamente sentida pelos contemporâneos. Bentham, Dumont e os Direitos do Homem. E tem permanecido sensível, nos últimos dois séculos, pois nunca se pôde encontrar verdadeira coerência e equilíbrio entre esses procedimentos. De maneira maciça, mas não sem alguns retrocessos, é a regulação do poder público em termos de utilidade que prevalece sobre a axiomática da soberania em termos de direitos originários. A utilidade coletiva (muito mais que a vontade coletiva) como eixo geral da arte de governar.
> [p. 19] Linha de tendência geral, mas que não apaga a outra. Tanto mais que às vezes ambas produzem efeitos similares, embora sem dúvida não se possam sobrepor. Porque a axiomática da soberania é levada a enfatizar com tanta força os direitos imprescritíveis que, de fato, não é possível encontrar nela lugar para uma arte de governar e para o exercício de um poder público, a não ser que o soberano seja constituído juridicamente e de maneira tão forte como vontade coletiva que ele vai reduzir à pura idealidade o exercício dos direitos fundamentais. Oriente totalitário. Mas o radicalismo da utilidade também vai ser levado, a partir da distinção 'utilidade individual/utilidade coletiva', a fazer a utilidade geral prevalecer sobre a utilidade individual e, por conseguinte, reduzir infinitamente a independência dos governados.
> [p. 20] Oriente da governamentalidade indefinidamente estendida.

instante ao que eu lhes dizia no início, a propósito do mercado – bem, este é um ponto sobre o qual tornarei mais tarde[15]. Mas o que quero mesmo assim salientar agora é que, entre esses dois sistemas heterogêneos – o da axiomática revolucionária, do direito público e dos direitos do homem, e o caminho empírico e utilitário que define, a partir da necessária limitação do governo, a esfera de independência dos governados –, existe, evidentemente, uma conexão, conexão incessante, toda uma série de pontes, de passarelas, de junções. Vejam, por exemplo, a história do direito de propriedade*. Mas é evidente (disso eu lhes falarei no curso) que, nos dois sistemas, há um que se manteve e foi forte, e outro que, ao contrário, regrediu. O que se manteve e foi forte é, bem entendido, a via radical que consistia em procurar definir a limitação jurídica do poder público em termos de utilidade governamental. E é essa linha de tendência que vai caracterizar não apenas a história do liberalismo europeu propriamente dito, mas também a história do poder público no Ocidente. E, por conseguinte, é esse problema da utilidade, da utilidade individual e coletiva, da utilidade de cada um e de todos, da utilidade dos indivíduos e da utilidade geral, é esse problema que vai ser finalmente o grande critério de elaboração dos limites do poder público e de formação de um direito público e de um direito administrativo. Entramos, a partir do início do século XIX, numa era em que o problema da utilidade abrange cada vez mais todos os problemas tradicionais do direito.

Então, a partir daí, gostaria de fazer uma observação. A propósito do mercado, havíamos visto há pouco que um dos pontos de ancoragem da nova razão governamental era o mercado, o mercado entendido como mecanismo das trocas e lugar de veridição no que concerne à relação valor/preço.

....

* M. Foucault acrescenta: vocês o verão funcionar muito bem nos dois [*palavra inaudível*], e funcionar de maneira [*palavra inaudível*]

Agora encontramos um segundo ponto de ancoragem da nova razão governamental. Esse ponto de ancoragem é a elaboração do poder público e a medida das suas intervenções indexadas ao princípio de utilidade. Troca, do lado do mercado – utilidade, do lado do poder público. Valor de troca e veridição espontânea dos processos econômicos, medidas de utilidade e jurisdição interna dos atos do poder público. Troca para as riquezas, utilidade para o poder público: eis como a razão governamental articula os princípios fundamentais da sua autolimitação. Troca de um lado, utilidade do outro, tendo, como vocês certamente veem, para abranger tudo ou como categoria geral para pensar tudo isso – tanto a troca que se deve respeitar no mercado, já que o mercado é veridição, [como] a utilidade para limitar o poder público, já que este só deve se exercer onde é positiva e precisamente útil –, pois bem, a categoria geral que vai abranger a troca e a utilidade é, bem entendido, o interesse, já que o interesse é que é o princípio da troca e o critério da utilidade. A razão governamental, em sua forma moderna, na forma que se estabelece no início do século XVIII, essa razão governamental que tem por característica fundamental a busca do seu princípio de autolimitação, é uma razão que funciona com base no interesse. Mas esse interesse já não é, evidentemente, o do Estado inteiramente referido a si mesmo e que visa tão somente seu crescimento, sua riqueza, sua população, sua força, como era o caso na razão de Estado. Agora, o interesse a cujo princípio a razão governamental deve obedecer são interesses, é um jogo complexo entre os interesses individuais e coletivos, a utilidade social e o benefício econômico, entre o equilíbrio do mercado e o regime do poder público, é um jogo complexo entre direitos fundamentais e independência dos governados. O governo, em todo caso o governo nessa nova razão governamental, é algo que manipula interesses.

Mais precisamente, podemos dizer o seguinte: os interesses são, no fundo, aquilo por intermédio do que o governo pode agir sobre todas estas coisas que são, para ele, os indivíduos, os atos, as palavras, as riquezas, os recursos, a propriedade, os direitos etc. Mais claramente, se me permitem, tema simplíssimo: digamos que, num sistema como o sistema precedente, o soberano, o monarca, o Estado, agia, tinha direito, estava legitimado, justificado para agir sobre o quê? Pois bem, sobre as coisas, sobre as terras. O rei era muitas vezes, não sempre, considerado proprietário do reino. Era a esse título que podia intervir. Ou ele era, em todo caso, proprietário de um domínio. Podia agir sobre os súditos já que, como súditos, estes tinham com o soberano certa relação pessoal que fazia que o soberano pudesse, quaisquer que fossem os direitos dos próprios súditos, agir sobre tudo. Em outras palavras, tinha-se uma ação direta do poder sob a forma do soberano, sob a forma dos seus ministros, uma ação direta do governo sobre as coisas e sobre as pessoas.

A partir da nova razão governamental – e é esse o ponto de descolamento entre a antiga e a nova, entre a razão de Estado e a razão do Estado mínimo –, a partir de então o governo já não precisa intervir, já não age diretamente sobre as coisas e sobre as pessoas, só pode agir, só está legitimado, fundado em direito e em razão para intervir na medida em que o interesse, os interesses, os jogos de interesse tornam determinado indivíduo ou determinada coisa, determinado bem ou determinada riqueza, ou determinado processo, de certo interesse para os indivíduos, ou para o conjunto dos indivíduos, ou para os interesses de determinado indivíduo confrontados ao interesse de todos etc. O governo só se interessa pelos interesses. O novo governo, a nova razão governamental não lida com o que eu chamaria de coisas em si da governamentalidade, que são os indivíduos, que são as coisas, que são as riquezas, que são as terras. Já não lida com essas coisas em si. Ele lida com estes fenômenos da política que precisamente constituem a política e os móveis da política, com estes fenômenos que são os interesses ou aquilo por intermédio do que determinado indivíduo, determinada coisa, determinada riqueza etc. interessa aos outros indivíduos ou à coletividade.

Temos um exemplo notável disso, parece-me, no caso do sistema penal. Procurei lhes explicar[16] que, no fundo, na penalidade do século XVII e também do início do século XVIII, quando o soberano punia – era essa a verdadeira razão do suplício –, ele intervinha individualmente, de certo modo, em todo caso como soberano, mas, se vocês quiserem, intervinha fisicamente sobre o próprio corpo do indivíduo, e era isso que lhe dava o direito de suplício e o direito do suplício público: manifestação do próprio soberano sobre alguém que havia cometido um crime e, ao cometer um crime, havia lesado certo número de pessoas, mas havia atingido o soberano no próprio corpo do seu poder. Era esse o lugar de formação, de justificação, o próprio fundamento do suplício.

A partir do século XVIII ([como] aparece claramente em Beccaria[17]), o célebre princípio da suavidade das penas – mais uma vez, entenda-se, isso não se refere a alguma mudança na sensibilidade das pessoas –, o princípio da moderação das penas, no fundo, repousa em quê, se alguém quisesse analisá-lo melhor do que eu analisei? Pois bem, é o seguinte: entre o crime, de um lado, e a autoridade soberana que tem o direito de puni-lo, eventualmente de puni-lo com a morte, interpôs-se o quê? A fina película fenomenal dos interesses que são, doravante, a única coisa sobre a qual a razão governamental pode agir. E com isso a punição aparece como devendo ser calculada em função, é claro, dos interesses da pessoa lesada, da reparação dos danos etc. Doravante, porém, a punição deve arraigar-se apenas no jogo dos interesses dos outros, do seu meio, da sociedade etc. Interessa punir? Que interesse há em punir? Que forma a punição deve ter para que seja interessante para a sociedade? Interessa supliciar ou o que interessa é reeducar? E reeducar como, até que ponto etc., e quanto vai custar? A inserção dessa película fenomenal do interesse constituindo a única esfera, ou antes, a única superfície de intervenção possível do governo – é isso que explica essas mutações que devem ser todas, como vocês veem, referidas a esse rearranjo da razão governamental.

O governo em seu novo regime é, no fundo, uma coisa que já não tem de ser exercida sobre sujeitos e sobre coisas sujeitadas através desses sujeitos. O governo vai se exercer agora sobre o que poderíamos chamar de república fenomenal dos interesses. Questão fundamental do liberalismo: qual o valor de utilidade do governo e de todas as ações do governo numa sociedade em que é a troca que determina o verdadeiro valor das coisas?*

Pois bem, creio que é aí que se colocam as questões fundamentais do liberalismo. Foi aí que o liberalismo colocou a questão fundamental do governo, e o problema está em saber se todas as formas políticas, econômicas etc. que se quis opor ao liberalismo podem efetivamente escapar dessa questão e da formulação dessa questão da utilidade de um governo num regime em que a troca é que determina o valor das coisas.

....
* M. Foucault acrescenta: Valor de utilidade do governo em face de um sistema em que a troca é que determina o verdadeiro valor das coisas. Como isso é possível?

NOTAS

1. M. Foucault, no "Resumo do curso", remete a Benjamin Franklin (cf. *infra*, p. 327). Cf., por exemplo, a carta de B. Franklin a Charles de Weissenstein de 1º de julho de 1778 (*in* A. H. Smyth, org., *The Writings of Benjamin Franklin*, Nova York, Macmillan, 1905-1907, vol. VII, p. 168), citado por D. R. McCoy, "Benjamin Franklin's vision of a republican political economy for America", *The William and Mary Quarterly*, 3ª série, vol. 35 (4), outubro de 1978, p. 617: "A virtuous and laborious people could always be 'cheaply governed' in a republican system."

2. É esse justo preço (*justum pretium*) que a escolástica medieval, a partir da doutrina aristotélica da justiça comutativa (*Ética nicomaqueia*, livro V), havia estabelecido como modelo ideal das transações. Cf. S. L. Kaplan, *Bread, Politics and Political Economy in the Reign of Louis XV*, Haia, Martinus Nijhoff, 1976 / *Le Pain, le Peuple et le Roi*, trad. fr. M.-A. Revellat, Paris, Perrin, "Pour l'histoire", 1986, pp. 55-6: "O tenente-geral de polícia, os delegados, os medidores de cereais e os funcionários locais insistem sem cessar no 'justo preço' que se consideram obrigados a garantir. [...] Para ser equitativos, os preços não devem nem 'revoltar' os comerciantes nem 'lesar' os consumidores. Eles são estabelecidos de acordo com um ideal de moderação que tende a variar com as circunstâncias. Um preço é tido como justo quando os comerciantes estabelecem um lucro moderado e a massa do povo, que vive num estado de miséria crônica, não sofre exageradamente, isto é, mais que de costume. Em tempo normal, o justo preço é simplesmente o preço corrente (como os teólogos recomendam) fixado por uma estimativa comum, em vez de imposto pelas manobras dos comerciantes ou pelas ordens do governo." Cf. J. W. Baldwin, *The Medieval Theories of the Just Price: Romanists, canonists and theologians in the twelfth and thirteenth centuries*, Filadélfia, American Philosophical Society, 1959; J. A. Schumpeter, *History of Economic Analysis*, ed. manuscrita por E. Boody Schumpeter, Nova York, Oxford University Press, 1954 / *Histoire de l'analyse économique*, trad. fr. e org. por E. Boody Schumpeter, R. Kuenne, J.-C. Casanova *et al.*, Paris, Gallimard, "Bibliothèque des sciences humaines", 1983, t. I, pp. 139-40. Bibliografia

complementar *in* S. L. Kaplan, trad. cit., pp. 441-2, nota 14 do cap. II. Sobre essa questão do preço, cf. *Les Mots et les Choses*, Paris, Gallimard, "Bibliothèque des sciences humaines", 1966, cap. VI, seção IV, "Le gage et le prix" (a questão do preço é essencialmente tratada, então, relativamente à função da moeda) [ed. bras.: "O penhor e o preço", *in As palavras e as coisas*, São Paulo, Martins Fontes, 2002].

3. Pierre Le Pesant, seigneur de Boisguilbert (1646-1714), autor notadamente do *Détail de la France* (1695) e do *Traité de la nature, culture, commerce et intérêt des grains* (1707). É considerado o precursor dos fisiocratas. Cf. J. A. Schumpeter, *Histoire de l'analyse économique*, trad. cit., t. I, p. 302, n. 1, e sobretudo A. Sauvy, *Pierre de Boisguilbert, ou la Naissance de l'économie politique*, Paris, INED, 1966, 2 vols. – Parece no entanto que Boisguilbert não emprega o conceito de "preço natural". Fala às vezes de "preço de proporção" (ou preço "proporcional") sem conteúdo analítico preciso (compradores e vendedores tiram a mesma vantagem) e de "preço de rigor", em referência ao custo de produção (mínimo aceitável).

4. Cf. E. Depitre, introdução a Dupont de Nemours, *De l'exportation et de l'importation des grains* (1764), Paris, P. Geuthner, "Collection des économistes et des réformateurs sociaux de la France", 1911, pp. XXIII-XXIV: "No sistema fisiocrático, não há nada mais fácil de determinar que o bom preço: é o preço *comum e pouco variável do mercado geral*, o preço que *a concorrência estabelece entre as nações que comerciam livremente*." Cf. igualmente *Sécurité, Territoire, Population*, aula de 5 de abril de 1978, p. 369, n. 25.

5. Cf. A. Marshall, *Principles of Economics*, Londres, Macmillan & Co., 1890 (cf. J. A. Schumpeter, *Histoire de l'analyse économique*, I, p. 268; II, p. 292).

6. Sobre essa nova definição do mercado como lugar de veridição ou de verdade dos preços, cf. por exemplo [E. Bonnot de] Condillac, *Le Commerce et le Gouvernement considérés relativement l'un à l'autre*, Amsterdam-Paris, Jombert & Cellot, 1776, parte I, cap. IV, "Des marchés ou des lieux où se rendent ceux qui ont besoin de faire des échanges"; ver em particular p. 23, ed. de 1795 (reimpr. Paris-Genebra, Slatkine, 1980: "[...] os preços só podem ser regulados nos mercados, porque é somente lá que os cidadãos reunidos podem, comparando o interesse que têm de trocar, julgar o valor das coisas relativamente às suas necessidades. Só podem ser regulados lá, porque é só nos mercados que todas as coisas a trocar se põem em evidência: é só nos mercados que se pode julgar a relação de abundância ou de

escassez que elas têm umas com as outras; relação que determina seu preço respectivo").

7. Cf. *Sécurité, Territoire, Population*, aula de 18 de janeiro de 1978, pp. 33 ss.

8. Essa expressão já é utilizada por Foucault na conferência pronunciada, em maio de 1978, na Sociedade Francesa de Filosofia, "Qu'est-ce que la critique?" (*Bulletin de la Société française de philosophie*, ano 84, nº 2, abril-junho de 1990, p. 51), a propósito da diferença entre a genealogia e os procedimentos de uma história explicativa: "Digamos em linhas gerais que, em oposição a uma gênese que se orienta para a unidade de uma causa principial prenhe de uma descendência múltipla, tratar-se-ia aqui de uma genealogia, isto é, de algo que procura reconstituir as condições de aparecimento de uma singularidade a partir de múltiplos elementos determinantes, de que ela aparece não como produto, mas como efeito. Inteligibilização [*mise en intelligibilité*], portanto, mas que cumpre compreender que não funciona segundo um princípio de fechamento". Foucault já tinha se detido sobre esse problema da inteligibilidade na história em *Sécurité, Territoire, Population*, aula de 8 de março de 1978, p. 244. Sobre a distinção entre gênese e genealogia, cf. *ibid.*, aula de 8 de fevereiro de 1978, p. 121.

9. Sobre a relação de Foucault com a Escola de Frankfurt, cf. "Qu'est-ce que la critique?", *loc. cit.*, pp. 42-3; "'Omnes et singulatim: vers une critique de la raison politique'", trad. do inglês (S. McMurrin, org., *The Tanner Lectures on Human Values*, 1981), DE, IV, nº 291, p. 135; "Espace, savoir, pouvoir", trad. do inglês (*Skyline*, março de 1982), DE, IV, nº 310, p. 279; "Structuralisme et post-structuralisme", entrevista a G. Raulet (*Telos*, primavera de 1983), DE, IV, nº 330, pp. 438-41.

10. Autor do célebre tratado *Dei delitti e delle pene* [ed. bras.: *Dos delitos e das penas*, São Paulo, Martins Fontes, 2005], publicado em Livorno em 1764, Cesare Bonesana, marquês de Beccaria (1738-1794), obteve em 1769 a cátedra de *scienze camerali e economiche* então recém-fundada em Milão (rebatizada por ele de cátedra de *economia política*), que ele abandonou, após dois anos lecionando, por um emprego na administração milanesa. Suas notas para os cursos foram publicadas pela primeira vez em 1804 por P. Custodi, com o título de *Elementi di economia pubblica* (*Scrittori italiani di economia politica: Parte moderna*, vols. XI e XII, Milão, G. G. Destefanis). Cf. igualmente *Discours de M. le Marquis Cesare Beccaria Bonesana... professeur royal de la chaire nouvellement établie par ordre de S. M. impériale pour le commerce et l'administration publique, prononcé à son installation dans les écoles Pa-*

latines, trad. fr. J.-A. Comparet, Lausanne, F. Grasset, 1769 (ed. orig.: *Prolusione letta dal regio professore Marchese Cesare Beccaria Bonesana nell'apertura della nuova cattedra di scienze camerali ultimamente comendata da S.M.I.R.A.*, Florença, G. Allegrini e comp., 1769), e os *Principes d'économie politique appliqués à l'agriculture par l'auteur du "Traité des délits et des peines"*, trad. do italiano por ***, Paris, Vve Bouchard-Huzard, 1852. "O essencial dos seus escritos econômicos consistiu em seus relatórios governamentais" (J. A. Schumpeter, *Histoire de l'analyse économique*, t. I, p. 255; ele qualifica Beccaria de "Adam Smith italiano", *ibid.*, p. 256). Cf. *Atti di governo* de Beccaria, em curso de publicação nos dezessete volumes previstos da *Edizione nazionale* (5 volumes publicados: vols. VI-X, 1987-2000). Esses escritos tratam das mais diversas questões: moedas, minas, pesos e medidas, manufaturas e comércio, feiras e mercados etc. Devo essas precisões à recente tese de Ph. Audegean, "Philosophie réformatrice. Cesare Beccaria et la critique des savoirs de son temps: droit, rhétorique, économie", Université de Paris I-Sorbonne, 2003.

11. Adam Smith (1723-1790), *An Inquiry into the Nature and Causes of the Wealth of Nations*, Londres, W. Straham & T. Cadell, 1776 / *Recherches sur la nature et les causes de la richesse des nations*, trad. fr. do conde Germain Garnier, revista por A. Blanqui, Paris, Guillaumin, 1843; ed. recente: Paris, Garnier-Flammarion, 1991.

12. Cf. *Jeremy Bentham's Economic Writings*, op. cit. [*supra*, p. 34, nota 9], e T. W. Hutchison, "Bentham as an economist", *Economic Journal*, LXVI, 1956, pp. 288-306.

13. M. Foucault retorna sobre estes últimos pontos na aula de 21 de fevereiro de 1979 (*infra*, p. 230 ss.).

14. Cf. *"Il faut défendre la sociéte"*, op. cit., aula de 4 de fevereiro de 1976, pp. 84 ss. (a palavra "radicalismo" não é utilizada então por Foucault). Cf. as obras de Ch. Hill, que conhecia muito bem Foucault (ver a "Situação do curso" de A. Fontana e M. Bertani, *ibid.*, p. 262).

15. Cf. *infra*, aula de 28 de março de 1979, pp. 372 ss.

16. Cf. *Surveiller et punir*, Paris, Gallimard, "Bibliothèque des histoires", 1975, pp. 51-8 [ed. bras.: *Vigiar e punir*, Petrópolis, Vozes, 1977]. Ver também o curso de 1972-1973, "La Société punitive" (resumido em DE, II, pp. 456-70).

17. C. Beccaria, *Des délits et des peines*, trad. fr. M. Chevallier, Genebra, Droz, 1965, § XII, p. 24, "But des châtiments"; cf. *Surveiller et punir*, pp. 106-34, "La douceur des peines".

AULA DE 24 DE JANEIRO DE 1979

As características específicas da arte liberal de governar (II): (3) O problema do equilíbrio europeu e das relações internacionais. – O cálculo econômico e político no mercantilismo. O princípio da liberdade de mercado segundo os fisiocratas e Adam Smith: nascimento de um novo modelo europeu. – O aparecimento de uma racionalidade governamental estendida à escala mundial. Exemplos: a questão do direito marítimo; os projetos de paz perpétua no século XVIII. – Os princípios da nova arte liberal de governar: um "naturalismo governamental"; a produção da liberdade. – O problema da arbitragem liberal. Seus instrumentos: (1) a gestão dos perigos e a adoção de mecanismos de segurança; (2) os controles disciplinares (o panoptismo de Bentham); (3) as políticas intervencionistas. – A gestão da liberdade e suas crises.

Na última vez, procurei esclarecer algumas das que me pareciam ser as características fundamentais da arte liberal de governar. Primeiro eu havia falado do problema da verdade econômica e da veridição do mercado, depois do problema da limitação da governamentalidade pelo cálculo de utilidade. Gostaria agora de abordar um terceiro aspecto, também fundamental, a meu ver: o dos equilíbrios internacionais, enfim, a Europa e o espaço internacional no liberalismo.

Vocês se lembram de que, quando falamos no ano passado da razão de Estado[1], procurei lhes mostrar que havia como que um equilíbrio, um sistema de contrapesos entre o que poderíamos chamar de objetivos ilimitados no interior do Estado e, de outro lado, os objetivos limitados no exterior deste. Objetivos ilimitados no interior devido ao próprio mecanismo em que consiste o Estado de polícia, isto é, uma governamentalidade cada vez mais intensa, mais acentuada, mais fina, mais tênue, uma regulamentação sem marcos determinados *a priori*. Objetivos ilimitados desse lado, objetivos limitados no exterior, na medida em que encontramos, na época em que se constitui essa razão de Estado e em que se organiza esse Estado de polícia, a busca e a organização real de uma coisa que se chama balança europeia, cujo princípio é o seguinte: fazer que não haja nenhum Estado que prevaleça suficientemente sobre os demais para poder reconstituir na Europa a unidade imperial; fazer, por conseguinte, que não haja um Estado que domine todos os outros, que nenhum Estado prevaleça suficientemente sobre o conjunto dos seus vizinhos fazendo reinar sobre eles sua dominação etc. O vínculo entre esses dois mecanismos, o de objetivos ilimitados, o Estado de polícia, o de objetivos limitados, a balança europeia, é fácil de ver, é fácil de entender na medida em que, se é verdade que o Estado de polícia – ou, se preferirem, os mecanismos internos que organizam e desenvolvem indefinidamente o Estado de polícia – tem por razão de ser, finalidade e objetivo o fortalecimento do próprio Estado, cada Estado tem por alvo, portanto, seu fortalecimento indefinido, isto é, um aumento ilimitado de poderio em relação aos outros. Em termos claros, a concorrência no interior daquele que é o melhor no jogo da concorrência vai introduzir na Europa um certo número de desigualdades, desigualdades essas que crescerão, que serão penalizadas por um desequilíbrio na população, logo nas forças militares, e chegar-se-á portanto à tal situação imperial de que o equilíbrio europeu, desde o tratado de Vestefália, quis libertar a Europa. É para evitar isso que se estabelece a balança.

De maneira mais precisa, no cálculo mercantilista e na maneira como o mercantilismo organiza o cálculo econômico-político das forças, vê-se como de fato não se pode evitar um equilíbrio europeu, caso se queira efetivamente impedir que volte a se realizar uma configuração imperial. De fato, para o mercantilismo, a concorrência entre Estados supõe que tudo aquilo mediante o que um dos Estados se enriquece pode, e na verdade deve, ser tomado da riqueza dos outros Estados. O que é adquirido por um tem de ser tirado do outro;

só é possível enriquecer à custa dos outros. Em outras palavras, para os mercantilistas – é esse, a meu ver, um ponto importante –, o jogo econômico é um jogo de resultado nulo. E é um jogo de resultado nulo simplesmente por causa da concepção e da prática, por sinal monetarista, do mercantilismo. Existe certa quantidade de ouro no mundo. Como é o ouro que define, mede e constitui a riqueza de cada Estado, é evidente que, cada vez que um dos Estados se enriquece, ele faz uma retirada desse estoque comum de ouro e, por conseguinte, empobrece os outros. O caráter monetarista da política e do cálculo mercantilistas implica, por conseguinte, que não se pode conceber a concorrência de outra forma que não seja a de um jogo de resultado nulo e, por conseguinte, de enriquecimento de uns à custa dos outros[2]. É precisamente para evitar que, nesse jogo de resultado nulo, haja um ganhador, e um só ganhador, que será necessário estabelecer, numa estrita lógica econômica – para evitar esse fenômeno, essa consequência política da concorrência assim definida –, algo como um equilíbrio que possibilite, de certo modo, interromper o jogo num determinado momento. Ou seja: quando a diferença entre os jogadores puder se tornar grande demais, para-se a partida. É precisamente nisso que consiste o equilíbrio europeu. É exatamente, ou melhor, até certo ponto, o problema pascaliano[3]: o que acontece quando, num jogo de resultado nulo, interrompe-se o jogo e repartem-se os ganhos entre os participantes? Interromper o jogo da concorrência pela diplomacia do equilíbrio europeu – isso é o que necessariamente implicam a concepção e a prática monetarista dos mercantilistas. Eis o ponto de partida.

Ora, o que vai acontecer nesse meado do século XVIII de que lhes falo e em que procuro identificar a formação de uma nova razão governamental? Nessa nova razão de Estado ou nessa razão do Estado mínimo que encontra portanto no mercado sua veridição de base e na utilidade sua jurisdição de fato, é evidente que as coisas vão ser bem diferentes. De fato, para os fisiocratas – mas, aliás, para Adam Smith também –, a liberdade de mercado pode e deve funcionar de tal maneira que vai se estabelecer, através de e graças a essa liberdade de mercado, o que eles chamam de preço natural ou bom preço etc. Em todo caso, esse preço natural, ou esse bom preço, é sempre tal que será proveitoso para quem? Para o vendedor, mas também para o comprador; para o comprador e para o vendedor ao mesmo tempo. Vale dizer que os efeitos benéficos da concorrência não serão desigual e necessariamente repartidos entre um e outro, em benefício de um à custa do outro. Mas o jogo legítimo da concorrência natural, isto é, da concorrência em estado livre, tem de levar a um duplo proveito. A oscilação do preço em torno do valor, essa oscilação que, como eu lhes mostrava na última vez, era assegurada, segundo os fisiocratas, segundo Adam Smith, pela liberdade de mercado, pois bem, essa oscilação faz funcionar um mecanismo de enriquecimento mútuo. Máximo de lucro para o vendedor, mínimo de dispêndio para os compradores. Encontramos portanto a ideia, que estará agora no centro do jogo econômico tal como é definido pelos liberais, de que na verdade o enriquecimento de um país, assim como o enriquecimento de um indivíduo, só pode se estabelecer no longo prazo e se manter por um enriquecimento mútuo. A riqueza do meu vizinho é importante para o meu próprio enriquecimento, e não no sentido em que os mercantilistas diziam que o vizinho precisa ter ouro para comprar meus produtos, o que me permitirá empobrecê-lo, enriquecendo-me. Meu vizinho precisa ser rico, e será rico na mesma medida em que eu me enriquecer por meu comércio e por meu comércio mútuo com ele. Enriquecimento correlativo, portanto, enriquecimento em bloco, enriquecimento regional: ou a Europa inteira será rica, ou a Europa inteira será pobre. Já não há bolo a dividir. Entra-se na era de uma historicidade econômica que será comandada pelo enriquecimento, se não indefinido, pelo menos recíproco, graças ao próprio jogo da concorrência.

Creio que começa a se esboçar aí algo muito importante, cujas consequências, como vocês sabem, estão longe de ter se esgotado. Esboça-se aí uma coisa que é uma nova ideia da Europa, uma Europa que não é mais a Europa imperial e carolíngia, mais ou menos herdeira do Império Romano e com estruturas políticas bem particulares. Tampouco é, já não é a Europa clássica da balança, do equilíbrio entre as forças estabelecidas de tal modo que nunca a força de um prevaleça de uma forma demasiado determinante sobre o outro. É uma Europa do enriquecimento coletivo, é uma Europa como sujeito econômico coletivo que, qualquer que seja a concorrência estabelecida entre os Estados, ou melhor, através da própria concorrência que se estabelece entre os Estados, deve tomar um caminho que será o do progresso econômico ilimitado.

Essa ideia de um progresso que é um progresso europeu é, creio eu, um tema fundamental no liberalismo, que, como vocês veem, no fundo derruba totalmente os temas do equilíbrio europeu, apesar de esses temas não desaparecerem de todo. A partir dessa concepção fisiocrática e da concepção de Adam Smith, saímos de uma concepção do jogo econômico que seria de resultado nulo. Contudo, para que o jogo econômico deixe de ser um jogo de resultado nulo, é necessário também que haja ingressos permanentes e contínuos. Em outras palavras, para que essa liberdade de mercado que deve assegurar o enriquecimento recíproco, correlativo, mais ou menos simultâneo de todos os países da Europa, para que isso possa funcionar, para que essa liberdade de mercado possa se desenrolar de acordo com um jogo que não seja de resultado nulo, é necessário também convocar em torno da Europa, e para a Europa, um mercado cada vez mais extenso e, no limite, a própria totalidade do que pode ser posto no mercado, no mundo. Em outras palavras, é a uma mundialização do mercado que somos assim convidados – a partir do momento em que se erige em princípio e também em objetivo que o enriquecimento da Europa deva se dar não pelo empobrecimento de uns e enriquecimento de outros, mas como [um] enriquecimento coletivo, e um enriquecimento indefinido. O caráter indefinido do desenvolvimento econômico da Europa e, por conseguinte, a existência de um jogo de resultado não nulo implicam, bem entendido, que o mundo inteiro seja convocado em torno da Europa para trocar seus próprios produtos e os produtos da Europa, num mercado que será o mercado europeu.

Claro, não quero dizer com isso que é a primeira vez que a Europa pensa no mundo ou que a Europa pensa o mundo. Quero dizer, simplesmente, que talvez seja a primeira vez que a Europa como unidade econômica, como sujeito econômico se apresenta assim ao mundo ou pensa o mundo como podendo e devendo ser seu domínio econômico. É a primeira vez que a Europa, creio eu, aparece a seus próprios olhos como devendo ter o mundo como mercado infinito. A Europa já não está simplesmente em estado de cobiça em relação a todas as riquezas do mundo, que reluziam em seus sonhos ou em suas percepções. A Europa está agora em estado de enriquecimento permanente e coletivo por sua própria concorrência, contanto que o mundo inteiro constitua seu mercado. Em suma, o cálculo de uma balança europeia, na época do mercantilismo, na época da razão de Estado, na época do Estado de polícia etc., era o que possibilitava bloquear as consequências de um jogo econômico que era concebido como finito*. Agora é a abertura de um mercado mundial que vai permitir que o jogo econômico não seja finito e, por conseguinte, os efeitos conflituosos de um mercado finito sejam evitados. Mas essa abertura do jogo econômico para o mundo implica evidentemente uma diferença de natureza e de estatuto entre a Europa e o resto do mundo. Ou seja, de

---

* O manuscrito acrescenta, p. 5: "parando a partida quando as perdas e os ganhos dos diferentes parceiros se afastam demasiadamente da situação inicial (problema pascaliano da interrupção da partida)".

um lado a Europa, os europeus é que serão os jogadores, e o mundo, bem, o mundo será o que está em jogo. O jogo é na Europa, mas o que está em jogo é o mundo.

Parece-me que temos aí uma das características fundamentais dessa nova arte de governar que é indexada ao problema do mercado e da veridição do mercado. Claro, não está aí, nessa organização, em todo caso nessa reflexão sobre a posição recíproca do mundo e da Europa, não está aí o início da colonização. Fazia tempo que ela havia começado. Não creio tampouco que esteja aí o início do imperialismo no sentido moderno ou contemporâneo do termo, porque sem dúvida é mais tarde, no século XIX, que se vê a formação desse novo imperialismo. Mas digamos que temos aí o início de um novo tipo de cálculo planetário na prática governamental europeia. Desse aparecimento de uma nova forma de racionalidade planetária, desse aparecimento de um novo cálculo com as dimensões do mundo, creio que podemos encontrar muitos indícios. Cito apenas alguns deles.

Tomem, por exemplo, a história do direito marítimo no século XVIII, a maneira como, em termos de direito internacional, procurou-se pensar o mundo, ou pelo menos o mar, como um espaço de livre concorrência, de livre circulação marítima e, por conseguinte, como uma das condições necessárias à organização de um mercado mundial. Toda a história da pirataria, a maneira como ela foi ao mesmo tempo utilizada, incentivada, combatida, suprimida etc., poderia aparecer também como um dos aspectos dessa elaboração de um espaço planetário em função de certo número de princípios de direito. Digamos que houve uma juridificação do mundo que deve ser pensada em termos de organização de um mercado.

Outro exemplo desse aparecimento de uma racionalidade governamental que tem por horizonte o planeta inteiro: os projetos de paz e de organização internacional no século XVIII. Se vocês pegarem os que existiam, porque eles existiram desde o século XVII, vão perceber que todos esses projetos de paz são articulados essencialmente sobre o equilíbrio europeu, justamente, isto é, sobre a balança exata das forças recíprocas entre os diferentes Estados, entre os diferentes Estados importantes, ou entre as diferentes coalizões de Estados importantes, ou entre os Estados importantes e uma coalizão de pequenos Estados etc. A partir do século XVIII, a ideia de paz perpétua e a ideia de organização internacional se articulam, penso eu, de maneira bem diferente. Não é mais tanto a limitação das forças internas de cada Estado que é invocada como garantia e fundamento de uma paz perpétua, é antes a ilimitação do mercado externo. Quanto mais vasto o mercado externo, menos fronteiras e limites haverá, mais se terá nisso a garantia da paz perpétua.

Se vocês pegarem, por exemplo, o texto de Kant sobre o projeto de paz perpétua, que data de 1795[4], do fim do século XVIII, vão encontrar um capítulo que se chama "a garantia da paz perpétua"[5]. E como essa garantia da paz perpétua é concebida por Kant? Pois bem, ele diz: no fundo, o que garante essa paz perpétua através da história e o que nos promete que ela poderá efetivamente um dia adquirir figura e forma no interior da história? A vontade dos homens, o entendimento entre eles, as combinações políticas e diplomáticas que conseguirem arquitetar, a organização de direitos que instaurarem entre si? De jeito nenhum. É a natureza[6], assim como para os fisiocratas era a natureza que garantia a boa regulação do mercado. E como é que a natureza garante a paz perpétua? Pois bem, diz Kant, é muito simples. A natureza tem feito, afinal, coisas absolutamente maravilhosas, tanto assim que conseguiu, por exemplo, fazer não somente animais, mas até mesmo pessoas viverem em países impossíveis, completamente calcinados pelo sol ou gelados por neves eternas[7]. Pois bem, tem gente que vive aí, apesar dos pesares, o que prova que não há uma só parte do mundo em que os homens não possam viver[8]. Mas, para que os homens possam viver, eles precisam poder se alimentar, produzir sua alimentação, ter uma organização social [e] trocar seus produtos entre si ou com os homens de outras regiões. A natureza quis que o mundo inteiro, em toda a sua superfície, fosse entregue à atividade econômica que é a da produção e da troca. E, a partir daí, a natureza prescreveu ao homem certo número de obrigações que são ao mesmo tempo para o homem obrigações jurídicas[9], mas que a natureza de certa forma [lhe] ditou por baixo do pano, de certa forma deixou impressas na disposição das coisas, da geografia, do clima etc. E quais são essas disposições?

Primeiro, que os homens possam, individualmente, ter uns com os outros relações de troca baseadas na propriedade etc., e é isso, essa prescrição da natureza, esse preceito da natureza, que os homens vão retomar como obrigações jurídicas, e assim teremos o direito civil[10].

Segundo, a natureza quis que os homens fossem repartidos através do mundo em regiões distintas e mantivessem entre si, em cada uma dessas regiões, relações privilegiadas que não terão com os habitantes das outras regiões, e foi esse preceito da natureza que os homens retomaram em termos de direito ao constituir os Estados, Estados separados uns dos outros e que mantinham uns com os outros certo número de relações jurídicas. Teremos, assim, o direito internacional[11]. Mas, além disso, a natureza quis que entre esses Estados existissem não apenas relações jurídicas que garantissem a independência, mas também relações comerciais que atravessam as fronteiras dos Estados e, por conseguinte, tornam, de certa forma, porosa a independência jurídica de cada Estado[12]. Essas relações comerciais percorrem o mundo, do mesmo modo que a natureza quis, e na medida em que a natureza quis, que o mundo inteiro fosse povoado, e é isso que vai constituir o direito cosmopolita ou o direito comercial. E esse edifício – direito civil, direito internacional, direito cosmopolita – nada mais é que a retomada pelo homem, na forma de obrigações, do que havia sido um preceito da natureza[13]. Podemos dizer [portanto] que o direito, na medida em que retoma o próprio preceito da natureza, poderá prometer o que de certo modo já estava esboçado, desde o primeiro gesto da natureza, quando esta povoou o mundo inteiro*: uma coisa como a paz perpétua. A paz perpétua é garantida pela natureza, e essa garantia é manifestada pelo povoamento do mundo inteiro e pela rede das relações comerciais que se estendem através de todo o mundo. A garantia da paz perpétua é portanto, de fato, a planetarização comercial.

Seria sem dúvida necessário acrescentar muitas coisas e, em todo caso, responder desde já a uma objeção. Quando eu lhes digo que temos, nesse pensamento dos fisiocratas, de Adam Smith, de Kant também, dos juristas do século XVIII, a manifestação de uma nova forma de cálculo político em escala internacional, não quero dizer, em absoluto, que qualquer outra forma, tanto de reflexão como de cálculo e de análise, qualquer outra prática governamental desaparece com isso. Porque, embora seja verdade que nessa época se descobre um mercado mundial e planetário, embora se afirme nesse momento a posição privilegiada da Europa em relação a esse mercado mundial, se afirme também nessa época a ideia de que a concorrência entre Estados europeus é um fator de enriquecimento comum, como a história prova por onde quer que a olhemos, isso não quer dizer que se entra numa época de paz europeia e de planetarização pacífica da política. Afinal de contas, com o século XIX, entra-se na pior época da guerra, das tarifas aduaneiras, dos protecionismos econômicos, das economias nacionais, dos nacionalismos políticos, das [maiores] guerras que o mundo já conheceu etc. Creio, e é o que gostaria de lhes mostrar, que simplesmente aparece nesse momento certa forma de reflexão, de análise e de cálculo, certa forma de análise e de cálculo que se integra

....
* M. Foucault acrescenta: isso já promete.

de certo modo a práticas políticas que podem obedecer perfeitamente a outro tipo de cálculo, a outra economia de pensamento, a outra prática do poder. Bastaria por exemplo ver o que aconteceu no momento do tratado de Viena, em 1815[14]. Pode-se dizer que temos aí a manifestação mais notável do que havia sido por tanto tempo buscado nos séculos XVII e XVIII, a saber, uma balança europeia. De que se tratava, na realidade? Pois bem, tratava-se de pôr fim ao que tinha surgido como a ressurreição da ideia imperial com Napoleão. Porque é exatamente este o paradoxo histórico de Napoleão: se, no tocante à sua política interna – o que fica patente nas intervenções que ele fazia no Conselho de Estado e na maneira como pensava sua própria prática governamental[15] –, Napoleão é, manifestamente, de todo hostil à ideia de um Estado de polícia, e seu problema é efetivamente saber como limitar do interior a prática governamental[16], por outro lado podemos dizer que Napoleão é perfeitamente arcaico em sua política externa, na medida em que quis reconstituir algo como a configuração imperial contra a qual toda a Europa havia se erguido desde o século XVII. Para dizer a verdade, a ideia imperial para Napoleão – tanto quanto podemos reconstituí-la, apesar do silêncio espantoso dos historiadores sobre esse tema –, a ideia imperial de Napoleão parece ter respondido a três objetivos.

Primeiro (acho que eu lhes disse isso ano passado[17]), o Império, em termos de política interna – a julgar pelo que os historiadores e os juristas do século XVIII diziam do Império carolíngio[18] –, era a garantia das liberdades. E o Império se opunha à monarquia, não como um "a mais" de poder, mas ao contrário como um "a menos" de poder e uma governamentalidade mínima. Por outro lado, o Império era uma maneira – ao que parece a partir do que constituía a ilimitação dos objetivos revolucionários, isto é, revolucionar o mundo inteiro –, uma maneira de retomar o projeto revolucionário que acabava de fazer irrupção na França em 1792-93, e retomá-lo na ideia – então arcaica – de uma dominação imperial herdeira das formas carolíngias ou da forma do Santo Império. Esse misto entre a ideia de um Império que garante internamente as liberdades, de um Império que seria a conformação europeia do projeto revolucionário ilimitado e, enfim, de um Império que seria a reconstituição da forma carolíngia, ou alemã, ou austríaca do Império – foi tudo isso que constituiu essa espécie de cafarnaum que é a política imperial, a de Napoleão.

O problema do tratado de Viena consistia, por certo, em conter de certo modo essa ilimitação imperial. Consistia, por certo, em restabelecer o equilíbrio europeu, mas, no fundo, com dois objetivos diferentes. Havia o objetivo austríaco e o objetivo inglês. Qual era o objetivo austríaco? Pois bem, era reconstituir um equilíbrio europeu na antiga forma, a dos séculos XVII e XVIII. Fazer que nenhum país pudesse prevalecer na Europa sobre os outros. E a Áustria estava plenamente ligada a um projeto como esse, na medida em que, constituída que era de certo número de Estados diferentes uns dos outros e organizando esses Estados na forma do antigo Estado de polícia, a Áustria tinha somente um governo administrativo. Essa pluralidade de Estados de polícia no coração da Europa implicava que a própria Europa fosse, no fundo, modelada com base nesse esquema antigo que era uma multiplicidade de Estados de polícia equilibrados entre si. A Europa devia ser à imagem da Áustria para que a própria Áustria pudesse subsistir tal como era. Nessa medida, podemos dizer que o cálculo do equilíbrio europeu, para Metternich[19], continuava a ser ainda e sempre o cálculo do século XVIII. Já no caso da Inglaterra*, o equilíbrio europeu que ela procurou e impôs de comum acordo com a Áustria no tratado de Viena

....

* O manuscrito precisa, p. 10: "Castelreagh" [Henry Robert Stewart Castelreagh (1762-1822), ministro britânico *tory* dos Negócios Estrangeiros de 1812 a 1822, que teve um papel essencial no congresso de Viena, ao conter as ambições da Rússia e da Prússia].

era o quê? Era uma maneira de regionalizar a Europa, de limitar, claro, o poder de cada um dos Estados europeus, mas para deixar à Inglaterra um papel político e econômico, o papel de mediador econômico entre a Europa e o mercado mundial, a fim de mundializar de certo modo a economia europeia pela mediação, por intermédio do poder econômico da Inglaterra. De sorte que temos aí um cálculo bem diferente do equilíbrio europeu, baseado no princípio da Europa como região econômica particular diante, ou no interior, de um mundo que deve constituir para ela um mercado. E o cálculo do equilíbrio europeu pela [Áustria]* nesse mesmo tratado de Viena é totalmente diferente. De modo que vocês veem que, no interior de uma realidade histórica única, vocês podem muito bem encontrar dois tipos de racionalidade e de cálculo político inteiramente diferentes.

Paro aqui com essas especulações e gostaria agora, antes de passar à análise do liberalismo atual na Alemanha e na América, resumir um pouco o que eu lhes dizia sobre essas características fundamentais do liberalismo – do liberalismo ou, em todo caso, de uma certa arte de governar que se esboça no século XVIII.

Bem, eu havia procurado realçar três características: veridição do mercado, limitação pelo cálculo da utilidade governamental e, agora, posição da Europa como região de desenvolvimento econômico ilimitado em relação a um mercado mundial. Foi a isso que chamei de liberalismo.

Por que falar de liberalismo, por que falar de arte liberal de governar, quando é evidente que as coisas que evoquei e as características que procurei assinalar aplicam-se, no fundo, a um fenômeno muito mais geral do que a pura e simples doutrina econômica, ou do que a pura e simples doutrina política, ou do que a pura e simples opção econômico-política do liberalismo em sentido estrito? Se retomarmos as coi-

....
* M.F.: Inglaterra.

sas de um pouco mais longe, se as retomarmos na sua origem, vocês verão que o que caracteriza essa nova arte de governar de que lhes falava é muito mais o naturalismo do que o liberalismo, na medida em que, de fato, essa liberdade de que falam os fisiocratas, Adam Smith etc., é muito mais a espontaneidade, a mecânica interna e intrínseca dos processos econômicos do que uma liberdade jurídica reconhecida como tal para os indivíduos. Até em Kant, que não é afinal tão economista assim, que é muito mais um jurista, vocês viram que a paz perpétua é garantida não pelo direito, mas pela natureza. De fato, é como que um naturalismo governamental que se esboça no meado do século XVIII. No entanto, creio que se pode falar de liberalismo. Poderia lhes dizer também – mas vou tornar sobre isso[20] – que esse naturalismo que é, creio eu, inerente, que é em todo caso originário nessa arte de governar, esse naturalismo aparece nitidamente na concepção fisiocrática do despotismo esclarecido. Tornarei mais demoradamente sobre esse ponto, mas, em duas palavras, quando os fisiocratas descobrem que há de fato mecanismos espontâneos da economia que todo governo deve respeitar se não quiser induzir efeitos opostos, inversos mesmos, aos seus objetivos, que consequências tiram? Que se deve dar aos homens a liberdade de agir como quiserem? Que os governos devem reconhecer os direitos naturais, fundamentais, essenciais dos indivíduos? Que o governo deve ser o menos autoritário possível? De modo algum. O que os fisiocratas deduzem disso tudo é que o governo tem de conhecer esses mecanismos econômicos em sua natureza íntima complexa. Depois de conhecê-los, deve evidentemente comprometer-se a respeitar esses mecanismos. Respeitar esses mecanismos não quer dizer, contudo, que ele vai providenciar uma armadura jurídica que respeite as liberdades individuais e os direitos fundamentais dos indivíduos. Quer dizer simplesmente que ele vai munir sua política de um conhecimento preciso, contínuo, claro e distinto do que acontece na sociedade, do que acontece no mercado, do que acontece nos circuitos econômicos, de modo que a limitação do seu poder não seja dada pelo respeito à liberdade dos indivíduos, mas simplesmente pela evidência da análise econômica que ele saberá respeitar[21]. Ele se limita pela evidência, não se limita pela liberdade dos indivíduos.

Logo, o que vemos surgir no meado do século XVIII é, de fato, muito mais um naturalismo do que um liberalismo. Mas creio que podemos empregar a palavra "liberalismo" na medida em que a liberdade está, mesmo assim, no cerne dessa prática ou dos problemas que são postos a essa prática. Bem, creio que é preciso nos entender direito. Se falamos de liberalismo a propósito dessa nova arte de governar, isso não quer dizer* que se está passando de um governo que era autoritário no século XVII e início do século XVIII a um governo que se torna mais tolerante, mais laxista, mais flexível. Não quero dizer que não é isso, mas tampouco quero dizer que é isso. Quero dizer que não me parece que uma proposição como essa possa ter muito sentido histórico ou político. Não quis dizer que a quantidade de liberdade havia aumentado entre o início do século XVIII e, digamos, o século XIX. Não disse isso por duas razões. Uma de fato, a outra de método e de princípio.

Uma de fato porque: porventura tem muito sentido dizer, ou simplesmente perguntar-se, se uma monarquia administrativa como, por exemplo, a da França nos séculos XVII e XVIII, com todas as suas enormes maquinarias pesadas, lentas, pouco flexíveis, com os privilégios estatutários que era obrigada a reconhecer, com o arbítrio das decisões deixadas a uns e outros, com todas as lacunas dos seus instrumentos –, porventura tem sentido dizer que essa monarquia administrativa dava maior ou menor liberdade do que um regime, digamos, liberal, mas se atribui como tarefa encarregar-se

....
* M. Foucault acrescenta: não se deve compreender.

continuamente, eficazmente dos indivíduos, do seu bem-estar, da sua saúde, do seu trabalho, da sua maneira de ser, da sua maneira de conduzir-se, até mesmo da sua maneira de morrer etc.? Logo, aferir a quantidade de liberdade entre um sistema e outro não tem, a meu ver, de fato, muito sentido. E não vemos que tipo de demonstração, que tipo de aferição ou de medida poderíamos aplicar.

Isso nos leva à segunda razão, que é mais fundamental, parece-me. Essa razão é que não se deve considerar que a liberdade seja um universal que apresentaria, através do tempo, uma realização progressiva, ou variações quantitativas, ou amputações mais ou menos graves, ocultações mais ou menos importantes. Não é um universal que se particularizaria com o tempo e com a geografia. A liberdade não é uma superfície branca que tem, aqui e ali e de quando em quando, espaços negros mais ou menos numerosos. A liberdade nunca é mais que – e já é muito – uma relação atual entre governantes e governados, uma relação em que a medida do "pouco demais"* de liberdade que existe é dada pelo "mais ainda"** de liberdade que é pedido. De modo que, quando digo "liberal"***, tenho em mira, por conseguinte, uma forma de governamentalidade que deixaria mais espaços brancos à liberdade. Quero dizer outra coisa.

Se utilizo a palavra "liberal", é, primeiramente, porque essa prática governamental que está se estabelecendo não se contenta em respeitar esta ou aquela liberdade, garantir esta ou aquela liberdade. Mais profundamente, ela é consumidora de liberdade. É consumidora de liberdade na medida em que só pode funcionar se existe efetivamente certo número de liberdades: liberdade do mercado, liberdade do vendedor e do comprador, livre exercício do direito de propriedade,

....
* Entre aspas no manuscrito, p. 13.
** Entre aspas no manuscrito, p. 13.
*** Entre aspas no manuscrito, p. 13.

liberdade de discussão, eventualmente liberdade de expressão etc. A nova razão governamental necessita portanto de liberdade, a nova arte governamental consome liberdade. Consome liberdade, ou seja, é obrigada a produzi-la. É obrigada a produzi-la, é obrigada a organizá-la. A nova arte governamental vai se apresentar portanto como gestora da liberdade, não no sentido do imperativo "seja livre", com a contradição imediata que esse imperativo pode trazer. Não é o "seja livre" que o liberalismo formula. O liberalismo formula simplesmente o seguinte: vou produzir o necessário para tornar você livre. Vou fazer de tal modo que você tenha a liberdade de ser livre. Com isso, embora esse liberalismo não seja tanto o imperativo da liberdade, mas a gestão e a organização das condições graças às quais podemos ser livres, vocês veem que se instaura, no cerne dessa prática liberal, uma relação problemática, sempre diferente, sempre móvel, entre a produção da liberdade e aquilo que, produzindo-a, pode vir a limitá-la e a destruí-la. O liberalismo, no sentido em que eu o entendo, esse liberalismo que podemos caracterizar como a nova arte de governar formada no século XVIII, implica em seu cerne uma relação de produção/destruição [com a]* liberdade [...]**. É necessário, de um lado, produzir a liberdade, mas esse gesto mesmo implica que, de outro lado, se estabeleçam limitações, controles, coerções, obrigações apoiadas em ameaças etc.

Temos evidentemente exemplos disso. É preciso haver liberdade de comércio, claro, mas como poderá ela efetivamente se exercer se não se controla, se não se limita, se não se organiza toda uma série de coisas, de medidas, de prevenções etc. que evitarão os efeitos de hegemonia de um país sobre os outros, hegemonia essa que teria precisamente por efeito limitar e demarcar a liberdade de comércio? É o para-

....
* Manuscrito. M.F.: em relação à.
** Passagem inaudível na gravação: [...] uma relação [...] de consumo/anulação da liberdade.

doxo que todos os países europeus e os Estados Unidos encontrarão desde o início do século XIX, quando, convencidos pelos economistas do fim do século XVIII, os governantes vão querer fazer reinar a ordem da liberdade comercial e encontrarão a hegemonia britânica. E é para salvaguardar a liberdade de comércio que os governos americanos, por exemplo, que no entanto tinham se valido desse problema* para se revoltar contra a Inglaterra, estabelecerão desde o início do século XIX tarifas aduaneiras protetoras para salvaguardar uma liberdade de comércio que estaria comprometida pela hegemonia inglesa. Mesma coisa, liberdade do mercado interno, claro, mas para que haja mercado é preciso ademais que haja não apenas vendedor, mas também comprador. Por conseguinte, necessidade, se preciso, de sustentar o mercado e criar compradores por mecanismos de assistência. Para que haja liberdade do mercado interno, não pode haver efeitos monopolísticos. Necessidade de uma legislação antimonopólio. Liberdade do mercado de trabalho, mas para tanto tem de haver trabalhadores, trabalhadores em abundância, trabalhadores suficientemente competentes e qualificados, trabalhadores que sejam politicamente desarmados para não fazer pressão sobre o mercado de trabalho. Temos aí uma espécie de estímulo para uma formidável legislação, para uma formidável quantidade de intervenções governamentais, que serão a garantia da produção de liberdade de que se necessita, precisamente, para governar.

Em linhas gerais, pode-se dizer que a liberdade de comportamento no regime liberal, na arte liberal de governar, essa liberdade de comportamento está implicada, é convocada, tem-se necessidade dela, vai servir de reguladora, mas para tanto tem de ser produzida e tem de ser organizada. Logo, a liberdade no regime do liberalismo não é um dado, a liberdade não é uma região já pronta que se teria de respeitar,

....
* M. Foucault acrescenta: da liberdade de comércio.

ou se o é, só o é parcialmente, regionalmente, neste ou naquele caso etc. A liberdade é algo que se fabrica a cada instante. O liberalismo não é o que aceita a liberdade. O liberalismo é o que se propõe fabricá-la a cada instante, suscitá-la e produzi-la com, bem entendido, [todo o conjunto]* de injunções, de problemas de custo que essa fabricação levanta.

Qual vai ser então o princípio de cálculo desse custo de fabricação da liberdade? O princípio de cálculo é, evidentemente, o que se chama de segurança. Ou seja, o liberalismo, a arte liberal de governar vai se ver obrigada a determinar exatamente em que medida e até que ponto o interesse individual, os diferentes interesses – individuais no que têm de divergente uns dos outros, eventualmente de oposto – não constituirão um perigo para o interesse de todos. Problema de segurança: proteger o interesse coletivo contra os interesses individuais. Inversamente, a mesma coisa: será necessário proteger os interesses individuais contra tudo o que puder se revelar, em relação a eles, como um abuso vindo do interesse coletivo. É necessário também que a liberdade dos processos econômicos não seja um perigo, um perigo para as empresas, um perigo para os trabalhadores. A liberdade dos trabalhadores não pode se tornar um perigo para a empresa e para a produção. Os acidentes individuais, tudo o que pode acontecer na vida de alguém, seja a doença, seja esta coisa que chega de todo modo, que é a velhice, não podem constituir um perigo nem para os indivíduos nem para a sociedade. Em suma, a todos esses imperativos – zelar para que a mecânica dos interesses não provoque perigo nem para os indivíduos nem para a coletividade – devem corresponder estratégias de segurança que são, de certo modo, o inverso e a própria condição do liberalismo. A liberdade e a segurança, o jogo liberdade e segurança – é isso que está no âmago dessa nova razão governamental cujas características gerais eu

....
* Conjectura. Palavras inaudíveis.

lhes vinha apontando. Liberdade e segurança – é isso que vai animar internamente, de certo modo, os problemas do que chamarei de economia de poder própria do liberalismo.

Em linhas gerais, podemos dizer o seguinte: no antigo sistema político da soberania, existia entre o soberano e o súdito toda uma série de relações jurídicas e de relações econômicas que induziam, que obrigavam até, o soberano a proteger o súdito. Mas essa proteção era de certo modo externa. O súdito podia pedir a seu soberano que o protegesse contra o inimigo externo ou que o protegesse contra o inimigo interno. No caso do liberalismo, é bem diferente. Já não é simplesmente essa espécie de proteção externa do próprio indivíduo que deve ser garantida. O liberalismo se insere num mecanismo em que terá, a cada instante, de arbitrar a liberdade e a segurança dos indivíduos em torno da noção de perigo. No fundo, se de um lado (é o que eu lhes dizia na última vez) o liberalismo é uma arte de governar que manipula fundamentalmente os interesses, ele não pode – e é esse o reverso da medalha –, ele não pode manipular os interesses sem ser ao mesmo tempo gestor dos perigos e dos mecanismos de segurança/liberdade, do jogo segurança/liberdade que deve garantir que os indivíduos ou a coletividade fiquem o menos possível expostos aos perigos.

Isso, claro, acarreta certo número de consequências. Podemos dizer que, afinal de contas, o lema do liberalismo é "viver perigosamente". "Viver perigosamente" significa que os indivíduos são postos perpetuamente em situação de perigo, ou antes, são condicionados a experimentar sua situação, sua vida, seu presente, seu futuro como portadores de perigo. E é essa espécie de estímulo do perigo que vai ser, a meu ver, uma das principais implicações do liberalismo. Toda uma educação do perigo, toda uma cultura do perigo aparece de fato no século XIX, que é bem diferente daqueles grandes sonhos ou daquelas grandes ameaças do Apocalipse, como a peste, a morte, a guerra, de que se nutria a imaginação política e cosmológica da Idade Média, ainda no século XVII. Desaparecimento dos cavaleiros do Apocalipse e, inversamente, aparecimento, emergência, invasão dos perigos cotidianos, perigos cotidianos perpetuamente animados, atualizados, postos portanto em circulação pelo que poderíamos chamar de cultura política do perigo no século XIX, que tem toda uma série de aspectos. Seja, por exemplo, a campanha do início do século XIX sobre as caixas econômicas[22]; vocês veem o aparecimento da literatura policial e do interesse jornalístico pelo crime a partir do meado do século XIX; vocês veem todas as campanhas relativas à doença e à higiene. Vejam tudo o que acontece também em torno da sexualidade e do medo da degeneração[23]: degeneração do indivíduo, da família, da raça, da espécie humana. Enfim, por toda parte vocês veem esse incentivo ao medo do perigo que é de certo modo a condição, o correlato psicológico e cultural interno do liberalismo. Não há liberalismo sem cultura do perigo.

Segunda consequência desse liberalismo e dessa arte liberal de governar é a formidável extensão dos procedimentos de controle, de pressão, de coerção que vão constituir como que a contrapartida e o contrapeso das liberdades. Insisti bastante sobre o fato de que as tais grandes técnicas disciplinares que se ocupam do comportamento dos indivíduos no dia a dia, até em seus mais ínfimos detalhes, são exatamente contemporâneas, em seu desenvolvimento, em sua explosão, em sua disseminação através da sociedade, da era das liberdades[24]. Liberdade econômica, liberalismo no sentido que acabo de dizer e técnicas disciplinares: aqui também as duas coisas estão perfeitamente ligadas. E o célebre panóptico, que no início da sua vida, quer dizer em 1792-95, Bentham apresentava como devendo ser o procedimento pelo qual ia ser possível vigiar a conduta dos indivíduos no interior de determinadas instituições, como as escolas, as fábricas, as prisões, aumentando a rentabilidade, a própria produtividade da atividade delas[25], no fim da vida, em seu projeto de codificação geral da legislação inglesa[26], Bentham vai apresentá-lo como devendo ser a fórmula do governo todo, dizendo: o panóptico é a própria fórmula de um governo liberal[27] porque, no fundo, o que deve fazer um governo? Ele deve, é claro, dar espaço a tudo o que pode ser a mecânica natural tanto dos comportamentos como da produção. Deve dar espaço a esses mecanismos e não deve ter sobre eles nenhuma outra forma de intervenção, pelo menos em primeira instância, a não ser a da vigilância. E é unicamente quando o governo, limitado de início à sua função de vigilância, vir que alguma coisa não acontece como exige a mecânica geral dos comportamentos, das trocas, da vida econômica, que ele haverá de intervir. O panoptismo não é uma mecânica regional e limitada a instituições. O panoptismo, para Bentham, é uma fórmula política geral que caracteriza um tipo de governo.

A terceira consequência (a segunda era a conjunção entre as disciplinas e o liberalismo) é o aparecimento também, nessa nova arte de governar, de mecanismos que têm por função produzir, insuflar, ampliar as liberdades, introduzir um "a mais" de liberdade por meio de um "a mais" de controle e de intervenção. Ou seja, aqui o controle não é mais apenas, como no caso do panoptismo, o contrapeso necessário à liberdade. Ele é seu princípio motor. Também encontraríamos para isso muitos exemplos, quando mais não fosse o que aconteceu por exemplo na Inglaterra e nos Estados Unidos no curso do século XX, digamos no curso dos anos 1930, quando, com o desenvolvimento da crise econômica, percebeu-se imediatamente não só as consequências econômicas, mas também as consequências políticas daquela crise econômica, e viu-se nelas um perigo para certo número de liberdades consideradas fundamentais. E a política do Welfare implantada por Roosevelt, por exemplo, a partir de 1932[28] era uma maneira de garantir e de produzir, numa situação perigosa de desemprego, mais liberdade: liberdade de trabalho, liberdade de consumo, liberdade política etc. A que preço? Ao preço, precisamente, de toda uma série de intervenções, de intervenções artificiais, de intervenções voluntaristas, de intervenções econômicas diretas no mercado, que foram as medidas fundamentais do Welfare [e] serão, a partir de 1946 – que serão até, aliás, desde o início –, caracterizadas como sendo em si mesmas ameaças de um novo despotismo. Naquele caso, as liberdades democráticas só foram garantidas por um intervencionismo econômico que é denunciado como uma ameaça para as liberdades. De modo que chegamos, se vocês quiserem – e este também é um ponto que convém reter –, à ideia de que essa arte liberal de governar introduz, finalmente, por si mesma, ou é vítima, de dentro, [do]* que poderíamos chamar de crises de governamentalidade. São crises que podem se dever, por exemplo, ao aumento do custo econômico do exercício das liberdades. Vejam, por exemplo, como, nos textos da [Trilateral][29] destes últimos anos, procurou-se projetar no plano econômico do custo aquilo de que eram constituídos os efeitos da liberdade política. Problema, portanto, crise, se preferirem, ou consciência de crise a partir da definição do custo econômico do exercício das liberdades.

Pode haver outra forma de crise, que será devida à inflação dos mecanismos compensatórios da liberdade. Ou seja, para o exercício de certas liberdades, como, por exemplo, a liberdade de mercado e a legislação antimonopolista, pode haver a formação de um jugo legislativo que será experimentado pelos parceiros do mercado como um excesso de intervencionismo e um excesso de imposições e de coerção. Pode haver, num nível muito mais local então, tudo o que pode aparecer como revolta, intolerância disciplinar. Há, enfim e sobretudo, processos de saturação que fazem que os mecanismos produtores da liberdade, os mesmos que foram convocados para assegurar e fabricar essa liberdade, produzam na verdade efeitos destrutivos que prevalecem até mesmo sobre o que produzem. É, digamos assim, o equívoco de todos esses dispositivos que poderíamos chamar de "liberóge-

....
* M.F.: pelo.

nos"*, de todos esses dispositivos destinados a produzir a liberdade e que, eventualmente, podem vir a produzir exatamente o inverso.

É precisamente a crise atual do liberalismo: o conjunto desses mecanismos que, desde os anos 1925-1930, tentaram propor fórmulas econômicas e políticas que garantam os Estados contra o comunismo, o socialismo, o nacional-socialismo, o fascismo, esses mecanismos, garantias de liberdade, instalados para produzir esse "a mais" de liberdade ou para reagir às ameaças que pesavam sobre essa liberdade, foram todos da ordem da intervenção econômica, isto é, da subjugação ou, em todo caso, da intervenção coercitiva no domínio da prática econômica. Tanto os liberais alemães da Escola de Friburgo, a partir de 1927-30[30], quanto os liberais americanos atuais, ditos libertarianos[31], num caso como no outro, aquilo a partir do que eles fizeram sua análise, aquilo que serviu de ponto de ancoragem para o problema deles é isto: para evitar esse "a menos" de liberdade que seria acarretado pela passagem ao socialismo, ao fascismo, ao nacional-socialismo, instalaram-se mecanismos de intervenção econômica. Ora, esses mecanismos de intervenção econômica acaso não introduzem sub-repticiamente tipos de intervenção, acaso não introduzem modos de ação que são, eles próprios, pelo menos tão comprometedores para a liberdade quanto essas formas políticas visíveis e manifestas que se quer evitar? Em outras palavras, as intervenções de tipo Keynes é que vão estar absolutamente no centro desses diferentes debates. Pode-se dizer que em torno de Keynes[32], em torno da política econômica intervencionista que foi elaborada entre os anos 1930 e 1960, imediatamente antes da guerra, imediatamente depois, todas essas intervenções levaram a algo que podemos chamar de crise do liberalismo, e é essa crise do liberalismo que se manifesta em certo número de reavaliações, reestima-

....

* Entre aspas no manuscrito.

ções, novos projetos na arte de governar, formulados na Alemanha antes e imediatamente depois da guerra, formulados atualmente nos Estados Unidos.

Para resumir, ou para concluir, gostaria de dizer o seguinte: se é verdade que o mundo contemporâneo, enfim, o mundo moderno desde o século XVIII, tem sido incessantemente percorrido por certo número de fenômenos que podemos chamar de crises do capitalismo, será que não se poderia dizer também que houve crises do liberalismo, que, bem entendido, não são independentes dessas crises do capitalismo? O problema dos anos 1930 que eu evocava há pouco está aí para prová-lo. Mas a crise do liberalismo não é a projeção pura e simples, a projeção direta dessas crises do capitalismo na esfera da política. As crises do liberalismo, vocês vão encontrá-las ligadas às crises da economia do capitalismo. Vocês vão encontrá-las também em defasagem cronológica relativamente a essas crises, e, como quer que seja, a maneira como essas crises se manifestam, como essas crises são geradas, como essas crises trazem reações, como essas crises provocam rearranjos, tudo isso não é diretamente dedutível das crises do capitalismo. É a crise do dispositivo geral de governamentalidade, e parece-me que seria possível fazer a história dessas crises do dispositivo geral de governamentalidade tal como foi instaurado no século XVIII.

É o que procurarei fazer este ano, considerando de certo modo as coisas retrospectivamente, isto é, a partir da maneira como, no decorrer desses trinta últimos anos, se colocaram* e se formularam os elementos dessa crise do dispositivo de governamentalidade, e [procurando]** encontrar na história do século XIX alguns dos elementos que permitam esclarecer a maneira como atualmente é experimentada, vivida, praticada, formulada a crise do dispositivo de governamentalidade.

....

* M. Foucault acrescenta: ou se tomou consciência.
** M.F.: procurar.

NOTAS

1. Cf. *Sécurité, Territoire, Population*, *op. cit.*, aula de 22 de março de 1978, pp. 295 ss.

2. Cf. esta fórmula de um plumitivo de Law, no *Mercure de France* de abril de 1720, a propósito do comércio exterior: "De ordinário, um não pode ganhar sem que o outro perca" (citado por C. Larrère, *L'Invention de l'économie au XVIIIe siècle*, Paris, PUF, "Léviathan", 1992, p. 102, a propósito da concepção mercantilista do comércio exterior).

3. M. Foucault faz alusão ao método de cálculo racional do acaso exposto por Pascal em 1654 e, mais precisamente, ao problema da "proporção das últimas ou das primeiras partidas": "num jogo de *n* partidas, que regra permite determinar a fração do dinheiro do outro que convém dar ao jogador A se paramos o jogo *imediatamente antes da sua conclusão*" ou "*imediatamente depois da primeira partida ganha*" (C. Chevalley, *Pascal. Contingence et probabilités*, Paris, PUF, "Philosophies", 1995, p. 88). Cf. Blaise Pascal, Lettres à Fermat de 29 de julho e de 24 de agosto de 1654, in *Oeuvres complètes*, ed. L. Lafuma, Paris, Le Seuil, 1963, pp. 43-9.

4. I. Kant, *Zum ewigen Frieden*, Königsberg, Friedrich Nicolovius, 1795; Akademie Ausgabe, Berlim, 1912, t. VIII, pp. 341-86 / *Projet de paix perpétuelle*, trad. fr. J. Gibelin, 5ª ed., Paris, Vrin, 1984 (M. Foucault utilizava a primeira edição dessa tradução, publicada em 1948).

5. *Ibid.*, 1º suplemento, "De la garantie de la paix perpétuelle", trad. cit., pp. 35-48.

6. *Ibid.*, p. 35: "A avalista que dá essa *segurança* (garantia) não é ninguém menos que a grande operária (*Künstlerin*), a Natureza (*natura daedala rerum*) sob o curso mecânico da qual vemos brilhar a finalidade [...]".

7. *Ibid.*, pp. 38-9: "Que nos frios desertos ao longo do Oceano glacial ainda cresça o musgo que a *rena* encontra escavando a neve, para ela servir, por sua vez, de alimento ou de animal de tração ao ostíaco e ao samoiedo; ou que os desertos de areia salgada produzam também o *camelo* que parece de certo modo criado para possibilitar percorrê-los a fim de que não permaneçam inutilizados, já é digno de admiração".

8. *Ibid.*, p. 38: "[A primeira disposição provisória da natureza consiste] em ter tido o cuidado de que os homens pudessem viver em toda a terra".

9. *Ibid.*: "[A terceira disposição provisória da natureza consiste] em ter obrigado [os homens] [...] a contrair relações mais ou menos legais". M. Foucault cala sobre o meio pelo qual, de acordo com Kant, ela alcançou seus fins (tanto a população das regiões inóspitas quanto o estabelecimento de vínculos jurídicos): a guerra.

10. *Ibid.*, pp. 43-6.

11. *Ibid.*, pp. 46-7: "A ideia do direito das gentes supõe a separação (*Absonderung*) de muitos Estados vizinhos, independentes uns dos outros [...]".

12. *Ibid.*, pp. 47-8: "Do mesmo modo que a natureza separa sabiamente os povos que a vontade de cada Estado, invocando os próprios princípios do direito das gentes, desejaria reunir pela astúcia ou pela violência sob a sua dominação, assim também a natureza une, por outro lado, mediante o seu interesse mútuo, povos que a noção de direito cosmopolítico não teria garantido contra a violência e a guerra. Trata-se do *espírito comercial,* que é incompatível com a guerra e mais cedo ou mais tarde se apodera de cada povo".

13. *Ibid.*, p. 43: "[...] [a natureza] proporciona a garantia de que o que o homem *deveria* realizar de acordo com as leis da liberdade mas não realiza, ele certamente *realizará* sem que a sua liberdade sofra com isso, graças a uma imposição da natureza e de acordo com os três aspectos do direito público: *direito civil, direito das gentes e direito cosmopolítico*".

14. Congresso que reuniu em Viena, de setembro de 1814 a junho de 1815, as grandes potências aliadas contra a França (Rússia, Grã-Bretanha, Áustria e Prússia). Tratava-se de estabelecer uma paz duradoura depois das guerras napoleônicas e de refazer o mapa político da Europa. Cf. Ch. K. Webster, *The Congress of Vienna: 1814-1815*, Londres-Nova York, H. Milford, Oxford University Press, 1919; repr. Londres, Thames and Hudson, 1963.

15. Cf. A. Marquiset, *Napoléon sténographié au Conseil d'État*, Paris, H. Champion, 1913; J. Bourdon, *Napoléon au Conseil d'État*, notes et procès-verbaux inédits de J.-G. Locré, secrétaire général au Conseil d'État, Paris, Berger-Levrault, 1963; Ch. Durand, *Études sur le Conseil d'État napoléonien*, Paris, PUF, 1947; id., "Le fonctionnement du Conseil d'État napoléonien", *Bibliothèque de l'université d'Aix-Marseille*, sé-

rie I, Cap, Impr. Louis Jean, 1954; *id.*, "Napoléon et le Conseil d'État pendant la seconde moitié de l'Empire", *Études et Documents du Conseil d'État*, nº XXII, 1969, pp. 269-85.

16. Cf. a entrevista de 1982, "Espace, savoir et pouvoir", trad. cit., (DE, IV, nº 310), p. 272, em que Foucault explica que Napoleão se situa "no ponto de ruptura entre a velha organização do Estado de polícia do século XVIII [...] e as formas do Estado moderno, de que foi o inventor". Em *Surveiller et punir*, no entanto, Foucault ainda situava o personagem napoleônico "no ponto de junção entre o exercício monárquico e ritual da soberania e o exercício hierárquico e permanente da disciplina indefinida" (p. 219; ver a citação tirada de J. B. Treilhard, *Exposé des motifs des lois composant le code de procédure criminelle*, Paris, 1808, s.n., p. 14).

17. M. Foucault não aborda esse ponto no curso de 1978, mas no de 1976, *"Il faut défendre la société"*, aula de 3 de março de 1976, pp. 179-81 (a partir de J.-B. Dubos, *Histoire critique de l'établissement de la monarchie française dans les Gaules*, Paris, 1734).

18. Cf., por exemplo, Mably, *Observations sur l'histoire de France*, Genebra, 1765, livro VIII, cap. 7: "[...] surgirá entre nós um novo Carlos Magno? Devemos desejar isso, mas não podemos esperar" (*in* Mably, *Sur la théorie du pouvoir politique*, textos escolhidos, Paris, Éditions Sociales, 1975, p. 194).

19. Klemenz Wenzel Nepomuk Lotar, príncipe de Metternich-Winneburg, dito Metternich (1773-1859), ministro austríaco dos Negócios Estrangeiros na época do congresso de Viena.

20. M. Foucault não torna sobre esse tema na continuação do curso.

21. Sobre essa evidência, como princípio de autolimitação governamental, cf. *Sécurité, Territoire, Population*, aula de 5 de abril de 1978, p. 361.

22. A primeira caixa econômica, concebida como um remédio preventivo para a imprevidência das classes inferiores, foi fundada em Paris em 1818. Cf. R. Castel, *Les Métamorphoses de la question sociale*, Paris, Fayard, 1995; reed. Gallimard, "Folio Essais", 1999, pp. 402-3.

23. Cf. *Les Anormaux. Cours au Collège de France, 1974-1975*, ed. por V. Marchetti & A. Salomoni, Paris, Gallimard-Le Seuil, "Hautes Études", 1999, aula de 19 de março de 1975, pp. 297-300. [Ed. bras.: *Os anormais*, São Paulo, Martins Fontes, 2001.]

24. Recorde-se a maneira como, no ano precedente, Foucault havia corrigido sua análise anterior das relações entre técnicas disci-

plinares e liberdades individuais (cf. *Sécurité, Territoire, Population*, aula de 18 de janeiro de 1978, pp. 49-50). É no prolongamento dessa precisão, que faz da liberdade "o correlato [...] dos dispositivos de segurança", que se inscreve o presente desenvolvimento.

25. Convém lembrar que o panóptico, ou casa de inspeção, não constituía simplesmente um modelo de organização penitenciária, mas a "ideia de um novo princípio de construção" capaz de se aplicar a todo tipo de estabelecimento. Cf. o título completo da primeira edição: *Panopticon, or the Inspection-House: Containing the idea of a new principle of construction applicable to any sort of establishment, in which persons of any description are to be kept under inspection; and in particular to penitentiary--houses, prisons, houses of industry, work-houses, poor-houses, manufactories, mad-houses, lazarettos, hospitals, and schools; with a plan adapted to the principle*, Dublin, Thomas Byrne, 1791 (*The Works of J. Bentham*, ed. J. Bowring, Edimburgo, W. Tait, t. IV, 1843, pp. 37-66). Cf. a trad. fr. de M. Sissung das 21 cartas publicadas em Dublin e em Londres em 1791, que constituem a primeira parte do *Panopticon*, in J. Bentham, *Le Panoptique*, Paris, Belfond, 1977, pp. 97-168 (ver notadamente as cartas XVI-XXI). O título da tradução francesa de 1791 (que não compreende as 21 cartas) era menos explícito: *Panoptique, Mémoire sur un nouveau principe pour construire des maisons d'inspection, et nommément des maisons de force*, Paris, Imprimerie nationale. Cf. *Le pouvoir psychiatrique. Cours au Collège de France, 1973-1974*, ed. por J. Lagrange, Paris, Gallimard-Le Seuil, "Hautes Études", 2003, aula de 28 de novembro de 1973, pp. 75-6 [ed. bras.: *O poder psiquiátrico*, São Paulo, Martins Fontes, 2006].

26. M. Foucault faz sem dúvida referência ao *Constitutional Code*, in *Works*, org. Bowring, 1849, t. IX (reed. por F. Rosen & J. H. Burns, Oxford, Clarendon Press, 1983), embora não se trate propriamente de uma codificação da legislação inglesa. É nesse livro, de fato, cuja gênese remonta aos anos 1820 (cf. *Codification Proposal, Addressed to All Nations Professing Liberal Opinions*, Londres, J. M'Creery, 1822), cujo primeiro volume foi publicado em 1830 (*Constitutional Code for Use of All Nations and Governments Professing Liberal Opinions*, Londres, R. Heward), que Bentham desenvolveu sua teoria do governo liberal.

27. A frase, ao que parece, não é de Bentham, mas traduz a interpretação bastante livre que Foucault dá do pensamento econômico--político de Bentham depois de 1811 (data do fracasso do projeto *panopticon*). Parece que Foucault faz um atalho entre a distinção *agen-*

da/non agenda, várias vezes lembrada no curso (cf. aula de 10 de janeiro de 1979, *supra*, p. 17, de 14 de fevereiro de 1979, *infra*, p. 184, e de 7 de março, *infra*, p. 269), e o princípio de inspeção, isto é, de vigilância, aplicado ao governo. No *Constitutional Code*, entretanto, o próprio governo é objeto dessa inspeção pelo "tribunal da opinião pública". (Cf. já *Le Pouvoir psychiatrique*, aula de 28 de novembro de 1973, p. 78, a propósito da democratização do exercício do poder segundo o dispositivo do panóptico: ênfase posta na visibilidade, e não no controle pela "publicidade".) Aliás, não é seguro que Bentham, tanto em seus escritos econômicos como no *Constitutional Code*, se mostre partidário do *laissez-faire* econômico, como Foucault sugere aqui (cf. L. J. Hume, "Jeremy Bentham and the nineteenth-century revolution in government", *The Historical Journal*, vol. 10(3), 1967, pp. 361-75). Comparar todavia com os *sponte acta* definidos no texto de 1801-1804 (cf. *supra*, aula de 10 de janeiro, p. 34, nota 9).

28. Trata-se, é claro, do programa econômico e social de luta contra a crise – o *New Deal* – elaborado por Franklin Roosevelt logo depois da sua eleição à presidência dos Estados Unidos em novembro de 1932.

29. M. Foucault: "Tricontinental". Fundada em 1973, a *Trilateral Commission*, que reunia representantes da América do Norte (Estados Unidos e Canadá), da Europa e do Japão, tinha se dado como objetivo fortalecer a cooperação entre essas três grandes zonas, em face dos novos desafios do fim do século. Já a "Tricontinental" é o nome da conferência reunida por Fidel Castro em Havana, de dezembro de 1965 a janeiro de 1966, a fim de possibilitar o encontro das organizações revolucionárias do Antigo e do Novo Mundo.

30. Cf. *infra*, aulas de 31 de janeiro, 7 de fevereiro, 14 de fevereiro e 21 de fevereiro de 1979.

31. Cf. *infra*, aulas de 14 de março e 21 de março de 1979.

32. Cf. *infra*, aula de 31 de janeiro de 1979, p. 130, nota 10.

AULA DE 31 DE JANEIRO DE 1979

A fobia do Estado. – Questões de método: sentidos e implicações da colocação entre parênteses de uma teoria do Estado na análise dos mecanismos de poder. – As práticas governamentais neoliberais: o liberalismo alemão dos anos 1948-1962; o neoliberalismo americano. – O neoliberalismo alemão (I). – Seu contexto político-econômico. – O Conselho Científico reunido por Erhard em 1947. Seu programa: liberação dos preços e limitação das intervenções governamentais. – A via média definida por Erhard em 1948 entre a anarquia e o "Estado-cupim". – Seu duplo significado: (a) o respeito à liberdade econômica como condição da representatividade política do Estado; (b) a instituição da liberdade econômica como estopim para a formação de uma soberania política. – Característica fundamental da governamentalidade alemã contemporânea: a liberdade econômica, fonte de legitimidade jurídica e de consenso político. – O crescimento econômico, eixo de uma nova consciência histórica que possibilita a ruptura com o passado. – A adesão da Democracia Cristã e do SPD à política liberal. – Os princípios liberais de governo e a ausência de racionalidade governamental socialista.

Todos vocês, é claro, conhecem Berenson, o historiador da arte[1]. Ele já era quase centenário, ou seja, não demoraria muito a morrer, quando disse algo assim: "Deus sabe quanto eu temo a destruição do mundo pela bomba atômica; mas há pelo menos uma coisa que temo tanto quanto esta, que é a invasão da humanidade pelo Estado".[2] Creio que temos aí, no estado mais puro, mais decantado, a expressão de uma fobia do Estado cujo acoplamento com o medo da bomba atômica é certamente um dos traços mais constantes. O Estado e o átomo, muito mais o átomo que o Estado, ou o Estado que vale tanto quanto o átomo, ou o Estado que implica o átomo, ou o átomo que implica e chama necessariamente o Estado – temos aí toda uma temática que vocês conhecem bem e, como veem, não data de hoje, já que Berenson a formulava por volta dos anos 1950-52. Fobia do Estado, portanto, que percorre muitos temas contemporâneos e, com certeza, se nutriu em muitas fontes desde há muitíssimo tempo, sejam elas a experiência soviética desde os anos 1920, a experiência alemã do nazismo, a planificação inglesa do pós-guerra etc. Fobia do Estado cujos agentes portadores também foram numerosíssimos, pois vão dos professores de economia política inspirados no neomarginalismo austríaco[3] aos exilados políticos que, desde os anos 1920, 1925, certamente tiveram na formação da consciência política do mundo contemporâneo um papel considerável, que talvez nunca tenha sido estudado a fundo. Seria preciso fazer toda uma história política do exílio ou toda uma história do exílio político, com os efeitos ideológicos, os efeitos teóricos e os efeitos práticos que ele teve. O exílio político do fim do século XIX foi certamente um dos grandes agentes de difusão, digamos, do socialismo. Pois bem, creio que o exílio político, a dissidência política do século XX foi por sua vez um agente de difusão considerável daquilo que poderíamos chamar de antiestatismo ou fobia do Estado.

Para dizer a verdade, eu não queria falar de modo direto e frontal dessa fobia do Estado porque, para mim, ela parece ser um dos sinais maiores das crises de governamentalidade de que eu lhes falava da última vez, essas crises de governamentalidade de que tivemos exemplos no século XVI (falei delas ano passado[4]), exemplos no século XVIII, toda a imensa, difícil e embrulhada crítica do despotismo, da tirania, do arbítrio – tudo isso manifestava, na segunda metade do século XVIII, uma crise de governamentalidade. Pois bem, assim como houve crítica do despotismo e fobia do despotismo – enfim, fobia ambígua do despotismo no fim do século XVIII –, também há hoje, em relação ao Estado, uma fobia talvez igualmente ambígua. Em todo caso, gostaria de retomar esse problema do Estado, ou da questão do Estado, ou da fobia do Estado, a partir da análise dessa governamentalidade de que já lhes falei.

E, evidentemente, vocês me colocarão a questão, me farão a objeção: então, mais uma vez você renuncia a fazer uma teoria do Estado. Pois bem, vou lhes responder que sim, renuncio, vou renunciar e devo renunciar a fazer uma teoria do Estado, assim como podemos e devemos renunciar a um almoço indigesto. Quero dizer o seguinte: o que significa renunciar a fazer uma teoria do Estado? Se alguém me disser: na realidade, você elimina, nas análises que faz, a presença e o efeito dos mecanismos estatais; então, responderei: nada disso, você está enganado ou quer se enganar, porque na verdade não fiz outra coisa senão o contrário dessa eliminação. Quer se trate da loucura, quer se trate da constituição dessa categoria, desse quase objeto natural que é a doença mental, quer se trate também da organização de uma medicina clínica, quer se trate da integração dos mecanismos e das tecnologias disciplinares no interior do sistema penal, seja como for tudo isso sempre foi a identificação da estatização progressiva, certamente fragmentada, mas contínua, de certo número de práticas, de maneiras de fazer e, se quiserem, de governamentalidades. O problema da estatização está no próprio cerne das questões que procurei colocar.

Mas se, em compensação, dizer "renunciar a fazer uma teoria do Estado" significa não começar por analisar em si e por si a natureza, estrutura e as funções do Estado, se renunciar a fazer uma teoria do Estado quiser dizer não procurar deduzir, a partir do que é o Estado como uma espécie de universal político e, por extensão, o que pode ter sido o estatuto dos loucos, dos doentes, das crianças, dos delinquentes etc., numa sociedade como a nossa, então responderei: sim, claro, a essa forma de análise estou decidido a renunciar. Não se trata de deduzir todo esse conjunto de práticas do que seria a essência do Estado em si mesma e por si mesma. É preciso renunciar a tal análise, primeiro, simplesmente porque a história não é uma ciência dedutiva, segundo, por outra razão mais importante, sem dúvida, e mais grave: é que o

Estado não tem essência. O Estado não é um universal, o Estado não é em si uma fonte autônoma de poder. O Estado nada mais é que o efeito, o perfil, o recorte móvel de uma perpétua estatização, ou de perpétuas estatizações, de transações incessantes que modificam, que deslocam, que subvertem, que fazem deslizar insidiosamente, pouco importa, as fontes de financiamento, as modalidades de investimento, os centros de decisão, as formas e os tipos de controle, as relações entre as autoridades locais, a autoridade central etc. Em suma, o Estado não tem entranhas, como se sabe, não só pelo fato de não ter sentimentos, nem bons nem maus, mas não tem entranhas no sentido de que não tem interior. O Estado não é nada mais que o efeito móvel de um regime de governamentalidades múltiplas. É por isso que eu me proponho analisar essa angústia do Estado, essa fobia do Estado, que me parece um dos traços característicos de certas temáticas correntes na nossa época. Ou antes, proponho-me retomá-la e testá-la, mas sem procurar arrancar do Estado o segredo do que ele é, como Marx tentava arrancar da mercadoria o seu segredo. Não se trata de arrancar do Estado o seu segredo, trata-se de passar para o lado de fora e interrogar o problema do Estado, de investigar o problema do Estado a partir das práticas de governamentalidade.

Dito isso, gostaria, nessa perspectiva, continuando o fio da análise da governamentalidade liberal, ver como ela se apresenta, como ela se pensa, como ao mesmo tempo se aplica e se analisa a si mesma; em suma, como ela se programa no momento atual. Eu lhes havia indicado algumas das que me parecem ser as características de certo modo primeiras da governamentalidade liberal, tal como aparece no meado do século XVIII. Vou portanto dar um pulo de dois séculos porque não tenho a pretensão, é claro, de lhes fazer a história global, geral e contínua do liberalismo do século XVIII ao século XX. Gostaria simplesmente, a partir da maneira como se programa a governamentalidade liberal atualmente, de tentar identificar e esclarecer certo número de problemas que foram recorrentes do século XVIII ao século XX. Se vocês quiserem, e reservando-me o direito de fazer mudanças – porque, como vocês sabem, sou como o lagostim, ando de lado –, creio, espero, pode ser que estude sucessivamente o problema da lei e da ordem, *law and order*, o problema do Estado em sua oposição à sociedade civil, ou antes, a análise da maneira como agiu e fizeram agir essa oposição. E então, se a sorte me sorrir, chegaremos ao problema da biopolítica e ao problema da vida. Lei e ordem, Estado e sociedade civil, política da vida: eis os três temas que gostaria de procurar identificar nessa história larga e longa, enfim, nessa história duas vezes secular do liberalismo[5].

Tomemos então, se vocês quiserem, as coisas na etapa atual. Como se apresenta a programação liberal ou, como se diz, neoliberal na nossa época? Vocês sabem que ela é identificada sob duas formas principais, com um ponto de ancoragem e um ponto histórico diferentes, digamos: a ancoragem alemã, que se prende à República de Weimar, à crise de 29, ao desenvolvimento do nazismo, à crítica do nazismo e, enfim, à reconstrução do pós-guerra. O outro ponto de ancoragem é a ancoragem americana, isto é, um neoliberalismo que se refere à política do New Deal, à crítica da política de Roosevelt[6] e vai se desenvolver e se organizar, principalmente depois da guerra, contra o intervencionismo federal, depois contra os programas de assistência e outros programas que foram implantados pelas administrações, democratas principalmente, Truman[7], Kennedy[8], Johnson[9] etc. Entre essas duas formas de neoliberalismo que demarco de uma maneira um tanto arbitrária, claro, há um grande número de pontes, por exemplo, a primeira delas é o inimigo comum, o adversário doutrinal maior, que é Keynes, claro[10], que vai fazer que a crítica a Keynes circule de um a outro desses dois neoliberalismos; a segunda, os mesmos objetos de repulsão, a saber, a economia dirigida, a planificação, o intervencionismo de

Estado, o intervencionismo sobre as quantidades globais, justamente, a que Keynes dava tanta importância teórica e, sobretudo, prática; e, enfim, entre essas duas formas de neoliberalismo, toda uma série de pessoas, personagens, teorias, livros que circularam, os principais ligados, *grosso modo*, à escola austríaca, ao neomarginalismo austríaco, a pessoas que em todo caso vêm daí, como Von Mises[11], Hayek[12] etc. Aliás, é principalmente do primeiro, desse neoliberalismo digamos alemão, para dizer as coisas muito grosseiramente, que eu gostaria de falar, tanto porque ele me parece teoricamente mais importante que os outros, no que concerne ao problema da governamentalidade, como também porque não tenho certeza de ter tempo para falar suficientemente dos americanos.

Vamos tomar então, se quiserem, o exemplo alemão, o neoliberalismo alemão[13]. Abril de 1948 – bem, estou lhes lembrando, tenho até vergonha, coisas arquiconhecidas – é, em toda a Europa, o reinado quase inconteste de políticas econômicas comandadas por uma série de exigências bem conhecidas.

Primeiro, a exigência de reconstrução, isto é, reconversão de uma economia de guerra numa economia de paz, reconstituição de um potencial econômico destruído, integração também de novos dados tecnológicos que puderam aparecer durante a guerra, novos dados demográficos, novos dados da geopolítica também.

Exigência de reconstrução, exigência da planificação como principal instrumento dessa reconstrução, planificação requerida tanto por necessidades internas como por causa do peso representado pelos Estados Unidos, pela política americana e pela existência do plano Marshall[14], que implicava na prática – salvo, precisamente, os casos da Alemanha e da Bélgica, já voltaremos a eles – uma planificação de cada país e certa coordenação dos diferentes planos.

Enfim, terceira exigência, é a exigência constituída por objetivos sociais que foram considerados politicamente indispensáveis para evitar que se repetisse o que acabava de acontecer, a saber, o fascismo e o nazismo na Europa, exigências que foram formuladas na França pelo CNR[15].

Essas três exigências – reconstrução, planificação e, *grosso modo*, digamos assim, socialização e objetivos sociais –, tudo isso implicando uma política de intervenção, de intervenção na alocação de recursos, no equilíbrio dos preços, no nível de poupança, nas opções de investimento, e uma política de pleno emprego... Enfim, mais uma vez me desculpem por todas essas banalidades, está-se em plena política keynesiana. Ora, o Conselho Científico, que havia sido formado junto da administração alemã da economia[16], administração essa que existia no que se chamava de "bizona", isto é, a zona anglo-americana, apresenta em abril de 1948 um relatório, e nesse relatório é posto o seguinte princípio, assim formulado: "O Conselho é de opinião que a função de direção do processo econômico deve ser assegurada o mais amplamente possível pelo mecanismo dos preços".[17] Resolução ou princípio que havia sido aceito, como se soube mais tarde, por unanimidade. E foi simplesmente pela maioria dos votos do Conselho que desse princípio tirou-se a seguinte consequência: pede-se a liberação imediata dos preços a fim [de se aproximarem dos]* preços mundiais. *Grosso modo*, se preferirem, princípio da liberdade de preços e pedido de liberação imediata. Estamos numa ordem de decisões, ou em todo caso de reivindicações, já que o Conselho Científico tem, claro, apenas voz consultiva, estamos numa ordem de proposições que nos faz pensar, em sua simplicidade elementar, no que os fisiocratas pediam ou no que Turgot decidiu em 1774[18]. Isso acontecia no dia 18 de abril de 1948. Dez dias depois, no dia 28, Ludwig Erhard[19] – que era responsável, não por esse Conselho Científico, porque o havia reunido ao seu redor, mas pela administração econômica da bizona, em

....
* M.F: de obter uma aproximação tendencial dos.

todo caso pela parte alemã da administração econômica da bizona – faz na assembleia de Frankfurt[20] um discurso em que retoma as conclusões desse relatório[21]. Ou seja, ele vai colocar o princípio da liberdade de preços e pedir a liberação progressiva dos preços, mas acompanha esse princípio e a conclusão que dele tira de certo número de considerações importantes. Ele diz o seguinte: "É preciso libertar a economia das injunções estatais".[22] "É preciso evitar", diz também, "tanto a anarquia quanto o Estado-cupim", porque, diz ele, "somente um Estado que estabeleça ao mesmo tempo a liberdade e a responsabilidade dos cidadãos pode legitimamente falar em nome do povo."[23] Vocês veem que, aqui, esse liberalismo econômico, esse princípio de um respeito à economia de mercado que havia sido formulado pelo Conselho Científico, esse princípio se inscreve no interior de algo muito mais geral e que é um princípio segundo o qual, de maneira geral, as intervenções do Estado deveriam ser limitadas. As fronteiras e os limites da estatização deveriam ser fixados e as relações entre indivíduos e Estado, regulamentadas. Esse discurso de Ludwig Erhard distingue de maneira bem nítida essas opções liberais, que ele se dispunha a propor à assembleia de Frankfurt, de um certo número de outras experiências econômicas feitas naquela época e que, apesar do ambiente dirigista, intervencionista e keynesiano de toda a Europa, encontraram espaço. Ou seja, o que aconteceu na Bélgica, onde efetivamente também se escolheu uma política liberal, o que aconteceu em parte também na Itália, onde, sob o impulso de Luigi Einaudi[24], que era naquele momento diretor do Banco da Itália, certo número de medidas liberais haviam sido tomadas – mas na Bélgica e na Itália foram intervenções propriamente econômicas. Havia algo bem diferente no discurso de Erhard e na opção que ele propôs naquele momento. Tratava-se, o próprio texto diz, da legitimidade do Estado.

Se pegarmos a frase em que Ludwig Erhard diz que é preciso libertar a economia das injunções estatais, evitando tanto a anarquia quanto o Estado-cupim, porque "somente um Estado que estabeleça ao mesmo tempo as liberdades e a responsabilidade dos cidadãos pode legitimamente falar em nome do povo", o que ela quer dizer? Na verdade, essa frase é bastante ambígua, no sentido de que podemos, e creio que devemos, compreendê-la em dois níveis. Por um lado, num nível, digamos assim, trivial. Trata-se simplesmente de dizer que um Estado que comete abusos de poder na ordem econômica, e de maneira geral na ordem da vida política, viola direitos fundamentais, que, por conseguinte, esse Estado afeta liberdades essenciais e, por isso mesmo, perde de certo modo seus próprios direitos. Um Estado não pode se exercer legitimamente se viola a liberdade dos indivíduos. Perde seus direitos. O texto não diz que ele perde todos os seus direitos. Não diz que perde, por exemplo, seus direitos de soberania. Diz que perde seus direitos de representatividade. Ou seja, um Estado que viola as liberdades fundamentais, os direitos essenciais dos cidadãos, já não é representativo desses cidadãos. Vemos, na realidade, a que objetivo tático preciso corresponde uma frase como essa. Trata-se de dizer que o Estado nacional-socialista, que precisamente violava todos esses direitos, não havia sido, não podia ser visto retrospectivamente como não tendo exercido legitimamente a sua soberania, isto é, em linhas gerais que as ordens, as leis, os regulamentos impostos aos cidadãos alemães não estão invalidados e, com isso, não se pode responsabilizar os alemães pelo que foi feito no âmbito legislativo ou regulamentar do nazismo, mas em compensação ele foi e está retrospectivamente privado dos seus direitos de representatividade, isto é, que o que ele fez não pode ser visto como tendo sido feito em nome do povo alemão. Todo o problema, dificílimo, da legitimidade e do estatuto jurídico a serem dados às medidas tomadas [sob] o nazismo está presente nessa frase.

Mas há [também] um sentido ao mesmo tempo mais amplo, mais global e também mais sofisticado. Na verdade, quando Ludwig Erhard diz que somente um Estado que reconhece a liberdade econômica e, por conseguinte, dá espaço à liberdade e às responsabilidades dos indivíduos pode falar em nome do povo, ele também quer dizer o seguinte, creio eu. No fundo, diz Erhard, no estado atual das coisas – isto é, em 1948, antes de o Estado alemão ter sido reconstituído, de os Estados alemães terem sido constituídos –, não é evidentemente possível reivindicar, para uma Alemanha que não está reconstituída e para um Estado alemão a reconstituir, direitos históricos que foram cassados pela própria história. Não é possível reivindicar uma legitimidade jurídica na medida em que não há aparelho, não há consenso, não há vontade coletiva que possa manifestar-se numa situação em que a Alemanha, por um lado, está dividida e, por outro, ocupada. Logo, não há direitos históricos, não há legitimidade jurídica para fundar um novo Estado alemão.

Mas suponhamos – e é isso que está implicitamente dito no texto de Ludwig Erhard – uma moldura institucional, cuja natureza ou origem pouco importam, uma moldura institucional x. Suponhamos que essa moldura institucional x tenha por função, não, é claro, exercer a soberania, já que, precisamente, nada pode fundar, no estado atual das coisas, um poder jurídico de coerção, mas simplesmente assegurar a liberdade. Portanto, não coagir, mas simplesmente criar um espaço de liberdade, assegurar uma liberdade e assegurá-la precisamente no domínio econômico. Suponhamos agora que, nessa instituição x cuja função não é exercer soberanamente o poder de coagir, mas simplesmente estabelecer um espaço de liberdade, suponhamos que alguns indivíduos, num número qualquer, aceitem livremente jogar esse jogo da liberdade econômica que lhes é garantida por essa moldura institucional. O que vai acontecer? O próprio exercício dessa liberdade por indivíduos que não são forçados a exercê-la, mas a que se dá simplesmente a possibilidade de exercê-la, o livre exercício dessa liberdade vai significar o quê? Pois bem, vai significar a adesão a essa moldura, vai significar o consentimento dado a toda decisão que puder ser tomada, que puder ser tomada para fazer o quê? Justamente para assegurar essa liberdade econômica ou para assegurar o que tornará possível essa liberdade econômica. Em outras palavras, a instituição da liberdade econômica vai ter de ou, em todo caso, vai poder funcionar, de certo modo, como um sifão, como um gatilho para a formação de uma soberania política. Claro, a essa frase aparentemente banal de Ludwig Erhard eu acrescento toda uma série de significados que estão implícitos e só mais tarde adquirirão seu valor e seu efeito. Acrescento todo um peso histórico que ainda não está presente, mas creio que – procurarei lhes explicar como e por quê – esse sentido ao mesmo tempo teórico, político, programático estava efetivamente na cabeça, se não de quem pronunciou a frase, pelo menos na dos que escreveram o discurso para ele.

Essa ideia de uma fundação legitimadora do Estado sobre o exercício garantido de uma liberdade econômica é, de fato, a meu ver, uma coisa importante. Claro, é necessário retomar essa ideia e a formulação dessa ideia no contexto preciso em que a vemos surgir, e com isso reconheceremos facilmente uma artimanha tática e estratégica. Tratava-se de achar um paliativo jurídico para pedir a um regime econômico o que não se podia pedir diretamente nem ao direito constitucional, nem ao direito internacional, nem mesmo, simplesmente, aos parceiros políticos. Era, mais precisamente ainda, uma habilidade em relação aos americanos e à Europa, pois, garantindo a liberdade econômica à Alemanha, à Alemanha que estava se reconstituindo – e antes de qualquer aparelho estatal –, garantia-se aos americanos e, digamos, aos diferentes *lobbies* americanos a certeza de que poderiam ter com essa indústria e com essa economia alemãs as livres relações que quisessem escolher. E, segundo, tranquilizava-se a Europa, claro, tanto a Ocidental como a Oriental, garantindo que o embrião institucional que estava se formando não apresentava em absoluto os mesmos perigos do Estado forte ou do Estado totalitário que ela havia conhecido nos anos anteriores. Mas fora desses imperativos de tática imediata, digamos assim, creio que o que estava formulado nesse discurso a que faço alusão era algo que finalmente viria a ser, fora inclusive do contexto e da situação imediata de 1948, uma das características fundamentais da governamentalidade alemã contemporânea*: na Alemanha contemporânea, de 1948 até hoje, isto é, durante trinta anos, não se deve considerar que a atividade econômica foi apenas um dos ramos da atividade da nação. Não se deve considerar que a boa gestão econômica não teve outro efeito e nenhum outro fim previsto e calculado senão o de assegurar a prosperidade de todos e de cada um. Na verdade, na Alemanha contemporânea, a economia, o desenvolvimento econômico, o crescimento econômico produz soberania, produz soberania política pela instituição e pelo jogo institucional que faz precisamente funcionar essa economia. A economia produz legitimidade para o Estado, que é seu avalista. Em outras palavras – e é esse um fenômeno importantíssimo, que sem dúvida não é único na história, mas mesmo assim é muito singular, pelo menos na nossa época –, a economia é criadora de direito público. Temos perpetuamente, na Alemanha contemporânea, um circuito que vai da instituição econômica ao Estado; e embora, claro, exista um circuito inverso, que vai do Estado à instituição econômica, não se deve esquecer que o primeiro elemento dessa espécie de sifão está na instituição econômica. Gênese, genealogia permanente do Estado a partir da instituição econômica. E quando digo isso creio que ainda não basta, porque não é apenas uma estrutura jurídica ou uma legitimação

....

* M. Foucault acrescenta: porque é essa, creio eu, uma das características essenciais sobre as quais será necessário refletir e cuja programação me parece ser [uma das características] fundamentais desse neoliberalismo alemão.

de direito que a economia traz a um Estado alemão que a história acabava de privar dos seus direitos. Essa instituição econômica, a liberdade econômica que essa instituição tem por papel, desde o início, assegurar e manter, produz algo mais real, mais concreto, mais imediato ainda, que uma legitimação de direito. Ela produz um consenso permanente, um consenso permanente de todos os que podem aparecer como agentes no interior, dentro desses processos econômicos. Agentes como investidores, agentes como operários, agentes como empresários, agentes como sindicatos. Todos esses parceiros da economia, na medida mesma em que aceitam esse jogo econômico da liberdade, produzem um consenso que é um consenso político.

Digamos também o seguinte: deixando as pessoas agir, a instituição neoliberal alemã as deixa falar, e as deixa agir em grande parte porque quer deixá-las falar, mas deixá-las falar o quê? Pois bem, deixá-las falar que está certo deixá-las agir. Ou seja, a adesão a esse sistema liberal produz como subproduto, além da legitimação jurídica, o consenso, o consenso permanente, e é o crescimento econômico, é a produção de bem-estar por esse crescimento que vai, simetricamente à genealogia "instituição econômica-Estado", produzir um circuito "instituição econômica-adesão global da população a seu regime e a seu sistema".

A crer nos historiadores do século XVI, Max Weber[25] etc., parece que o enriquecimento de um indivíduo na Alemanha protestante do século XVI era um sinal da eleição arbitrária do indivíduo por Deus. Riqueza era sinal, sinal de quê? De que Deus, precisamente, havia concedido a esse indivíduo sua proteção e manifestava assim, com isso, a certeza de uma salvação que, em última instância, nada nas obras concretas e reais do indivíduo podia garantir. Não é porque você tenta enriquecer como convém que você vai ser salvo, é: se você efetivamente enriqueceu, Deus, nesse momento, enviou-lhe na terra um sinal de que você terá a sua salvação. O enriquecimento faz parte portanto de um sistema de sinais no século XVI na Alemanha. Na Alemanha do século XX, não é o enriquecimento de um indivíduo que vai ser o sinal arbitrário da sua eleição por Deus, é o enriquecimento global que vai ser sinal de quê? Não, é claro, da eleição por Deus, [mas sim] sinal cotidiano da adesão dos indivíduos ao Estado. Em outras palavras, a economia significa sempre – não no sentido de que ela produziria sem cessar esses sinais da equivalência e do valor mercantil das coisas, que nada têm a ver, em suas estruturas ilusórias ou em suas estruturas do simulacro, com o valor de uso das coisas; a economia produz sinais, produz sinais políticos que permitem fazer funcionar as estruturas, produz mecanismos e justificações de poder. O mercado livre, economicamente livre, liga politicamente e manifesta vínculos políticos. Um *Deutschmark* sólido, uma taxa de crescimento satisfatória, um poder aquisitivo em expansão e uma balança de pagamentos favorável são na Alemanha contemporânea certamente efeitos de um bom governo, mas são também, e até certo ponto mais até, a maneira como se manifesta e se fortalece sem cessar o consenso fundador de um Estado que a história, ou a derrota, ou a decisão dos vencedores, como vocês preferirem, acabava de pôr fora da lei. O Estado recupera sua lei, recupera sua lei jurídica e recupera seu fundamento real na existência e na prática dessa liberdade econômica. A história tinha dito não ao Estado alemão. Agora é a economia que vai lhe possibilitar afirmar-se. O crescimento econômico contínuo vai substituir uma história claudicante. A ruptura da história vai portanto poder ser vivida e aceita como ruptura de memória, na medida em que vai se instaurar na Alemanha uma nova dimensão da temporalidade que não será mais a da história, que será a do crescimento econômico. Inversão do eixo do tempo, permissão do esquecimento, crescimento econômico – tudo isso está, creio eu, no âmago da maneira como funciona o sistema econômico-político alemão. A liberdade econômica coproduzida pelo crescimento do bem-estar, do Estado e do esquecimento da história.

Temos aqui, na Alemanha contemporânea, um Estado que podemos dizer radicalmente econômico, tomando "radicalmente" no sentido estrito do termo: sua raiz é, muito exatamente, econômica. Fichte, vocês sabem – em geral, é tudo o que se sabe de Fichte –, havia falado de um Estado comercial fechado[26]. Precisarei tornar sobre isso um pouco mais tarde[27]. Direi unicamente, para fazer umas simetrias um tanto artificiais, que temos aí o contrário de um Estado comercial fechado. Temos uma abertura comercial estatizante. Será esse o primeiro exemplo de Estado econômico, radicalmente econômico, da história? Seria o caso de perguntar aos historiadores, que compreendem a história muito melhor do que eu. Mas, afinal, será que Veneza era um Estado radicalmente econômico? Podemos dizer que as Províncias Unidas no século XVI, ainda no século XVII, eram um Estado econômico? Em todo caso, parece-me que, em relação a tudo o que, desde o século XVIII, foi ao mesmo tempo o funcionamento, a justificativa e a programação da governamentalidade, temos algo novo. E, embora seja verdade que permanecemos numa governamentalidade de tipo liberal, vê-se o deslocamento que se deu em relação ao que era o liberalismo programado pelos fisiocratas, por Turgot, pelos economistas do século XVIII, cujo problema era exatamente inverso, pois no século XVIII eles tinham a seguinte tarefa a resolver: tomemos um Estado que existe, tomemos um Estado legítimo, um Estado que funciona já no estilo da plenitude, da completude administrativa, na forma de Estado de polícia. O problema era: dado esse Estado, como vamos poder limitá-lo e, principalmente, abrir espaço para a necessária liberdade econômica no interior desse Estado existente? Pois bem, os alemães tinham o problema exatamente inverso para resolver. Supondo um Estado que não existe, como fazê-lo existir a partir desse espaço não estatal que é o de uma liberdade econômica?

Eis, creio, como podemos comentar – mais uma vez carregando bastante nas tintas, mas procurarei mostrar a vocês como essas tintas não são arbitrárias – a frasezinha aparentemente banal do futuro chanceler Erhard do dia 28 de abril de 1948. Claro, essa ideia, essa formulação de 1948 não pôde adquirir a espessura histórica de que lhes falei, senão na medida em que se inscreveu, e rapidamente, em toda uma cadeia de decisões e de acontecimentos sucessivos.

Então, 18 de abril, relatório do Conselho Científico; 28 de abril, discurso de Erhard; 24 de junho de [19]48[28], liberação dos preços industriais, depois dos preços dos alimentos, liberação progressiva de todos os preços, mas relativamente lenta, aliás. Em [19]52, liberação dos preços do carvão e da eletricidade, que será, creio eu, uma das últimas liberações de preço que houve na Alemanha. E é somente em [19]53 que, agora para o comércio exterior, há uma liberação das trocas que atinge um percentual de mais ou menos 80[%], 95%. Logo, em [19]52-53, a liberação está mais ou menos consolidada.

Outra coisa importante a notar é que essa política de liberação, sustentada de fato mais ou menos explicitamente pelos americanos por motivos de que lhes falarei daqui a pouco, havia suscitado muita desconfiança de parte dos outros ocupantes, essencialmente dos ingleses, que estavam em pleno período trabalhista, keynesiano etc.[29] Também havia suscitado na própria Alemanha muita resistência, tanto mais que as primeiras medidas de liberação de preços nem tinham sido tomadas e estes já haviam começado a subir. Os socialistas alemães pedem a destituição de Erhard em agosto de 1948. Em novembro de 1948, greve geral contra a política econômica de Erhard e pela volta a uma economia dirigida. Fracasso da greve e estabilização dos preços em dezembro de 1948[30].

A terceira série de fatos importantes para identificar a maneira como se inscreveu na realidade esse programa de que eu lhes falava há pouco foi uma série de adesões. Primeiro, adesão, muito precoce aliás, da Democracia Cristã, apesar de seus vínculos com toda uma economia social, cristã, que não era exatamente de tipo liberal. Adesão, com a Democracia Cristã, dos teóricos cristãos da economia social, em particular os de Munique, como o famoso jesuíta Oswald Nell-Breuning[31], que ensinava economia política em Munique[32]. Adesão, muito mais importante ainda, claro, dos sindicatos. A primeira grande adesão, a mais oficial, a mais manifesta, foi a de Theodor Blank[33], vice-presidente do sindicato dos mineiros e que declara que a ordem liberal constitui uma alternativa válida ao capitalismo e ao planismo[34]. Pode-se dizer que essa frase é totalmente hipócrita ou joga ingenuamente com muitas ambiguidades porque, na verdade, ao dizer que a ordem liberal constituía uma alternativa ao capitalismo e ao planismo, vocês veem todas as dissimetrias com que ele jogava, pois de um lado a ordem liberal nunca havia pretendido ou certamente não pretendia, na boca do futuro chanceler Erhard, ser uma alternativa ao capitalismo, mas sim certa maneira de fazer o capitalismo funcionar. E, embora seja verdade que ele se opunha ao planismo, alguém como Theodor Blank, com sua representatividade sindical, de um lado, suas origens, sua ideologia social cristã etc., não podia criticá-lo tão diretamente. E, de fato, ele queria dizer que estava ali, nesse neoliberalismo, a promessa enfim realizada de uma síntese, ou de uma via média, ou de uma terceira ordem, entre capitalismo e socialismo. Mais uma vez, não era nada disso que estava em questão. A frase é simplesmente [destinada a] dourar a pílula para os sindicatos de inspiração cristã da época.

Enfim e principalmente, adesão do SPD, adesão da socialdemocracia, adesão essa que se fez evidentemente muito mais devagar do que a dos outros, já que, praticamente até 1950, a socialdemocracia alemã permaneceu fiel à maioria dos princípios gerais que sempre defendeu e que haviam sido os do socialismo de inspiração marxista desde o fim do século XIX. No congresso de Hanôver[35], no congresso de Bad Durkheim ainda em 1949, o Partido Socialista alemão reconhece a validade histórica e política do princípio da luta de classes e continua fixando como objetivo a socialização dos meios de produção[36]. Bom. Em [19]49, [19]50 ainda está nisso. Em 1955, Karl Schiller[37], que vai ser mais tarde ministro da Economia e Finanças da Alemanha Federal[38], escreve um livro que, evidentemente, vai ter muita repercussão, pois tem o título significativo de *Socialismo e concorrência*[39], isto é, não socialismo ou concorrência, mas socialismo *e* concorrência, no qual coloca, não sei se é a primeira vez, em todo caso foi ele que deu maior eco a essa fórmula que, dali em diante, vai ser a do socialismo alemão: "concorrência tanto quanto possível e planificação na medida justa e necessária"[40]. Isso foi em 1955. Em 1959, congresso de Bad Godesberg[41], no qual a socialdemocracia alemã, primeiro, renuncia ao princípio da passagem à socialização dos meios de produção; segundo e correlativamente, reconhece que a propriedade privada dos meios de produção, não apenas é perfeitamente legítima, como tem direito à proteção e ao incentivo do Estado[42]. Vale dizer que uma das tarefas essenciais e fundamentais do Estado é portanto proteger não apenas a propriedade privada em geral, mas a propriedade privada dos meios de produção, sob reserva, acrescenta a moção do congresso, de compatibilidade com "uma ordem social equitativa". Enfim, terceiro, o congresso de Bad Godesberg aprova o princípio de uma economia de mercado onde quer que – aqui também restrição –, onde quer que "reinem as condições de uma verdadeira concorrência"[43].

Evidentemente, para quem pensa em termos marxistas, ou para quem pensa a partir do marxismo, ou para quem pensa a partir da tradição dos socialistas alemães, o importante nessas moções do congresso de Bad Godesberg é, evidentemente, a série de abandonos – abandonos, heresias, traições, como vocês preferirem – da luta de classes, da apropriação social dos meios de produção etc. O importante são os abandonos, o resto, as vagas restrições do tipo "é preciso visar uma ordem social equitativa, realizar as condições de uma verdadeira concorrência", tudo isso, na perspectiva, mais uma vez, de um marxismo que funcione a partir da sua própria ortodoxia, aparece apenas como hipocrisia. Mas, para quem ouve essas mesmas frases com outros ouvidos ou a partir de outro *background* teórico, essas palavras – "ordem social equitativa", "condição de uma verdadeira concorrência econômica" – ecoam de maneira bem diferente porque indicam (e isso é mais uma coisa que gostaria de lhes explicar a próxima vez) a adesão a todo um conjunto doutrinal e programático que não é simplesmente uma teoria econômica sobre a eficácia e a utilidade da liberdade do mercado. Adesão a algo que é um tipo de governamentalidade, que foi justamente o meio pelo qual a economia alemã serviu de base para o Estado legítimo.

Por que essa adesão da socialdemocracia alemã, essa adesão, afinal, embora um pouco tardia, tão fácil a essas teses, a essas práticas e a esses programas do neoliberalismo? Há pelo menos duas razões. Uma, claro, que é de tática política necessária e indispensável porque, quando o SPD, sob a direção do velho Schumacher[44], mantém a atitude tradicional de um partido socialista que [aceitava], por um lado, o regime dito democrata liberal – isto é, o sistema do Estado, a constituição, as estruturas jurídicas –, mas, por outro, rejeitava teoricamente em seus princípios o sistema econômico capitalista e, por conseguinte, se atribuía como tarefa, nessa moldura jurídica considerada suficiente para fazer valer o jogo fundamental das liberdades essenciais, a de simplesmente corrigir o sistema existente em função de um certo número de objetivos distantes, vocês percebem que o SPD não podia ter lugar nesse novo Estado político-econômico que estava nascendo. Não podia ter lugar nele porque era precisamente o inverso. Não se tratava, [primeiro], de estabelecer e aceitar uma moldura jurídica ou uma moldura histórica dada, porque ela havia sido formada assim pelo Estado ou por um certo consenso popular, e depois trabalhar economicamente, de dentro dela, por um certo número de ajustes. Era o exato contrário. Nesse novo regime econômico-político alemão, começava-se por estabelecer certo funcionamento econômico que estava na base do Estado, da sua existência, do seu reconhecimento internacional. Estabelecia-se essa moldura econômica e somente em seguida aparecia, de certo modo, a legitimidade do Estado. Como é que um partido socialista que se atribuía como objetivo, pelo menos como objetivo remoto, um regime econômico totalmente diferente poderia se integrar a esse jogo político, já que os dados haviam sido de certo modo invertidos e o econômico é que era radical em relação ao Estado e não o Estado que era primeiro como moldura histórico-jurídica nesta ou naquela opção econômica? Por conseguinte, para entrar no jogo político da nova Alemanha, o SPD tinha de aderir a essas teses do neoliberalismo, se não às teses econômicas ou científicas ou teóricas, pelo menos à prática geral, como prática governamental, desse neoliberalismo. De modo que o congresso de Bad Godesberg, o célebre congresso da renúncia absoluta aos temas mais tradicionais da socialdemocracia, foi certamente a ruptura com a teoria marxista, foi a ruptura com o socialismo marxista, mas foi ao mesmo tempo – e é nisso que não foi simplesmente uma traição, a não ser que seja uma traição em termos históricos gerais, se vocês quiserem – a aceitação do que já estava funcionando como consenso econômico-político do liberalismo alemão. Tratava-se não tanto de renunciar a esta ou àquela parte do programa comum à maioria dos partidos socialistas, mas de entrar, finalmente, no jogo da governamentalidade. A socialdemocracia tinha somente mais um passo a dar à ruptura com o modelo inglês e com todas as referências à economia keynesiana. A coisa é feita por Karl Schiller, de novo ele, em 1963, pois ele então abandona até a fórmula "concorrência tanto quanto possível e planificação na medida em que for necessário". Em [19]63, ele estabelece o princípio de que toda planificação, mesmo que pouco rígida, é perigosa para a economia liberal[45]. E então pronto. A socialdemocracia entrou inteiramente no tipo de governamentalidade econômico-política que a Alemanha tinha estabelecido para si a partir de 1948. Tanto ela entra no jogo que, seis anos depois, Willy Brandt[46] se torna chanceler da Alemanha Federal.

Essa é uma das razões, claro, e não é a menor. Mas creio ser preciso interrogar mais a fundo esse problema da relação do socialismo alemão com essa governamentalidade neoliberal definida desde 1948 por Ludwig Erhard, ou pelo menos por seus célebres conselheiros, de que procurarei lhes falar um pouco mais a próxima vez. Podemos tentar compreender um pouco melhor o que aconteceu e por que aconteceu assim. Há, de fato, sem dúvida, outra razão além dessa espécie de estrangulamento tático em que o partido socialista alemão se via metido desde 1948. Costuma-se dizer que em Marx – em todo caso é o que dizem as pessoas que o conhecem – não há análise do poder, que a teoria do Estado é insuficiente e que está mais que na hora de começar a elaborá-la. Mas será tão importante assim ter uma teoria do Estado? Afinal de contas, os ingleses nunca se saíram muito mal e, no entanto, pelo menos até estes últimos anos, se governaram razoavelmente bem sem teoria do Estado. Ou melhor, a última das teorias do Estado vocês vão encontrar em Hobbes[47], isto é, em alguém que era ao mesmo tempo contemporâneo e "torcedor" de um tipo de monarquia de que os ingleses se livraram precisamente nessa época. Depois de Hobbes, vocês têm Locke[48]. Locke já não faz uma teoria do Estado, faz uma teoria do governo. Logo, podemos dizer que o sistema político inglês nunca funcionou e a doutrina liberal nunca funcionou a partir de, ou nem mesmo tendo, uma teoria do Estado. Eles tinham princípios de governo.

Enfim, se há ou não há uma teoria do Estado em Marx, repito: cabe aos marxistas decidir. Mas eu, o que vou dizer é que o que falta ao socialismo não é tanto uma teoria do Estado, é uma razão governamental, é a definição do que seria no socialismo uma racionalidade governamental, isto é, uma medida razoável e calculável da extensão das modalidades e dos objetivos da ação governamental. O socialismo tem ou, em todo caso, propõe uma racionalidade histórica. Vocês a conhecem, é inútil falar mais a seu respeito. Ele propõe uma racionalidade econômica. Deus sabe o quanto se discutiu, em particular nos anos 1920-1930, para saber se essa racionalidade funcionava ou não. Esses neoliberais de que lhes falei, como Von Mises, Hayek etc., negaram, principalmente Von Mises[49], naqueles anos, existir uma racionalidade econômica do socialismo. Houve quem respondesse; aliás, voltaremos a esse ponto. Digamos que o problema da racionalidade econômica do socialismo é uma questão que se pode discutir. Em todo caso, o socialismo se propõe uma racionalidade econômica do mesmo modo que propõe uma racionalidade histórica. Pode-se dizer também que ele detém, mostrou que detinha, técnicas racionais de intervenção, de intervenção administrativa em áreas como a da saúde, a da seguridade social etc. Racionalidade histórica, racionalidade econômica, racionalidade administrativa: todas essas racionalidades podem ser reconhecidas ao socialismo ou, em todo caso, digamos que o problema pode ser discutido e que não se pode eliminar com um só gesto essas formas de racionalidade. Creio, no entanto, que não há governamentalidade socialista autônoma. Não há racionalidade governamental do socialismo. O socialismo, na verdade, como a história mostrou, só pode ser posto em prática se vinculado a diversos tipos de governamentalidade. Governamentalidade liberal e, nesse momento, o socialismo e suas formas de racionalidade desempenham o papel de contrapeso, de corretivo, de paliativo a perigos internos. Pode-se aliás [recriminá-lo, como fazem os liberais, por]* ser ele próprio um perigo, mas, enfim, ele viveu, ele funcionou efetivamente, e temos exemplos disso em, no interior de e vinculado a governamentalidades liberais. Viu-se e continua-se vendo o socialismo funcionar em governamentalidades que pertenceriam sem dúvida muito mais ao que chamávamos no ano passado, vocês se lembram, de Estado de polícia[50], isto é, um Estado hiperadministrativo, no qual entre governamentalidade e administração há de certo modo fusão, continuidade, constituição de uma espécie de bloco maciço; e, nesse momento, nessa governamentalidade de Estado de polícia, o socialismo funciona como a lógica interna de um aparelho administrativo. Talvez haja ainda outras governamentalidades às quais o socialismo tenha se vinculado. A ver. Mas, em todo caso, não creio que haja por enquanto governamentalidade autônoma do socialismo.

Podemos também examinar as coisas de um outro ângulo e dizer o seguinte: quando se cruza a fronteira que separa as duas Alemanhas, a de Helmut Schmidt[51] e a de [Erich Honecker[52]]**, quando cruzamos essa fronteira, é claro que a questão que todo bom intelectual ocidental se formula é a seguinte: onde está o verdadeiro socialismo? Ali de onde eu venho ou lá para onde eu vou? Ele está à direita, à esquerda? Está deste lado, está daquele? Onde está o verdadeiro socialismo?*** Mas a pergunta "onde está o verdadeiro socialismo?" acaso tem sentido? Será que, no fundo, não seria o caso de dizer que o socialismo não é mais verdadeiro aqui do que lá, simplesmente porque o socialismo não tem de ser verdadeiro? Enfim, quero dizer o seguinte: como quer que seja, o socialismo está vinculado a uma governamentalidade. Aqui

....
* M.F.: os liberais recriminam-lhe isso.
** M.F.: não me lembro mais como ele se chama, bem, pouco importa.
*** M. Foucault repete: Onde está o verdadeiro socialismo?

está vinculado a certa governamentalidade, ali está vinculado a outra governamentalidade, dando aqui e ali frutos muito diferentes e, é claro, ao acaso de um galho mais ou menos normal ou aberrante, os mesmos frutos venenosos.

Mas será que se pergunta ao liberalismo o que sempre se pergunta dentro do socialismo e a propósito dele: verdadeiro ou falso? Um liberalismo não tem de ser verdadeiro nem falso. A um liberalismo pergunta-se se é puro, se é radical, se é consequente, se é mitigado etc. Ou seja, pergunta-se que regras ele estipula para si mesmo e como compensa os mecanismos de compensação, como mede os mecanismos de medida que instaurou no interior da sua governamentalidade. Creio que se, ao contrário, está-se tão fortemente inclinado a fazer ao socialismo esta pergunta indiscreta sobre a verdade que nunca se faz ao liberalismo, "você é verdadeiro ou falso?", é justamente porque falta ao socialismo uma racionalidade governamental intrínseca e substitui-se essa [falta de] racionalidade governamental, que é essencial nele e, creio, até hoje não superada, substitui-se esse problema da razão governamental interna pela relação de conformidade a um texto. E é essa relação de conformidade a um texto ou a uma série de textos que é encarregada de mascarar a falta de razão governamental. Propõe-se uma maneira de ler e de interpretar que deve fundar o socialismo, que deve lhe indicar quais são os limites das suas possibilidades e da sua eventual ação, quando no fundo aquilo de que ele necessitaria é definir para si mesmo sua maneira de fazer e sua maneira de governar. A importância do texto no socialismo é, a meu ver, proporcional à lacuna constituída pela falta de uma arte socialista de governar. Sob todo socialismo real, a todo socialismo posto em prática numa política, deve-se perguntar portanto, não a que texto você se refere, você está traindo o texto ou não, você está conforme ao texto ou não, você é verdadeiro ou falso; mas deve-se perguntar simplesmente, e sempre lhe perguntar: qual é essa governamentalidade necessariamente extrínseca que faz você funcionar e dentro da qual somente você pode funcionar? E, se esse gênero de perguntas parece, afinal de contas, beirar demais o ressentimento, façamos, se preferirem, a pergunta de uma maneira mais genérica, mais voltada para o futuro, que seria esta: qual poderia ser a governamentalidade adequada ao socialismo? Existe uma governamentalidade adequada ao socialismo? Que governamentalidade é possível como governamentalidade estritamente, intrinsecamente, autonomamente socialista? Em todo caso, saibamos apenas que, se há uma governamentalidade efetivamente socialista, ela não está oculta no interior do socialismo e dos seus textos. Não se pode deduzi-la deles. É preciso inventá-la[53]*.

Eis a moldura histórica dentro da qual o que se chama de neoliberalismo alemão tomou corpo. Vocês veem, em todo caso, que se trata de todo um conjunto que seria, creio eu, impossível de reduzir ao puro e simples cálculo dos grupos políticos ou do pessoal político da Alemanha no dia seguinte à sua derrota, ainda que a existência, a pressão, as estratégias possíveis definidas por essa situação tenham sido absolutamente determinantes. É diferente de um cálculo político, mesmo que esteja inteiramente permeado por um cálculo político. Tampouco é uma ideologia, embora haja, claro, todo um conjunto de ideias, de princípios de análise etc., perfeitamente coerentes. Trata-se na verdade de uma nova programação da governamentalidade liberal. Uma reorganização interna que, mais uma vez, não pergunta ao Estado que liberdade você vai dar à economia, mas pergunta à economia: como a sua liberdade vai poder ter uma função e um papel de estatização, no sentido de que isso permitirá fundar efetivamente a legitimidade de um Estado?

....

* M. Foucault acrescenta no manuscrito: "O socialismo não é a alternativa para o liberalismo. Eles não estão no mesmo nível, apesar de haver níveis em que eles se chocam, em que não funcionam bem juntos. Donde sua possibilidade de simbiose malsucedida".

Dito isso, vou parar por aqui*. A próxima vez vou lhes falar sobre o que foi a constituição, a partir de mais ou me-

....

* M. Foucault desiste de ler as últimas páginas do manuscrito (pp. 22-5):

[p. 22] Reviravolta em relação ao 'liberalismo' tal como era definido por d'Argenson ou Turgot.
– Seja um Estado: se ele quer enriquecer, não deve governar demais. Logo, liberdade de mercado.
– Seja um Estado que não existe. Como fazer para que ele exista apenas o bastante. Logo, mercado livre.
Fazer a jurisdicidade do Estado sair da veridição do mercado: é esse o milagre alemão.
[p. 23] Houve um precedente, a *Zollverein*, mas justamente fracassou. E o nacionalismo alemão se construiu contra o liberalismo econômico,
– seja porque foi preciso defender-se contra o imperialismo francês: Fichte,
– seja, a partir de 1840, porque a solidariedade entre liberalismo econômico e liberalismo político se desfez. A política econômica, da qual se esperava que possibilitasse a unidade alemã (contra a Áustria), revelou-se servir de fato à Inglaterra. Percebeu-se que não se podia fazer a unidade senão por meio de uma política revolucionária e que a economia devia se inscrever na moldura nacionalista. List: *National Ökonomie*.
[p. 24] N.B. O nacionalismo é concebido então unicamente como um instrumento → a era futura do liberalismo.
– É a partir de 70 [que] [ms.: onde] o liberalismo econômico / economia de mercado regido pela livre concorrência é rejeitado;
– em nome da política externa: luta contra a Inglaterra; a liberdade de mercado é um instrumento de dominação para a Inglaterra;
– em nome da política interna: é necessário reintegrar o proletariado na sociedade alemã;
– em nome da doutrina historicista que recusava o pressuposto de natureza, de lei natural como princípio fundador de uma economia. A economia nunca constitui mais que uma dimensão em configurações históricas sucessivas.
– Enfim, depois de 18, o liberalismo é rejeitado;
– pelo prolongamento de uma economia de guerra e dos seus métodos de planificação;
– pelo desenvolvimento de uma *Welfare economy* que parece teorizar e justificar em novas bases as práticas bismarckianas (ou pelo menos sua [...]).

nos 1925, da doutrina neoliberal posta em prática a partir de 1952.

....
     – [p. 25] enfim pelo desenvolvimento do princípio de uma política de pleno emprego e de um intervencionismo de Estado.
     Em suma, uma economia dos equilíbrios [...].
     Tudo isso constitui um peso enorme, assumido por sua vez pelo socialismo. Já houvera tentativas de levantá-lo (Lujo Brentano). Havia também instrumentos teóricos (austríacos). Mas o que é interessante é que a Escola de Friburgo não desenvolveu simplesmente uma teoria econômica, nem mesmo uma doutrina. Ela repensou toda a relação economia e política, toda a arte de governar. E por um bom motivo: é que ela teve de se engalfinhar com um fenômeno histórico considerável. De fato, o nazismo não foi simplesmente a acumulação e a cristalização de todos os nacionalismos, dirigismos, protecionismos, planificações, que haviam subjugado o liberalismo... (*fim do ms.*)

NOTAS

1. Bernard Berenson (1865-1959), colecionador, perito e crítico de arte americano de origem lituana, especialista na pintura da Renascença italiana. Autor de: *The Italian Painters of the Renaissance*, Londres, Phaidon Press, 1953; *Drawings of the Florentine Painters*, Chicago, University of Chicago Press, 1970; e de um livro de memórias, *Sketch for a Self-Portrait*, Nova York, Pantheon, 1949.

2. A citação, como M. Foucault precisa, tem um caráter bem livre. O manuscrito traz simplesmente: "Berenson: destruição atômica, invasão estatal."

3. Eles são nomeados mais abaixo, nesta mesma aula: von Mises, Hayek (cf. *infra*, nota 11).

4. Cf. *Sécurité, Territoire, Population*, aula de 1º de fevereiro de 1978, p. 105.

5. M. Foucault, afinal, só tratará dos dois primeiros pontos na sequência deste curso. Cf., *supra*, aula de 10 de janeiro de 1979, pp. 27-30 as razões que ele invoca para justificar a análise deles, condição de inteligibilidade do terceiro ponto ("só depois que soubermos o que era esse regime governamental chamado liberalismo é que poderemos, parece-me, apreender o que é a biopolítica"), e sua observação, bem no início da aula de 7 de março de 1979 (cf. *infra*, pp. 25-7) "Gostaria de garantir-lhes que, apesar de tudo, eu tinha a intenção, no começo, de lhes falar de biopolítica, mas, sendo as coisas como são, acabei me alongando, me alongando talvez demais, sobre o neoliberalismo, e ainda por cima o neoliberalismo em sua forma alemã."

6. Cf., *supra*, p. 92.

7. Harry S. Truman (1884-1972), presidente dos Estados Unidos de 1945 a 1953.

8. John F. Kennedy (1917-1963), presidente dos Estados Unidos de 1961 a 1963.

9. Lyndon B. Johnson (1908-1973), presidente dos Estados Unidos de 1963 a 1969.

10. John Maynard Keynes (1883-1946), economista britânico, autor de *A Treatise on Money*, Londres-Nova York, Harcourt, Brace & Co., 1930, e principalmente de *The General Theory of Employment,*

Interest and Money, Londres, Macmillan & Co., 1936 / *Théorie générale de l'emploi, de l'intérêt et de la monnaie*, trad. fr. de J. de Largentaye, Paris, Payot, 1942. Nessa obra, cuja publicação marca uma data essencial na história do pensamento econômico ("revolução keynesiana"), Keynes, enfrentando a problemática do subemprego e criticando notadamente a teoria do desemprego de A. C. Pigou (*The Theory of Unemployment*, Londres, Macmillan, 1933), explicava a crise atual do capitalismo pela baixa da eficácia marginal do capital e pela taxa de juros demasiado elevada, que acarretava uma queda dos investimentos. Essa análise levou-o a preconizar a intervenção dos poderes públicos tendo em vista assegurar o pleno emprego, com medidas que favorecessem o consumo (abandono do padrão ouro, aumento dos investimentos privados e públicos). A visão "microeconômica" tradicional, baseada na interação entre preços e salários, devia ser assim substituída por uma visão "macroeconômica" baseada nas relações entre agregados, ou "quantidades globais", que podiam ser influenciados pela política econômica, como a renda nacional, o consumo total, os volumes de poupança e de investimento. Nomeado subgovernador do Banco da Inglaterra, Keynes participou da conferência de Bretton Woods, em 1944, que levou à criação do Fundo Monetário Internacional e do Banco Internacional para a Reconstrução e o Desenvolvimento Econômico (BIRD).

11. Ludwig Edles von Mises (1881-1973). Depois de estudar direito na Universidade de Viena, voltou-se para a economia política sob a influência de C. Menger e de seus discípulos, F. von Wieser e E. von Böhm-Bawerk (a "Escola Austríaca"). Funda com Hayek, em 1927, o *Österreichisches Institut für Konjunkturforschung*, em Viena. Nomeado em 1934 para o Instituto Universitário de Altos Estudos Internacionais em Genebra, parte para Nova York em 1940. Ensina como "visiting professor" na Universidade de Nova York, de 1945 a 1973. Obras principais: *Die Gemeinwirtschaft, Untersuchungen über den Sozialismus*, Iena, G. Fischer, 1922 / *Le Socialisme. Étude économique et sociologique*, trad. do alemão para o fr. por P. Bastier, A. Terrasse e F. Terrasse, prefácio de F. Perroux, Paris, Librairie de Médicis, 1938, em que demonstra que, "na ausência de um mercado para os fatores de produção, estes não podiam ser racionalmente distribuídos aos estabelecimentos industriais e, por conseguinte, uma economia planejada não podia funcionar" (M. Polanyi, *La Logique de la liberté*, introd. e trad. fr. de Ph. Nemo, Paris, PUF, "Libre échange", 1989, p. 161); *Liberalismus*, Iena,

G. Fischer, 1927; *Nationalökonomie, Theorie des Handelns und Wirtschaftens*, s.l., Éditions Union, 1940; *Human Action: A treatise on economics*, Yale University Press, 1949; 3ª ed. revista e corrigida, Chicago, Contemporary Books, Inc., 1966 / *L'Action humaine*, trad. fr. R. Audouin, Paris, PUF, "Libre échange", 1985.

12. Cf. *infra*, aula de 7 de fevereiro de 1979, p. 172, nota 24.

13. Sobre essa corrente de pensamento, cf. notadamente P.-A. Kunz, *L'Expérience néo-libérale allemande dans le contexte international des idées*, tese de doutorado em ciências políticas, Universidade de Genebra, Lausanne, Imprimerie centrale, 1962, e sobretudo F. Bilger, *La Pensée économique libérale de l'Allemagne contemporaine*, Paris, Librairie Générale de Droit, 1964, e J. François-Poncet, *La Politique économique de l'Allemagne occidentale*, Paris, Sirey, 1970; obras amplamente utilizadas por M. Foucault, como atestam suas notas preparatórias.

14. Programa de reconstrução europeia (*European Recovery Program*) proposto em 1947 pelo secretário de Estado americano G. Marshall, adotado em 1948 por 16 países da Europa Ocidental.

15. O Conselho Nacional da Resistência (CNR) havia sido constituído na primavera de 1943 para unificar os diversos movimentos de Resistência, politicamente divididos. Foi presidido por Jean Moulin, depois por Georges Bidault. "Todos, em sua reunião plenária de 15 de março de 1944, se puseram de acordo para permanecer unidos depois da Libertação. A Carta da Resistência, que resultou dessas deliberações, discutida e aprovada pelos diversos agrupamentos que compunham o CNR, continha um programa social e econômico ousado. Entre outras reformas, ela reclamava 'um plano completo de seguridade social, visando assegurar a todos os cidadãos os meios de existência, no caso em que sejam incapazes de obtê-los pelo trabalho, com gestão por parte dos representantes dos interessados e do Estado'" (H. G. Galant, *Histoire politique de la sécurité sociale française, 1945-1952*, Paris, Librairie A. Colin, "Cahiers de la Fondation nationale des sciences politiques", 1955, p. 24). Cf., *infra*, aula de 7 de março de 1979, p. 291, nota 25, sobre o plano francês de seguridade social de 1945.

16. Constituído em 19 de dezembro de 1947, esse Conselho Científico (*wissenschaftliche Beirat*) era composto metade por representantes da Escola de Friburgo (W. Eucken, F. Böhm, A. Müller-Armack, L. Miksch, A. Lampe, O. Veit...), metade por representantes das doutrinas cristã-social, como o jesuíta O. von Nell-Breuning, e socialista, como K. Schiller, G. Weisser, H. Peter.

17. Citado por F. Bilger, *La Pensée économique libérale de l'Allemagne contemporaine, op. cit.*, p. 211. Cf. *Der wissenschaftliche Beirat beim Bundeswirtschaftsministerium*, Göttingen, Schwartz, 5 vols., 1950-1961.

18. Controlador-geral das Finanças de 1774 a 1776, no reinado de Luís XVI, Turgot, em conformidade com a doutrina dos economistas e dos fisiocratas, havia decretado a liberdade de comércio de cereais (decreto de setembro de 1774) (cf. G. Weulersse, *La Physiocratie sous le ministère de Turgot et de Necker (1774-1781)*, Poitiers, Impr. du Poitou, 1925; reed. PUF, 1950). Cf. F. Bilger, *op. cit.*, p. 215: "[...] ainda que Erhard não tenha sido um homem de partido, foi o Turgot de uma doutrina econômica".

19. Ludwig Erhard (1897-1977). Assistente, depois diretor do Instituto de Observação Econômica da Escola Superior de Comércio de Nuremberg, manteve-se distante do nazismo durante o III Reich e se consagrou às suas pesquisas econômicas. Dirigiu a administração da economia da bizona a partir de fevereiro de 1948. Deputado democrata-cristão, contribuiu em grande medida para a adesão da CDU (*Christlich-Demokratische-Union*) aos princípios da "economia social de mercado". Em 1948, na décima quarta reunião plenária do Conselho Econômico, ele havia traçado as grandes orientações da sua política futura (primado da política monetária e da política de crescimento, alinhamento dos preços à oferta de mercadorias, distribuição equitativa e gradual da progressão do bem-estar). Foi escolhido ministro da Economia por Adenauer em 1951 e é considerado o pai do "milagre econômico (*Wirtschaftswunder*) alemão". Cf. J. François-Poncet, *La Politique économique de l'Allemagne occidentale, op. cit.*, pp. 74-5. Sobre seus conselheiros neoliberais, cf. N. Pietri, *L'Allemagne de l'Ouest (1945-1969)*, SEDES, 1987, pp. 44-5; D. L. Bark e D. R. Gress, *Histoire de l'Allemagne depuis 1945*, Paris, R. Laffont, "Bouquins", 1992, pp. 199-200. Cf. sua obra principal, *Wohlstand für alle*, Düsseldorf, Econ Verlag, 1957 / *La prospérité pour tous*, trad. fr. F. Brière, prefácio de J. Rueff, Paris, Plon, "Tribune libre", 1959; e *Deutsche Wirtschaftspolitik, der Weg der sozialen Marktwirtschaft*, Frankfurt, Knapp, 1962 / *Une politique de l'abondance* (coletânea de artigos e discursos, 1945-1962), trad. fr. L. Mozère, Paris, R. Laffont, 1963.

20. A décima quarta reunião plenária do Conselho Econômico foi realizada em 21 de abril, e não 28, como diz Foucault, a partir de F. Bilger, *La Pensée économique libérale...*, p. 211.

21. *Rede vor der 14. Vollversammlung des Wirtschaftsrates des Vereinigten Wirtschaftsgebietes am 21. April 1948 in Frankfurt/Main.*

Discurso reproduzido in L. Erhard, *Deutsche Wirtschaftspolitik*, op. cit., e in W. Stützel et al., org. *Grundtexte zur Sozialen Marktwirtschaft. Zeugnisse aus zweihundert Jahren ordnungspolitischer Diskussion*, Bonn-Stuttgart-Nova York, Ludwig-Erhard-Stiftung, 1981, pp. 39-42.

22. *Ibid.* (*Grundtexte*), p. 40: "Wenn auch nicht im Ziele völlig einig, so ist doch die Richtung klar, die wir einzuschlagen haben – die Befreiung von der staatlichen Befehlswirtschaft, die alle Menschen in das Entwürdigende Joch einer alles Leben überwuchernden Bürokratie zwingt [...]" Trad. fr. F. Bilger, *La Pensée économique libérale...*, p. 211 ("a libertação da economia das injunções estatais").

23. *Ibid.*: "Es sind aber weder die Anarchie noch der Termitenstaat als menschliche Lebensformen geeignet. Nur wo Freiheit und Bindung zum verpflichtenden Gesetz werden, findet der Staat die sittliche Rechtfertigung, im Namen des Volkes zu sprechen und zu handeln." Trad. fr. F. Bilger, *loc. cit.* Conviria traduzir *Termitenstaat* por "Estado de cupins", expressão já empregada por W. Röpke em 1944, em *Civitas Humana* (cf. *infra*, p. 171, nota 21), a propósito do "perigo coletivista", p. 26: "Esse Estado de cupins que vemos surgir não destrói somente todos os valores e conquistas do progresso que, após uma evolução de três milênios, constituem o que chamamos com orgulho de civilização ocidental, [...] mas principalmente tira da vida do indivíduo seu verdadeiro sentido, que reside unicamente na sua liberdade [...]"

24. Luigi Einaudi (1874-1961): professor de economia política em Turim e Milão. Sua oposição ao fascismo e seu apego ao liberalismo forçaram-no a emigrar para a Suíça (1943-44). Governador do Banco da Itália (1945), deputado (1946), depois ministro das Finanças (1947). Foi eleito presidente da República (1948-1955). Cf. as suas *Lezioni di politica economica*, Turim, G. Einaudi, 1944.

25. Cf. Max Weber, *Die protestantische Ethik und der "Geist" des Kapitalismus* (1905), in *Gesammelte Aufsätze zur Religionssoziologie*, Tübingen, J. C. B. Mohr, 1920, vol. I, pp. 1-236 / *L'Éthique protestante et l'Esprit du capitalisme*, trad. fr. J. Chavy, Paris, Plon, 1964; novas traduções francesas de I. Kalinowski, Paris, Flammarion, "Champs", 2000, e J.-P. Grossein, Paris, Gallimard, "Bibliothèque des sciences humaines", 2003.

26. Cf. *Sécurité, Territoire, Population*, aula de 11 de janeiro de 1978, pp. 17 e 27, n. 26.

27. M. Foucault não faz mais referência a Fichte na continuação do curso. Ele o menciona, no entanto, nas páginas do manuscrito

correspondente ao fim desta aula, não utilizadas por ele, a propósito da Zollverein (cf. *supra*, nota*, p. 127).

28. Essa data de 24 de junho de 1948, que constitui efetivamente uma virada decisiva na história da Alemanha do pós-guerra (Erhard, com autorização do Conselho Econômico, suprimiu todo controle de preços sem pedir o consentimento prévio dos governos militares), deve ser posta em relação com a de 18 de junho, o "dia D", que assinala, graças à reforma monetária (criação do Deutsche Mark), a primeira etapa – e a condição determinante – desse processo de transformação (cf. D. L. Bark e D. R. Gress, *Histoire de l'Allemagne depuis 1945, op. cit.*, pp. 191-4; N. Pietri, *L'Allemagne de l'Ouest, op. cit.*, pp. 46-8). Como escreve Erhard, a "grande oportunidade da Alemanha", em meados de 1948, foi "a reforma monetária que devia ser acompanhada por uma reforma econômica" (*Wohlstand für alle, op. cit.*, p. 21 / trad. cit., p. 13). A lei de 24 de junho de 1948 tem aliás o nome de "lei sobre os princípios de gestão e a política de preços depois da reforma monetária" (cf. G. Schneilin e H. Schumacher, *Économie de l'Allemagne depuis 1945*, Paris, A. Colin, 1992, p. 24; J. François-Poncet, *La Politique économique...*, pp. 71-3). Esse ponto é tanto mais importante uma vez que a estabilidade monetária representa, no programa ordoliberal, o princípio maior, depois do princípio fundamental ("realização de um sistema de preços de concorrência perfeita"). Cf. *infra*, aula de 14 de fevereiro de 1979, p. 190.

29. Churchill, derrotado nas eleições de 1945, foi sucedido por C. R. Attlee, líder do Partido Trabalhista desde 1935. Seu governo (1945-1951) foi marcado por uma forte intervenção do Estado na economia (nacionalizações, plano de austeridade, seguridade social).

30. Sobre essa greve geral, cf. L. Erhard, *Wohlstand für alle*, pp. 24-32 / trad. cit., pp. 15-22.

31. Oswald von Nell-Breuning (1890-1991), s.j., membro do Conselho Científico do ministério da Economia de 1948 a 1965. Teórico de um "socialismo autenticamente cristão", com base nas encíclicas sociais dos papas Leão XIII e Pio XI (ele foi o redator da encíclica *Quadragesimo Anno* (15 de maio de 1931): cf. O. von Nell-Breuning, *Die soziale Enzyklika. Erläuterungen zum Weltrundschreiben Papst Pius' XI. über die gesellschaftliche Ordnung*, Colônia, Hermann, 1932); ele acabava de publicar: *Gesellschaftsordnung. Wesensbild und Ordnungsbild der menschlichen Gesellschaft*, Nuremberg-Bamberg-Passau, Glock & Lutz, 1947, e (em colaboração com H. Sacher), *Beiträge zu einem Wör-*

terbuch der Politik, Heft 2: *Zur christlichen Staatslehre*, Friburgo em Brisgau, Herder, 1948, assim como vários artigos (sobre a justiça salarial, o conceito de proletariado etc.) prolongando o ensino da encíclica *Quadragesimo Anno*. "[...] Convencido da justiça intrínseca do socialismo, afirmava que o homem moderno não podia ter uma vida satisfatória se não participasse da direção da empresa em que trabalhava, o que não significava apenas a cogestão, mas, no curto prazo, o controle sindical de toda a indústria privada" (D. L. Bark e D. R. Gress, *Histoire de l'Allemagne*..., p. 145); cf. F. Bilger, *La Pensée économique libérale*..., pp. 248-53 (sobre a combinação de concorrência e organização corporativa preconizada por Nell-Breuning). Sua (muito relativa) "adesão" se exprime, notadamente, no artigo "Neoliberalismus und katholische Soziallehre", in P. M. Boarman, org., *Der Christ und die soziale Marktwirtschaft*, Stuttgart-Colônia, Kohlhammer, 1955, pp. 101-22.

32. Foi na Johann-Wolfgang-Goethe-Universität de Frankfurt, e não em Munique, que Oswald von Nell-Breuning acumulou diversos cargos de ensino a partir de 1948.

33. Theodor Blank (1905-1972), deputado CDU, ex-dirigente sindical católico. Em 26 de outubro de 1950, Adenauer confiou-lhe a direção do que viria a ser o ministério da Defesa, com o título de "conselheiro-geral do chanceler federal encarregado dos assuntos ligados ao aumento das forças aliadas".

34. Cf. F. Bilger, *La Pensée économique libérale*..., p. 211: "Sindicalista cristão, vice-presidente do sindicato dos mineiros, acabava de tomar conhecimento das obras da Escola de Friburgo e havia admitido que a ordem liberal constituía uma alternativa válida ao capitalismo e ao planismo, que ele também rejeitava".

35. 9-11 de maio de 1946: primeiro congresso do SPD (*Sozialdemokratische Partei Deutschlands*). Nele Schumacher foi confirmado na presidência.

36. Ver os textos citados por F. Bilger, *La Pensée économique libérale*..., p. 271.

37. Karl Schiller (1911-1994), professor de economia da Universidade de Hamburgo, foi membro do parlamento hamburguês pelo SPD (1949-1957), reitor da universidade local (1958-1959), depois senador encarregado da economia em Berlim Ocidental (1961-1965), deputado no Bundestag (1965-1972) e ministro federal da Economia (ver nota seguinte). Foi nomeado em 1947 para o Conselho Científico da administração econômica, formado por Erhard.

38. No governo da "grande coalizão" que reunia o CDU/CSU e o SPD, formado pelo chanceler cristão-democrata Kiesinger em dezembro de 1966. Exerceu essa função até 1972 (acumulando as pastas da Economia e das Finanças de 1971 a 1972). Sobre a sua política econômica, cf. D. L. Bark e D. R. Gress, *Histoire de l'Allemagne*..., pp. 584-6.

39. K. Schiller, *Sozialismus und Wettbewerb*, Hamburgo, Verlagsges. deutscher Konsumgenossenschaften, 1955.

40. "Em 1953, ele havia forjado, a propósito da economia social de mercado, uma expressão que definia os retoques que os social-democratas podiam fazer: 'Concorrência tanto quanto possível, planificação tanto quanto necessário' (cf. [H.] Körner *et al.*, *Wirtschaftspolitik, Wissenschaft und politische Aufgabe*, Berna, Paul Haupt, 1976, p. 86)" (D. L. Bark e D. R. Gress, *Histoire de l'Allemagne*..., pp. 428-9). Foi durante uma sessão do SPD sobre a política econômica realizada em Bochum, em fevereiro de 1953, que ele formulou esse célebre *slogan*. A fórmula é retomada no programa do SPD em 1959 (cf. a nota seguinte; D. L. Bark e D. R. Gress, *ibid.*, p. 430). Cf. F. Bilger, *La Pensée économique libérale*..., prefácio de D. Villey, p. XIV, e pp. 257-8.

41. Reunido em congresso extraordinário de 13 a 15 de novembro de 1959 em Bad Godesberg, o SPD adotou por uma maioria de 324 votos contra 16 o "programa de princípio" (*Grundsatzprogramm*) que, rompendo com a inspiração marxista do programa de Heidelberg (1925), assinalava uma virada decisiva na linha do partido.

42. "A propriedade privada dos meios de produção merece a proteção e o incentivo, desde que não impeça a instituição de uma ordem social equitativa. Pequenas e médias empresas eficazes merecem ser consolidadas para que possam se afirmar no plano econômico diante das grandes empresas" (*Programme fondamental du Parti social-démocrate allemand*, trad. fr. oficial publicada pelo SPD, Bonn, [s.d.], p. 21; citado por D. L. Bark e D. R. Gress, *Histoire de l'Allemagne*..., p. 430). Cf. F. Bilger, *La Pensée économique libérale*..., p. 273, que remete aqui ao artigo de W. Kreiterling, "La social-démocratie révise sa doctrine", *Documents. Revue des questions allemandes*, 1959, pp. 652 ss.

43. "Uma economia totalitária ou ditatorial destrói a liberdade. É por isso que o Partido Social-Democrata alemão aprova uma economia livre de mercado onde quer que a concorrência se afirme. Contudo, quando os mercados são dominados por indivíduos ou grupos, é necessário tomar medidas múltiplas para preservar a liberdade na eco-

nomia. A concorrência em toda a medida do possível – a planificação tanto quanto necessário" (*Programme fondamental*..., *op. cit.*, p. 11; D. L. Bark e D. R. Gress, *loc. cit.*). Cf. F. Bilger, *loc. cit.*

44. Kurt Schumacher (1895-1952): deputado no Reichstag entre 1930 e 1933, presidente do SPD de 1932 até a interdição do partido, um ano depois, passou dez anos em campo de concentração no regime nazista. Em 1945, restabelece em Hanôver a sede do SPD ressuscitado, declarando: "Ou conseguiremos fazer da Alemanha um país socialista no domínio econômico e democrático no domínio político, ou deixaremos de ser um povo alemão" (citado por D. L. Bark e D. R. Gress, *op. cit.*, p. 188).

45. Cf. F. Bilger, *La Pensée économique libérale*..., p. 275: "Em fins de 1961, o professor Schiller foi chamado por Willy Brandt para as funções de 'Wirtschaftssenator' [senador econômico, isto é, ministro da Economia] em Berlim Ocidental, e considerava-se que ele se tornaria ministro da Economia num eventual governo federal socialista. Em suas novas funções, Schiller aplicou sistematicamente uma política liberal, e um dos seus últimos discursos numa sessão 'econômica' do SPD em Essen, em outubro de 1963, provocou verdadeira sensação em toda a Alemanha, pela afirmação extremamente clara da sua adesão à economia de mercado e pela rejeição categórica da planificação, mesmo que pouco rígida".

46. Karl Herbert Frahm Brandt, dito Willy Brandt (1913-1992). Deputado pelo SPD no Bundestag de 1950 a 1957, prefeito de Berlim Ocidental de 1957 a 1966, tornou-se em 1966 ministro dos Negócios Estrangeiros no governo de coalizão de Kiesinger e foi eleito chanceler em 1969.

47. Thomas Hobbes (1588-1679), *Leviathan*, Londres, A. Crooke, 1651 / trad. fr. F. Tricaud, Paris, Sirey, 1971. [Ed. bras.: *Leviatã*, São Paulo, Martins Fontes, 2003.]

48. John Locke (1632-1704), *Two Treatises of Government*, escritos por volta de 1680-1683, publicados em 1690 (Londres, A. Churchill); o primeiro tratado foi traduzido em francês por F. Lessay (PUF, 1998), o segundo por D. Mazel (Amsterdam, 1691), J. Fyot (PUF, 1953), B. Gilson (Vrin, 1967) e J.-F. Spitz (PUF, 1994).

49. Cf. a obra de L. von Mises, *Die Gemeinwirtschaft, Untersuchungen über den Sozialismus*, *op. cit.* [*supra*, p. 130, nota 11].

50. Cf. *Sécurité, Territoire, Population*, aulas de 29 de março e 5 de abril de 1978.

51. Cf. *supra*, aula de 10 de janeiro de 1979, p. 37, nota 18.
52. Erich Honecker (1912-1994), nomeado primeiro-secretário em 1971, depois da retirada de Walter Ulbricht.
53. Na continuidade dessas análises, M. Foucault concebeu em 1983 um projeto de "livro branco" sobre a política socialista: "Os socialistas têm uma problemática do governo ou têm apenas uma problemática do Estado?" (citado por D. Defert, "Chronologie", DE, I, p. 62). Afora as leituras feitas então por Foucault (Jaurès, Blum, Mitterrand), esse projeto, parece, não foi além de uma pasta com recortes de jornal.

AULA DE 7 DE FEVEREIRO DE 1979

> O neoliberalismo alemão (II). – Seu problema: como a liberdade econômica pode ao mesmo tempo fundar e limitar o Estado? – Os teóricos neoliberais: W. Eucken, F. Böhm, A. Müller-Armack, F. von Hayek. – Max Weber e o problema da racionalidade irracional do capitalismo. As respostas da Escola de Frankfurt e da Escola de Friburgo. – O nazismo como campo de adversidade necessário à definição do objetivo neoliberal. – Os obstáculos à política liberal na Alemanha desde o século XIX: (a) a economia protecionista segundo List; (b) o socialismo de Estado bismarckiano; (c) a implantação, durante a Primeira Guerra Mundial, de uma economia planificada; (d) o dirigismo de tipo keynesiano; (e) a política econômica do nacional-socialismo. – A crítica neoliberal do nacional-socialismo a partir desses diferentes elementos da história alemã. – Consequências teóricas: extensão dessa crítica ao New Deal e aos planos Beveridge; dirigismo e crescimento do poder estatal; a massificação e a uniformização, efeitos do estatismo. – O que está em jogo no neoliberalismo: sua novidade em relação ao liberalismo clássico. A teoria da concorrência pura.

Gostaria hoje de tentar terminar o que eu havia começado a lhes dizer a propósito do neoliberalismo alemão do pós-guerra, esse neoliberalismo de que somos contemporâneos e no qual estamos de fato implicados.

Procurei lhes mostrar, vocês se lembram, qual havia sido o problema colocado no século XVIII pela questão do mercado. O problema era, de fato: como, no interior de um Estado dado, cuja legitimidade, bem entendido, não podia ser posta em questão, pelo menos a partir daí, como era possível abrir espaço para uma liberdade de mercado que era historicamente, que também era juridicamente, uma coisa nova, na medida em que, no Estado de polícia tal como funcionava no século XVIII, a liberdade se definia apenas como liberdade de privilégios, liberdade reservada, liberdade ligada a um estatuto, liberdade ligada a uma profissão, liberdade ligada a uma concessão do poder etc.? Liberdade de mercado como liberdade de deixar fazer [*laissez faire*], como, então, ela era possível no interior de um Estado de polícia? Era esse o problema, e a resposta dada pelo século XVIII, vocês se lembram, era afinal muito simples e consistia em dizer: o que vai abrir espaço [para], o que vai possibilitar inserir uma liberdade de mercado no interior da razão de Estado e no interior do funcionamento do Estado de polícia é simplesmente que esse mercado, entregue assim a si mesmo, esse mercado regido pelo *laissez-faire*, vai ser um princípio de enriquecimento, de crescimento e, por conseguinte, de poder para o Estado. Alcançar mais Estado com menos governo: era essa, em suma, a resposta do século XVIII.

O problema que se colocou para a Alemanha em 1945, na verdade em 1948, precisamente, se nos referirmos aos textos e às decisões de que lhes falava na última vez, era evidentemente um problema muitíssimo diferente e inverso (é o que eu procurava explicar a vocês na última vez). O problema era o seguinte. Supondo, atrevo-me a dizer, um Estado que não existe; supondo a tarefa de fazer um Estado existir; como legitimar, de certo modo antecipadamente, esse Estado futuro? Como torná-lo aceitável a partir de uma liberdade econômica que vai, ao mesmo tempo, assegurar a sua limitação e lhe permitir existir? Era esse o problema, era essa a questão que eu havia procurado delimitar na última vez e que constitui, digamos assim, o objetivo primeiro, histórica e politicamente primeiro, do neoliberalismo. Agora é preciso examinar um pouco mais a fundo a resposta. Como a liberdade econômica pode ser ao mesmo tempo fundadora e limitadora, garantia e caução de um Estado? Isso, evidentemente, requer a reelaboração de certo número de elementos fundamentais na doutrina liberal – não tanto na teoria econômica do liberalismo quanto no liberalismo como arte de governar ou, se vocês quiserem, como doutrina de governo.

Bem, vou quebrar um pouco os meus hábitos e vou lhes dizer duas ou três palavras sobre a biografia das pessoas que estiveram em torno do futuro chanceler Erhard, os que programaram essa nova política econômica, essa nova maneira de articular economia e política que caracteriza a República Federal alemã contemporânea. Quem eram essas pessoas? Nessa comissão científica de que lhes falei e que havia sido reunida por Erhard em 1948, havia um certo número de pessoas, sendo as principais delas primeiro alguém que se chamava Walter Eucken[1], que era economista de profissão, discípulo no início do século XX de Alfred Weber, irmão de Max Weber. Eucken havia sido nomeado professor de economia política em Friburgo em 1927, e foi lá que travou conhecimento com Husserl[2], que entrou em contato com a fenomenologia, que conheceu certo número de juristas que acabaram sendo tão importantes na teoria do direito na Alemanha do século XX, juristas esses também com noções de fenomenologia e que tentavam reelaborar uma teoria do direito que escapasse tanto das injunções do historicismo do século XIX quanto da concepção formalista, axiomática, estatal de Kelsen[3]. Esse Eucken havia escrito em 1930, [19]33, não sei mais em que data, um artigo, que teve naquele momento grande repercussão, contra a eventual aplicação dos métodos keynesianos na Alemanha para resolver a crise[4], métodos keynesianos que, como vocês sabem, eram nessa época preconizados na Alemanha seja por gente como Lautenbach[5], seja por gente como o doutor Schacht[6]. Eucken permanece calado durante o período nazista[7]. Continua como professor em Friburgo. Em 1936, ele funda uma revista que se chama *Ordo*[8] e em 1940 publica um livro com o título um tanto paradoxal de *Grundlagen der Nationalökonomie*[9], quando na realidade não é de economia nacional que o livro trata, mas justamente de algo fundamentalmente, doutrinalmente, politicamente oposto à economia nacional. É ele que constitui, ao redor dessa revista *Ordo*, que ele dirige, aquela escola de economistas chamada Escola de Friburgo ou, ainda, os "ordoliberais". É ele, portanto, um dos conselheiros e, sem dúvida, o principal dos conselheiros científicos que Erhard[10] havia reunido em 1948. Eucken está portanto nessa comissão. Também está Franz Böhm[11], justamente um daqueles juristas de Friburgo, fenomenologista de formação, em todo caso alguém que foi até certo ponto discípulo de Husserl. Esse Franz Böhm vai ser mais tarde deputado no Bundestag e, até os anos 1970, terá uma influência decisiva na política econômica da Alemanha. Há igualmente, sempre nessa comissão, Müller-Armack[12], que é um historiador da economia, professor creio eu em Friburgo[13] ([mas] não tenho certeza), e que escreveu em 1941 um livro interessantíssimo que tem o curioso título de *Genealogia do estilo econômico*[14], no qual ele procura justamente definir, fora do que é a teoria econômica pura e a política econômica pura, algo que seria de certo modo uma arte de governar econômica, de governar economicamente, e que ele chama de estilo econômico[15]. Esse Müller-Armack é que se tornará secretário de Estado de Ludwig Erhard quando ele for ministro da Economia e será um dos negociadores do tratado de Roma. Eis, com outros, alguns dos personagens dessa comissão científica.

Seria necessário citar, na verdade, além deles, certo número de outras pessoas que também tiveram [um papel importante]* nessa nova definição do liberalismo, da arte liberal de governar. Não fizeram parte dessa comissão, mas foram de fato, pelo menos algumas delas, suas inspiradoras, a principal delas sendo evidentemente Wilhelm Röpke[16], um economista do período de Weimar, que foi um dos conselheiros de Schleicher[17] e [teria sido] ministro de Schleicher se Schleicher não houvesse sido demitido em favor de Hitler no início de 1933. Esse Röpke também é antikeynesiano e é obrigado a se exilar em 1933. Vai para Istambul[18], instala-se em Genebra[19]. É aí,

....
* M.F.: tiveram uma importância direta sobre.

por sinal, que fica até o fim da carreira, e é em 1950 que publica um livrinho chamado *Orientação da política econômica alemã*[20], prefaciado por Adenauer, que representa de certo modo o manifesto mais claro, mais simples, mais incisivo dessa nova economia política. Conviria acrescentar outros. Acrescento, acerca de Röpke, que ele escreveu durante a guerra e logo depois da guerra uma espécie de grande trilogia que é, de certo modo, a bíblia, com os *Grundlagen der Nationalökonomie*, desse ordoliberalismo, desse neoliberalismo, uma obra em três volumes, o primeiro dos quais tem o título de *Gesellschaftskrisis* (*A crise da sociedade*)[21], termo cujo triste destino no vocabulário político contemporâneo vocês conhecem e que se referia explicitamente, é claro, à *Crise das ciências europeias* de Husserl[22]. Há também Rüstow[23]. Há um personagem evidentemente importantíssimo que também não fez parte da comissão, mas cuja carreira, cuja trajetória foi afinal importantíssima na definição do neoliberalismo contemporâneo. É alguém que vem da Áustria, um austríaco, Von Hayek[24]. Veio da Áustria, veio do neoliberalismo, emigra no momento do Anschluss ou pouco antes do Anschluss. Vai para a Inglaterra. Vai também para os Estados Unidos. Ele foi, manifestamente, um dos inspiradores do liberalismo americano contemporâneo, ou do anarcocapitalismo, se preferirem, e volta para a Alemanha em 1962, sendo nomeado professor em Friburgo. Assim o círculo está fechado.

Se eu lhes evoco esses pequenos detalhes biográficos, é por certo número de razões. Primeiro, como vocês veem, o problema que havia sido o da Alemanha em 1948, a saber: como conseguir articular a legitimidade de um Estado com a liberdade dos parceiros econômicos, admitindo-se que a segunda é que deva fundar a primeira, ou servir de caução à primeira. É evidente que os que abordaram e tentaram resolver esse problema naquela época já tinham dele uma antiga experiência. E desde a República de Weimar[25] – cuja legitimidade estatal era incessantemente questionada e se debatia no interior dos problemas econômicos que vocês conhecem –, no próprio seio e na época dessa República de Weimar o problema já estava posto, e já é com ele que, desde os anos 1925-1930, gente como Eucken, Böhm, Röpke tinha de se defrontar.

Evoquei igualmente algumas referências biográficas para lhes mostrar também uma coisa que mereceria ser estudada mais a fundo (pelos que se interessam pela Alemanha contemporânea). É a curiosa vizinhança, como que o paralelismo, entre o que se chama de Escola de Friburgo ou ordoliberais, e seus vizinhos, de certo modo, da Escola de Frankfurt. Paralelismo nas datas, paralelismo também no destino, já que pelo menos uma parte da Escola de Friburgo foi, como a Escola de Frankfurt, dispersada e forçada ao exílio. Mesmo tipo de experiência política e, também, mesmo ponto de partida, pois a meu ver ambas, a Escola de Friburgo e a Escola de Frankfurt, haviam partido *grosso modo* de uma problemática, eu ia dizendo político-universitária, dominante na Alemanha do início do século XX e que podemos chamar de certo modo de weberianismo. Ou seja, Max Weber[26], que serve de ponto de partida para ambas e dele poderíamos dizer, para esquematizar de maneira drástica sua posição, que funciona no início do século XX, na Alemanha, como aquele que, em linhas gerais, deslocou o problema de Marx[27]. Se Marx procurou definir e analisar o que poderíamos chamar, numa palavra, de lógica contraditória do capital, o problema de Max Weber e o que Max Weber introduziu, ao mesmo tempo na reflexão sociológica, na reflexão econômica e na reflexão política alemã, não é tanto o problema da lógica contraditória do capital quanto o problema da racionalidade irracional da sociedade capitalista. Essa passagem do capital ao capitalismo, da lógica da contradição à demarcação entre o racional e o irracional é, a meu ver e, mais uma vez, de maneira muito esquemática, o que caracteriza o problema de Max Weber. E podemos dizer em linhas gerais que tanto a

Escola de Frankfurt quanto a Escola de Friburgo, tanto Horkheimer[28] quanto Eucken, retomaram esse problema simplesmente em dois sentidos diferentes, em duas direções diferentes, pois, de novo esquematicamente, o problema da Escola de Frankfurt era determinar qual poderia ser a nova racionalidade social que poderia ser definida e formada para anular a irracionalidade econômica. Em compensação, a decifração dessa racionalidade irracional do capitalismo, que também era o problema da Escola de Friburgo, gente como Eucken, Röpke etc. vai procurar resolvê-la de outra maneira. Não procurarão encontrar, inventar, definir a nova forma de racionalidade social, mas definir, ou redefinir, ou reencontrar, a racionalidade econômica que vai permitir anular a irracionalidade social do capitalismo. Logo, digamos assim, dois caminhos inversos para resolver o mesmo problema. Racionalidade, irracionalidade do capitalismo, não sei. O resultado afinal foi o seguinte: tanto uns como outros, como vocês sabem, voltaram para a Alemanha depois do exílio, em 1945, [19]47 – enfim, estou falando, é claro, dos que foram forçados ao exílio –, e a história fez que esses últimos discípulos da Escola de Frankfurt se chocassem, em 1968, com a polícia de um governo inspirado pela Escola de Friburgo, e, assim, se dividiram entre um campo e outro, porque foi finalmente esse o duplo destino, ao mesmo tempo paralelo, cruzado e antagônico, do weberianismo na Alemanha.

Se evoquei também os detalhes da carreira de gente que inspirou a programação da política neoliberal na Alemanha, foi por uma terceira razão que é, evidentemente, a mais importante. É que a experiência nazista esteve para eles no próprio cerne da sua reflexão. Mas creio que podemos dizer que, para a Escola de Friburgo, o nazismo foi, de certo modo, o "caminho de Damasco"* epistemológico e político, ou seja, o nazismo foi para eles o que lhes permitiu definir aquilo que

....
* Entre aspas no manuscrito.

chamarei de campo de adversidade que tinham de definir e tinham de atravessar para atingir seu objetivo. Propondo uma análise simplesmente estratégica, isto é, não exaustiva do discurso deles, direi que, no fundo, eles tinham três coisas a fazer:

Primeiro, definir um objetivo. Esse objetivo, como vimos, como analisamos na última vez[29], era fundar a legitimidade de um Estado a partir de um espaço de liberdade dos parceiros econômicos. Eis o objetivo. Foi esse o objetivo de [19]48. Já era, no fundo, o objetivo por volta dos anos 1925-1930, embora ainda fosse menos urgente, menos claro e menos nítido.

Segundo, o que eles tinham de fazer era definir, não simplesmente a série de adversários com os quais podiam se chocar para alcançar esse objetivo, mas, no fundo, qual era o sistema geral contra o qual podia se chocar esse objetivo e a busca desse objetivo, isto é, o conjunto que vai do obstáculo ao inimigo e constitui, *grosso modo*, o campo de adversidade com o qual teriam de se haver.

E a terceira operação, claro, era, para atravessar esse campo de adversidade e atingir seu objetivo: como distribuir ou redistribuir os recursos conceituais e técnicos que eles tinham à sua disposição. São estes dois últimos pontos dessa análise "estratégica"* que eu gostaria de elaborar um pouco hoje.

Como é que eles constituíram seu campo de adversidade, isto é, como eles encontraram a lógica global do conjunto de obstáculos inimigos ou adversários que tinham de enfrentar? É aí que a experiência do nazismo foi, creio eu, muito importante. Claro, o pensamento liberal alemão, ainda que relativamente discreto, não nasceu com a Escola de Friburgo. Há anos e anos gente como Lujo Brentano[30], por exemplo, já tentava sustentar, manter os temas do liberalismo clássico numa atmosfera que, é evidente, não lhe era muito favorável. Podemos dizer, de maneira muito esquemática, que havia na

....
* M. Foucault precisa: entre aspas.

Alemanha desde praticamente o meado do século XIX e chegando sucessivamente ao palco da história, certo número de obstáculos maiores, de críticas maiores ao liberalismo, à política liberal. Aqui também, esquematizando muito:

Em primeiro lugar, o princípio que praticamente foi formulado em 1840 por List[31], de que não pode haver, pelo menos para a Alemanha, compatibilidade entre uma política nacional e uma economia liberal. O fracasso da Zollverein[32] em constituir um Estado alemão a partir de um liberalismo econômico era de certo modo a prova disso. E List e os sucessores de List estabeleceram como princípio que a economia liberal, longe de ser a fórmula geral universalmente aplicável a toda política econômica, não podia ser e na verdade não era mais que um instrumento tático ou que uma estratégia nas mãos de certo número de países para obter uma posição hegemônica e politicamente imperialista sobre o resto do mundo. Em termos claros e simples, o liberalismo não é a forma geral que toda política econômica deve adotar. O liberalismo é simplesmente a política inglesa, é a política da dominação inglesa. É também, de maneira geral, a política adaptada a uma nação marítima. Nessa medida, a Alemanha, com sua história, com sua posição geográfica, com todo o conjunto de injunções em que é colhida, não pode adotar uma política econômica liberal. Ela necessita de uma política econômica protecionista.

Em segundo lugar, o segundo obstáculo, ao mesmo tempo teórico e político, que o liberalismo alemão havia encontrado no fim do século XIX era o socialismo de Estado bismarckiano: para que a nação alemã existisse em sua unidade, não era necessário simplesmente que ela fosse protegida contra o exterior por uma política protecionista, era necessário além disso que, no interior, tudo o que pudesse comprometer a unidade nacional fosse dominado, jugulado, e, de modo geral, era preciso que o proletariado, como ameaça à unidade nacional e à unidade estatal, fosse efetivamente reintegrado no seio do consenso social e político. É esse, em linhas gerais, o tema do socialismo de Estado bismarckiano. Segundo obstáculo portanto a uma política liberal.

O terceiro obstáculo foi, é claro, a partir da guerra, o desenvolvimento de uma economia planificada, isto é, aquela técnica, que a Alemanha havia sido forçada a adotar por sua situação durante a guerra, [que consistia em] organizar uma economia centralizada em torno de um aparelho administrativo que tomava o essencial das decisões na ordem da economia, atribuindo os recursos raros, estabelecendo o nível dos preços e garantindo o pleno emprego. Economia planificada de que a Alemanha não saiu no fim da guerra, já que essa planificação foi retomada em seguida tanto pelos governos socialistas como pelos governos não socialistas. Praticamente desde Rathenau[33] até 1933, a Alemanha viveu numa economia que em todo caso tinha a planificação, a centralização econômica como forma, se não constante, pelo menos recorrente.

Enfim, o quarto obstáculo, chegado mais recentemente à cena histórica da Alemanha, foi o dirigismo de tipo keynesiano. De aproximadamente 1925, [...]* a 1930, os keynesianos alemães, como, por exemplo, Lautenbach[34], movem ao liberalismo o tipo de críticas que os keynesianos lhe movem em geral e propõem um certo número de intervenções do Estado sobre os equilíbrios gerais da economia. De sorte que se tinham, desde antes da tomada do poder pelos nazistas, quatro elementos: economia protegida, socialismo de Estado, economia planificada, intervenções de tipo keynesiano; quatro elementos que constituíam verdadeiros ferrolhos contra uma política liberal. E era em torno desses quatro ferrolhos que toda uma série de discussões havia sido travada desde o fim do século XIX pelos poucos partidários do liberalismo existentes na Alemanha. É de certo modo essa espécie de herança dispersa, essa série de discussões que os neoliberais alemães vão herdar.

....
* Uma ou duas palavras inaudíveis.

Sei que estou caricaturando a situação e que, na verdade, entre esses diferentes elementos não havia descontinuidade, mas uma espécie de passagem contínua, de rede contínua. Foi-se naturalmente da economia protegida à economia de assistência. A planificação tipo Rathenau, por exemplo, foi mais ou menos reutilizada numa perspectiva keynesiana no fim dos anos [19]20 [e] nos anos 1930. Tudo isso, claro, se comunicava, mas não formava um sistema. Ora, o que o nazismo finalmente fez foi pôr em estrita coalescência esses diferentes elementos, ou seja, a organização de um sistema econômico em que a economia protegida, a economia de assistência, a economia planificada, a economia keynesiana formavam um todo, um todo solidamente amarrado, cujas diversas partes eram solidamente ligadas pela administração econômica implantada. Política keynesiana do doutor Schacht[35], substituída em 1936* pelo plano quadrienal pelo qual Göring era responsável[36] e para o qual, aliás, ele estava rodeado por certo número de conselheiros, que eram os mesmos de Rathenau[37]. Planificação que tinha um duplo objetivo: por um lado, assegurar a autarquia econômica da Alemanha, isto é, um protecionismo absoluto, por outro lado, uma política de assistência, tudo isso, bem entendido, acarretando efeitos inflacionários que a preparação para a guerra (era uma economia, por assim dizer, militarizada) possibilitava pagar. Tudo isso constituía um todo.

Eu diria que o *coup de force*, o golpe teórico, especulativo, dos neoliberais alemães diante desse sistema nazista foi não dizer, como a maioria das pessoas dizia na época, sobretudo os keynesianos, claro: esse sistema econômico que os nazistas estão implantando é uma monstruosidade. Eles estão combinando uns a outros elementos que na verdade são heterogêneos, que amarram a economia alemã dentro de uma armadura cujos elementos são contraditórios uns aos outros

....
* M.F.: 1934.

e díspares. O golpe dos neoliberais foi não dizer: o nazismo é o produto de um estado de crise extrema, é o ponto derradeiro para o qual eram conduzidas uma economia e uma política que não puderam superar suas contradições, e o nazismo como solução extrema não pode servir de modelo analítico à história geral ou, em todo caso, à história passada do capitalismo* na Europa. Os ordoliberais se recusam a ver no nazismo essa monstruosidade, esse disparate econômico, essa solução de último recurso no ponto derradeiro da crise. Eles dizem: o nazismo é uma verdade; ou melhor: o nazismo é o revelador de algo que é simplesmente o sistema de relações necessárias que há entre esses diferentes elementos. Os neoliberais dizem: peguem qualquer um desses elementos; adotem uma economia protegida ou uma intervenção de tipo keynesiano. Claro, aparentemente são coisas diferentes, mas vocês nunca poderão desenvolver uma sem chegar, de uma ou de outra maneira, na outra. Vale dizer que esses quatro elementos que a história econômica e política alemã havia feito sucessivamente aparecer na cena da ação governamental, esses quatro elementos, dizem os neoliberais, estão economicamente ligados uns aos outros e vocês não escaparão dos três outros se adotarem um.

E, debruçando-se sobre esse esquema e esse princípio, estudam sucessivamente diferentes tipos de economia, a planificação soviética por exemplo. Dentre eles, os que, como Hayek, conhecem bem os Estados Unidos estudaram o exemplo do New Deal, outros o exemplo inglês e, em particular, os exemplos da política keynesiana dos grandes programas Beveridge, elaborados durante a guerra[38]. Estudaram isso tudo e disseram: vejam que, de todo modo, primeiro, os mesmos princípios é que são postos em jogo; segundo, cada um desses elementos vai atrair os outros três. Assim é que Röpke em 1943 ou 44, não me lembro mais, publicou – o que não ca-

....
* M. Foucault acrescenta: e da sua história.

recia de ousadia nem de atrevimento – uma análise do plano Beveridge, que portanto havia sido elaborado na Inglaterra durante a guerra, e disse aos ingleses: o que vocês estão preparando, com o seu plano Beveridge, é simplesmente o nazismo. Vocês combatem, de um lado, contra os alemães militarmente, mas economicamente e, por conseguinte, politicamente vocês estão adotando exatamente as lições deles. O trabalhismo inglês levará vocês ao nazismo de tipo alemão. O plano Beveridge é uma coisa que levará vocês ao plano Göring, ao plano quadrienal de 1936*[39]. E, por conseguinte, tentaram identificar uma espécie de invariante econômico-política que poderia ser encontrada em regimes políticos tão diversos quanto o nazismo e a Inglaterra parlamentar, a União Soviética e a América do New Deal; procuraram identificar essa invariante relacional nesses diferentes regimes, em diferentes situações políticas, e estabeleceram o princípio de que a diferença essencial não era entre socialismo e capitalismo, a diferença essencial não era tampouco entre esta estrutura constitucional e aquela outra. O verdadeiro problema era entre uma política liberal e qualquer outra forma de intervencionismo econômico, quer ele adquira a forma relativamente suave do keynesianismo, quer adote a forma drástica de um plano autárquico como o da Alemanha. Temos portanto certa invariante que poderíamos chamar, por assim dizer, de invariante antiliberal, que tem sua lógica própria e sua necessidade interna. Foi isso que os ordoliberais decifraram na experiência do nazismo.

A segunda lição que eles tiraram do nazismo é a seguinte. O nazismo, perguntavam, é o quê? É essencialmente e antes de mais nada o crescimento sem fim de um poder estatal. Para dizer a verdade, isto – que agora nos parece um lugar-comum – apresentava um certo paradoxo e representava também um certo golpe teórico ou analítico, porque, quando

....
* M. Foucault diz de novo: 1934.

vemos a maneira como funcionou a Alemanha nacional-socialista, creio que o mínimo que se pode dizer é que, pelo menos numa primeira abordagem, foi a tentativa mais sistemática de pôr o Estado em estado de estiolamento. O nazismo é o estiolamento do Estado por um certo número de razões. Isso fica claro, primeiro, na própria estrutura jurídica da Alemanha nacional-socialista, pois vocês sabem muito bem que o Estado, na Alemanha nacional-socialista, havia perdido seu estatuto de personalidade jurídica na medida em que, de direito, o Estado só podia ser definido como instrumento de algo que era, este sim, o verdadeiro fundamento do direito, a saber, o povo, o *Volk*[40]. O *Volk* em sua organização de comunidade, o povo como *Gemeinschaft*: é esse ao mesmo tempo o princípio do direito e o objetivo final de toda organização, de toda instituição jurídica, inclusive o Estado. O Estado pode até exprimir o *Volk*, pode até exprimir a *Gemeinschaft*, pode até ser a forma na qual essa *Gemeinschaft* vai, ao mesmo tempo, se manifestar e produzir suas ações, mas o Estado não será nada mais que essa forma, ou antes, que esse instrumento.

Em segundo lugar, no nazismo, o Estado é, de certo modo, desqualificado de dentro, pois vocês sabem muito bem que no nazismo o princípio de funcionamento interno dos aparelhos, de todos os aparelhos, não era uma hierarquia de tipo administrativo com o jogo da autoridade e da responsabilidade característico da administração europeia desde o século XIX. Era o princípio do *Führertum*, era o princípio da condução, a que deviam corresponder a fidelidade e a obediência, ou seja, na própria forma da estrutura estatal, nada da comunicação vertical, de baixo para cima e de cima para baixo, devia ser conservado entre os diferentes elementos dessa *Gemeinschaft*, desse *Volk*.

Enfim, em terceiro lugar, a existência do partido e todo o conjunto legislativo que regia as relações entre o aparelho administrativo e o partido faziam o essencial da autoridade recair sobre o partido em detrimento do Estado. A destruição sistemática do Estado, em todo caso sua minoração a título de puro e simples instrumento de uma coisa que era a comunidade do povo, que era o princípio do Führer, que era a existência do partido, essa [minoração]* do Estado deixa bem clara a posição subordinada que ele tinha.

Ora, a isso, decifrando essa situação, os ordoliberais respondem: não se deixem enganar. De fato, aparentemente o Estado desaparece, aparentemente o Estado é subordinado, renegado. Mas o caso é que, se o Estado é assim subordinado, é simplesmente porque as formas tradicionais do Estado do século XIX não podem atender a essa nova demanda de estatização que, justamente, a política econômica escolhida pelo III Reich requeria. De fato, se vocês adotarem esse sistema econômico de que lhes falei há pouco, precisarão, para fazê-lo funcionar, de uma espécie de sobre-Estado, de suplemento de Estado, que as formas organizacionais e institucionais que conhecemos agora não podem prover. Donde a necessidade, precisamente, que esse novo Estado tem de exceder a si mesmo, relativamente às outras formas que conhecemos, e criar essas espécies de suplementos de Estado, de intensificadores do poder estatal, como são o tema da *Gemeinschaft*, o princípio da obediência ao Führer, a existência do partido. São portanto suplementos de Estado, de certo modo um Estado em via de nascimento, instituições em via de estatização, que todas essas coisas representam, mas que os nazistas apresentam, ao contrário, como a destruição do Estado burguês e capitalista. E, por conseguinte, o que lhes permite tirar uma outra conclusão é que, na verdade, entre essa organização econômica de que eu lhes falava há pouco e esse crescimento do Estado, há um nexo necessário, o que faz que nenhum dos elementos do sistema econômico possa ser dado sem que os outros três venham em seguida, pouco

....
* M.F.: subordinação.

a pouco, e que cada um desses elementos requeira, precisamente, para ser instaurado e para funcionar, o crescimento do poder estatal. A invariante econômica, por um lado, e o crescimento de um poder estatal, ainda que [sob] formas aparentemente aberrantes em relação ao Estado clássico, são coisas absolutamente ligadas uma à outra.

Enfim, o terceiro golpe que o nazismo permitiu que os neoliberais dessem em relação ao problema que eles queriam resolver é o seguinte. Essa análise que os nazistas faziam da sociedade capitalista, burguesa, utilitarista, individualista pode ser vinculada a Sombart[41], na medida em que foi Sombart que, entre 1900 e 1930, na sua trajetória entre um quase marxismo [e] um quase nazismo, formulou e resumiu... – o melhor resumo se encontra em seu livro *Der deutscher Sozialismus*[42]. O que a economia e o Estado burguês e capitalista produziram? Produziram uma sociedade em que os indivíduos são arrancados da sua comunidade natural e reunidos uns aos outros numa forma, de certo modo, nivelada e anônima, a da massa. O capitalismo produz a massa. O capitalismo produz, por conseguinte, o que Sombart não chama exatamente de unidimensionalidade[43], mas de que dá a exata definição. O capitalismo e a sociedade burguesa privaram os indivíduos de comunicação direta e imediata uns com os outros, e eles foram constrangidos a só se comunicar por intermédio de um aparelho administrativo e centralizado. [Eles] reduziram portanto os indivíduos ao estado de átomos, de átomos submetidos a uma autoridade, a uma autoridade abstrata com a qual não se identificavam. A sociedade capitalista também sujeitou os indivíduos a um tipo de consumo maciço que tem funções de uniformização e de normalização. Enfim, essa economia burguesa e capitalista fadou os indivíduos a, no fundo, só se comunicar entre si pelo jogo dos signos e dos espetáculos*[44]. Vocês têm, em Sombart, na verdade desde

....
* Manuscrito: "do espetáculo".

os anos 1900[45], essa crítica que vocês conhecem bem e que se tornou hoje em dia um dos lugares-comuns de um pensamento de que não sei direito qual é a articulação e a ossatura, crítica da sociedade de massa, sociedade do homem unidimensional, sociedade da autoridade, sociedade de consumo, sociedade do espetáculo[46] etc. Era isso o que dizia Sombart. Foi isso, aliás, que os nazistas fizeram seu. Foi em oposição a essa destruição da sociedade pela economia e pelo Estado [capitalistas]* que os nazistas propuseram fazer o que queriam fazer.

Mas, dizem os neoliberais, olhando bem as coisas, os nazistas, com sua organização, seu partido, seu princípio do *Führertum*, fazem o quê? Na verdade, eles não fazem nada mais que acentuar essa sociedade de massa, essa sociedade de consumo uniformizadora e normalizadora, essa sociedade de signos e de espetáculos. Vejamos o que é a sociedade nazista tal como funciona. Estamos inteiramente na ordem da massa, a massa de Nuremberg, os espetáculos de Nuremberg, o consumo uniforme para todo o mundo, a ideia do Volkswagen etc. Tudo isso nada mais é que a reintrodução, a intensificação de todas as características da sociedade capitalista burguesa que Sombart havia denunciado e contra a qual os nazistas pretendiam se erguer. E por que isso? Por que eles não fazem mais que reintroduzir o que pretendem denunciar, senão porque, precisamente, todos esses elementos não são, como pretendia Sombart e como pretendem os nazistas depois dele, efeito e produto da sociedade capitalista burguesa? São, ao contrário, produto e efeito de uma sociedade que economicamente não aceita esse liberalismo, de uma sociedade, ou antes, de um Estado que escolheu uma política protecionista, uma política de planificação, uma política na qual o mercado não desempenha seu papel e em que a administração, a administração estatal ou paraestatal, é que assume a

....
* M.F.: socialistas.

responsabilidade pela existência cotidiana dos indivíduos. Esses fenômenos de massa, esses fenômenos de uniformização, esses fenômenos de espetáculo, tudo isso está ligado ao estatismo, está ligado ao antiliberalismo, e não ligado a uma economia mercantil.

Para resumir tudo isso, o que constitui o ponto decisivo da experiência nazista para os liberais de Friburgo é que eles acreditavam poder estabelecer – é essa, digamos, sua escolha de adversário, a maneira como articularam esse campo de adversidade necessário para a definição da sua estratégia – que o nazismo, em primeiro lugar, pertencia a uma invariante econômica indiferente e como que impermeável à oposição socialismo/capitalismo e à organização constitucional dos Estados; em segundo lugar, eles acreditavam poder estabelecer que esse nacional-socialismo era uma invariante absolutamente ligada, como causa e efeito ao mesmo tempo, ao crescimento infinito de um poder de Estado; em terceiro lugar, que essa invariante ligada ao crescimento do Estado tinha por efeito maior, primeiro e visível, uma destruição da rede, do tecido da comunidade social, destruição que pede precisamente, por uma espécie de reação em cadeia, de reação iterativa, um protecionismo, uma economia dirigida e um crescimento do poder de Estado.

Em linhas gerais, tudo o que se opõe ao liberalismo, tudo o que se propõe gerenciar de maneira estatal a economia, constitui portanto uma invariante, uma invariante cuja história podemos acompanhar através de todo o desenvolvimento das sociedades europeias a partir do fim do século XIX e, mais exatamente, do início do século XX, isto é, a partir do momento em que a arte liberal de governar se intimidou, de certo modo, diante das suas próprias consequências e em que se procurou limitar as consequências que ela deveria ter tirado do seu próprio desenvolvimento. Procurou limitá-las mediante o quê? Pois bem, mediante uma técnica de intervenção que consistia em aplicar à sociedade e à economia um tipo de racionalidade que se considerava válido no bojo das ciências da natureza. Em suma, *grosso modo* o que chamamos de técnica. A tecnicização da gestão estatal, do controle da economia, a tecnicização também na própria análise dos fenômenos econômicos: é isso que os ordoliberais chamam de "eterno saint-simonismo"[47], e eles fazem surgir com Saint-Simon[48] essa espécie de vertigem sentida pela arte liberal de governar, vertigem que a faz buscar, na aplicação à sociedade do esquema de racionalidade próprio da natureza, um princípio de limitação, um princípio de organização que levou, no fim das contas, ao nazismo. De Saint-Simon ao nazismo, vocês têm portanto o ciclo de uma racionalidade que acarreta intervenções, intervenções que acarretam um crescimento do Estado, crescimento do Estado que acarreta a implantação de uma administração que funciona de acordo com tipos de racionalidade técnica, que constituem precisamente a gênese do nazismo através de toda a história do capitalismo nos últimos dois séculos, em todo caso de um século e meio para cá.

Fazendo esse tipo de análise, vocês percebem que os ordoliberais – estou, é claro, esquematizando tudo o que eles disseram entre os anos 1935 e 1945 ou [19]50 –, vocês percebem que, lançando esse tipo de análise nos confins da reflexão política, da análise econômica e da sociologia, os ordoliberais lançaram uma ideia incendiária, pois foi através desse gênero de análise que se precipitou todo um tipo de discursos e de análises que vocês conhecem muito bem: as críticas tradicionais da sociedade burguesa, as análises da burocracia; o tema do nazismo que todos nós temos na cabeça, o tema do nazismo como revelador e ponto final de um desenvolvimento de certo modo historicamente natural do capitalismo; a teologia negativa do Estado como mal absoluto; a possibilidade de varrer, numa mesma crítica, tanto o que acontece na União Soviética como o que acontece nos Estados Unidos, nos campos de concentração nazistas e nos registros da Seguridade

Social etc. Vocês conhecem tudo isso muito bem, e é nessa série de golpes teóricos e analíticos do ordoliberalismo que, creio eu, está a sua origem.

Mas o essencial para mim, e em relação ao que gostaria de lhes dizer, não está aí; está, antes, na consequência que os ordoliberais tiraram dessa série de análises, a saber: como a defectibilidade que era criticada na economia de mercado, como os efeitos destruidores que tradicionalmente eram objetados à economia de mercado, como o nazismo mostra que não é à economia de mercado que se deve atribuí-los, mas que, ao contrário, a responsabilidade por eles deve ser imputada ao Estado e, de certo modo, às defectibilidades intrínsecas do Estado e da sua racionalidade própria – pois bem, é preciso, por conseguinte, inverter inteiramente as análises. Em vez de dizer, supondo uma economia de mercado relativamente livre, como o Estado deve limitá-la para que seus efeitos sejam os menos nocivos possíveis?, é preciso raciocinar de maneira totalmente diferente. É preciso dizer: nada prova que a economia de mercado tenha defeitos, nada prova que ela tenha uma defectibilidade intrínseca, já que tudo o que lhe atribuem como defeito e como efeito da sua defectibilidade é ao Estado que se deve atribuir. Pois bem, façamos o inverso e peçamos à economia de mercado muito mais do que lhe foi pedido no século XVIII, porque, no século XVIII, o que é que se pedia à economia de mercado? Que ela dissesse ao Estado: a partir de certo limite, quando se tratar de certa questão, e a partir das fronteiras de certo domínio, você não intervirá mais. Isso não basta, dizem os ordoliberais. Visto que, de todo modo, o Estado é portador de defeitos intrínsecos e visto que nada prova que a economia de mercado tenha esses defeitos, peçamos à economia de mercado para ser em si mesma, não o princípio de limitação do Estado, mas o princípio interno de regulação do Estado, de ponta a ponta da sua existência e da sua ação. Em outras palavras, em vez de aceitar uma liberdade de mercado definida pelo Estado e mantida de certo modo sob vigilância estatal – o que era, de certo modo, a fórmula inicial do liberalismo: estabeleçamos um espaço de liberdade econômica, circunscrivamo-lo e deixemo-lo ser circunscrito por um Estado que o vigiará –, pois bem, dizem os ordoliberais, é preciso inverter inteiramente a fórmula e adotar a liberdade de mercado como princípio organizador e regulador do Estado, desde o início da sua existência até a última forma das suas intervenções. Em outras palavras, um Estado sob a vigilância do mercado em vez de um mercado sob a vigilância do Estado.

Creio que é aí, nessa espécie de reviravolta que, para os ordoliberais, só foi possível a partir da análise que fizeram do nazismo, é a partir daí que eles puderam efetivamente, em 1948, tentar resolver o problema que lhes havia sido proposto, a saber: um Estado que não existe, um Estado que é preciso conseguir legitimar, um Estado que é preciso tornar aceitável aos olhos dos que dele mais desconfiam. Pois bem, estabeleçamos a liberdade de mercado e teremos um mecanismo que, ao mesmo tempo, fundará o Estado e controlando-o, dará a todos os que têm alguma razão de desconfiar dele as garantias que pedem. Portanto, a meu ver, era disso que se tratava nessa inversão.

E é aí, creio eu, que podemos situar o que há de importante, de decisivo, no neoliberalismo atual. Porque não há que se iludir: o neoliberalismo atual não é, de maneira nenhuma, como se diz muitas vezes, a ressurgência*, a recorrência de velhas formas de economia liberal, formuladas nos séculos XVIII e XIX, que o capitalismo atualmente reativaria, por certo número de razões relacionadas tanto à sua impotência, às crises que ele atravessa, quanto a certo número de objetivos políticos ou mais ou menos locais e determinados. Na verdade, o que está em questão nesse neoliberalismo atual, quer se tome a forma alemã que evoco precisamente agora, quer se

....
* M.F.: a ressurgescência [?]

tome a forma americana do anarcoliberalismo, é uma coisa muito mais importante. O que está em questão é saber se, efetivamente, uma economia de mercado pode servir de princípio, de forma e de modelo para um Estado [de]* cujos defeitos, atualmente, à direita como à esquerda, por uma razão ou por outra, todo o mundo desconfia. Fazer a crítica do Estado, identificar os efeitos destruidores e nocivos do Estado, nisso todo o mundo está de acordo. Mas, no bojo dessa crítica geral, dessa crítica confusa, tanto que, aliás, nós a encontramos sem muita diferença de Sombart a Marcuse, através e de certo modo à sombra dessa crítica, será que o liberalismo vai efetivamente conseguir fazer passar o que é seu verdadeiro objetivo, isto é, uma formalização geral dos poderes do Estado e da organização da sociedade a partir de uma economia de mercado? Será que o mercado pode ter efetivamente um poder de formalização, tanto para o Estado como para a sociedade? É esse o problema importante, capital, do liberalismo atual, e é nessa medida que ele representa, em relação aos projetos liberais tradicionais, que vimos nascer no século XVIII, uma mutação importantíssima. Não se trata apenas de deixar a economia livre. Trata-se de saber até onde vão poder se estender os poderes de informação políticos e sociais da economia de mercado. Eis o que está em jogo. Pois bem, para responder "sim, a economia de mercado pode efetivamente enformar o Estado e reformar a sociedade, ou reformar o Estado e enformar a sociedade", os ordoliberais realizaram certo número de deslocamentos, de transformações, de inversões na doutrina liberal tradicional, e são essas transformações que eu queria explicar um pouco agora**.

....
* M.F.: sobre.
** M. Foucault se interrompe aqui para dizer o seguinte:

> Percebo que está tarde, não sei se vou mesmo começar agora... O que vocês querem? [*Ouve-se "sim" na sala.*] Cinco minutos, no máximo.

Então, primeiro deslocamento, o da troca, um deslocamento que iria da troca à concorrência no princípio do mercado. Para dizer as coisas, mais uma vez, bem grosseiramente, no liberalismo do século XVIII o mercado era definido pelo quê? Ou melhor, era descrito a partir de quê? Ele era definido e descrito a partir da troca, a troca livre entre dois parceiros que estabelecem por sua própria troca uma equivalência entre dois valores. O modelo e o princípio do mercado eram a troca, e a liberdade do mercado, a não intervenção de um terceiro, de uma autoridade qualquer, *a fortiori* da autoridade do Estado, era aplicada, evidentemente, para que o mercado fosse válido e para que a equivalência fosse de fato equivalência. No máximo pedia-se ao Estado para supervisionar o bom funcionamento do mercado, isto é, fazer de sorte que fosse respeitada a liberdade dos que trocam. O Estado, portanto, não tinha de intervir no interior do mercado. O que se pedia ao Estado, em compensação, era que interviesse na produção, no sentido de que, diziam os economistas liberais do meado do século XVIII, aquilo de que no fundo se necessita, quando se produz alguma coisa, isto é, quando se está investindo trabalho em alguma coisa, [é]* que seja respeitada por todo o mundo a propriedade individual dessa coisa que se produz. E era aí, nessa necessidade da propriedade individual para a produção, que se pedia a autoridade do Estado. Mas, quanto ao mercado, ele devia ser de certo modo um lugar desimpedido e livre.

Ora, para os neoliberais, o essencial do mercado não está na troca, nessa espécie de situação primitiva e fictícia que os economistas liberais do século XVIII imaginavam. Está em outro lugar. O essencial do mercado está na concorrência. Nisso, de resto, os neoliberais não fazem mais que seguir toda uma evolução do pensamento, da doutrina e da teoria liberais no decorrer do século XIX. Praticamente, admite-se em

....
* M.F.: é preciso.

quase toda a teoria liberal, desde o fim do século XIX, que o essencial do mercado é a concorrência, isto é, que não é a equivalência, mas a desigualdade[49]. E o problema concorrência/monopólio, muito mais que o problema do valor e da equivalência, é o que vai constituir a armadura essencial de uma teoria do mercado. Nisso os ordoliberais não se diferenciam em nada do que havia sido a evolução histórica do pensamento liberal. Eles retomam essa concepção clássica e retomam o princípio da concorrência, e somente da concorrência, para assegurar a racionalidade econômica. Ela pode assegurar a racionalidade econômica mediante o quê? Pois bem, mediante a formação de preços, que, na medida em que há concorrência plena e inteira, são capazes de medir as grandezas econômicas e, por conseguinte, regular as escolhas.

É aí, em relação a esse liberalismo centrado no problema da concorrência, a essa teoria do mercado centrado na concorrência, que os ordoliberais vão introduzir uma coisa que [lhes] é, creio eu, específica*. De fato, na concepção digamos do século XIX [e do] século XX, marginalista e neomarginalista da economia de mercado, diz-se o seguinte: como o mercado só pode funcionar com base na concorrência livre e inteira, é necessário, por conseguinte, que o Estado se abstenha de modificar o estado de concorrência tal como ele existe e evite introduzir, por meio de fenômenos de monopólio, por meio de fenômenos de controle etc., certo número de elementos que modificariam esse estado da concorrência. Ele deve no máximo intervir para impedir que essa concorrência seja alterada por este ou aquele fenômeno, como, por exemplo, o fenômeno do monopólio. Eles continuam portanto a tirar desse princípio da economia de mercado a mesma conclusão que era tirada no século XVIII, quando se definia a economia de mercado pela troca, a saber, o *laissez-faire*. Em outras palavras, para os liberais do século XVIII, como para os

....
* M.F.: que é, creio eu, específica a eles.

liberais do século XIX*, do princípio da economia de mercado extrai-se a necessidade do *laissez-faire*. Uns deduzem-no da troca, outros da concorrência, mas de todo modo a consequência lógica, a consequência política da economia de mercado é o *laissez-faire*.

Pois bem, é aí que os ordoliberais rompem com a tradição do liberalismo dos séculos XVIII e XIX. Eles dizem: do princípio da concorrência como forma organizadora do mercado, não se pode e não se [deve]** tirar o *laissez-faire*. Por quê? Porque, dizem eles, quando da economia de mercado você tira o princípio do *laissez-faire*, é que no fundo você ainda é prisioneiro do que se poderia chamar de uma "ingenuidade naturalista"***, isto é, você considera que o mercado, seja ele definido pela troca, seja ele definido pela concorrência, é de qualquer modo uma espécie de dado natural, algo que se produz espontaneamente e que o Estado deveria respeitar, na medida em que é um dado natural. Mas, dizem os ordoliberais – é aí que se pode facilmente identificar a influência de Husserl[50] –, isso é uma ingenuidade naturalista. Pois, de fato, o que é a concorrência? Não é de modo algum um dado natural. A concorrência, em seu jogo, em seus mecanismos e em seus efeitos positivos que identificamos e valorizamos, não é em absoluto um fenômeno natural, não é o resultado de um jogo natural dos apetites, dos instintos, dos comportamentos etc. Na realidade, a concorrência não deve seus efeitos senão à essência que ela detém, que a caracteriza e a constitui. A concorrência não deve seus efeitos benéficos a uma anterioridade natural, a um dado natural que ela traria consigo. Ela os deve a um privilégio formal. Pois, de fato, o que é a concorrência? Não é de modo algum um dado natural. A concorrência é uma essência. Pois, de fato, o que é a

....

* M.F.: XX.
** M. Foucault repete: pode.
*** Entre aspas no manuscrito.

concorrência? Não é de modo algum um dado natural. A concorrência é um *eîdos*[51]. A concorrência é um princípio de formalização[52]. A concorrência possui uma lógica interna, tem sua estrutura própria. Seus efeitos só se produzem se essa lógica é respeitada. É, de certo modo, um jogo formal entre desigualdades. Não é um jogo natural entre indivíduos e comportamentos.

E, assim como para Husserl uma estrutura formal não se oferece à intuição sem um certo número de condições, assim também a concorrência como lógica econômica essencial só aparecerá e só produzirá seus efeitos sob certo número de condições cuidadosa e artificialmente preparadas. Ou seja, a concorrência pura não é portanto um dado primitivo. Ela é necessariamente o resultado de um longo esforço e, para dizer a verdade, a concorrência pura nunca será alcançada. A concorrência pura deve ser e não pode ser senão um objetivo, um objetivo que supõe, por conseguinte, uma política infinitamente ativa. A concorrência é portanto um objetivo histórico da arte governamental, não é um dado natural a respeitar. Temos aqui, está claro, nesse tipo de análise, tanto a influência de Husserl, inútil dizer, como a possibilidade de articular, um pouco à maneira de Weber, a história com a economia[53]. Eles dizem: a análise dessa concorrência como mecanismo formal, a identificação dos seus efeitos ótimos, pois bem, é a teoria econômica que deve fazê-la. Mas o que acontece realmente nas sociedades que conhecemos nunca pode ser [analisado]* a partir dessa teoria da concorrência. Só se pode analisá-lo tomando os sistemas históricos reais no interior dos quais esses processos econômicos formais agem, são formados ou são deformados. E, por conseguinte, temos aí a necessidade de uma análise histórica dos sistemas que cruza, de certo modo, como uma horizontal cruzaria uma vertical, a análise formal dos processos econômicos. A economia ana-

....

* M.F.: feito.

lisa os processos formais, a história vai analisar os sistemas que tornam possível ou impossível o funcionamento desses processos formais[54].

Com isso – e é essa a terceira consequência que tiram daí –, vocês veem que a relação entre uma economia de concorrência e um Estado não pode mais ser de delimitação recíproca de áreas diferentes. Não haverá o jogo do mercado, que se deve deixar livre, e, depois, a área em que o Estado começará a intervir, já que precisamente o mercado, ou antes, a concorrência pura, que é a própria essência do mercado, só pode aparecer se for produzida, e produzida por uma governamentalidade ativa. Vai-se ter portanto uma espécie de justaposição total dos mecanismos de mercado indexados à concorrência e da política governamental. O governo deve acompanhar de ponta a ponta uma economia de mercado. A economia de mercado não subtrai algo do governo. Ao contrário, ela indica, ela constitui o indexador geral sob o qual se deve colocar a regra que vai definir todas as ações governamentais. É necessário governar para o mercado, em vez de governar por causa do mercado. E, nessa medida, vocês veem que a relação definida pelo liberalismo do século XVIII é inteiramente invertida. Problema então: qual vai ser o tipo de delimitação, ou antes, qual vai ser, no que concerne à arte de governar, o efeito desse princípio geral de que o mercado é aquilo que, no fim das contas, é preciso conseguir produzir no governo? E, como numa boa novela, é o que procurarei lhes mostrar da próxima vez.

NOTAS

1. Walter Eucken (1891-1950): expoente da escola neoliberal alemã (Escola de Friburgo), cujas posições foram expostas na revista *Ordo* (cf. *infra*, nota 8). Depois de estudar economia em Bonn e Berlim, onde foi aluno de Heinrich Dietzel, adversário da Escola histórica, e de uma das últimas figuras desta última, Hermann Schumacher, sucessor de Gustav Schmoller na Universidade de Berlim (Eucken, que foi seu assistente, rompeu com ele em 1923, ao constatar a incapacidade que tinha o historicismo de dar uma resposta ao problema da inflação), foi nomeado professor em Tübingen em 1925, depois em Friburgo em 1927, onde viveu até a morte. Cf. F. Bilger, *La pensée économique libérale de l'Allemagne contemporaine*, *op. cit.*, pp. 39-70.

2. Sobre as relações de Eucken com Husserl, cf. F. Bilger, *ibid.*, p. 47 ("Logo que chegou à cidade, Eucken travou uma amizade profunda com Husserl, espiritualmente aparentado a Rudolf Eucken. Os dois homens mantiveram contatos frequentes, infelizmente logo interrompidos pela morte do filósofo. E Walter Eucken reconhece, em suas obras, a influência do fundador da fenomenologia sobre a formação do seu método econômico. Em particular, faz frequentemente referência ao grande livro de Husserl, *Die logische Untersuchungen* [Halle, S. Niemeyer, 1928] (Investigações lógicas), cujo aspecto crítico e positivo é transposto por ele para a economia política"). Para uma análise mais precisa, cf. R. Klump, "On the phenomenological roots of German *Ordnungstheorie*: what Walter Eucken ows to Edmund Husserl", *in* P. Commun, org., *L'Ordolibéralisme allemand: aux sources de l'économie sociale de marché*, Université de Cergy-Pontoise, CIRAC/CICC, 2003, pp. 149-62.

3. Entre os quais Hans Grossmann-Doerth e Franz Böhm (sobre este último, cf. *infra*, nota 11). Cf. F. Bilger, *op. cit.*, pp. 47-8 e 71-4. Sobre Kelsen, cf. *Sécurité, Territoire, Population*, *op. cit.*, aula de 25 de janeiro de 1978, p. 81, n. 1.

4. W. Eucken, "Staatliche Strukturwandlungen und die Krisis des Kapitalismus", *Weltwirtschaftliches Archiv*, Iena, vol. 36 (2), 1932, pp. 297-321.

5. Wilhelm Lautenbach (1891-1948); cf. notadamente seu artigo "Auswirkungen der unmittelbaren Arbeitsbeschaffung", *Wirtschaft*

und Statistik, vol. 13, nº 21, 1933, reed. *in* G. Bombach *et al.*, org., *Der Keynesianismus*, Berlim, Springer, 1981, pp. 302-8, e sua obra póstuma, *Zins, Kredit und Produktion*, Tübingen, J. C. B. Mohr, 1952.

6. Hjalmar Greely Horace Schacht (1877-1970), presidente do Reichsbank de novembro de 1923 a março de 1930, ministro da Economia de julho de 1934 a novembro de 1937. Opôs-se a Göring e aos gastos armamentistas (cf. *infra*, nota 36), mas manteve o título de ministro sem pasta até 1943. Cf. J. François-Poncet, *La Politique économique de l'Allemagne occidentale, op. cit.*, pp. 21-2.

7. Muito pelo contrário, W. Eucken participou, desde fins de 1933, de um seminário organizado pelo economista Karl Diehl, que reunia oponentes ao nazismo vindos de diversas faculdades (dentre os quais o historiador Gerhard Ritter e o teólogo Clemens Bauer). Engajou-se decididamente contra a política desenvolvida por Heidegger no reitorado da Universidade de Friburgo. Cofundador, com vários teólogos católicos e protestantes, do *Freiburger Konzil*, que foi sem dúvida o único grupo de oposição ao nazismo formado por universitários depois dos pógroms de 1938, participou, durante a guerra, das discussões da *Arbeitsgemeinschaft Volkwirtschaftslehre*, conduzidas por Erwin von Beckerath, no seio do *Gruppe IV* (encarregado das questões econômicas) da *Akademie für Deutsches Recht* fundada pelos nazistas em 1933-34, tendo em vista germanizar o direito. O *Gruppe IV* havia sido criado em janeiro de 1940. Seu organizador, Jens Jessen, que se tornou um fervoroso oponente do nacional-socialismo, foi executado em novembro de 1944, por sua participação no complô contra Hitler. O próprio *Gruppe IV*, que era um fórum clandestino, foi suprimido em março de 1943, mas os debates entre economistas – notadamente sobre a economia de transição no período do pós-guerra – continuaram num âmbito privado, no interior do "círculo Beckerath". Eucken publicou vários artigos durante esse período. Cf. H. Rieter e M. Schmolz, "The ideas of German Ordoliberalism 1938-1945: pointing the way to a new economic order", *The European Journal of the History of Economic Thought*, I (1), outono de 1993, pp. 87-114; R. Klump, "On the phenomenological roots of German *Ordnungstheorie*…", *in op. cit.*, pp. 158-60.

8. M. Foucault confunde aqui a data de publicação do prefácio, coassinado por F. Böhm, W. Eucken e H. Grossmann-Doerth com o título de "Nossa tarefa", no primeiro volume da série *Die Ordnung der Wirtschaft*, dirigida por esses três autores (ver a tradução inglesa desse texto com o título de "The Ordo Manifesto of 1936", *in* A. Peacock e

H. Willgerodt, orgs., *Germany's Social Market Economy: Origins and evolution*, Londres, Macmillan, 1989, pp. 15-26), com a do primeiro número da revista *Ordo* em 1948. Esta foi publicada, na forma de um volume anual, de 1948 a 1974, pelo editor Helmut Küpper em Düsseldorf, depois, a partir de 1975, por Gustav Fischer em Stuttgart.

9. W. Eucken, *Die Grundlagen der Nationalökonomie*, Iena, G. Fischer, 1940, 2ª ed., 1942 / *The Foundations of Economics: History and theory in the analysis of economic reality*, trad. ingl. T. W. Hutchison, Londres, William Hodge, 1950.

10. Cf. *supra*, p. 132, nota 19.

11. Franz Böhm (1895-1977). Conselheiro jurídico do ministério da Economia de 1925 a 1932, ensinou direito nas universidades de Friburgo e de Iena, de 1933 a 1938, mas teve de pedir demissão por causa da sua oposição à política antissemita. Depois da guerra, foi ministro dos Assuntos Culturais de Hesse (1945-1946) e professor de direito civil e econômico na Universidade de Frankfurt. Foi deputado pelo CDU no Bundestag de 1953 a 1965 e teve um papel ativo, de 1948 a 1977, no Conselho Científico da *Verwaltung für Wirtschaft des Vereinigten Wirtschaftsgebietes* em Frankfurt. Em 1965, tornou-se o primeiro embaixador alemão em Israel. Obras principais: *Wettbewerb und Monopolkampf*, Berlim, C. Heymann, 1933; *Die Ordnung der Wirtschaft als geschichtliche Aufgabe und rechtsschöpferische Leistung*, Stuttgart-Berlim, Kohlhammer, 1937; *Wirtschaftsordnung und Staatsverfassung*, Tübingen, J. C. B. Mohr, 1950. Ver também seus *Reden und Schriften*, Karlsruhe, C. F. Müller, 1960. Foi um dos cossignatários, com W. Eucken e H. Grossmann-Doerth, do "manifesto ordoliberal" de 1936 (cf. *supra*, nota 8).

12. Alfred Müller-Armack (1901-1978). Assistente de economia na Universidade de Colônia a partir de 1926, obteve uma cadeira de professor em Münster, em 1940, depois novamente em Colônia em 1950. Aderiu ao partido nacional-socialista em 1933, condenando porém sua doutrina racial (cf. seu livro *Staatsidee und Wirtschaftsordnung im neuen Reich*, Berlim, Junker & Dünnhaupt, 1933), depois se distanciou progressivamente do partido em nome das suas convicções religiosas. De 1952 a 1963, foi diretor ministerial no ministério da Economia e secretário de Estado para os problemas europeus. Como tal, participou da redação do tratado de Roma. Pediu demissão em 1963 para ocupar cargos nos conselhos de administração de várias grandes empresas. Era membro, além disso, do grupo de Mont-Pèlerin, criado na Suíça em 1947 por iniciativa de F. Hayek, que tinha por

meta defender a livre empresa, do qual também faziam parte L. von Mises, W. Röpke e M. Friedman. Cf. F. Bilger, *La Pensée économique libérale*..., pp. 111-2. Obras principais (além da sua *Genealogie der Wirtschaftsstile*: cf. *infra*, nota 14): *Wirtschaftslenkung und Marktwirtschaft*, Düsseldorf, Verlag Wirtschaft und Finanzen, 1946, 2ª ed., 1948; *Diagnose unserer Gegenwart. Zur Bestimmung unseres geistesgeschichtlichen Standortes*, Gütersloh, Bertelsmann, 1949; *Religion und Wirtschaft. Geistesgeschichtliche Hintergründe unserer europäischen Lebensform*, Stuttgart, Kohlhammer, 1959.

13. Trata-se na realidade de Colônia (cf. nota precedente).

14. A. Müller-Armack, *Genealogie der Wirtschaftsstile: die geistesgeschichtlichen Ursprünge der Staats- und Wirtschaftsformen bis zum Ausgang des 18. Jahrhunderts*, Stuttgart, Alfred Kohlhammer, 1941, 3ª ed., 1944. O autor "procurava mostrar que a organização econômica de um tempo é a tradução econômica da 'Weltanschauung' dominante" e disso "deduzia a necessidade de construir, depois da guerra, uma economia conforme ao novo 'estilo de vida' que os alemães tinham a intenção de adotar" (F. Bilger, *La Pensée économique libérale*..., pp. 109-10).

15. Esse conceito de "estilo econômico" (*Wirtschaftsstil*), designando a forma socioeconômica global de uma sociedade numa época dada, havia sido forjado por A. Spiethoff ("Die allgemeine Volkswirtschaftslehre als geschichtliche Theorie. Die Wirtschaftsstile", *Schmollers Jahrbuch für Gesetzgebung, Verwaltung und Wirtschaft im Deutschen Reich*, 56, II, 1932) para aprofundar e precisar o conceito de "sistema econômico" (*Wirtschaftssystem*) introduzido por W. Sombart nos anos 1920 (*Die Ordnung des Wirtschaftslebens*, Berlim, Julius Springer, 1927; *Die drei Nationalökonomien – Geschichte und System der Lehre von der Wirtschaft*, Berlim, Duncker & Humblot, 1930). Ele se inscrevia portanto, em parte, na continuidade da problemática da Escola histórica alemã, atestando ao mesmo tempo uma preocupação com uma análise tipológica mais rigorosa. Esse conceito é objeto de um exame crítico por W. Eucken, *Die Grundlagen der Nationalökonomie*, *op. cit.*, pp. 71-4. Cf. H. Möller, "Wirtschaftsordnung, Wirtschaftssystem und Wirtschaftsstil: ein Vergleich der Auffassungen von W. Eucken, W. Sombart und A. Spiethoff", *in Schmollers Jahrbuch für Gesetzgebung, Verwaltung und Volkswirtschaft*, Berlim, Duncker & Humblot, 64, 1940, pp. 75-98. Em seus artigos dos anos 1950-1960, Müller-Armack utiliza frequentemente o conceito de estilo para definir o programa de ação da economia social de mercado (cf., p. ex., "Stil und Ordnung der sozialen Marktwirtschaft", 1952, *in* A.

Müller-Armack, *Wirtschaftsordnung und Wirtschaftspolitik*, Friburgo em Brisgau, Rombach, 1966, pp. 231-42). Cf. S. Broyer, "*Ordnungstheorie et ordolibéralisme: les leçons de la tradition*", *in* P. Commun, org., *L'Ordolibéralisme allemand...*, *op. cit.*, pp. 90-5.

16. Wilhelm Röpke (1899-1966): professor de economia na Universidade de Marburgo, até a sua demissão por motivos políticos. Adepto convicto do neomarginalismo, foi designado membro de uma comissão oficial para o estudo do desemprego em 1930-31. Cf. F. Bilger, *La Pensée économique libérale...*, pp. 93-103; J. François-Poncet, *La Politique économique...*, pp. 56-7.

17. Kurt von Schleicher (1882-1934): ministro da Reichswehr (junho de 1932), tornou-se chanceler sucedendo Von Papen (dezembro de 1932), mas teve de ceder o posto a Hitler em janeiro de 1933. Foi assassinado pelos nazistas no ano seguinte. Parece que, aqui, Foucault confunde Röpke e Rüstow (cf. *infra*, nota 23). Na verdade, era a este último que Schleicher pretendia confiar o ministério dos Assuntos Econômicos em janeiro de 1933.

18. ... onde conhece o sociólogo Alexander Rüstow, também emigrado (cf. *ibid.*).

19. Em 1937. Ensinou aí no Instituto de Altos Estudos Internacionais. Também presidiu a Sociedade do Mont-Pèlerin (cf. *supra*, nota 12) de 1960 a 1962.

20. W. Röpke, *Ist die deutsche Wirtschaftspolitik richtig? Analyse und Kritik*, Sttutgart, Kohlhammer, 1950 (cf. F. Bilger, *La Pensée économique libérale...*, p. 97); reed. in W. Stützel *et al.*, orgs., *Grundtexte zur sozialen Marktwirtschaft*, *op. cit.* [*supra*, p. 133, nota 21], pp. 49-62.

21. W. Röpke, *Die Gesellschaftskrisis der Gegenwart*, Erlenbach--Zurique, E. Rentsch, 1942, 4ª ed., 1945 / *La Crise de notre temps*, trad. fr. H. Faesi e Ch. Reichard, Neuchâtel, Éd. de La Baconnière, 1945 (edição sem as numerosas anotações e o índice); reed. "Petite Bibliothèque Payot", 1962. Esta obra foi proibida na Alemanha pouco depois da sua publicação (cf. o *Völkische Beobachter* de 11 de julho de 1942). Os outros volumes que completam esse livro são *Civitas Humana: Grundfragen der Gesellschafts- und Wirtschaftsreform*, Erlenbach-Zurique, E. Rentsch, 1944 / *Civitas Humana, ou les Questions fondamentales de la Réforme économique et sociale: capitalisme, collectivisme, humanisme économique, État, société, économie*, trad. fr. P. Bastier, Paris, Librairie de Médicis, 1946, e *Internationale Ordnung*, Erlenbach-Zurique, E. Rentsch, 1945 / *La Communauté internationale*, trad. fr. [anôn.], Genebra, C.

Bourquin ("Bibliothèque du cheval ailé"), 1947. Röpke também publicou, em 1945, um livro sobre a "questão alemã", *Die deutscher Frage* (Erlenbach-Zurique, E. Rentsch), onde recomenda a monarquia constitucional como meio de restabelecer o *Rechtsstaat*.

22. E. Husserl, *Die Krisis der europäischen Wissenschaften und die transzendentale Phänomenologie*, W. Biemel, 1954 / *La Crise des sciences européennes et la Phénoménologie transcendantale*, trad. fr. G. Granel, Paris, Gallimard, 1976. Embora a obra, em sua versão definitiva, pertença aos escritos póstumos de Husserl, a primeira parte, que foi objeto de duas conferências, em Viena e Praga, em 1935, foi publicada em Belgrado, em 1936, na revista de Arthur Liebert, *Philosophia*. É possível portanto que Röpke tenha conhecido esse texto. No entanto, não faz nenhuma referência explícita a ele. Sua fonte, ou sua referência implícita, é muito mais religiosa do que filosófica. Cf. *Civitas Humana*, trad. cit., p. 12: "[...] um leitor atento da célebre e tão pouco conhecida encíclica *Quadragesimo Anno* (1931) nela descobrirá uma filosofia social e econômica que, no fundo, leva à mesma conclusão [que *A crise do nosso tempo*]". Sobre essa encíclica, cf. *supra*, p. 135, nota 31.

23. Alexander Rüstow (1885-1963), filho de um general prussiano. Adepto de um socialismo radical, pertenceu à primeira geração do *Jugendbewegung*. Funcionário, depois da Primeira Guerra Mundial, do ministério da Economia, torna-se em 1924 conselheiro científico do *Verein deutscher Maschinenbauanstalten* (VDMA, Confederação dos Construtores Alemães de Máquinas). Suas tomadas de posição a favor de um liberalismo social tornaram-no alvo dos comunistas e dos nacional-socialistas. Exilado em 1933, obteve, graças à ajuda de Röpke, um cargo de professor de história econômica e social em Istambul, onde permaneceu até 1947. Em 1950, sucedeu Alfred Weber na cadeira de sociologia econômica. Suas obras principais são: *Das Versagen des Wirtschaftsliberalismus als religionsgeschichtliches Problem* [O fracasso do liberalismo econômico, problema de história religiosa], Istambul, 1945, e sua monumental trilogia *Ortsbestimmung der Gegenwart* [Determinação do lugar do presente], Erlenbach-Zurique, E. Rentsch, t. I, *Ursprung der Herrschaft* [Origem da dominação], 1950; t. II, *Weg der Freiheit* [O caminho da liberdade], 1952; t. III, *Herrschaft oder Freiheit* [Dominação ou liberdade], 1955 (cf. a resenha de C. J. Friedrich, "The political thought of Neo-liberalism", *The American Political Science Review*, 49 (2), junho de 1955, pp. 514-25).

24. Friedrich von Hayek: nascido em Viena no dia 8 de maio de 1899, estuda direito e ciência política em Viena, onde faz o curso de economia política de F. von Wieser (1851-1926) e participa dos seminários informais organizados por Ludwig von Mises, então funcionário da Câmara de Comércio, em seu escritório. Hayek, que ainda se inclina para o pensamento socializante dos fabianos, logo adere às teses ultraliberais defendidas por Mises em seu livro *Le Socialisme* (1922), *op. cit.* [p. 130, nota 11]. Diretor do Instituto Vienense de Pesquisas Econômicas (cujo vice-presidente era Mises), muda-se da Áustria para Londres em 1931. Nomeado professor de ciências sociais e morais da Universidade de Chicago em 1952, volta para a Alemanha em 1962, encerrando sua carreira na Universidade de Friburgo. Além das obras citadas em nota (*supra*, p. 33, nota 3, e *infra*, nota 33), Hayek é autor de *Prices and Production*, Londres, Georges Routledge & Sons, 1931 / *Prix et Production*, trad. fr. TRADECOM, Paris, Calmann-Lévy, 1975, reed. Presses-Pocket, "Agora", 1985; *Individualism and Economic Order*, Chicago-Londres, University of Chicago Press – Routledge & Kegan Paul, 1949; *The Counter-Revolution of Science: Studies of the abuse of reason*, Glencoe, Ill., Free Press, 1952 / *Scientisme et Sciences sociales. Essai sur le mauvais usage de la raison*, trad. fr. (parcial) R. Barre, Paris, Plon, 1953, reed. Presses-Pocket, "Agora", 1986; *Law, Legislation and Liberty*, vol. I, *Rules and Order*; vol. II, *The Mirage of Social Justice*; vol. III, *The Political Order of a Free People*, Chicago-Londres, University of Chicago Press – Routledge & Kegan Paul, 1973-1979 / *Droit, Législation et Liberté*, trad. fr. R. Audouin, Paris, PUF, 3 vols., 1980-1983.

25. Proclamada em 9 de novembro de 1918, quando do anúncio da abdicação de Guilherme II, dotada de uma constituição em 1919, a República de Weimar (1919-1933) teve de enfrentar dificuldades econômicas consideráveis, devidas em particular à inflação acentuada pelo custo das reparações de guerra e ao choque da crise de 1929, que favoreceram o crescimento dos movimentos extremistas.

26. Max Weber (1864-1920). Não é seguro que Foucault faça referência aqui à grande obra deste último, *Wirtschaft und Gesellschaft* (Tübingen, J. C. B. Mohr, 1922; 4ª ed. por J. Winckelmann, 1956 / *Économie et société*, I, trad. fr. parcial de J. Chavy e E. de Dampierre, Paris, Plon, 1971), mas sim a *A ética protestante e o espírito do capitalismo*, já evocada acima (cf. *supra*, p. 134, nota 25).

27. Sobre a abundante literatura que trata da relação entre Weber e Marx, e os pontos de vista contraditórios que neles encontramos,

cf. C. Colliot-Thélène, "Max Weber et l'héritage de la conception matérialiste de l'histoire", in *Études wébériennes*, Paris, PUF, "Pratiques théoriques", 2001, pp. 103-32.

28. Max Horkheimer (1895-1973): cofundador do *Institut für Sozialforschung* (Instituto de Pesquisas Sociais), criado em Frankfurt em 1923, que ele reorganizou a partir de 1931. Exonerado em 1933, dirigiu o anexo genebrino do Instituto, depois se instalou em Nova York em 1934. Retornou à Alemanha em abril de 1948.

29. Cf. *supra*, aula de 31 de janeiro de 1979, pp. 111-3.

30. Ludwig Joseph (Lujo) Brentano (1844-1931): membro da Jovem Escola Histórica, liderada por Gustav von Schmoller (1838-1917). Cf. J. A. Schumpeter, *Histoire de l'analyse économique*, trad. cit., t. III, pp. 87-8. F. Bilger (*La Pensée économique libérale*..., pp. 25-6) apresenta-o como "o fundador do liberalismo alemão": "Ele preconizava um liberalismo que devia se distinguir do liberalismo inglês por um programa não somente negativo, mas também positivo, em particular no âmbito social. O Estado devia intervir, portanto, e Brentano fez parte do 'Verein für Sozialpolitik', fundado pelos socialistas de Estado; ele apoiava a política social realizada pelo Império, aprovava a formação dos sindicatos operários que, segundo ele, possibilitavam restabelecer o equilíbrio de forças no mercado de trabalho".

31. Friedrich List (1789-1846), *Das nationale System der politischen Ökonomie*, Stuttgart-Tübingen, Cotta, 1841 / *Système national d'économie politique*, trad. fr. H. Richelot, Paris, Capelle, 1857; reed. "Tel", 1998. Sobre o papel de List na gênese da "doutrina do protecionismo educador", cf. W. Röpke, *La Crise de notre temps*, trad. cit. [*supra*, nota 21], ed. de 1945, pp. 78-87.

32. *Deutscher Zollverein*: união alfandegária dos Estados alemães realizada no século XIX sob a direção da Prússia. Iniciada em 1818, estendida em 1854 à quase totalidade da Alemanha, contribuiu fortemente para a sua transformação em grande potência econômica. Ver, a esse respeito, as notas de Foucault nas últimas páginas do manuscrito da aula precedente (*supra*, p. 127).

33. Walter Rathenau (1867-1922): industrial judeu que, a partir de 1915, ocupou-se da organização da economia de guerra alemã. Ministro dos Negócios Estrangeiros em 1922, foi assassinado por dois nacionalistas de extrema direita. Cf. W. Röpke, *Civitas Humana*, trad. cit., p. 144, nota 1 da p. 120: "O eterno saint-simonismo, que herdou do seu fundador a ideia de um planismo despótico, aparece-nos na

figura de Walter Rathenau. Às voltas, ele próprio, com um trágico dilaceramento, acabou sendo vítima de uma época dilacerada. Foi também o que mais tarde se chamou de um 'tecnocrata'." Cf. também F. Hayek, *The Road to Serfdom*, Chicago University Press – Londres, Routledge, 1944 / *La Route de la servitude*, trad. fr. G. Blumberg, Paris, Librairie de Médicis, 1946; reed. Paris, PUF, "Quadrige", 1993, p. 126, que salienta a influência das suas ideias sobre as opções econômicas do regime nazista.

34. Cf. *supra*, nota 5.

35. Cf. *supra*, nota 6.

36. O plano quadrienal afirmava a prioridade absoluta do rearmamento. Sobre o papel e a organização do departamento do plano quadrienal dirigido por Göring, cf. F. Neumann, *Behemoth: The structure and practice of National Socialism*, Toronto, Oxford University Press, 1944 / *Béhémoth. Structure et pratique du national-socialisme*, trad. fr. G. Dauvé e J.-L. Boireau, Paris, Payot, "Critique de la politique", 1987, pp. 239-42 (quadro, p. 244). Para uma síntese dos trabalhos mais recentes sobre esse momento da política econômica alemã, cf. I. Kershaw, *Nazi Dictatorship: Problems and perspectives of interpretation*, Londres-Nova York, E. Arnold, 1996 / *Qu'est-ce que le nazisme? Problèmes et perspectives d'interprétation*, trad. fr. J. Carnaud, Paris, Gallimard, "Folio Histoire", 1997, pp. 113-5. Ver também H. James, *The German Slump: Politics and economics, 1924-1936*, Oxford, Clarendon Press – Nova York, Oxford University Press, 1986.

37. Cf. F. Hayek, *La Route de la servitude*, loc. cit. [*supra*, nota 33]: "[Os] escritos [de Rathenau] contribuíram mais que todos os outros para moldar as opiniões econômicas de toda uma geração crescida durante e depois da guerra na Alemanha. Alguns dos seus colaboradores mais próximos mais tarde fariam parte do estado-maior da administração do plano quadrienal de Göring".

38. Nomeado por Churchill, em 1940, presidente de uma comissão interministerial encarregada de propor melhorias no sistema inglês de proteção social, William Beveridge (1879-1963) publicou em 1942 um primeiro relatório, *Social Insurance and Allied Services* (Nova York, Agathon Press, 1969), em que preconizava a criação de um sistema de proteção social generalizado, unificado e centralizado, assim como a criação de um serviço de saúde gratuito e acessível a todos; depois um segundo, em 1944, *Full employment in a Free Society / Du travail pour tous dans une société libre*, trad. fr. H. Laufenburger e J.

Domarchi, Paris, Domat-Montchrestien, 1945, que contribuiu largamente para popularizar as teses keynesianas. O primeiro relatório nunca foi integralmente traduzido em francês (sobre as sínteses, comentários e análises publicados em francês nos anos 1940, cf. N. Kerschen, "L'influence du rapport Beveridge sur le plan français de sécurité sociale de 1945", *Revue française de science politique*, vol. 45 (4), agosto de 1995, p. 571). Cf. R. Servoise, *Le Premier Plan Beveridge, le Second Plan Beveridge*, Paris, Domat-Montchrestien, 1946. M. Foucault evoca o plano Beveridge em diversas conferências e entrevistas. Cf. notadamente: "Crise de la médecine ou crise de l'antimédecine?" (1976), DE, III, nº 170, pp. 40-2; "Un système fini face à une demande infinie" (1983), DE, IV, nº 325, p. 373.

39. W. Röpke, "Das Beveridgeplan", *Schweizerische Monatshefte für Politik und Kultur*, junho-julho de 1943. Essa crítica do plano Beveridge é resumida por Röpke em *Civitas Humana*, trad. cit., pp. 226-43 (cf. *infra*, aula de 7 de março de 1979, p. 286, nota 5). Como nota K. Tribe, referindo-se a essa passagem do curso, em *Strategies of Economic Order, German Economic Discourse 1750-1950*, Cambridge University Press, 1995, p. 240: "There is some artistic licence at work here: for Röpke does not seem to have committed himself in so many words".

40. Sobre a estrutura jurídica do Estado nacional-socialista, M. Foucault havia lido notadamente as obras de M. Cot, *La Conception hitlérienne du droit*, tese de direito, Toulouse, Impr. du Commerce, 1938, e de R. Bonnard, *Le Droit et l'État dans la doctrine national-socialiste*, Paris, Librairie Générale de Droit et de Jurisprudence, 1936, 2ª ed., 1939.

41. Werner Sombart (1863-1941): um dos principais representantes, com A. Spiethoff e M. Weber, da última geração da Escola histórica alemã. Professor de economia em Berlim a partir de 1917. Sua primeira grande obra, *Der moderne Kapitalismus* (Leipzig, Duncker & Humblot, 1902), se inscreve na continuidade das teses de Marx e lhe vale uma reputação de socialista. Em 1924, ele adere ao programa da revolução conservadora e se torna, em 1933, membro da *Akademie für deutsches Recht*. A despeito da sua adesão ao princípio do *Führer*, ele não subscreve as teorias raciais nacional-socialistas. Seus últimos livros, inclusive *Deutscher Sozialismus*, serão mal recebidos pelo regime.

42. *Deutscher Sozialismus*, Berlim-Charlottenburg, Buchholz und Weisswange, 1934 / *A New Social Philosophy*, trad. ingl. K. F. Geiser, Princeton-Londres, Princeton University Press, 1934 / *Le Socialisme allemand: une théorie nouvelle de la société*, trad. fr. G. Welter, Paris,

Payot, 1938; reed. com prefácio de A. de Benoist, Pardès, "Révolution conservatrice", 1990.

43. Cf. H. Marcuse, *One-dimensional Man: Studies in the ideology of advanced industrial societies*, Boston, Beacon Press, 1964 / *L'Homme unidimensionnel*, trad. fr. M. Wittig, Paris, Minuit, 1968; reed. Seuil, "Points", 1970.

44. W. Sombart, *Le Socialisme allemand*, trad. cit., parte I, "L'ère économique", cap. 2, "La transformation de la société et de l'État", e 3, "La vie spirituelle", ed. 1990, pp. 30-60.

45. Cf. W. Sombart, *Der moderne Kapitalismus / L'Apogée du capitalisme*, trad. fr. S. Jankélévitch, Paris, Payot, 1932, parte III, cap. 53, e *Das Proletariat*, Frankfurt/M., Rütter und Loening, 1906, em que denunciava a solidão e o desarraigamento dos trabalhadores produzidos pela "era econômica".

46. Cf. G. Debord, *La Société du spectacle*, Paris, Buchet-Chastel, 1967. Os livros de Marcuse e de Debord, a que Foucault faz aqui alusão, constituíam as duas grandes referências da crítica situacionista desde o fim dos anos 1960 (cf. já a última aula do curso precedente, 5 de abril de 1978, *Sécurité, Territoire, Population*, pp. 346 e 368, n. 15).

47. Cf. W. Röpke, *Civitas Humana*, trad. cit., pp. 118 e 121: "O sucesso dessa escola [saint-simoniana] provinha do seguinte fato: tirava-se do cientificismo as últimas consequências para a vida social e para a política e chegava-se assim à meta inevitável desse caminho: ao coletivismo, que transporta para a prática econômica e política a eliminação cientificista do homem. Sua glória assaz contestável está em ter criado o modelo de uma concepção do mundo e da sociedade que poderíamos chamar de *o eterno saint-simonismo*: o estado de espírito mecânico-quantitativo mesclado do híbris científico e da mentalidade dos engenheiros, estado de espírito dos que unem o culto do colossal à sua necessidade de se valorizar, que constroem e organizam a economia, o Estado e a sociedade segundo leis pretensamente científicas com o compasso e a régua e, fazendo isso, reservam a si próprios os melhores postos no escritório".

48. Claude Henri de Rouvroy, conde de Saint-Simon (1760-1825), filósofo, economista e reformador social francês, que, para remediar a crise aberta pela Revolução, havia apresentado em *Du système industriel* (1821; reed. Paris, Anthropos, 1966) um plano de "remodelação geral do sistema social" (p. 11), substituindo o antigo "sistema feudal e militar" (p. 12) pelo "sistema industrial", baseado na dominação dos

industriais e dos cientistas, e organizando toda a sociedade tendo em vista o "objetivo industrial" (p. 19). Cf. igualmente o *Catéchisme des industriels*, Paris, Impr. de Sétier, 4 cadernos, 1823-1824, uma parte dos quais (o 3º caderno) foi redigida por Augusto Comte. Seus discípulos – Rodrigues, Enfantin, Bazard – se organizaram em Sociedade, depois da sua morte, em torno do jornal *Le Producteur*. O movimento deles teve um papel importante na política colonial da Monarquia de Julho, na construção das primeiras ferrovias e do canal de Suez.

49. Cf. *infra*, aula de 21 de fevereiro de 1979, p. 229, a referência mais explícita a Walras, Marshall e Wicksell.

50. A referência à redução eidética husserliana se encontra em Eucken desde 1934, no ensaio "Was leistet die nationalökonomische Theorie?", publicado como introdução à sua obra *Kapitaltheoretische Untersuchungen*, Iena, Fischer, onde teoriza pela primeira vez seu método – um procedimento de abstração efetuado pela "Reduktion des tatsächlich Gegebenen auf reine Fälle" (redução do dado fatual a casos puros) (p. 21).

51. Sobre a intuição da essência, ou *eîdos*, em oposição à intuição empírica, cf. E. Husserl, *Idées directrices pour une phénoménologie*, trad. fr. P. Ricoeur, Paris, Gallimard, 1950, pp. 19-24.

52. F. Bilger, *La Pensée économique libérale...*, p. 155: "A teoria da concorrência perfeita não é considerada pelos liberais uma teoria positiva, mas uma teoria normativa, um tipo ideal que é preciso se esforçar para alcançar".

53. Cf. *supra*, p. 144.

54. F. Bilger, *La Pensée économique libérale...*, p. 52: "A morfologia econômica [isto é, a análise tipológica dos sistemas econômicos] proporciona, de acordo com Walter Eucken, 'um vínculo sólido entre a visão empírica dos acontecimentos históricos e a análise teórica geral, necessária à compreensão das relações'". Sobre a articulação da análise morfológica da moldura com a análise teórica dos processos econômicos no seio desta, cf. *ibid.*, pp. 54-5.

AULA DE 14 DE FEVEREIRO DE 1979

O neoliberalismo alemão (III). – Utilidade das análises históricas em relação ao presente. – Em que o neoliberalismo se distingue do liberalismo clássico? – Seu desafio específico: como regular o exercício global do poder político com base nos princípios de uma economia de mercado e as transformações que daí decorrem. – O descolamento entre a economia de mercado e as políticas do *laissez-faire*. – O colóquio Walter Lippmann (26-30 de agosto de 1938). – O problema do estilo da ação governamental. Três exemplos: (a) a questão dos monopólios; (b) a questão das "ações conformes". Os fundamentos da política econômica segundo W. Eucken. Ações reguladoras e ações ordenadoras; (c) a política social. A crítica ordoliberal da economia do bem-estar. – A sociedade como ponto de aplicação das intervenções governamentais. A "política de sociedade" (*Gesellschaftspolitik*). – Primeiro aspecto dessa política: a formalização da sociedade com base no modelo da empresa. – Sociedade empresarial e sociedade judiciária, duas faces de um mesmo fenômeno.

Eu gostaria de continuar hoje o que tinha começado a lhes dizer a propósito do liberalismo alemão. Quando se fala do neoliberalismo, alemão ou não, aliás, enfim do neoliberalismo contemporâneo, obtêm-se em geral três tipos de resposta.

Primeiro, esta: do ponto de vista econômico, o que é o neoliberalismo? Nada mais que a reativação de velhas teorias econômicas já surradas.

Segundo, do ponto de vista sociológico, o que é o neoliberalismo? Nada mais que aquilo através do que passa a instauração, na sociedade, de relações estritamente mercantis.

Por fim, terceiro, de um ponto de vista político, o neoliberalismo nada mais é que uma cobertura para uma intervenção generalizada e administrativa do Estado, intervenção tanto mais pesada quanto mais insidiosa e quanto mais se mascarar sob os aspectos de um neoliberalismo.

Esses três tipos de resposta, como vocês percebem, fazem o neoliberalismo aparecer como não sendo, afinal de contas, absolutamente nada ou, em todo caso, nada mais que a mesma coisa de sempre, e a mesma coisa de sempre piorada. Ou seja: é Adam Smith apenas um pouco reativado; segundo, é a sociedade mercantil, a mesma que o livro I do *Capital* havia decodificado, denunciado; terceiro, é a generalização do poder de Estado, isto é, é Soljenitsin[1] em escala planetária.

Adam Smith, Marx, Soljenitsin, *laissez-faire*, sociedade mercantil e do espetáculo, universo concentracionário e Gulag: eis, *grosso modo*, as três matrizes analíticas e críticas com as quais geralmente se aborda esse problema do neoliberalismo, o que permite portanto não fazer praticamente nada a seu respeito, refazer iterativamente o mesmo tipo de crítica dos últimos duzentos, cem, dez anos. Ora, o que eu gostaria justamente de lhes mostrar é que o neoliberalismo é, no fim das contas, outra coisa. Grande coisa ou pouca coisa, eu não sei, mas certamente alguma coisa. E é essa alguma coisa na sua singularidade que eu gostaria de apreender. Porque, se é verdade que pode haver certo número de efeitos políticos importantes, podemos dizer preciosos, em fazer análises históricas que se apresentam, precisamente, como históricas e procuram detectar um tipo de práticas, de formas de instituições etc., que possam ter tido curso e lugar por certo tempo e em certos lugares, se pode ser importante, afinal, mostrar o que foi num momento dado, sei lá, um [mecanismo de]* prisão e ver qual é o efeito produzido por esse tipo de análise puramente histórica numa situação presente, não é em absoluto e não é nunca para dizer implicitamente, e com maior razão explicitamente, que o que era então é o que é agora. O problema é deixar agir o saber do passado sobre a experiência e a prática do presente. Não é em absoluto para laminar o presente numa forma reconhecida no passado, mas que valeria no presente. Essa transferência dos efeitos políticos de uma análise histórica sob a forma de uma simples repeti-

....
* Conjectura: palavra inaudível.

ção é sem dúvida o que há que evitar a qualquer preço, e é por isso que insisto nesse problema do neoliberalismo, para tentar separá-lo das críticas que são feitas a partir de matrizes históricas pura e simplesmente transpostas. O neoliberalismo não é Adam Smith; o neoliberalismo não é a sociedade mercantil; o neoliberalismo não é o Gulag na escala insidiosa do capitalismo.

O que é portanto esse neoliberalismo? Na última vez, procurei lhes indicar pelo menos qual era o seu princípio teórico e político. Procurei lhes mostrar como, para o neoliberalismo, o problema não era em absoluto saber, da mesma maneira que no liberalismo do tipo Adam Smith, no liberalismo do século XVIII, como, no interior de uma sociedade política já dada, era possível recortar, arranjar um espaço livre que seria o do mercado. O problema do neoliberalismo é, ao contrário, saber como se pode regular o exercício global do poder político com base nos princípios de uma economia de mercado. Não se trata portanto de liberar um espaço vazio, mas de relacionar, de referir, de projetar numa arte geral de governar os princípios formais de uma economia de mercado. É esse, a meu ver, o desafio. E eu havia procurado lhes mostrar que, para conseguir fazer essa operação, isto é, saber até que ponto e em que medida os princípios formais de uma economia de mercado podiam indexar uma arte geral de governar, os neoliberais haviam sido obrigados a fazer o liberalismo clássico passar por certo número de transformações.

A primeira dessas transformações, que procurei lhes mostrar na última vez, era essencialmente a dissociação entre a economia de mercado, o princípio econômico do mercado, e o princípio político do *laissez-faire*. Creio ter sido esse descolamento entre a economia de mercado e as políticas de *laissez-faire* o que havia sido obtido, o que havia sido definido – em todo caso, o princípio disso havia sido estabelecido – a partir do momento em que os neoliberais haviam apresentado uma teoria da concorrência pura, que fazia surgir essa concorrência não como um dado primitivo e natural que estaria, de certo modo, no próprio princípio, no fundamento dessa sociedade, e bastaria, de certo modo, deixar subir de volta à superfície e redescobrir; a concorrência, longe disso, era uma estrutura, uma estrutura dotada de propriedades formais, [e] eram essas propriedades formais da estrutura concorrencial que asseguravam e podiam assegurar a regulação econômica pelo mecanismo dos preços. Por conseguinte, se a concorrência era de fato essa estrutura formal, ao mesmo tempo rigorosa em sua estrutura interna, mas frágil em sua existência histórica e real, o problema da política liberal era, justamente, o de organizar de fato o espaço concreto e real em que a estrutura formal da concorrência podia atuar. Uma economia de mercado sem *laissez-faire*, isto é, uma política ativa sem dirigismo. O neoliberalismo não vai portanto se situar sob o signo do *laissez-faire*, mas, ao contrário, sob o signo de uma vigilância, de uma atividade, de uma intervenção permanente.

Isso aparece claramente na maioria dos textos neoliberais*. Há um texto a que remeto vocês (se conseguirem encontrá-lo, porque ele não é fácil de encontrar. Extraviou-se estranhamente na Bibliothèque Nationale, mas com certeza vão encontrá-lo no Musée Social)[2]. Esse texto é o resumo das intervenções feitas em 1939, bem na véspera da guerra, durante um colóquio chamado "Colóquio Walter Lippmann"[3]. Esse colóquio foi reunido na França[4], após a publicação do livro de Lippmann que acabava de ser traduzido para o francês com o título de *La Cité [libre]***[5]. Livro curioso porque era um livro que, por um lado, de fato retoma, na forma de uma pura e simples reativação, os temas do liberalismo clássico, mas também, em certo número de aspectos, apresenta elementos que fazem parte do neoliberalismo. Esse livro tinha

....

* M.F.: neopositivistas.
** M.F.: futura [A cidade livre (N. T.)].

acabado de sair nos Estados Unidos, havia sido traduzido para o francês, e reuniu-se em Paris um colóquio em que figuram o próprio Walter Lippmann, os velhos liberais de tradição clássica, franceses como Baudin[6], por exemplo[7], e um certo número de neoliberais alemães e austríacos, precisamente aqueles que faziam parte da Escola de Friburgo e haviam sido, uns, expulsos da Alemanha, outros, reduzidos ao silêncio na Alemanha, e que tinham com ele uma oportunidade para se exprimir. É nesse colóquio que temos Röpke[8], que temos Rüstow, que temos Hayek, que temos Von Mises[9]. E também gente intermediária: temos Jacques Rueff[10], temos Marjolin[11], que por sinal é importante na economia francesa do pós-guerra. E o secretário-geral desse congresso é alguém que não toma a palavra, em todo caso, se tomou, não aparece nas atas, e que é Raymond Aron[12]. É na esteira desse colóquio – bom, eu lhes assinalo isso porque algumas pessoas se interessam particularmente pelas estruturas do significante – que se decide, em julho de 1939[13], formar uma comissão permanente que se chamará "Comissão internacional de estudo para a renovação do liberalismo", CIERL[14]. É no decorrer desse colóquio que se definem – tudo isso vocês encontram no resumo, salpicado de outras teses e de temas do liberalismo clássico – as propostas específicas e próprias do neoliberalismo. É nele que um dos participantes, não me lembro mais quem[15], propõe como nome para esse neoliberalismo que se estava procurando formular a expressão bem significativa "liberalismo positivo". Esse liberalismo positivo é, portanto, um liberalismo intervencionista. É um liberalismo de que Röpke, na *Gesellschaftskrisis*, que publicará, aliás, pouco tempo depois do colóquio Lippmann, diz: "A liberdade de mercado necessita de uma política ativa e extremamente vigilante".[16] E vocês encontram em todos os textos dos neoliberais essa mesma tese de que o governo num regime liberal é um governo ativo, é um governo vigilante, é um governo intervencionista, e com fórmulas que nem o liberalismo clássico do século XIX nem o anarcocapitalismo americano poderiam aceitar. Eucken, por exemplo, diz: "O Estado é responsável pelo resultado da atividade econômica."[17] Franz Böhm diz: "O Estado deve dominar o devir econômico."[18] Miksch diz: "Nessa política liberal" – essa frase é importante – "é possível que nessa política liberal o número das intervenções econômicas seja tão grande quanto numa política planificadora, mas sua natureza é diferente."[19] Pois bem, creio que temos aqui, nesse problema da natureza das intervenções, um ponto a partir do qual poderemos abordar o que há de específico na política neoliberal. O problema, em linhas gerais, do liberalismo do século XVIII – início do século XIX, era, como vocês sabem, demarcar entre as ações que deviam ser executadas e as ações que não deviam ser executadas, entre as áreas em que se podia intervir e as áreas em que não se podia intervir. Era a demarcação das *agenda/non agenda*[20]. Posição ingênua aos olhos dos neoliberais, cujo problema não é saber se há coisas em que não se pode mexer e outras em que se tem o direito de mexer. O problema é saber como mexer. É o problema da maneira de fazer, é o problema, digamos, do estilo governamental.

Para mostrar como os neoliberais definem o estilo de ação governamental, vou tomar três exemplos. Serei ao mesmo tempo esquemático, breve e brutal. Mas vocês vão ver que são coisas que vocês certamente conhecem, até porque estamos nos banhando nelas. Gostaria simplesmente de lhes indicar, sem aprofundar, de forma esquemática, três coisas: primeiro, a questão do monopólio; segundo, o problema daquilo que os neoliberais chamam de ação econômica conforme; terceiro, o problema da política social. Depois, a partir daí, procurarei lhes apontar algumas das características que me parecem específicas, justamente, a esse neoliberalismo e que o opõem absolutamente a tudo o que se imagina criticar em geral quando se critica a política liberal do neoliberalismo.

Primeiro, portanto, a questão dos monopólios. Mais uma vez me perdoem, é muito banal, mas creio que temos de passar por aí, nem que seja para atualizar alguns problemas. Digamos que, na concepção ou numa das concepções clássicas da economia, o monopólio é considerado uma consequência em parte natural, em parte necessária, da concorrência no regime capitalista, ou seja, não se pode deixar a concorrência se desenvolver sem que apareçam, ao mesmo tempo, fenômenos monopolísticos que têm precisamente por efeito limitar, atenuar, no limite até mesmo anular a concorrência. Seria portanto inerente à lógica histórico-econômica da concorrência suprimir a si mesma, tese essa que implica, evidentemente, que todo liberal que pretenda garantir o funcionamento da livre concorrência tem de intervir no interior dos mecanismos econômicos, precisamente sobre aqueles que facilitam, trazem em si e determinam o fenômeno monopolístico. Ou seja, se se quer salvar a concorrência dos seus próprios efeitos, é necessário intervir sobre os mecanismos econômicos, às vezes. É esse o paradoxo do monopólio para uma economia liberal que coloca o problema da concorrência e aceita, ao mesmo tempo, a ideia de que o monopólio faz efetivamente parte da lógica da concorrência. Claro, como vocês podem imaginar, a posição dos neoliberais vai ser bem diferente, e seu problema será demonstrar que na verdade o monopólio, a tendência monopolística não faz parte da lógica econômica e histórica da concorrência. Röpke, na *Gesellschaftskrisis*, diz que o monopólio é "um corpo estranho no processo econômico" e que ele não se forma espontaneamente[21]. Em apoio a essa tese, os neoliberais dão certo número de argumentos que situo para vocês apenas a título indicativo.

Em primeiro lugar, argumentos de tipo histórico, a saber, que na verdade o monopólio, longe de ser um fenômeno de certo modo último e recente na história da economia liberal, é um fenômeno arcaico, e um fenômeno arcaico que tem essencialmente por princípio a intervenção dos poderes públicos na economia. Afinal, se há monopólio, é porque os poderes públicos, ou os que naquele momento dado asseguravam as funções, o exercício do poder público, concederam às corporações e às fábricas privilégios, é porque os Estados ou os soberanos concederam monopólios a indivíduos ou a famílias, em troca de certo número de serviços financeiros na forma de uma espécie de fiscalidade derivada ou mascarada. Foi o caso, por exemplo, do monopólio dos Fugger, concedido por Maximiliano I em troca de serviços financeiros[22]. Em suma, o desenvolvimento, no decorrer da Idade Média, de uma fiscalidade, condição por sua vez do crescimento de um poder centralizado, acarretou a criação dos monopólios. O monopólio, fenômeno arcaico e fenômeno de intervenção.

Análise também jurídica das condições de funcionamento do direito que possibilitaram ou facilitaram o monopólio. Em que as práticas de herança, em que a existência de um direito das sociedades por ação, em que também os direitos de patente etc. puderam, por causa de um funcionamento jurídico e não [por] razões econômicas, engendrar os fenômenos de monopólio? Aqui os neoliberais colocaram toda uma série de problemas mais históricos e mais institucionais do que propriamente econômicos, mas que abriram caminho para toda uma série de pesquisas interessantíssimas sobre o quadro político-institucional de desenvolvimento do capitalismo, de que os americanos, os neoliberais americanos, tirarão proveito. As ideias de North[23], por exemplo, sobre o desenvolvimento do capitalismo estão exatamente nessa linha que foi aberta pelos neoliberais e cuja problemática aparece claramente em várias intervenções do colóquio Lippmann.

Outro argumento para mostrar que o fenômeno monopolístico não pertence de pleno direito e de plena lógica à economia da concorrência são as análises políticas sobre o vínculo que há entre a existência de uma economia nacional, o protecionismo alfandegário e o monopólio. Von Mises, por exemplo, faz toda uma série de análises sobre isso[24]. Ele mostra que, por um lado, há uma facilitação do fenômeno monopolístico pela fragmentação dos mercados nacionais que, reduzindo as unidades econômicas a dimensões relativamente pequenas, possibilita efetivamente a existência, no interior dessa moldura, de fenômenos de monopólio que não subsistiriam numa economia mundial[25]. Ele mostra, mais positivamente, mais diretamente, como o protecionismo, decidido por um Estado, só pode ser eficaz na medida em que se criam, se trazem à existência cartéis ou monopólios capazes de controlar a produção, a venda para o exterior, o nível dos preços etc.[26] Era, *grosso modo*, a política bismarckiana.

Em terceiro lugar, economicamente, os neoliberais chamam a atenção para o seguinte. Eles dizem: é verdade o que se diz na análise clássica quando se mostra que, no capitalismo, o aumento necessário do capital fixo constitui um suporte inegável para a tendência à concentração e ao monopólio. Mas, dizem eles, primeiro essa tendência à concentração não conduz necessária e fatalmente ao monopólio. Existe, é claro, um ótimo de concentração em direção ao qual o regime capitalista tende a se equilibrar, mas entre esse ótimo de concentração e o máximo representado pelo fato monopolístico há um limiar que não pode ser ultrapassado espontaneamente pelo jogo direto da concorrência, pelo jogo direto dos processos econômicos. É necessário o que Rüstow chama de "neofeudalismo predatório"[27], aquele que recebe "o apoio do Estado, das leis, dos tribunais, da opinião pública" também, é necessário esse neofeudalismo predatório para passar do ótimo de concentração ao máximo monopolístico. E além disso, diz Röpke, como quer que seja, um fenômeno monopolístico, mesmo que exista, não é em si mesmo estável[28]. Quer dizer, no médio prazo, se não for no curto prazo, sempre se produzem, no processo econômico, tanto modificações de forças produtivas, quanto modificações técnicas, seja crescimento maciço de produtividade, seja também o aparecimento de novos mercados. E todos esses fazem que a evolução em direção ao monopólio seja apenas uma variável que age, por certo tempo, dentre outras variáveis que serão dominantes em outros momentos. Em sua dinâmica de conjunto, a economia da concorrência comporta toda uma série de variáveis em que a tendência à concentração é sempre contrabalançada por outras tendências.

Enfim – e é ainda Von Mises que raciocina assim[29] –, no fundo, o que há de importante, ou antes, o que há de perturbador no fenômeno monopolístico em relação ao jogo da economia? Será o fato de que só há um produtor? De modo algum. Será o fato de que só uma empresa tem o direito de venda? De modo algum. O que faz que o monopólio possa ter um efeito perturbador está na medida em que ele age sobre os preços, isto é, na medida em que ele age sobre o mecanismo regulador da economia. Ora, o preço de monopólio, isto é, um preço que pode aumentar sem que caiam nem as vendas nem os lucros, esse preço podemos muito bem imaginar que os próprios monopólios não o pratiquem e não possam praticá-lo – e isso de fato acontece regularmente –, porque, se praticarem o preço de monopólio, sempre se exporão com isso ao aparecimento de um fenômeno concorrencial que se aproveitará da existência desses preços abusivos de monopólio para contrabalançar o monopólio. Por conseguinte, se um monopólio quiser conservar seu poder monopolístico, deverá aplicar não o preço de monopólio, mas um preço idêntico ou, em todo caso, próximo do preço de concorrência. Ou seja, ele fará como se houvesse concorrência. E nesse momento ele não desarranja o mercado, não desarranja os mecanismos de preço, e o monopólio – bem, isso não tem importância. Praticando essa "política do como se"[30] concorrencial, o monopólio faz agir essa estrutura que é tão importante e é o fenômeno determinante na concorrência. E, nessa medida, não é pertinente, no fundo, saber se há ou não há um monopólio.

Tudo isso para situar simplesmente o problema tal como os neoliberais vão querer colocá-lo. Eles ficam de certo modo livres desse problema da desvantagem do monopólio. Podem dizer: vocês veem que não há por que intervir diretamente no processo econômico, já que o processo econômico, que, se o deixarmos atuar plenamente, traz em si uma estrutura reguladora que é a da concorrência, nunca se desregulará. O que é próprio da concorrência é o rigor formal do seu processo. Mas o que garante que esse processo formal não se desregule é que, na realidade, se o deixarmos agir, não haverá nada vindo da concorrência, vindo do próprio processo econômico, que seria de natureza a mudar seu curso. Por conseguinte, a não intervenção nesse nível é necessária. Não intervenção com a reserva de que, claro, é preciso estabelecer uma moldura institucional que terá a função de impedir que pessoas, tanto poderes individuais quanto poderes públicos, intervenham para criar o monopólio. É assim que vocês encontram na legislação alemã toda uma enorme moldura institucional antimonopolística, mas que não tem em absoluto por função intervir no campo econômico para impedir que a própria economia produza o monopólio. É para impedir que os processos externos intervenham e criem o fenômeno monopolístico*.

O segundo ponto importante nesse programa neoliberal é a questão das ações conformes[31]. Essa teoria das ações conformes, essa programação das ações conformes, é encontrada essencialmente num texto que foi, de fato, uma das cartas magnas da política alemã contemporânea. É um texto póstumo de Eucken, publicado em 1951 ou [19]52, que se chama *Grundsätze der Wirtschaftspolitik* (os fundamentos da política econômica)[32] e é, de certo modo, a vertente prática do texto que se chamava *Grundlagen der Nationalökonomie*, publicado uma década antes por ele e que era a vertente propriamente teórica[33]. Nesses *Fundamentos*, nesses *Princípios fundamentais da política econômica*, Eucken nos diz que o governo liberal, que portanto deve ser perpetuamente vigilante e ativo, deve

....

* M. Foucault deixa de lado aqui as pp. 8-10 do manuscrito consagradas à legislação alemã anticartel de 1957.

intervir de duas maneiras: primeiro, por ações reguladoras; segundo, por ações ordenadoras[34].

Ações reguladoras primeiro. Não se deve esquecer que Eucken é filho daquele outro Eucken, que foi neokantiano no início do século XX e por isso ganhou o prêmio Nobel[35*]. Eucken, como bom kantiano, diz: o governo deve intervir como? Sob forma de ações reguladoras, isto é, deve intervir efetivamente nos processos econômicos quando, por razões de conjuntura, essa intervenção se impõe. Ele diz: "O processo econômico sempre conduz a certos atritos de natureza passageira, a modificações que podem levar a situações excepcionais com dificuldades de adaptação e repercussões mais ou menos severas sobre os grupos".[36] É necessário então, diz ele, intervir não nos mecanismos da economia de mercado, mas nas condições do mercado[37]. Intervir nas condições do mercado vai significar, de acordo com o próprio rigor da ideia kantiana de regulação, identificar, admitir e deixar agir – para favorecê-las e de certo modo levá-las ao limite e à plenitude da sua realidade – as três tendências que são características e fundamentais nesse mercado, a saber: tendência à redução dos custos, tendência à redução do lucro da empresa e, por fim, tendência provisória, pontual, a aumentos de lucro, seja por uma redução decisiva e maciça dos preços, seja por uma melhoria da produção[38]. São essas três tendências que a regulação do mercado, que a ação reguladora deve levar em conta, na medida em que elas são as tendências próprias da regulação do mercado.

O que quer dizer, em termos claros, que, em primeiro lugar, no que concerne aos objetivos, uma ação reguladora terá necessariamente como objetivo principal a estabilidade dos preços, a estabilidade dos preços entendida não como uma fixidez, mas como o controle da inflação. E, por conse-

---

* Segue-se uma curta frase em parte inaudível: O neokantismo [...] literatura.

guinte, todos os outros objetivos, fora dessa estabilidade dos preços, vêm necessariamente em segundo lugar e a título, de certo modo, adjacente. Nunca, em caso algum, podem constituir um objetivo primeiro. Em particular, não devem constituir um objetivo primeiro a manutenção do poder aquisitivo, a manutenção do pleno emprego e até o equilíbrio de uma balança de pagamentos.

Em segundo lugar, no que concerne aos instrumentos, quer dizer o quê? Quer dizer que vai se utilizar primeiro a política de crédito, isto é: criação da taxa de desconto. Utilizar-se-á o comércio exterior mediante a redução do saldo credor, se se quiser conter o aumento dos preços externos. Operar-se-á também por redução, mas sempre moderada, dos impostos, se se quiser agir sobre a poupança ou o investimento. Mas nunca nenhum instrumento do tipo dos que são empregados pela planificação – a saber: tabelamento de preços, ou subsídio a um setor do mercado, ou ainda criação sistemática de empregos ou investimento público –, todas essas formas de intervenção devem ser rigorosamente banidas em proveito dos instrumentos de puro mercado de que eu lhes falava. Em particular, a política neoliberal em relação ao desemprego é perfeitamente clara. Não se deve de maneira nenhuma, numa situação de desemprego, qualquer que seja a taxa de desemprego, intervir diretamente ou em primeiro lugar sobre o desemprego, como se o pleno emprego devesse ser um ideal político e um princípio econômico a ser salvo em qualquer circunstância. O que deve ser salvo, e salvo primeiro e antes de tudo, é a estabilidade dos preços. Essa estabilidade dos preços possibilitará efetivamente, sem dúvida, na sequência, tanto a manutenção do poder aquisitivo como a existência de um nível de emprego mais elevado do que na crise de desemprego, mas o pleno emprego não é um objetivo, pode ser até possível que um *quantum* de desemprego seja absolutamente necessário para a economia. Como diz, creio eu, Röpke, o que é um desempregado? Não é um deficiente econômico. O desempregado não é uma vítima da sociedade. O que é o desempregado? É um trabalhador em trânsito. É um trabalhador em trânsito entre uma atividade não rentável e uma atividade mais rentável[39]. Eis quanto às ações reguladoras.

Mais interessantes, por nos aproximarem mais do objeto próprio, são as ações ordenadoras. O que são ações ordenadoras? Pois bem, [são] ações que têm por função intervir nas condições do mercado, mas nas condições mais fundamentais, mais estruturais, mais gerais do que essas de que acabo de lhes falar. De fato, não se deve nunca esquecer o princípio de que o mercado é um regulador econômico e social geral, o que não quer dizer, entretanto, que ele é um dado natural que pode ser encontrado na base da sociedade. Ao contrário, ele constitui (perdoem-me lhes dizer isso mais uma vez), ele constitui, no topo, uma espécie de mecanismo sutil muito seguro, mas só se funcionar bem e se nada vier perturbá-lo. Por conseguinte, a preocupação principal e constante da intervenção governamental, fora desses momentos de conjuntura de que lhes falava há pouco, devem ser as condições de existência do mercado, isto é, o que os ordoliberais chamam de "moldura"[40].

O que é uma política de moldura? Creio que o exemplo aparecerá claramente se tomarmos um texto de Eucken, justamente em suas *Grundsätze*, isto é, um texto de 1952, em que ele retoma o problema da agricultura, da agricultura alemã, mas, diz ele, isso vale também para a maioria das agriculturas europeias[41]. Pois bem, diz ele, essas agriculturas, no fundo, nunca foram integradas normalmente, completamente, exaustivamente à economia de mercado. Elas não o foram por causa das proteções aduaneiras que, em toda a Europa, delimitaram, recortaram a agricultura europeia, os espaços agrícolas europeus; proteções aduaneiras que se tornavam indispensáveis ao mesmo tempo pelas diferenças técnicas e, de modo geral, pela insuficiência técnica de cada uma das agriculturas. Diferenças e insuficiências, todas elas ligadas à existência de uma superpopulação que tornava inútil e, na verdade, indesejável a intervenção, a inserção desses aperfeiçoamentos técnicos. Por conseguinte, se se quiser – o texto data de 1952 – fazer a agricultura europeia funcionar numa economia de mercado, o que será preciso fazer? Será preciso agir sobre dados que não são diretamente dados econômicos, mas são dados condicionantes para uma eventual economia de mercado. Será preciso agir sobre o quê, portanto? Não sobre os preços, não sobre determinado setor, assegurando o apoio a esse setor pouco rentável – tudo isso são intervenções ruins. As boas intervenções vão agir sobre o quê? Pois bem, sobre a moldura. Isto é, em primeiro lugar, sobre a população. A população agrícola é numerosa demais – pois então será preciso diminuí-la por meio de intervenções que possibilitem transferências de população, que possibilitem uma migração etc. Será preciso intervir também nas técnicas, pondo à disposição das pessoas certo número de ferramentas, pelo aperfeiçoamento técnico de certo número de elementos relacionados aos adubos etc.; intervir sobre a técnica também pela formação dos agricultores e pelo ensino que lhes será proporcionado, que lhes possibilitará modificar de fato as técnicas [agrícolas]. Em terceiro lugar, modificar também o regime jurídico das terras, em particular com leis sobre a herança, com leis sobre o arrendamento das terras, tentar encontrar os meios de fazer intervir a legislação, as estruturas, a instituição de sociedades por ação na agricultura etc. Em quarto lugar, modificar na medida do possível a alocação dos solos e a extensão, a natureza e a exploração dos solos disponíveis. Enfim, no limite, é preciso intervir sobre o clima[42].

População, técnicas, aprendizagem e educação, regime jurídico, disponibilidade dos solos, clima: tudo isso são elementos que, como vocês veem, não são diretamente econômicos, não tocam nos mecanismos específicos do mercado, mas são para Eucken as condições em que será possível fazer a agricultura funcionar como um mercado, a agricultura num mercado. A ideia não era: dado o estado de coisas, como encontrar o sistema econômico capaz de levar em conta os dados básicos próprios da agricultura europeia? Mas sim: dado que o processo de regulação econômico-político é e não pode ser senão o mercado, como modificar essas bases materiais, culturais, técnicas, jurídicas que estão dadas na Europa? Como modificar esses dados, como modificar essa moldura para que a economia de mercado intervenha? E vocês veem aí uma coisa sobre [a qual] tornarei daqui a pouco: que, afinal, tanto a intervenção governamental deve ser discreta no nível dos processos econômicos propriamente ditos, como, ao contrário, deve ser maciça quando se trata desse conjunto de dados técnicos, científicos, jurídicos, demográficos, digamos, *grosso modo*, sociais, que vão se tornar agora cada vez mais o objeto da intervenção governamental. Vocês veem, aliás, de passagem, que esse texto de 1952 programa, mesmo que de maneira bastante grosseira, o que será o Mercado Comum agrícola da década seguinte. Foi dito em 1952. O plano Mansholt[43] está em Eucken, ou melhor, está em parte em Eucken em 1952. Isso no tocante às ações conformes, ações conjunturais e ações ordinárias no nível da moldura. É o que eles chamavam de organização de uma ordem do mercado, de uma ordem de concorrência[44]. E a política agrícola europeia é, de fato, isto: como reconstituir uma ordem concorrencial que será reguladora da economia?

Em terceiro lugar, terceiro aspecto, a política social. Creio que aqui também é bom ser alusivo, porque não posso, tanto por razões de tempo como por razões de competência, entrar em detalhes; mas é preciso apesar dos pesares aceitar certo número de coisas, por assim dizer, banais e tediosas, mas que permitem identificar alguns elementos importantes. Digamos que, numa economia de bem-estar – a que Pigou[45] havia programado e que, de uma maneira ou de outra, foi retomada mais tarde tanto pelos economistas keynesianos, como pelo New Deal, pelo plano Beveridge e pelos planos europeus do pós-guerra –, o que é uma política social? Uma política social é, em linhas gerais, uma política que se estabelece como objetivo uma relativa repartição do acesso de cada um aos bens de consumo.

Essa política social, numa economia de bem-estar, é concebida de que modo? Primeiro como contrapeso a processos econômicos selvagens que se admite que, por si mesmos, vão induzir efeitos de desigualdade e, de modo geral, efeitos destruidores na sociedade. Logo, natureza de certo modo contrapontística da política social em relação aos processos econômicos. Segundo, sempre numa economia de bem-estar, concebe-se que a política social deva ter por principal instrumento o quê? Pois bem, uma socialização de certos elementos de consumo: o aparecimento de uma forma do que se chama consumo socializado ou consumo coletivo: consumo médico, consumo cultural etc. Ou seja, segundo instrumento, uma transferência de elementos de renda [do] tipo subvenções [...]* à família. Enfim, terceiro, numa economia de bem-estar uma política social é uma política que admite que, quanto maior o crescimento, mais a política social, de certo modo em recompensa e em compensação, deve ser ativa, intensa [e] generosa.

São esses três princípios que o ordoliberalismo logo pôs em dúvida. Primeiro, dizem os ordoliberais, uma política social, para se integrar realmente a uma política econômica e não ser destrutiva em relação a essa política econômica, não pode lhe servir de contrapeso e não deve ser definida como o que compensará os efeitos dos processos econômicos. E, em particular, a igualização, a relativa igualização, a repartição do acesso de cada um aos bens de consumo não pode em caso algum constituir um objetivo. Não pode constituir um

....
* Sequência de palavras inaudíveis que termina por: certas categorias etc.

objetivo num sistema em que, justamente, a regulação econômica, isto é, o mecanismo dos preços, não se obtém de modo algum por meio de fenômenos de igualização, mas por um jogo de diferenciações que é próprio de todo mecanismo de concorrência e se estabelece através das oscilações que só cumprem a sua função e seus efeitos reguladores contanto que, é claro, se permita que ajam, e ajam por meio de diferenças. Em linhas gerais, é preciso que haja pessoas que trabalhem e outras que não trabalhem, ou que haja salários altos e salários baixos, é preciso que os preços também subam e desçam, para que as regulações se façam. Por conseguinte, uma política social que tivesse por objeto principal a igualização, ainda que relativa, que adotasse como tema central a repartição, ainda que relativa, essa política social seria necessariamente antieconômica. Uma política social não pode adotar a igualdade como objetivo. Ao contrário, ela deve deixar a desigualdade agir e como dizia... não sei mais quem, acho que era Röpke que dizia: as pessoas se queixam da desigualdade, mas o que isso quer dizer? "A desigualdade é a mesma para todos"[46], diz ele. Fórmula que, evidentemente, pode parecer enigmática, mas que é fácil compreender a partir do momento em que se considera que, para eles, o jogo econômico, com os efeitos desigualitários que ele comporta, é uma espécie de regulador geral da sociedade, a que, evidentemente, todos devem se prestar e se dobrar. Logo, nada de igualização e, por conseguinte, de modo mais preciso, nada de transferência de renda de uns para os outros. [Mais particularmente, uma transferência de renda é perigosa quando tirada da parte da renda que é produtora de poupança e de investimento.]* Por conseguinte, tirá-la seria subtrair do investimento uma parte de renda e dedicá-la ao consumo. A única

....

* Manuscrito, p. 16. Passagem inaudível na gravação: [...] da parte da renda uma fatia que normalmente se dirigiria para a poupança ou o investimento.

coisa que se pode fazer é tirar dos rendimentos mais altos uma parte que, de qualquer modo, seria consagrada ao consumo ou, digamos, ao sobreconsumo, e transferir essa parte de sobreconsumo para os que, seja por razões de desvantagem definitiva, seja por razões de vicissitudes compartilhadas, se acham num estado de subconsumo. E nada mais. Logo, como veem, caráter muito limitado das transferências sociais. Em linhas gerais, trata-se simplesmente de assegurar, não a manutenção de um poder aquisitivo, isso de forma alguma, mas de um mínimo vital para os que, de modo definitivo ou passageiro, não poderiam assegurar sua própria existência*. É a transferência marginal de um máximo a um mínimo. Não é em absoluto o estabelecimento, a regulação tendente a uma média.

Em segundo lugar, o instrumento dessa política social, se é que podemos chamar isso de política social, não será a socialização do consumo e da renda. Só pode ser, ao contrário, uma privatização, isto é, não se vai pedir à sociedade inteira para garantir os indivíduos contra os riscos, sejam os riscos individuais, do tipo doença ou acidente, sejam os riscos coletivos, como os danos materiais, por exemplo; não se vai pedir à sociedade para garantir os indivíduos contra esses riscos. Vai-se pedir à sociedade, ou antes, à economia, simplesmente para fazer que todo indivíduo tenha rendimentos suficientemente elevados de modo que possa, seja diretamente e a título individual, seja pela intermediação coletiva das sociedades de ajuda mútua, se garantir por si mesmo contra os riscos que existem, ou também contra os riscos da existência, ou também contra essa fatalidade da existência que são a velhice e a morte, a partir do que constitui sua própria reserva privada. Ou seja, a política social deverá ser uma política que terá por instrumento, não a transferência

....
* O manuscrito acrescenta: "Mas, como não se pode defini-lo [o mínimo vital], será sem dúvida a divisão das transferências de consumo possíveis.

de uma parte da renda ao outro, mas a capitalização mais generalizada possível para todas as classes sociais, que terá por instrumento o seguro individual e mútuo, que terá por instrumento enfim a propriedade privada. É o que os alemães chamam de "política social individual", em oposição à política social socialista[47]. Trata-se de uma individualização da política social, uma individualização pela política social em vez de ser essa coletivização e essa socialização por e na política social. Em suma, não se trata de assegurar aos indivíduos uma cobertura social dos riscos, mas de conceder a cada um uma espécie de espaço econômico dentro do qual podem assumir e enfrentar os riscos.

O que nos conduz, claro, à conclusão de que, pois bem, só há uma política social verdadeira e fundamental: o crescimento econômico. A forma fundamental da política social não deve ser algo que viria contrabalançar a política econômica e compensá-la; a política social não deveria ser tanto mais generosa quanto maior o crescimento econômico. O crescimento econômico é que, por si só, deveria permitir que todos os indivíduos alcançassem um nível de renda que lhes possibilitasse os seguros individuais, o acesso à propriedade privada, a capitalização individual ou familiar, com as quais poderiam absorver os riscos. Foi o que Müller-Armack, conselheiro do chanceler Erhard, chamou, por volta dos anos 1952-53, de "economia social de mercado"[48], que é justamente o título sob o qual a política social alemã se colocou. Trato logo de acrescentar que, por toda uma série de razões, esse programa drástico de política social definido pelos neoliberais não foi, não pôde ser, de fato, aplicado exatamente assim na Alemanha. A política social alemã carregou-se de toda uma série de elementos, alguns vindos do socialismo de Estado bismarckiano, outros da economia keynesiana, outros dos planos Beveridge ou dos planos de seguridade tal como funcionam na Europa, de modo que sobre esse ponto os neoliberais, os ordoliberais alemães não puderam se identificar plenamente com a política alemã. Mas – e insisto nesses dois pontos –, primeiro, é a partir daí e da recusa dessa política social que o anarcocapitalismo americano vai se desenvolver, e, em segundo lugar, é importante ver também que, apesar de tudo, pelo menos nos países que se alinham cada vez mais ao neoliberalismo, essa política social tende cada vez mais a acompanhar tudo isso. A ideia de uma privatização dos mecanismos de seguro, em todo caso a ideia de que cabe ao indivíduo, pelo conjunto das reservas de que ele vai poder dispor, seja a título simplesmente individual, seja por intermédio das sociedades de ajuda mútua etc., [proteger-se dos riscos], esse objetivo é, apesar de tudo, o que vocês veem em ação nas políticas neoliberais tais como a que conhecemos atualmente na França[49]. É esta a tendência: a política social privatizada.

[Desculpem-me] por ter me demorado tanto e tão banalmente sobre todas essas histórias, mas creio que era importante para mostrar agora certo número de coisas que me parecem [formar], como posso dizer, a armadura original do neoliberalismo. Primeiro ponto a salientar, este: vocês veem que a intervenção governamental – e isso os neoliberais sempre disseram – não é menos densa, menos frequente, menos ativa, menos contínua do que num outro sistema. Mas o que é importante é ver qual é agora o ponto de aplicação dessas intervenções governamentais. O governo – nem é preciso dizer, já que se está num regime liberal – não tem de intervir sobre os efeitos do mercado. Tampouco tem – e é isso que diferencia o neoliberalismo, digamos, das políticas de bem-estar e coisas assim, que se conheceu [dos anos 20 aos anos 60]* –, o neoliberalismo, o governo neoliberal não tem de corrigir os efeitos destruidores do mercado sobre a sociedade. Ele não tem de constituir, de certo modo, um contraponto ou um anteparo entre a sociedade e os processos econômicos. Ele tem

....
* M.F.: nos anos 1920-1960.

de intervir sobre a própria sociedade em sua trama e em sua espessura. No fundo, ele tem de intervir nessa sociedade para que os mecanismos concorrenciais, a cada instante e em cada ponto da espessura social, possam ter o papel de reguladores – e é nisso que a sua intervenção vai possibilitar o que é o seu objetivo: a constituição de um regulador de mercado geral da sociedade. Vai se tratar portanto, não de um governo econômico, como aquele com que sonhavam os fisiocratas[50], isto é, o governo tem apenas de reconhecer e observar as leis econômicas; não é um governo econômico, é um governo de sociedade. Aliás, no colóquio Lippmann houve alguém, um dos palestrantes, que, em 1939, sempre buscando essa nova definição do liberalismo, dizia: não poderíamos chamá-lo de "liberalismo sociológico"[51]? Em todo caso, é um governo de sociedade, é uma política de sociedade o que os neoliberais querem fazer. Aliás, foi Müller-Armack que deu à política de Erhard o nome significativo de *Gesellschaftspolitik*[52]. É uma política de sociedade. As palavras, afinal, querem dizer o que [dizem]*, e a trajetória das palavras indica de fato os processos que elas podem indicar. Quando Chaban, em 1969-70, propõe uma política econômica e social, ele a apresenta como um projeto de sociedade, isto é, ele fará exatamente da sociedade o alvo e o objetivo da prática governamental[53]. E nesse momento passa-se de um sistema, falando grosseiramente, de tipo keynesiano, que havia mais ou menos persistido na política gaullista, a uma nova arte de governar, a que será efetivamente retomada por Giscard[54]. É esse o ponto de fratura: o objeto de ação governamental é o que os alemães chamam de "*die soziale Umwelt*"[55], o ambiente social.

Ora, em relação a essa sociedade que se tornou portanto, agora, o próprio objeto da intervenção governamental, da prática governamental, o que o governo sociológico quer fazer? Ele quer fazer, é claro, que o mercado seja possível. Tem

....
* M.F: querem dizer.

de ser possível se se quiser que desempenhe seu papel de regulador geral, de princípio da racionalidade política. Mas o que isso quer dizer: introduzir a regulação do mercado como princípio regulador da sociedade? Quererá dizer a instauração de uma sociedade mercantil, isto é, de uma sociedade de mercadorias, de consumo, na qual o valor de troca constituiria, ao mesmo tempo, a medida e o critério geral dos elementos, o princípio de comunicação dos indivíduos entre si, o princípio de circulação das coisas? Em outras palavras, tratar-se-ia, nessa arte neoliberal de governo, de normalizar e disciplinar a sociedade a partir do valor e da forma mercantis? Será que não se volta, assim, àquele modelo da sociedade de massa, da sociedade de consumo, da sociedade de mercadorias, da sociedade do espetáculo, da sociedade dos simulacros, da sociedade da velocidade, que Sombart, em 1903, havia pela primeira vez definido?[36] Não creio. Não é a sociedade mercantil que está em jogo nessa nova arte de governar. Não é isso que se trata de reconstituir. A sociedade regulada com base no mercado em que pensam os neoliberais é uma sociedade na qual o que deve constituir o princípio regulador não é tanto a troca das mercadorias quanto os mecanismos da concorrência. São esses mecanismos que devem ter o máximo de superfície e de espessura possível, que também devem ocupar o maior volume possível na sociedade. Vale dizer que o que se procura obter não é uma sociedade submetida ao efeito-mercadoria, é uma sociedade submetida à dinâmica concorrencial. Não uma sociedade de supermercado – uma sociedade empresarial. O *homo oeconomicus* que se quer reconstituir não é o homem da troca, não é o homem consumidor, é o homem da empresa e da produção. Estamos, aqui, num ponto importante sobre o qual procurarei tornar um pouco da próxima vez. Converge nele toda uma série de coisas.

Primeira, claro, a análise da empresa, que tinha se desenvolvido desde o século XIX: análise histórica, análise econômica, análise moral do que é uma empresa, toda a série dos trabalhos de Weber[57], Sombart[58], Schumpeter[59] sobre o que é a empresa sustenta efetivamente em grande parte a análise ou o projeto neoliberal. E, por conseguinte, se há algo parecido com um retorno na política neoliberal, não é certamente o retorno a uma prática governamental do *laissez-faire*, certamente não é o retorno a uma sociedade mercantil como a que Marx denunciava no início do livro I do *Capital*. Procura-se voltar, isso sim, a uma espécie de ética social da empresa, de que Weber, Sombart, Schumpeter procuraram fazer a história política, cultural e econômica. Mais concretamente, digamos assim, em 1950 Röpke escreveu um texto que se chama *Orientação da política econômica alemã* e foi publicado com um prefácio de Adenauer[60]. Röpke, nesse texto, nessa carta, diz que o objeto da ação governamental, o alvo final, o objetivo último, é o quê? Pois bem, diz ele – e enumero os diferentes objetivos estabelecidos: primeiro, permitir a cada um, na medida do possível, o acesso à propriedade privada; segundo, redução dos gigantismos urbanos, substituição da política dos grandes subúrbios por uma política de cidades medianas, substituição da política e da economia dos grandes conjuntos por uma política e uma economia de casas individuais, incentivo às pequenas unidades de cultivo e criação no campo, desenvolvimento do que ele chama de indústrias não proletárias, isto é, o artesanato e o pequeno comércio; terceiro, descentralização dos locais de moradia, de produção e de gestão, correção dos efeitos de especialização e de divisão do trabalho, reconstrução orgânica da sociedade a partir das comunidades naturais, das famílias e das vizinhanças; enfim, de um modo geral, organização, adequação e controle de todos os efeitos ambientais que podem ser produzidos, ou pela coabitação das pessoas, ou pelo desenvolvimento das empresas e dos centros de produção. Trata-se, em linhas gerais, diz Röpke em 1950, de "deslocar o centro de gravidade da ação governamental para baixo"[61].

Pois bem, esse texto, como vocês devem reconhecer, foi repetido 25.000 vezes nos últimos 25 anos. É, de fato, o que constitui atualmente a temática da ação governamental, e seria certamente equivocado ver nisso apenas uma cobertura, uma justificação e um biombo detrás do qual outra coisa se desenrola. Em todo caso, é preciso procurar tomá-lo pelo que ele se propõe, isto é, por um programa de racionalização e de racionalização econômica. De que se trata então? Pois bem, quando examinamos um pouco melhor, podemos entender tudo isso como uma espécie de retorno mais ou menos rousseauniano à natureza, algo como o que, aliás, Rüstow chamava, com uma palavra bastante ambígua, de *"Vitalpolitik"*, política da vida[62]. Mas o que é essa *Vitalpolitik* de que Rüstow falava e de que temos aí uma expressão? Na verdade, não se trata, como vocês veem, de constituir uma trama social em que o indivíduo estaria em contato direto com a natureza, mas de constituir uma trama social na qual as unidades de base teriam precisamente a forma da empresa, porque o que é a propriedade privada, senão uma empresa? O que é uma casa individual, senão uma empresa? O que é a gestão dessas pequenas comunidades de vizinhança [...]*, senão outras formas de empresa? Em outras palavras, trata-se de generalizar, difundindo-as e multiplicando-as na medida do possível, as formas "empresa" que não devem, justamente, ser concentradas na forma nem das grandes empresas de escala nacional ou internacional, tampouco das grandes empresas do tipo do Estado. É essa multiplicação da forma "empresa" no interior do corpo social que constitui, a meu ver, o escopo da política neoliberal. Trata-se de fazer do mercado, da concorrência e, por conseguinte, da empresa o que poderíamos chamar de poder enformador da sociedade.

E, nessa medida, vocês veem que estamos no ponto de confluência em que sem dúvida é reativado um certo núme-

---

* Duas ou três palavras inaudíveis.

ro de velhos temas sobre a vida familiar, a copropriedade e toda uma série de temas críticos, que são os temas críticos que vemos correr por toda parte contra a sociedade mercantil, contra a uniformização pelo consumo. E é assim que vocês têm exatamente uma convergência – sem que haja em absoluto algo como o resgate, palavra que não quer dizer rigorosamente nada –, a meio caminho entre a crítica que era feita, digamos, num estilo sombartiano, a partir de 1900 mais ou menos, contra essa sociedade mercantil, uniformizadora etc., e os objetivos da política governamental atual. Eles querem a mesma coisa. Simplesmente, enganam-se os críticos que imaginam, quando denunciam uma sociedade, digamos, "sombartiana" entre aspas, quero dizer, essa sociedade uniformizadora, de massa, de consumo, de espetáculo etc., eles se enganam quando creem que estão criticando o que é o objetivo atual da política governamental. Eles criticam outra coisa. Eles criticam uma coisa que sem dúvida esteve no horizonte implícito ou explícito, querido ou não, das artes de governar dos anos [20 aos 60]*. Mas nós superamos essa etapa. Não estamos mais aí. A arte de governar programada por volta dos anos 1930 pelos ordoliberais e que agora se tornou a programação da maioria dos governos dos países capitalistas, pois bem, essa programação não visa em absoluto a constituição desse tipo de sociedade. Trata-se, ao contrário, de obter uma sociedade indexada, não na mercadoria e na uniformidade da mercadoria, mas na multiplicidade e na diferenciação das empresas.

Eis a primeira coisa que eu queria lhes dizer. A segunda – acho que não vou ter tempo agora –, segunda consequência dessa arte liberal de governar, [são] as modificações profundas no sistema da lei e na instituição jurídica. Porque, na verdade, entre uma sociedade indexada na forma da empresa [...]** e

....
* M.F: 1920-1960.
** Algumas palavras quase inaudíveis: ao mesmo tempo (densificada?) e (multiplicada?).

uma sociedade em que o principal serviço público é a instituição judiciária, há um vínculo privilegiado. Quanto mais você multiplica a empresa, quanto mais você multiplica as empresas, quanto mais você multiplica os centros de formação de uma coisa como uma empresa, quanto mais você força a ação governamental a deixar essas empresas agirem, mais, é claro, você multiplica as superfícies de atrito entre cada uma dessas empresas, mais você multiplica as ocasiões de contenciosos, mais você multiplica também a necessidade de uma arbitragem jurídica. Sociedade empresarial e sociedade judiciária, sociedade indexada à empresa e sociedade enquadrada por uma multiplicidade de instituições judiciárias são as duas faces de um mesmo fenômeno.

É nisso que gostaria de insistir na próxima vez, desenvolvendo também outras consequências, outras formações na arte neoliberal de governar*.

....
* M. Foucault acrescenta:

> Ah, sim, esperem, eu tinha mais uma coisa a lhes dizer, desculpem. O seminário deve começar segunda, dia 26. Vocês sabem, quer dizer, vocês que costumam vir sabem que esse seminário sempre suscita problemas. Um seminário é normalmente uma coisa em que se pode trabalhar com 10, 20 ou 30 pessoas. Ele muda de natureza e, por conseguinte, de objeto e de forma a partir do momento em que somos 80 ou 100. Teria então uma pequena indicação a dar àqueles que não se sentem verdadeiramente envolvidos: que eles façam o favor..., bem. Segundo. Nesse seminário, trataremos essencialmente da análise das transformações dos mecanismos jurídicos e das instituições judiciárias, e do pensamento do direito, no fim do século XIX. No entanto, eu gostaria de consagrar o primeiro seminário a alguns problemas de método e talvez a discussões sobre as coisas de que estou falando atualmente no curso. Então eu sugeriria a quem, mas somente a quem tiver tempo, a quem se interessar etc., se quiserem me fazer perguntas, que me escrevam no correr da semana. Receberei as cartas quarta-feira próxima, portanto, e na segunda 26 procurarei responder aos que me fizeram perguntas. É isso. E na outra segunda, no seminário, falaremos dos temas da história do direito.

NOTAS

1. Alexandre Isaievitch Soljenitsin (nascido em 1918), escritor russo, autor de uma obra considerável (dentre as suas obras mais célebres: *Um dia de Ivan Denissovitch*, 1962; *O primeiro círculo*, 1968; *O pavilhão dos cancerosos*, 1968). A publicação no estrangeiro, em 1973, de *O arquipélago Gulag*, "ensaio de investigação literária" consagrado à descrição minuciosa do universo concentracionário soviético, valeu ao seu autor a prisão, a perda da cidadania soviética e a expulsão do país. No Ocidente, ela provocou um vasto debate sobre a natureza repressiva do sistema soviético (cf. notadamente o livro de A. Glucksmann, *La Cuisinière et le Mangeur d'hommes. Essai sur les rapports entre État, le marxisme et les camps de concentration*, Paris, Le Seuil, "Combats", 1975, a que M. Foucault faz alusão em sua resenha de *Les Maîtres penseurs* do mesmo autor, em 1977: "De Stálin, os estudiosos apavorados subiam em Marx como se fosse a sua árvore. Glucksmann teve o topete de descer até Soljenitsin" (DE, III, nº 204, p. 278)). Na primeira edição de *Surveiller et punir*, em 1975, Foucault empregou a expressão "arquipélago carcerário" (p. 304; reed. "Tel", p. 347), em homenagem a Soljenitsin (cf. "Questions à M. Foucault sur la géographie" (1976), DE, III, nº 169, p. 32). O nome de Soljenitsin, aqui, evoca por metonímia o universo concentracionário e o Gulag.

2. Fundado em 1894, a fim de reunir livros, brochuras e periódicos úteis ao conhecimento da "questão social", o Musée Social reúne coleções que abrangem o âmbito social, no sentido mais amplo do termo. Fica na rue Las Cases, nº 5, em Paris, no 7º distrito. Foi esse o endereço que o Centre d'études criado após o colóquio (cf. *infra*, nota 14) escolheu para sua sede social.

3. *Compte rendu des séances du colloque Walter Lippmann (26-30 août 1938)*, Travaux du Centre international d'études pour la rénovation du libéralisme, cahier nº 1, apresentação de L. Rougier, Paris, Librairie de Médicis, 1939. Cf. P.-A. Kunz, *L'Expérience néo-libérale allemande, op. cit.* [*supra*, p. 131, n. 13], pp. 32-3.

4. Por iniciativa de Louis Rougier (cf. *infra*, aula de 21 de fevereiro de 1979, p. 223).

5. Walter Lippmann (1889-1974), *An Inquiry into the Principles of the Good Society*, Boston, Little, Brown, 1937 / *La Cité libre*, trad. fr. G. Blumberg, prefácio de A. Maurois, Paris, Librairie de Médicis, 1938. Num artigo publicado mais de vinte anos depois do colóquio, L. Rougier apresenta assim o livro do "grande colunista americano" (ele assinou durante trinta anos a coluna "Today and Tomorrow" do *Herald Tribune*): "Essa obra rejeitava a identificação estabelecida entre o liberalismo e a doutrina fisiocrática e manchesteriana do *laissez-faire, laisser-passer*. Estabelecia que a economia de mercado não era o resultado espontâneo de uma ordem natural, como acreditavam os economistas clássicos, mas era o resultado de uma ordem legal que postulava um intervencionismo jurídico do Estado" ("Le libéralisme économique et politique", *Les Essais*, 11, 1961, p. 47). Cf. a citação de W. Lippmann posta em epígrafe ao volume 2 de K. Popper, *La Société ouverte et ses ennemis* (1962), Paris, Le Seuil, 1979: "A falência da ciência liberal está na origem do cisma moral do mundo moderno, que divide tão tragicamente os espíritos esclarecidos."

6. Louis Baudin (1887-1964): economista francês, diretor da coleção "Grands Économistes", autor de *La Monnaie. Ce que tout le monde devrait en savoir*, Paris, Librairie de Médicis, 1938; *La Monnaie et la Formation des prix*, 2ª ed., Paris, Sirey, 1947; de um *Précis d'histoire des doctrines économiques*, Paris, F. Loviton, 1941; e de *L'Aube d'un nouveau libéralisme*, Paris, M.-T. Génin, 1953.

7. Os outros participantes franceses do colóquio, fora os citados abaixo, eram R. Auboin, M. Bourgeois, A. Detoeuf, B. Lavergne (autor de *Essor et Décadence du capitalisme*, Paris, Payot, 1938, e de *La Crise et ses remèdes*, Paris, Librairie de Médicis, 1938), E. Mantoux, L. Marlio (autor de *Le Sort du capitalisme*, Paris, Flammarion, 1938), [?] Mercier e A. Piatier. W. Eucken, convidado, não obteve autorização para sair da Alemanha.

8. Cf. *supra*, aula de 7 de fevereiro de 1979, p. 170-1, notas 16 e 21.

9. Cf. *supra*, aula de 31 de janeiro de 1979, p. 130, nota 11. A tradução francesa do livro de Von Mises, *Le Socialisme*, acabava de sair pela Librairie de Médicis (editora do livro de W. Lippmann).

10. Jacques Rueff (1896-1978): aluno da Escola Politécnica, inspetor de finanças, diretor do Mouvement général des fonds (antiga direção do Tesouro), na época da Frente Popular. Economista liberal, que estabeleceu experimentalmente o vínculo entre desemprego e

custo excessivo do trabalho ("lei Rueff"), considerava que um sistema de preços estável e eficaz era o elemento central de uma economia desenvolvida e que a política econômica, para defendê-lo, devia combater seus dois obstáculos principais: a falta de concorrência e a inflação. Ele havia publicado, antes do colóquio, *La Crise du capitalisme*, Paris, Éditions de la "Revue Bleue", 1935. A *Épitre aux dirigistes*, Paris, Gallimard, 1949, retoma e desenvolve algumas conclusões do colóquio. Sua obra principal é *L'Ordre social*, Paris, Librairie du Recueil Sirey, 1945. Cf. sua autobiografia, *De l'aube au crépuscule*, Paris, Plon, 1977. M. Foucault encontrou-se várias vezes com ele.

11. Robert Marjolin (1911-1986): economista francês, comissário-geral do Plano Monnet para a Modernização e o Equipamento, em 1947, depois secretário-geral da Organização para a Cooperação Econômica Europeia (OEEC) de 1948 a 1955. Cf. suas memórias, *Le Travail d'une vie* (colab. Ph. Bauchard), Paris, R. Laffont, 1986.

12. Raymond Aron (1905-1983): filósofo e sociólogo, que viria a se afirmar depois de 1945 como um dos defensores mais engajados do pensamento liberal, em nome de sua rejeição do comunismo, só havia publicado até então *La Sociologie allemande contemporaine* (Paris, Félix Alcan, 1935) e suas duas teses, *Introduction à la philosophie de l'histoire* (Paris, Gallimard, 1938) e *La Philosophie critique de l'histoire* (Paris, Vrin, 1938).

13. Mais precisamente em 30 de agosto de 1938 (cf. *Colloque W. Lippmann*, p. 107).

14. Mais exatamente: Centre international d'études pour la rénovation du libéralisme (a sigla CIRL foi adotada no fim do colóquio, cf. p. 110, mas a ata deste último é publicada com a sigla CRL). Cf. o extrato dos estatutos publicado na ata do colóquio: "O *Centre International d'Études pour la Rénovation du Libéralisme* tem por objetivo pesquisar, determinar e dar a conhecer em que os princípios fundamentais do liberalismo, principalmente o mecanismo dos preços, mantendo um regime contratual da produção e das trocas que não exclui as intervenções resultantes dos deveres dos Estados, permitem assegurar aos homens, em oposição às diretrizes das economias planificadas, o máximo de satisfação das suas necessidades e à Sociedade, as condições necessárias ao seu equilíbrio e à sua duração" [n.p.]. Esse Centro Internacional foi inaugurado no Musée social, dia 8 de março de 1939, com uma alocução do seu presidente, Louis Marlio, membro do Institut sur le néolibéralisme, e uma conferência de Louis Rougier so-

bre "Le planisme économique, ses promesses, ses résultats". Esses textos estão reproduzidos, com as notas estenográficas de várias intervenções das sessões posteriores, no nº 12 da revista *Les Essais*, 1961: *Tendances modernes du libéralisme économique*.

15. Trata-se de L. Rougier, in *Colloque W. Lippmann*, *op. cit.*, p. 18: "Somente depois de solucionar essas duas questões prévias [(1) o declínio do liberalismo, fora de toda e qualquer intervenção do Estado, seria inevitável em consequência das próprias leis do seu desenvolvimento? e (2) o liberalismo econômico pode satisfazer as exigências sociais das massas?] poderemos abordar as tarefas próprias do que se pode chamar de *liberalismo positivo*." Cf. igualmente L. Marlio, *ibid.*, p. 102: "Concordo com o sr. Rueff, mas não gostaria que se empregasse a expressão 'liberalismo de esquerda' [cf. J. Rueff, *ibid.*, p. 101: '[O texto de M. Lippmann] lança as bases de uma política que, de minha parte, qualifico de política liberal de esquerda, porque tende a dar às classes mais desprovidas o maior bem-estar possível'], porque ela não me parece correta e porque creio que existem, atualmente, mais ou menos as mesmas ideias à esquerda e à direita. [...] Preferiria que se chamasse essa doutrina de 'liberalismo positivo', 'liberalismo social' ou 'neoliberalismo', mas não a palavra esquerda, que indica uma posição política".

16. W. Röpke, *La Crise de notre temps*, trad. cit. [*supra*, p. 171, nota 21], parte II, cap. 3, p. 299: "A liberdade de mercado necessita de uma política econômica ativa e extremamente vigilante, mas também plenamente consciente de seus objetivos e da limitação do seu campo de atividade, uma política que nunca se sinta tentada a superar os limites que lhe são atribuídos por um intervencionismo conformista".

17. Citado, sem referência, por F. Bilger, *La Pensée économique libérale de l'Allemagne contemporaine*, *op. cit.*, p. 182.

18. F. Böhm, *Die Ordnung der Wirtschaft als geschichtliche Aufgabe und rechtsschöpferische Leistung*, Stuttgart-Berlim, Kohlhammer, 1937, p. 10: "A principal exigência de todo sistema econômico digno desse nome é que a direção política se torne senhora da economia, tanto em seu conjunto como em suas partes; é necessário que a política econômica do Estado domine intelectual e materialmente todo o devir econômico" (traduzido para o francês e citado por F. Bilger, *op. cit.*, p. 173).

19. Foucault, aparentemente, reproduz de maneira bem livre aqui uma frase de Leonhard Miksch tirada de um artigo de 1949 ("Die Geldschöpfung in der Gleichgewichtstheorie", *Ordo*, II, 1949, p. 327),

citada por F. Bilger, *ibid.*, p. 188: "Ainda que o número de intervenções corretivas que pareçam necessárias se revele tão grande que desse ponto de vista não haveria mais diferença quantitativa em relação aos propósitos dos planejadores, o princípio expresso aqui não perderia seu valor."

20. Cf. *supra*, aula de 10 de janeiro de 1979, p. 17.

21. W. Röpke, *La Crise de notre temps*, parte II, cap. 3, p. 300: "O monopólio não é apenas socialmente injustificável, mas representa também um corpo estranho no processo econômico e um freio à produtividade total".

22. W. Röpke, *ibid.*, p. 302: "Devemos nos lembrar que, muitas vezes, o próprio Estado, por sua atividade legislativa, administrativa e jurídica, é que criou as condições que preparam a formação dos monopólios. [...] A cumplicidade do Estado é patente em todos os casos em que criou o monopólio por meio de uma carta que lhe concede privilégios, procedimento esse que foi muitas vezes empregado pelos primeiros monopólios da Europa. Mas, já naquele momento, essa maneira de agir caracterizava o enfraquecimento do Estado porque, muitas vezes, o governo procurava libertar-se das suas dúvidas, como Maximiliano I na Alemanha, quando concedeu monopólios aos Fugger".

23. Douglass Cecil North (nascido em 1920), *The Rise of the Western World* (colab. R.-P. Thomas), Cambridge University Press, 1973 / *L'Essor du monde occidental: une nouvelle histoire économique*, trad. fr. J.-M. Denis, Paris, Flammarion, "L'Histoire vivante", 1980. Cf. H. Lepage, *Demain le capitalisme*, Librairie Générale Française, 1978; reed. "Pluriel", p. 34 e caps. 3 e 4 (esse livro é uma das fontes utilizadas por Foucault nas últimas aulas deste curso).

24. Cf. *Colloque W. Lippmann*, pp. 36-7.

25. L. von Mises, *ibid.*, p. 36: "O protecionismo fragmentou o sistema econômico numa multidão de mercados distintos e, reduzindo a extensão das unidades econômicas, provocou a criação de cartéis".

26. L. von Mises, *loc. cit.*: "O protecionismo só pode ter resultados eficazes sobre um mercado nacional, em que a produção já excede a demanda, mediante a constituição de um cartel capaz de controlar a produção, a venda ao exterior e os preços".

27. A. Rüstow, *ibid.*, p. 41: "A tendência a superar o ótimo econômico da concentração não pode evidentemente ser uma tendência de ordem econômica, no sentido do sistema concorrencial. É antes uma tendência monopolizadora, neofeudal, predatória, tendência que

não pode ter sucesso sem o apoio do Estado, das leis, dos tribunais, dos magistrados, da opinião pública".

28. W. Röpke, *La Crise de notre temps*, parte I, cap. 3, pp. 180 ss.; o autor opõe um certo número de argumentos técnicos à tese segundo a qual "o desenvolvimento técnico [...] leva direto à unificação cada vez mais acentuada das empresas e das indústrias".

29. *Colloque W. Lippmann*, p. 41.

30. Sobre essa "política do como se" (*Als-ob Politik*), teorizada por um dos discípulos de Eucken, Leonhard Miksch (*Wettbewerb als Aufgabe* [A concorrência como dever], Stuttgart-Berlim, W. Kohlhammer, 1937, 2ª ed., 1947), que permite não confundir o programa ordoliberal com a demanda de uma realização da concorrência perfeita, cf. F. Bilger, *La Pensée économique libérale...*, pp. 82, 155, e todo o cap. 3 da parte II, "La politique économique", pp. 170-206; J. François-Poncet, *La Politique économique de l'Allemagne occidentale*, *op. cit.*, p. 63.

31. Sobre a distinção entre as "ações conformes" e as "ações não conformes", cf. W. Röpke, *Die Gesellschaftskrisis der Gegenwart*, *op. cit.*, 5ª ed., 1948, pp. 258-64 / trad. cit., pp. 205-11; *Civitas Humana*, trad. cit. [*supra*, p. 171, nota 21], pp. 67-8. Cf. F. Bilger, *op. cit.*, pp. 190-2 (conformidade "estática" e conformidade "dinâmica" em relação ao modelo baseado em Röpke).

32. W. Eucken, *Die Grundsätze der Wirtschaftspolitik*, Berna-Tübingen, Francke & J. C. B. Mohr, 1952.

33. Cf. *supra*, aula de 7 de fevereiro de 1979, p. 168, nota 9. Cf. F. Bilger, *La Pensée économique libérale...*, p. 62: "Assim esse livro é como o inverso exato do primeiro; depois da economia política, a política econômica".

34. Essa distinção não é explicitamente formulada nas *Grundsätze* (sobre a *Ordnungspolitik*, cf. pp. 242 ss.). Foucault baseia-se aqui em F. Bilger, *op. cit.*, pp. 174-88.

35. Rudolf Eucken (1846-1926): professor da Universidade de Basileia em 1871, depois da de Iena, em 1874, onde lecionou até se aposentar. Prêmio Nobel de literatura em 1908. Entre as suas obras principais: *Geistige Strömungen der Gegenwart* (Berlim, Verleger, 1904 / *Les Grandes Courants de la pensée contemporaine*, trad. fr. da 4ª ed. por H. Buriot e G.-H. Luquet, prefácio de E. Boutroux, Paris, F. Alcan, 1912); *Hauptprobleme der Religionsphilosophie der Gegenwart* (Berlim, Reuther und Reichard, 1907 / *Problèmes capitaux de la philosophie de la religion au temps présent*, trad. fr. Ch. Brognard, Lausanne, Payot, 1910); *Der Sinn*

und Wert des Lebens (Leipzig, Quelle & Meyer, 1908 / *Le Sens et la Valeur de la vie*, trad. fr. da 3ª ed. por M.-A. Hullet e A. Leicht, prefácio de H. Bergson, Paris, F. Alcan, 1912). O qualificativo "neokantiano", tomado sem dúvida da apresentação de F. Bilger (*op. cit.*, pp. 41-2), define imperfeitamente a sua filosofia – uma "filosofia da atividade" –, que se vincula muito mais à corrente de espiritualismo vitalista, matizada de religiosidade, que se opunha então na Alemanha ao intelectualismo e ao cientificismo (cf. G. Campagnolo, "Les trois sources philosophiques de la réflexion ordolibérale", *in* P. Commun, org., *L'Ordolibéralisme allemand, op. cit.* [*supra*, p. 166, nota 2]), pp. 138-43. A aproximação sugerida aqui por Foucault com o neokantismo, a propósito das "ações reguladoras", remete sem dúvida à distinção kantiana entre os "princípios constitucionais" e os "princípios reguladores" na *Critique de la raison pure* [*Crítica da razão pura*], parte I, livro II, cap. 2, seção 3, § 3 ("Les analogies de l'expérience"), trad. fr. A. Trémesaygues e B. Pacaud, 6ª ed., Paris, PUF, 1968, p. 176.

36. A citação na verdade é de Röpke (como aliás o manuscrito indica), *La Crise de notre temps*, parte II, cap. 2, p. 243: "Mas há outra tarefa não menos importante [que a elaboração e o fortalecimento da 'terceira via'], porque, no bojo da moldura permanente, legal e institucional, o processo econômico sempre conduzirá a certos atritos de natureza passageira e a modificações que podem suscitar estados de exceção, dificuldades de adaptação e repercussões duras sobre certos grupos".

37. Cf. W. Eucken, *Grundsätze*, livro V, cap. 19, p. 336: "Die wirtschaftspolitische Tätigkeit des Staates sollte auf die Gestaltung der Ordnungsformen der Wirtschaft gerichtet sein, nicth auf die Lenkung des Wirtschaftsprozesses".

38. Trata-se da "definição limitativa da intervenção conforme", segundo F. Böhm, "aquela que não se choca com as três 'tendências' fundamentais do mercado: a tendência à redução dos custos, a tendência à redução progressiva dos lucros das empresas e a tendência provisória à elevação desses lucros no caso de redução decisiva dos custos e de melhora da produtividade" (F. Bilger, *La Pensée économique libérale…*, pp. 190-1).

39. A atribuição dessa frase a Röpke parece equivocada. Não há vestígio dela tampouco no colóquio Lippmann nem na obra de Bilger.

40. Sobre essa noção [em alemão *Rahmen* (N. T.)], cf. F. Bilger, *La Pensée économique libérale…*, 180-1: "Os 'ordoliberais' não só procu-

ram restringir as intervenções no processo [objeto das ações reguladoras], como são favoráveis à extensão da atividade do Estado sobre a moldura. Porque o processo funciona mais ou menos bem conforme a moldura esteja mais ou menos bem estruturada. [...] A moldura é a esfera própria do Estado, a esfera pública, onde ele pode plenamente exercer a sua função 'ordenadora'. Ela contém tudo o que não surge espontaneamente na vida econômica: contém, assim, realidades que, em virtude da interdependência geral dos fatos sociais, determinam a vida econômica ou, ao contrário, sofrem seus efeitos: os seres humanos e suas necessidades, os recursos naturais, a população ativa e inativa, os conhecimentos técnicos e científicos, a organização política e jurídica da sociedade, a vida intelectual, os dados geográficos, as classes e grupos sociais, as estruturas mentais etc.".

41. M. Foucault, em seu manuscrito, remete aqui, segundo Bilger (*op. cit.*, p. 181), a W. Eucken, *Grundsätze*, pp. 377-8. Essa referência, no entanto, é inexata. Eucken não trata especialmente, nessa seção da obra, de questões relativas à agricultura.

42. Cf. F. Bilger, *op. cit.*, p. 185: "É necessário preparar a agricultura para o mercado livre, cuidando para que todas as medidas tomadas a aproximem dessa meta e não tenham consequências nefastas imediatas sobre os outros mercados. Para alcançar o resultado final, o Estado poderá intervir sobre os dados enumerados anteriormente, que determinam a atividade agrícola: a população ocupada na agricultura, a técnica utilizada, o regime jurídico das propriedades, o solo disponível, o próprio clima etc.". Cf. *ibid.*, p. 181, a citação de Eucken extraída das *Grundsätze*, p. 378: "Sem dúvida, há limites para a ação da política econômica sobre os dados globais. Mas cada uma delas é influenciável. Mesmo o clima de um país pode ser modificado pela intervenção humana (*Selbst das Klima eines Landes kann durch menschliches Eingreifen verändert werden*). *A fortiori*, outros fatores, como a quantidade de população, seus conhecimentos e aptidões etc. O maior campo de ação é oferecido pelo sexto dado, a ordem jurídica e social".

43. Político holandês, Sicco Leendert Mansholt (1908-1995), vice-presidente (1967-1972), depois presidente da Comissão Europeia (1972-73), que havia trabalhado desde 1946 para a edificação do Benelux, depois do Mercado Comum. Elaborou dois planos agrícolas, o primeiro em 1953, visando substituir por uma política agrícola comum às políticas nacionais; o segundo em 1968, no qual propunha um programa de reestruturação da agricultura comunitária ("plano Mansholt").

Cf. o *Rapport de la Commission des Communautés européennes (Plan Mansholt [...])*, Bruxelas, [Secrétariat général de la CEE], 1968.

44. Sobre essa noção de "ordem de concorrência" (*Wettbewerbsordnung*), cf. W. Eucken, "Die Wettbewerbsordnung und ihre Verwirklichung", *Ordo*, vol. 2, 1949, e o 4º livro, com o mesmo título, das *Grundsätze*, pp. 151-90.

45. Arthur Cecil Pigou (1877-1959), economista britânico que opôs uma economia de bem-estar, definida pelo aumento máximo das satisfações individuais, à economia de riqueza. É autor de *Wealth and Welfare*, Londres, Macmillan & Co., 1912 (a obra, profundamente modificada, foi editada em 1920, em Londres, pela Macmillan, com o título de *Economics of Welfare*). Cf. K. Pribram, *A History of Economic Reasoning*, Baltimore, Md., Johns Hopkins University Press, 1983 / *Les Fondements de la pensée économique*, trad. fr. H. P. Bernard, Paris, Economica, 1986, pp. 466-7: "Concebido como uma teoria positiva 'realista', o bem-estar econômico deve ser estudado em termos de quantidade e de repartição dos valores. De modo mais ou menos axiomático, Pigou supõe que – salvo certas circunstâncias particulares – o bem-estar cresce quando aumenta o volume da renda global real e a regularidade do seu fluxo está mais bem assegurada, quando se reduz a penosidade associada à sua produção e a repartição do dividendo nacional é modificada em benefício dos mais pobres".

46. Essa fórmula, cuja atribuição é incerta, não se encontra em nenhum dos escritos de Röpke consultados por Foucault.

47. Cf. F. Bilger, *La Pensée économique libérale*..., p. 198: "Os 'ordoliberais' não consideram que é menos 'social' propor uma política social individualista do que uma política social socialista".

48. Cf. A. Müller-Armack, "Soziale Marktwirtschaft", in E. von Beckerath *et al.*, org., *Handwörterbuch der Sozialwissenschaften*, vol. 9, Stuttgart-Tübingen-Göttingen, G. Fischer, J. C. B. Mohr, Vandenhoeck & Ruprecht, 1956 (reed. in A. Müller-Armack, *Wirtschaftsordnung und Wirtschaftspolitik*, *op. cit.* [*supra*, p. 169, nota 15], pp. 243-8) / "The meaning of the social market economy", trad. ingl. in A. Peacock e H. Willgerodt, *Germany's Social Market Economy*..., *op. cit.* [*supra*, p. 168, nota 8], pp. 82-6. Foi em 1947 que Müller-Armack empregou pela primeira vez a expressão, num relatório às câmaras de indústria e comércio de Nordrhein-Westfalen (reeditado em seu livro *Genealogie der sozialen Marktwirtschaft*, Berna, Paul Haupt, 1974, pp. 59-65). Ela só entrou verdadeiramente em circulação depois de ter sido integrada ao

programa da União Democrática Cristã na primeira campanha das eleições para o Bundestag (*Düsseldorfer Leitsätze über Wirtschaftspolitik, Sozialpolitik und Wohnungsbau* de 15 de julho de 1949).

49. Sobre a política neoliberal adotada na França, nos anos 1970, cf. *infra*, aula de 7 de março de 1979.

50. Sobre o conceito fisiocrático de "governo econômico", cf. *Sécurité, Territoire, Population, op. cit.*, aulas de 25 de janeiro de 1978, p. 88, n. 40, e de 1º de fevereiro de 1978, p. 116, n. 23.

51. Essa expressão não se encontra nas atas do *Colloque W. Lippmann* (sem dúvida Foucault confunde-a com a expressão empregada por L. Marlio, p. 102, "liberalismo social": cf. *supra*, nota 15). Ela é empregada entretanto por W. Röpke em *Civitas Humana*, trad. cit. [*supra*, p. 171, nota 21], p. 43: "O *liberalismo* a que chegamos [...] poderia ser designado como um liberalismo sociológico contra o qual perdem o gume as armas forjadas contra o antigo liberalismo unicamente econômico".

52. Cf. F. Bilger, *La Pensée économique libérale*..., p. 111 (que não dá a fonte). O termo *Gesellschaftspolitik* só surge, ao que parece, nos escritos de A. Müller-Armack a partir de 1960. Cf. "Die zweite Phase der sozialen Marktwirtschaft. Ihre Ergänzung durch das Leitbild einer neuren Gesellschaftspolitik", 1960 (reed. *in* A. Müller-Armack, *Wirtschaftsordnung und Wirtschaftspolitik*, pp. 267-91, e *in* W. Stützel *et al.*, org., *Grundtexte der sozialen Marktwirtschaft, op. cit.* [*supra*, p. 133, nota 21], pp. 63-78) e "Das gesellschaftspolitische Leitbild der sozialen Marktwirtschaft", 1962 (reed. *in Wirtschaftsordnung*..., pp. 239-317). Ele define então o programa, no plano da política interna, da segunda fase da construção da economia social de mercado.

53. Jacques Chaban-Delmas (1915-2000): primeiro-ministro na presidência de Georges Pompidou, de 1969 a 1972. Seu projeto de "nova sociedade" apresentado em seu discurso de posse, em 16 de setembro de 1969, e inspirado por seus dois colaboradores, Simon Nora e Jacques Delors, provocou numerosas resistências da parte conservadora. Denunciando "a debilidade da nossa indústria", declarava notadamente: "Mas aqui a economia se une à política e ao social. De fato, o funcionamento defeituoso do Estado e o arcaísmo das nossas estruturas sociais são obstáculos ao desenvolvimento econômico que nos é necessário. [...] O novo fermento de juventude, de criação, de invenção, que sacode a nossa velha sociedade, pode fazer crescer a massa de formas novas mais ricas de democracia e de participação, em todos os

organismos sociais assim como num Estado menos rígido, descentralizado. Podemos portanto empreender a construção de uma nova sociedade" [fonte: www.assemblée-nat.fr].

54. Valéry Giscard d'Estaing (nascido em 1926): eleito presidente da República da França em maio de 1974. Cf. *infra*, aula de 7 de março de 1979, pp. 272 e 289, nota 20.

55. Expressão de Müller-Armack, citada por F. Bilger, *La Pensée économique libérale*..., p. 111. Cf. "Die zweite Phase der sozialen Marktwirtschaft", *in op. cit.* (W. Stützel *et al.*, orgs.), p. 72.

56. A data fornecida por Foucault se baseia sem dúvida nas referências de Sombart a seus trabalhos anteriores, em *Le Socialisme allemand*, trad. cit. [*supra*, p. 176, nota 42], ed. 1990, p. 48, n. 1, a propósito dos efeitos destrutivos da "era econômica" sobre "os homens do nosso tempo" no âmbito da "vida espiritual": "Ver minhas obras: *Deutsche Volkswirtschaft* (1903) [*Die deutsche Volkswirtschaft im 19. Jahrhundert und im Anfang des 20. Jahrhundert* (Berlim, G. Bondi)], *Das Proletariat* (1906) [*op. cit.*, *supra*, p. 176, nota 45], *Der Bourgeois* (1913) [*Der Bourgeois. Zur Geistesgeschichte des modernen Wirtschaftsmenschen*, Munique-Leipzig, Duncker & Humblot], *Händler und Helden* (1915) [*Händler und Helden. Patriotische Besinnungen*, Munique-Leipzig, Duncker & Humblot]." Cf. também *Der moderne Kapitalismus*, *op. cit.* [*supra*, p. 176, nota 41], parte III, cap. 53 / trad. cit. [*supra*, p. 176, nota 45], t. II, pp. 404-35: "La déshumanisation de l'entreprise." Sobre as diferentes características da sociedade capitalista descritas por Foucault, cf. notadamente *Le Socialisme allemand*, pp. 49-52 e 56.

57. Cf. *supra*, p. 173, nota 26.

58. Cf. W. Sombart, *Der moderne Kapitalismus*, parte I, caps. 1-2 / trad. cit., t. I, pp. 24-41: "Le rôle du chef d'entreprise capitaliste" e "Les nouveaux dirigeants"; *id.*, *Gewerbewesen*, 1: *Organisation und Geschichte des Gewerbes*, 2: *Das Gewerbe im Zeitalter des Hochkapitalismus*, Leipzig, 1904; 2ª ed. revista, Berlim, W. De Gruyter, 1929; *id.*, "Der kapitalistische Unternehemer", *Archiv für Sozialwissenschaft und Sozialpolitik*, 29, 1909, pp. 689-758.

59. Joseph Schumpeter (1883-1950): foi em *Theorie der wirtschaftlichen Entwicklung*, publicada em 1912 (reed. Munique, Duncker & Humblot, 1934 / *La Théorie de l'évolution économique*, trad. fr. J.-J. Anstett, Paris, Librairie Dalloz, 1935, com uma longa introdução de F. Perroux, "La pensée économique de Joseph Schumpeter"; reed. 1999, sem a introd.), que o autor da monumental *History of Economic Analy-*

sis [*op. cit., supra*, p. 65, nota 2] expôs pela primeira vez sua concepção do criador de empresa que, por seu espírito pioneiro e sua capacidade de inovação, era o verdadeiro agente do desenvolvimento econômico. Cf. igualmente seu artigo "Unternehmer", *in Handwörterbuch der Staatswissenschaften*, Iena, 1928, t. VIII. Essa teoria da audácia empresarial está na base da constatação pessimista enunciada em 1942, em *Capitalism, Socialism and Democracy* (Nova York-Londres, Harper & Brothers / *Capitalisme, Socialisme et Démocratie*, trad. fr. G. Fain, Paris, Payot, 1951; ver notadamente, pp. 179-84, "Le crépuscule de la fonction d'entrepreneur"), onde prevê o advento da economia planificada. Cf. *infra*, aula de 21 de fevereiro de 1979, pp. 242-4.

60. W. Röpke, *Ist die deutsche Wirtschaftspolitik richtig?*, *op. cit.* [*supra*, p. 171, nota 20].

61. *Ibid.*, e *in* W. Stützel *et al.*, orgs., *Grundtexte zur sozialen Marktwirtschaft*, p. 59. A lista das medidas propostas por Röpke, no entanto, não corresponde exatamente à enumeração feita por Foucault: "Die Maßnahmen, die hier ins Auge zu fassen sind [für eine grundsätzliche Änderung soziologischer Grundlagen (Entmassung und Entproletarisierung)], betreffen vor allem die Förderung der wirtschaftlichen und sozialen Dezentralisation im Sinne einer die Gebote der Wirtschaftlichkeit beachtenden Streuung des kleinen und mittleren Betriebes, der Bevölkerungsverteilung zwischen Stadt und Land und zwischen Industrie und Landwirtschaft, einer Auflockerung der Großbetriebe und einer Förderung des Kleineigentums der Massen und sonstiger Umstände, die die Verwurzelung des heutigen Großstadt- und Industrinomaden begünstigen. Es ist anzustreben, das Proletariat im Sinne einer freien Klasse von Beziehern Kurzfristigen Lohneinkommens zu beseitigen und eine neue Klasse von Arbeitern zu schaffen, die durch Eigentum, Reserven, Einbettung in Natur ind Gemeinschaft, Mitverantwortung und ihren Sinn in sich selbst tragende Arbeit zu vollwertigen Bürgen einer Gesellschaft freier Menschen werden." Cf. o extrato de *Civitas Humana* (trad. cit., p. 250) reproduzido por F. Bilger, *La Pensée économique libérale...*, p. 103 ("deslocamento do centro de gravidade social do alto para baixo").

62. Rüstow define assim essa *Vitalpolitik*: "[...] uma política da vida, que não seja orientada essencialmente, como a política social tradicional, para o aumento dos salários e para a redução da jornada de trabalho, mas tome consciência da verdadeira situação vital global do trabalhador, sua situação real, concreta, da manhã à noite e da

noite à manhã", a higiene material e moral, o sentimento de propriedade, o sentimento de integração social etc., sendo a seus olhos tão importantes quanto o salário e a jornada de trabalho (citado por F. Bilger, op. cit., p. 106, que remete apenas a "um artigo publicado em *Wirtschaft ohne Wunder*". Trata-se sem dúvida de "Soziale Marktwirtschaft als Gegenprogramm gegen Kommunismus und Bolschewismus", in A. Hunold, org., *Wirtschaft ohne Wunder*, Erlenbach-Zurique, E. Rentsch, 1953, pp. 97-108). Cf., igualmente, do mesmo autor, "Sozialpolitik oder Vitalpolitik", *Mitteilungen der Industrie- und Handelskammer zu Dortmund*, 11, novembro de 1951, Dortmund, pp. 453-9; "Vitalpolitik gegen Vermassung", in A. Hunold, org., *Masse und Demokratie, Volkswirtschaftliche Studien für das Schweizer Institut für Auslandsforschung*, Erlenbach-Zurique, E. Rentsch, 1957, pp. 215-38. Sobre a *Vitalpolitik*, em contraste com a *Sozialpolitik*, cf. C. J. Friedrich, "The political thought of Neo-liberalism", artigo citado [*supra*, p. 171, nota 23], pp. 513-4. É A. Müller-Armack que compara as medidas referentes ao conjunto do ambiente ("die Gesamtheit der Umwelt") com a *Vitalpolitik*: "Die hier erhobene Forderung dürfte in etwa dem Wunsche nach einer Vitalpolitik im Sinne von Alexander Rüstow entsprechen, einer Politik, die jenseits des Ökonomischen aud die Vitale Einheit des Menschen gerichtet ist" ("Die zweite Phase der sozialen Marktswirtschaft", in *op. cit.* (W. Stützel *et al.*, orgs.), p. 71).

AULA DE 21 DE FEVEREIRO DE 1979

Segundo aspecto da "política de sociedade", segundo os ordoliberais: o problema do direito numa sociedade regulada segundo o modelo da economia concorrencial de mercado. – Retorno ao colóquio Walter Lippmann. – Reflexões a partir de um texto de Louis Rougier. – (1) A ideia de uma ordem jurídico-econômica. Reciprocidade das relações entre os processos econômicos e a moldura institucional. – Objeto político da discussão: o problema da sobrevivência do capitalismo. – Dois problemas complementares: a teoria da concorrência e a análise histórica e sociológica do capitalismo. – (2) A questão do intervencionismo jurídico. – Recapitulação histórica: o Estado de direito no século XVIII, em oposição ao despotismo e ao Estado de polícia. Reelaboração da noção no século XIX: a questão das arbitragens entre cidadãos e poder público. O problema dos tribunais administrativos. – O projeto neoliberal: introduzir os princípios do Estado de direito na ordem econômica. – Estado de direito e planificação segundo Hayek. – (3) O crescimento da demanda judiciária. – Conclusão geral: a especificidade da arte neoliberal de governar na Alemanha. O ordoliberalismo em face do pessimismo de Schumpeter.

Na última vez, procurei lhes mostrar que, no ordoliberalismo, estava implicada a necessidade de uma *Gesellschaftspolitik*, como eles dizem, de uma política de sociedade e de um intervencionismo social ao mesmo tempo ativo, múltiplo, vigilante e onipresente. Logo, economia de mercado, por um lado, e política social ativa, intensa, intervencionista. Mas há que salientar cuidadosamente também que essa política social, no ordoliberalismo, não tem por função ser como um mecanismo compensatório destinado a absorver ou anular os efeitos destruidores que a liberdade econômica poderia ter sobre a sociedade, sobre o tecido, a trama social. De fato, se há intervencionismo social, permanente e multiforme, não é contra a economia de mercado ou a contrapelo da economia de mercado, mas é, ao contrário, a título de condição histórica e social de possibilidade para uma economia de mercado, a título de condição para que o mecanismo formal da concorrência aja, para que, por conseguinte, a regulação que o mercado concorrencial deve assegurar possa se dar corretamente e não se produzam os efeitos sociais negativos que se deveriam à ausência de concorrência. A *Gesellschaftspolitik* deve portanto anular, não os efeitos antissociais da concorrência, mas os mecanismos anticoncorrenciais que a sociedade poderia suscitar, que poderiam, em todo caso, nascer na sociedade.

Foi isso que procurei salientar na última vez e, para dar um conteúdo a essa *Gesellschaftspolitik*, creio que há dois grandes eixos sobre os quais os ordoliberais insistiram. De um lado, a formalização da sociedade com base no modelo da empresa – e eu lhes indiquei a importância, sobre a qual tornarei mais tarde[1], dessa noção de empresa (seria preciso fazer dessa noção toda uma história, ao mesmo tempo econômica, histórica, social, do empresário e da empresa, com toda a derivação de um ao outro desde o fim do século XIX até o meado do século XX) –; formalização portanto da sociedade com base no modelo da empresa. E o segundo aspecto é aquele de que gostaria de lhes falar hoje: a redefinição da instituição jurídica e das regras de direito necessárias numa sociedade regulada a partir e em função da economia concorrencial de mercado; ou seja, *grosso modo*, o problema do direito.

Para situá-lo melhor, gostaria de voltar àquele colóquio Walter Lippmann de que lhes falei há oito ou quinze dias, não me lembro mais[2], aquele colóquio Walter Lippmann que é, portanto, na história do neoliberalismo moderno contemporâneo, um acontecimento relativamente importante, já que vemos se cruzarem nele, bem na véspera da guerra de 1939, o velho liberalismo tradicional, a gente do ordoliberalismo alemão, como Röpke, Rüstow etc., e gente como Hayek e Von Mises, que vão ser os intermediários entre o ordoliberalismo alemão e o neoliberalismo americano que produzirá o anarcoliberalismo da Escola de Chicago[3], Milton Friedman[4] etc.

Todas essas pessoas se reúnem – Milton Friedman não, mas Hayek, Mises, que vão ser de certo modo os agentes de transmissão –, toda essa gente se reúne em 1939, e o apresentador, o organizador desse colóquio era aquele homem, vocês sabem, que se chamava Louis Rougier[5] e que foi um dos raros e muito bons epistemólogos franceses do pós-guerra e é conhecido sobretudo, na história, por ter sido o intermediário entre Pétain e Churchill no verão de [19]40[6]. Bom, Louis Rougier é portanto o organizador do evento no verão de [19]39, no mês de maio, creio, ou de junho de [19]39[7], desse colóquio Walter Lippmann. Ele apresenta o conjunto do colóquio e das diversas intervenções que vão se dar, e sua apresentação é, devo dizer, notável no que concerne aos princípios gerais desse neoliberalismo. Eis o que ele diz a propósito do problema jurídico, justamente: "O regime liberal não é apenas o resultado de uma ordem natural espontânea, como declaravam, no século XVIII, os numerosos autores dos *Códigos da natureza*; é também o resultado de uma ordem legal que supõe um intervencionismo jurídico do Estado. A vida econômica [, de fato,]* se desenrola num quadro jurídico que estabelece o regime da propriedade, dos contratos, das patentes de invenções, da falência, do estatuto das associações profissionais e das sociedades comerciais, a moeda e a banca, coisas essas que não são dados da natureza, como as leis do equilíbrio econômico, mas criações contingentes do legislador. Não há, pois, razão alguma para supor que as instituições legais, historicamente existentes na hora atual, sejam de forma definitiva e permanente as mais apropriadas à salvaguarda da liberdade das transações. A questão do quadro legal mais apropriado ao funcionamento menos rígido, mais eficaz, mais leal do mercado foi negligenciada pelos economistas clássicos e mereceria ser objeto de um *Centro Internacional de Estudos para a Renovação do Liberalismo*. Ser liberal não é, portanto,

....
* Palavras acrescentadas por M. Foucault.

em absoluto, ser conservador, no sentido da manutenção dos privilégios de fato resultantes da legislação passada. É, ao contrário, ser essencialmente progressista no sentido de uma perpétua adaptação da ordem legal às descobertas científicas, aos progressos da organização e da técnica econômicas, às mudanças de estrutura da sociedade, às exigências da consciência contemporânea. Ser liberal não é, como o 'manchesteriano', deixar os carros trafegarem em todos os sentidos, a seu bel-prazer, do que resultariam engarrafamentos e acidentes incessantes; não é, como o adepto do planismo, estabelecer para cada carro sua hora de saída e seu itinerário: é impor um *Código de trânsito*, admitindo que ele não é necessariamente o mesmo na época dos transportes acelerados e na época das diligências. Hoje compreendemos melhor do que os grandes clássicos em que consiste uma economia verdadeiramente liberal. É uma economia submetida a uma dupla arbitragem: à arbitragem espontânea dos consumidores, que partilham os bens e os serviços que lhes são oferecidos no mercado ao sabor das suas conveniências, pelo plebiscito dos preços, e [, por outro lado,]* à arbitragem concertada do Estado, que assegura a liberdade, a lealdade e a eficiência do mercado**".⁸

Pois bem, creio que podemos encontrar nesse texto um certo número de elementos. Vamos pôr logo de lado algumas proposições que os ordoliberais evidentemente não admitiriam. É tudo o que diz respeito ao caráter natural dos mecanismos da concorrência. Quando Rougier diz que o regime liberal não é apenas o resultado de uma ordem natural, mas é também o resultado de uma ordem legal, os ordoliberais diriam evidentemente: não é verdade, a ordem natural, o que se entende por ordem natural, o que os economistas clássicos ou os do século XVIII, em todo caso, entendiam por ordem natural, nada mais é que o efeito de certa ordem legal.

....

* Palavras acrescentadas por M. Foucault.
** L. Rougier diz: "dos mercados".

Deixemos de lado, se vocês quiserem, esses elementos, que estão no ponto de junção do liberalismo clássico com o neoliberalismo, ou com essa forma de neoliberalismo, e passemos aos elementos mais significativos, mais próprios do neoliberalismo, que encontramos nesse texto.

Em primeiro lugar, a meu ver, há que ressaltar o seguinte: para Rougier, como de resto para os ordoliberais, vocês veem que o jurídico não é da ordem da superestrutura. Ou seja, o jurídico não é concebido, por eles, como estando numa relação de pura e simples expressão ou instrumentalidade com respeito à economia. Não é a economia que, pura e simplesmente, determina uma ordem jurídica que estaria numa relação ao mesmo tempo de serviço e de servidão com respeito à economia. O jurídico enforma o econômico, econômico esse que não seria o que é sem o jurídico. O que isso quer dizer? Creio que podemos identificar três níveis de significação. Primeiro, uma significação teórica. A significação teórica, vocês veem logo, tenho vergonha de insistir nisso, ela quer dizer que, em vez de opor um econômico que seria da ordem do infra e um jurídico-político que seria da ordem do super, deve-se na realidade falar de uma ordem econômico-jurídica. Nisso, Rougier e os ordoliberais se inscrevem precisamente nessa linha tão importante, que é a de Max Weber. Ou seja, como Max Weber, eles se situam logo de saída, não no nível das forças de produção, mas no nível das relações de produção. É nisso que eles empunham, de certo modo, com a mesma mão, a história e a economia, o direito e a economia propriamente dita, e, situando-se assim no nível das relações de produção, não consideram que o econômico seja um conjunto de processos a que viria se somar um direito que seria, em relação a esses processos, mais ou menos adaptado ou mais ou menos retardatário. Na verdade, o econômico deve ser entendido logo de saída como um conjunto de atividades reguladas. Um conjunto de atividades reguladas cujas regras têm níveis, formas, origens, datas e cronologias totalmente diferentes. Essas regras podem ser um hábito social, uma prescrição religiosa, uma ética, um regulamento corporativo, podem ser também uma lei. De todo modo, o econômico não é um processo mecânico ou natural, não é um processo que se possa separar, a não ser por abstração *a posteriori*, por abstração formalizante[9]. O econômico não pode jamais ser considerado senão como um conjunto de atividades, e quem diz atividades diz necessariamente atividades reguladas. É esse conjunto econômico-jurídico, é esse conjunto de atividades reguladas que Eucken chama – mas aqui numa perspectiva mais fenomenológica do que weberiana – de "sistema"[10]. O que é o sistema? Pois bem, é um conjunto complexo que compreende processos econômicos cuja análise propriamente econômica decorre, de fato, de uma teoria pura e de uma formalização que pode ser, por exemplo, a formalização dos mecanismos de concorrência, mas esses processos econômicos só existem realmente na história na medida em que uma moldura institucional e regras positivas lhe proporcionaram suas condições de possibilidade[11]. Eis o que, historicamente, quer dizer essa análise comum, em suma, essa análise de conjunto das relações de produção.

Historicamente, o que isso quer dizer? Pois bem, quer dizer que se deveria evitar imaginar que houve, num momento dado, a realidade própria e simplesmente econômica do capitalismo, ou do capital e da acumulação do capital, que com sua necessidade própria teria abalado as antigas regras do direito, como o direito de primogenitura, o direito feudal etc., e depois teria criado, por sua lógica e suas exigências próprias e, de certo modo, por seu impulso vindo de baixo, novas regras de direito mais favoráveis, tais como o direito de propriedade, a legislação das sociedades por ações, o direito das patentes etc. Na verdade, não é assim que se devem ver as coisas. É necessário considerar que, historicamente, está se lidando com uma figura, uma figura singular, em que os processos econômicos e a moldura institucional se chamaram mutuamente, se apoiaram mutuamente, se modificaram mutuamente, se modelaram numa reciprocidade incessante. Afinal, o capitalismo não foi um processo vindo de baixo que subverteu, por exemplo, o direito de primogenitura. Na verdade, só se pode compreender a figura histórica do capitalismo levando-se em conta o papel efetivamente desempenhado, por exemplo, pelo direito de primogenitura em sua formação e em sua gênese. A história do capitalismo é necessariamente uma história econômico-institucional. E daí derivou toda uma série de estudos de história econômica, de história jurídico-econômica que foram importantíssimos no debate teórico, mas também, e é aí que eu quero chegar, importantes do ponto de vista político, porque é evidente que o problema dessa análise teórica e histórica do capitalismo e do papel que a instituição pode ter desempenhado nela, essa discussão, o objeto dessa discussão, é evidentemente um objeto político.

E esse objeto político é o quê? Pois bem, é muito simples. É simplesmente o problema da sobrevivência do capitalismo, da possibilidade e do campo de possibilidades que ainda se abre ao capitalismo. De fato, porque, se admitirmos – digamos assim, numa perspectiva marxista no sentido bem amplo do termo – que o que é determinante na história do capitalismo é a lógica econômica do capital e da sua acumulação, vocês hão de compreender que na verdade há um só capitalismo, já que há uma só lógica do capital. Há um só capitalismo, um capitalismo que é definido, precisamente, pela lógica única e necessária da sua economia, e em relação a esse capitalismo pode-se apenas dizer que esta instituição o favoreceu ou que aquela o desfavoreceu. Tem-se um capitalismo desimpedido ou tem-se um capitalismo obstaculizado, mas tem-se de todo modo *o* capitalismo. O capitalismo que conhecemos no Ocidente é o capitalismo *tout court*, modulado simplesmente por alguns elementos favoráveis ou desfavoráveis. E, por conseguinte também, os impasses atuais do capitalismo, na medida em que são finalmente, em última instância, determinados pela lógica do capital e da sua acumulação, são evidentemente impasses historicamente definitivos. Em outras palavras, a partir do momento em que você vincula todas as figuras históricas do capitalismo à lógica do capital e da sua acumulação, o fim do capitalismo é marcado pelos impasses históricos que ele manifesta atualmente.

Mas se, ao contrário, o que os economistas chamam de "o capital"* nada mais é que um processo do âmbito de uma teoria puramente econômica, processo esse que não tem e não pode ter realidade histórica a não ser no interior de um capitalismo econômico-institucional, então vocês compreendem que o capitalismo histórico que conhecemos não é dedutível como a única figura possível e necessária da lógica do capital. De fato, temos historicamente um capitalismo, um capitalismo que tem a sua singularidade, mas, através dessa singularidade, pode dar margem a certo número de transformações institucionais e, por conseguinte, econômicas, um certo número de transformações econômico-institucionais que abrem para ele um campo de possibilidades. No primeiro tipo de análise, referida inteiramente à lógica do capital e da sua acumulação, um só capitalismo e, por conseguinte, em breve, mais nenhum capitalismo. Na outra possibilidade, vocês têm a singularidade histórica de uma figura econômico-institucional diante da qual, por conseguinte, se abre, pelo menos se temos um pouco de recuo histórico e um pouco de imaginação econômica, política e institucional, um campo de possibilidades. Ou seja, nessa batalha em torno da história do capitalismo, da história do papel da instituição do direito, da regra no capitalismo, temos aí na verdade toda uma implicação política.

Para retomar as coisas de outra maneira, se vocês quiserem, como as coisas se apresentavam para os ordoliberais? Fazendo uma análise um tanto grosseira e dizendo que o pro-

....
* Entre aspas no manuscrito.

blema deles era demonstrar que o capitalismo ainda era possível, que o capitalismo podia sobreviver, contanto que lhe fosse inventada uma nova forma, admitindo-se que seja esse o objetivo final dos ordoliberais, pode-se dizer que eles tinham, no fundo, duas coisas a demonstrar. Tinham, em primeiro lugar, de demonstrar que a lógica propriamente econômica do capitalismo, que essa lógica do mercado concorrencial era possível e não contraditória. Foi o que tentaram fazer, são as coisas que eu lhes contava na última vez. Depois, tinham de mostrar que, sendo essa lógica em si mesma não contraditória e, por conseguinte, fiável, havia nas formas concretas, reais, históricas do capitalismo um conjunto de relações jurídico-econômicas tais que era possível, inventando um novo funcionamento institucional, superar efeitos – contradições, impasses, irracionalidades –, característicos da sociedade capitalista e que não eram devidos à lógica do capitalismo, mas simplesmente a uma figura precisa e particular desse complexo econômico-jurídico.

Vocês veem, portanto, que esses dois grandes problemas que dominaram a teoria econômica, de um lado, e a história econômica, de outro, ou a sociologia econômica, de outro, na Alemanha eram completamente ligados. Um problema: era a teoria da concorrência. Se os economistas daquela época, Walras[12] e Marshall[13] na Inglaterra, Wicksell[14] na Suécia, e todos os que os seguiram, deram tanta importância a essa teoria da concorrência, é porque se tratava de determinar se o mecanismo formal do mercado concorrencial era ou não contraditório. E se tratava igualmente de ver em que medida esse mercado concorrencial conduzia ou não a fenômenos capazes de anulá-lo, a saber, ao monopólio. Vocês têm esse pacote de problemas, que é o pacote, se vocês quiserem, da teoria econômica. E têm também todo o pacote de problemas, digamos weberiano, da história e da sociologia econômicas, que na verdade não passa do outro aspecto, ou da contrapartida, da primeira questão e que é o de saber se efetivamente é possível identificar na história do capitalismo um conjunto econômico-institucional capaz de explicar tanto a singularidade do capitalismo como os impasses, as contradições, as dificuldades, mescla de racionalidade e irracionalidade que hoje constatamos. Fazer portanto a história, por exemplo, do papel da ética protestante e das prescrições religiosas que lhe eram ligadas, fazer a história da ética protestante[15], de um lado, e fazer a teoria pura da concorrência eram dois aspectos diferentes, ou duas maneiras complementares uma da outra de colocar e procurar resolver de uma determinada maneira o problema de saber se o capitalismo podia ou não sobreviver. Eis um aspecto, a meu ver, das coisas e desse texto de Rougier, [todas essas] proposições pelas quais ele procura mostrar que o processo econômico não pode estar dissociado de um conjunto institucional, de um conjunto jurídico que não seja simplesmente um efeito seu, que não seja simplesmente a expressão mais ou menos diferida ou mais ou menos ajustada desse conjunto e faz verdadeiramente corpo com ele no interior de um sistema econômico, isto é, *grosso modo*, de um conjunto de práticas econômicas reguladas.

O outro aspecto do texto que li para vocês há pouco é o aspecto que poderíamos chamar de "intervencionismo jurídico" e que é a consequência do primeiro. Se, de fato, se admite que não é *do* capitalismo decorrente *da* lógica *do* capital que se trata, mas de um capitalismo singular constituído por um conjunto econômico-institucional, então deve-se poder intervir nesse conjunto, e intervir para inventar outro capitalismo. Não temos tanto de dar seguimento ao capitalismo, temos antes de inventar um novo capitalismo. Mas onde e por onde vai poder se dar essa irrupção da inovação no interior do capitalismo? É evidente que não vai ser do lado das leis do mercado, que não vai ser no próprio mercado, já que por definição, como mostra a teoria econômica, o mercado deve agir de tal modo que seus mecanismos puros sejam em si reguladores do conjunto. Por conseguinte, não toquemos nessas leis de mercado, mas façamos que as instituições sejam tais que essas leis de mercado, e somente elas, sejam o princípio da regulação econômica geral e, em consequência, o princípio da regulação social. Por conseguinte, nenhum intervencionismo econômico ou o mínimo de intervencionismo econômico e o máximo de intervencionismo jurídico. É necessário, diz Eucken, com uma fórmula que, a meu ver, é significativa, "passar a um direito econômico consciente"[16]. Creio que devemos opor essa fórmula termo a termo ao que seria a formulação marxista banal. Na formulação marxista banal, o econômico é sempre o que escapou da consciência dos historiadores quando eles faziam suas análises históricas. Para Eucken, o inconsciente dos historiadores não é o econômico, é o institucional, ou antes, não é tanto o inconsciente dos historiadores quanto o inconsciente dos economistas. O que escapa à teoria econômica, o que escapa aos economistas na análise deles é a instituição, e devemos passar a um nível de direito econômico consciente ao mesmo tempo pela análise histórica, que mostrará em que e como a instituição e as regras de direito têm relações de condicionamento recíproco com a economia, e, com isso, tomar consciência das modificações possíveis de ser introduzidas nesse complexo econômico-jurídico. Problema portanto: por onde se poderá introduzir o conjunto das correções e das inovações institucionais que permitirão instaurar, enfim, uma ordem social economicamente regulada com base na economia de mercado, como chegar ao que os ordoliberais chamam de *Wirtschaftsordnung*[17], "ordem da economia"? A resposta dos ordoliberais – e é a ela que eu gostaria de me ater agora – é dizer, simplesmente, que a inovação institucional que é preciso praticar agora é aplicar à economia algo que na tradição alemã se chama *Rechtsstaat* e que os ingleses chamam de *Rule of law*, Estado de direito ou reinado da lei. E é aí, então, que a análise ordoliberal vai se inscrever, não mais na linha da teoria econômica da concorrência e da história sociológica da economia que haviam sido definidas, a primeira por Walras, Wicksell, Marshall, e a segunda por Max Weber; ela vai se inscrever em toda uma linha de teoria do direito, teoria do direito do Estado, que foi importantíssima na história e no pensamento jurídico alemão e das instituições alemãs.

Duas palavras a esse respeito. O que se entende por *Rechtsstaat*, por esse Estado de direito de que vocês, ao menos pela leitura dos jornais do ano passado, certamente ouviram falar com frequência?[18] O Estado de direito. Bem, creio que devemos começar bastante esquematicamente. Bem, perdoem-me a forma completamente despojada e sintética do que vou lhes dizer. No século XVIII, fim do século XVIII, início do século XIX, aparece na teoria política e na teoria do direito alemão essa noção de Estado de direito[19]. O Estado de direito é o quê? Pois bem, ele se define nessa época em oposição a duas coisas.

Primeiro, em oposição ao despotismo, sendo o despotismo entendido como um sistema que faz da vontade, particular ou geral aliás, do soberano, que em todo caso faz da vontade do soberano o princípio da obrigação de cada um e de todos em relação ao poder público. O despotismo é o que identifica com a vontade do soberano o caráter e a forma obrigatória das injunções do poder público.

Segundo, o Estado de direito também se opõe a uma coisa diferente do despotismo, que é o *Polizeistaat*, o Estado de polícia. O Estado de polícia é uma coisa diferente do despotismo, ainda que às vezes, concretamente, um possa coincidir com o outro – enfim, que certos aspectos de um possam coincidir com certos aspectos do outro. O *Polizeistaat* – o que se entende por Estado de polícia? O que se entende por Estado de polícia é um sistema no qual não há diferença de natureza, não há diferença de origem, não há diferença de validade e, por conseguinte, não há diferença de efeito entre, de um lado, as prescrições gerais e permanentes do poder público – *grosso modo*, se vocês quiserem, o que se chamaria de lei – e, de outro lado, as decisões conjunturais, transitórias, locais, individuais desse mesmo poder público – se vocês quiserem, o nível da regulamentação. O Estado de polícia é o que estabelece um *continuum* administrativo que, da lei geral à medida particular, faz do poder público e das injunções que este impõe um só e mesmo tipo de princípio e lhe concede um só e mesmo tipo de valor coercitivo. O despotismo reduz portanto, ou antes, faz tudo o que pode ser injunção do poder público originar-se da vontade do soberano, e somente dela. O Estado de polícia estabelece, qualquer que seja a origem do caráter coercitivo das injunções do poder público, um *continuum* entre todas as formas possíveis de injunção desse poder público.

Pois bem, em relação tanto ao despotismo como ao Estado de polícia, o Estado de direito vai representar a alternativa positiva. Ou seja, primeiramente, o Estado de direito é definido como um Estado em que os atos do poder público não poderão adquirir valor se não forem enquadrados em leis que os limitam antecipadamente. O poder público age no âmbito da lei e não pode agir senão no âmbito da lei. Não é portanto o soberano, a vontade do soberano, que vai ser o princípio e a origem do caráter coercitivo do poder público. Vai ser a forma da lei. Onde há forma da lei, e no espaço definido pela forma da lei, o poder público pode legitimamente tornar-se coercitivo. É a primeira definição do Estado de direito. Em segundo lugar, no Estado de direito há uma diferença de natureza, uma diferença de efeito, uma diferença de origem entre as leis, que são as medidas gerais universalmente válidas e são, em si mesmas, atos de soberania, e, de outro lado, as decisões particulares do poder público. Em outras palavras, um Estado de direito é um Estado em que são distinguidas, em seu princípio, em seus efeitos e em sua validade, as disposições legais, de um lado, expressão da soberania, e as medidas administrativas, de outro. Foi *grosso modo* isso, essa teoria do poder público e do direito do poder público, que organizou no fim do século XVIII e no início do século XIX o que se chama de teoria do Estado de direito contra as formas de poder e de direito públicos que funcionavam no século XVIII.

Dupla teoria do Estado de direito ou, em todo caso, se preferirem, os dois aspectos do Estado de direito, um em oposição ao despotismo, o outro que o opõe ao Estado de polícia, é isso que vocês encontram em toda uma série de textos do início do século XIX. O principal e, creio eu, o primeiro a fazer a teoria do Estado de [direito]* é o de Welcker, chamado *Os princípios últimos do direito, do Estado e da punição*, de 1813[20]. Vou dar um pequeno salto à frente. Na segunda metade do século XIX vocês encontram outra definição do Estado de direito, ou antes, uma elaboração mais fina dessa noção de Estado de direito. O Estado de direito aparece, nesse momento, como um Estado em que cada cidadão tem possibilidades concretas, institucionalizadas e eficazes de recurso contra o poder público. Ou seja, o Estado de direito não é mais simplesmente um Estado que age de acordo com a lei e no âmbito da lei. É um Estado em que há um sistema de direito, isto é, leis, mas também instâncias judiciárias que vão arbitrar as relações entre os indivíduos, de um lado, e o poder público, de outro. É simplesmente o problema dos tribunais administrativos. Então, nessa segunda metade do século XIX, vocês veem se desenvolver na teoria e na política alemã toda uma série de discussões para saber se um Estado de direito é um Estado em que os cidadãos podem e devem recorrer, contra o poder público, a certos tribunais especializados que serão tribunais administrativos, encarregados precisamente dessa função de arbitragem, ou se, ao contrário, os cidadãos podem recorrer aos tribunais ordinários contra o poder público. Alguns teóricos, como Gneist[21] por exemplo, estimam que o tribunal administrativo como instância de arbitragem

....
* M.F.: polícia.

entre o Estado e os cidadãos, o poder público e os cidadãos, é indispensável para a constituição de um Estado de direito. A que alguns outros, como Bähr*²², por exemplo, objetam que um tribunal administrativo, na medida em que emana do poder público e em que, no fundo, não é senão uma das formas do poder público, não pode ser um árbitro válido entre o Estado e os cidadãos, que somente a justiça, o aparelho de justiça, na medida em que este, real ou ficticiamente, seria independente do poder público, o aparelho de justiça ordinário é que poderia arbitrar entre os cidadãos e o Estado. É, em todo caso, a tese inglesa, e em todas as análises que os ingleses fazem do *Rule of law*, do reinado da lei nessa mesma época, [no] fim do século XIX²³, eles definem claramente um Estado de direito como um Estado em que não é o próprio Estado que organiza os tribunais administrativos que arbitrarão entre o poder público e os cidadãos, mas [como] um Estado [em que] os cidadãos poderão interpor esses recursos contra o poder público na justiça ordinária. E os ingleses dizem: se há tribunais administrativos, logo não se está num Estado de direito. E a prova, para os ingleses, de que a França não é um Estado de direito é que se têm tribunais administrativos e se tem o Conselho de Estado²⁴. O Conselho de Estado exclui, ao ver da teoria inglesa, a possibilidade e a existência de um Estado de direito²⁵. Bom, é essa a segunda definição de um Estado de direito, a possibilidade de arbitragem judiciária por uma instituição ou outra, entre os cidadãos e o poder público.

É a partir daí que os liberais vão tentar definir o que seria a maneira de renovar o capitalismo. E essa maneira de renovar o capitalismo seria introduzir os princípios gerais do Estado de direito na legislação econômica. Essa ideia de fazer valer os princípios do Estado de direito na economia era, claro, uma maneira concreta de rejeitar o Estado hitlerista,

....

* M.F.: Von Bähr (manuscrito: "v. Bähr").

ainda que sem dúvida não tenha sido o Estado hitlerista, foi visado em primeira instância nessa busca de um Estado de direito econômico, porque, na verdade, era todo o Estado de direito econômico do povo* que havia sido contestado, e era de fato contestado na prática hitlerista, já que nela o Estado havia justamente deixado de ser um sujeito de direito e a origem do direito era o povo e não o Estado, e que o Estado não podia ser nada mais que a instrumentalização da vontade do povo, o que excluía totalmente que o Estado pudesse ser sujeito de direito entendido como princípio de direito, ou como pessoa jurídica que se podia convocar diante de um tribunal qualquer. De fato, essa busca de um Estado de direito na ordem econômica visava algo bem diferente. Visava todas as formas de intervenção legal na ordem da economia que os Estados, e os Estados democráticos mais ainda que os outros, praticavam nessa época, a saber, a intervenção econômica legal do Estado, no New Deal americano e, nos anos seguintes, em toda a planificação de tipo inglês. Ora, o que quer dizer aplicar o princípio do Estado de direito na ordem econômica? Creio que quer dizer, *grosso modo*, que não poderá haver intervenções legais do Estado na ordem econômica a não ser que essas intervenções legais adquiram a forma, e adquiram somente a forma, da introdução de princípios formais. Não há outra legislação econômica senão formal. Eis qual é o princípio do Estado de direito na ordem econômica.

O que significa dizer que as intervenções legais deverão ser formais? Foi Hayek que em seu livro *Constituição da liberdade*[26], creio eu, melhor definiu o que se devia entender por essa aplicação dos princípios do Estado de direito ou do *Rule of law* na ordem econômica. No fundo, diz Hayek, é muito simples. O Estado de direito, ou ainda uma legislação econômica formal, é simplesmente o contrário de um plano[27]. É o contrário da planificação. De fato, o que é um plano? Um

....

* *Sic*. O sentido dessa expressão é muito obscuro.

plano econômico é uma coisa que tem uma finalidade[28]. Procura-se, por exemplo, explicitamente o crescimento, ou procura-se desenvolver certo tipo de consumo, certo tipo de investimento. Procura-se reduzir a distância entre as rendas das diferentes classes sociais. Em suma, estabelecem-se fins econômicos precisos e definidos. Em segundo lugar, num plano, sempre há a possibilidade, em função da própria existência desses objetivos, de introduzir num momento que se julgar oportuno correções, retificações, suspensões de medidas, medidas alternativas, conforme o efeito buscado for ou não alcançado. Em terceiro lugar, num plano, o poder público aparece com um papel de tomador de decisões econômicas, seja porque ele substitui os indivíduos como princípio de decisão e obriga, por conseguinte, os indivíduos a isso ou aquilo, por exemplo, a não ultrapassar determinado nível de retribuição, seja porque desempenha o papel de tomador de decisões, na medida em que é ele próprio um agente econômico que vai investir, por exemplo, nas obras públicas. Logo, num plano, o poder público desempenha o papel de tomador de decisões[29]. Enfim, num plano, supõe-se que o poder público poderá constituir um sujeito capaz de dominar o conjunto dos processos econômicos. Ou seja, o grande tomador de decisões estatal é ao mesmo tempo aquele que tem uma consciência clara ou, em todo caso, que deve ter a consciência mais clara possível do conjunto dos processos econômicos. Ele é o sujeito universal de saber na ordem da economia[30]. Eis o que é um plano.

Ora, diz Hayek, se quisermos fazer o Estado de direito funcionar na ordem econômica, deverá ser o contrário. Ou seja, o Estado de direito terá a possibilidade de formular certo número de medidas de caráter geral, mas que deverão permanecer inteiramente formais, isto é, nunca deverão se propor um fim particular. Não cabe ao Estado dizer: a distância entre as rendas tem de diminuir. Não cabe ao Estado dizer: gostaria que este tipo de consumo aumentasse. Uma lei na ordem econômica deve permanecer propriamente formal. Ela deve dizer às pessoas o que se deve e o que não se deve fazer; não deve estar inscrita no bojo de uma opção econômica global. Em segundo lugar, uma lei, se respeitar na ordem econômica os princípios do Estado de direito, deverá ser concebida *a priori* na forma de regras fixas e nunca ser corrigível em função dos efeitos produzidos. Em terceiro lugar, ela deve definir uma moldura dentro da qual cada um dos agentes econômicos poderá decidir com toda liberdade, na medida em que, justamente, cada agente saberá que o quadro legal que está fixado para a sua ação não se alterará. Em quarto lugar, uma lei formal é uma lei que vai obrigar o Estado não menos que as outras, e essa lei, por conseguinte, deve ser tal que cada um saberá exatamente como o poder público se comportará[31]. Enfim, e por isso mesmo, vocês veem que essa concepção do Estado de direito na ordem econômica exclui, no fundo, que haja um sujeito universal de saber econômico que poderia, de certo modo, pairar acima do conjunto dos processos, definir fins para eles e substituir esta ou aquela categoria de agentes para tomar esta ou aquela decisão. Na verdade, o Estado deve ser cego aos processos econômicos. Não se deve supor que ele saiba tudo o que diz respeito – ou o conjunto dos fenômenos que digam respeito – à economia[32]. Em suma, a economia, tanto para o Estado como para os indivíduos, deve ser um jogo: um conjunto de atividades reguladas – e voltamos aqui, como vocês veem, ao que dizíamos ao começar –, nas quais no entanto as regras não são decisões tomadas por alguém pelos outros. É um conjunto de regras que determina de que modo cada um deve jogar um jogo de que ninguém, no limite, conhece o desenlace. A economia é um jogo e a instituição jurídica que emoldura a economia deve ser pensada como regra de jogo. O *Rule of law* e o Estado de direito formalizam a ação do governo como um prestador de regras para um jogo econômico em que os únicos parceiros e os únicos agentes reais devem ser os indivíduos ou, digamos, se preferirem, as empresas. Um jogo de empresas regulado no interior de uma moldura jurídico-institucional garantida pelo Estado: é essa a forma geral do que deve ser o quadro institucional de um capitalismo renovado. Regra de jogo econômico e não controle econômico-social desejado. É essa definição do Estado de direito em matéria econômica, ou do *Rule of law* em matéria econômica, que Hayek caracteriza numa frase que acho claríssima. O plano, diz ele, que se opõe justamente ao Estado de direito ou ao *Rule of law*, "o plano mostra como os recursos da sociedade devem ser conscientemente dirigidos para atingir um objetivo determinado. O *Rule of law*, ao contrário, consiste em definir a moldura mais racional no interior da qual os indivíduos se dedicarão às suas atividades de acordo com seus planos pessoais"[33]. Ou ainda Polanyi, que escreve na *Lógica da liberdade*: "A principal função de um sistema de jurisdição é governar a ordem espontânea da vida econômica. O sistema da lei deve desenvolver e fortalecer as regras segundo as quais funciona o mecanismo competitivo da produção e da distribuição"[34]. Vamos ter portanto um sistema de leis como regra de jogo e um jogo que vai, pela espontaneidade dos seus processos econômicos, manifestar certa ordem concreta. Lei e ordem, *law and order*: essas duas noções, [sobre as quais] procurarei tornar da próxima vez e que tiveram a sorte que vocês conhecem no pensamento de direita americano, não são simplesmente noções-*slogan* para uma extrema direita americana bitolada e originária do Midwest[35]. *Law and order* tem originalmente um sentido bem preciso, que aliás podemos fazer remontar muito além do liberalismo de que lhes falo*. *Law and order* quer dizer o seguinte: o Estado, o poder público nunca intervirá na ordem econômica a não ser na forma da lei, e é no interior dessa lei, se efetivamente o poder público se limitar

....

* M. Foucault acrescenta: pois já no século XIX... [*frase inacabada*]. Enfim, bom.

a essas intervenções legais, que poderá aparecer algo que é uma ordem econômica, que será ao mesmo tempo o efeito e o princípio da sua própria regulação.

É o outro aspecto sobre o qual eu queria insistir a propósito do texto de Rougier, que eu lhes citava há pouco. Logo, primeiramente, não existe *o* capitalismo com a sua lógica, as suas contradições e os seus impasses. Existe *um* capitalismo econômico-institucional, econômico-jurídico. Em segundo lugar, é perfeitamente possível, por conseguinte, inventar, imaginar outro capitalismo diferente do primeiro, diferente daquele que se conheceu e que teria essencialmente por princípio uma reorganização da moldura institucional em função do princípio do Estado de direito e, por conseguinte, varreria todo o conjunto desse intervencionismo administrativo ou legal que os Estados arrogaram-se o direito de impor, seja na economia protecionista do século XIX, seja na economia planificada do século XX.

O terceiro aspecto, pois bem, é necessariamente o que poderíamos chamar de crescimento da demanda judiciária, porque de fato essa ideia de um direito cuja forma geral fosse a de uma regra de jogo que o poder público imporia aos jogadores – mas apenas imporia aos jogadores, que permaneceriam senhores de seu jogo – implica, é claro, uma revalorização do jurídico, mas também uma revalorização do judiciário. Digamos ainda que, no século XVIII, vocês sabem que um dos problemas do liberalismo havia sido fortalecer ao máximo um quadro jurídico na forma de um sistema geral de leis que se impõem da mesma maneira a todos. Mas, com isso, essa ideia do primado da lei que havia sido tão importante no pensamento do século XVIII implicava uma redução considerável do judiciário ou do jurisprudencial, na medida em que, em princípio, a instituição judiciária não podia fazer nada mais que pura e simplesmente aplicar a lei. Agora, ao contrário, se é verdade que a lei não deve ser nada mais que regra de jogo para um jogo em que cada um tem o mando na parte que lhe toca, nesse momento o judiciário, em vez de ser reduzido à simples função da aplicação da lei, vai adquirir nova autonomia e nova importância. Concretamente, nessa sociedade liberal em que o verdadeiro sujeito econômico não é o homem da troca, não é o consumidor ou o produtor, mas a empresa, nesse regime econômico e social em que a empresa não é simplesmente uma instituição, mas certa maneira de se comportar no campo econômico – na forma da concorrência em função de planos e projetos, com objetivos, táticas etc. –, pois bem, vocês veem que, nessa sociedade empresarial, quanto mais a lei dá aos indivíduos a possibilidade de se comportar como querem na forma da livre empresa, mais se desenvolvem na sociedade essas formas múltiplas e dinâmicas características da unidade "empresa", mais, ao mesmo tempo, as superfícies de atrito entre essas diferentes unidades são numerosas e grandes, mais as ocasiões de conflito, mais as ocasiões de litígio se multiplicam. Enquanto a regulação econômica se dá espontaneamente, pelas propriedades formais da concorrência, a regulação social por sua vez – a regulação social dos conflitos, das irregularidades de comportamento, dos danos provocados por uns aos outros etc. –, tudo isso vai exigir um intervencionismo, um intervencionismo judiciário, que deverá ser praticado como arbitragem no âmbito das regras do jogo. Multipliquem as empresas, e multiplicarão os atritos, os efeitos de ambiente, e, por conseguinte, à medida que vocês libertarem os sujeitos econômicos e deixarem que eles joguem seu jogo, quanto mais os libertarem, mais, ao mesmo tempo, vocês os destacarão do estatuto de funcionários virtuais a que um plano os prendia e mais multiplicarão necessariamente os juízes. Menos funcionários, ou antes, desfuncionalização dessa ação econômica que os planos traziam consigo, multiplicação da dinâmica das empresas e, com isso, necessidade de instâncias judiciárias ou, em todo caso, de instâncias de arbitragem cada vez mais numerosas.

Problema de saber – mas essa é uma questão de organização – se essas arbitragens deverão se inscrever efetivamente no interior de instituições judiciárias preexistentes ou, ao contrário, se será necessário criar outras: é um dos problemas fundamentais que se colocam nessas sociedades liberais, em que o judiciário, em que as instâncias, em que as necessidades de arbitragem se multiplicam. As soluções são diferentes num país e noutro. Tentarei lhes falar, a próxima vez[36], da França e dos problemas que se colocaram na instituição judiciária francesa atual, no sindicato da magistratura[37] etc. Em todo caso, gostaria, a propósito dessa criação de uma demanda judiciária intensificada e multiplicada, de citar simplesmente para vocês este texto de Röpke, que dizia: "Convém agora fazer dos tribunais, muito mais que no passado, órgãos da economia e confiar à sua decisão missões que até agora eram confiadas às autoridades administrativas"[38]. Em suma, quanto mais a lei se torna formal, mais a intervenção judiciária se torna numerosa. E, à medida que as intervenções governamentais do poder público se formalizam mais, à medida que a intervenção administrativa recua, nessa mesma medida a justiça tende a se tornar, e deve se tornar, um serviço público onipresente.

Vou parar aqui, se me permitem, nesta descrição do programa ordoliberal formulado pelos alemães desde 1930 até a fundação, e até o desenvolvimento, da economia alemã contemporânea. Gostaria, no entanto, de lhes pedir trinta segundos, enfim, dois minutos a mais para lhes indicar – como dizer? – um modo de leitura possível desses problemas. O ordoliberalismo, portanto, projeta uma economia de mercado concorrencial, acompanhada de um intervencionismo social que, por sua vez, implica uma renovação institucional em torno da revalorização da unidade "empresa" como agente econômico fundamental. Creio que temos aí, não simplesmente a consequência pura e simples e a projeção numa ideologia, ou numa teoria econômica, ou numa opção política, das crises atuais do capitalismo. Parece-me que o que se vê nascer aí é, por um período talvez breve ou talvez um pouco mais longo, algo como uma nova arte de governar, em todo caso uma certa renovação da arte liberal de governar. Creio que poderemos apreender a especificidade dessa arte de governar, suas implicações históricas e políticas – e é nisso que eu gostaria de me deter alguns segundos, depois libero vocês –, se as compararmos a Schumpeter[39]. No fundo, esses economistas, seja Schumpeter, sejam Röpke, Eucken, todos eles partem (insisto nisso e volto a insistir) do problema weberiano que é a racionalidade e a irracionalidade da sociedade capitalista. Schumpeter como os ordoliberais e os ordoliberais como Weber pensam que Marx, em todo caso os marxistas, se enganam ao buscar a origem exclusiva e fundamental dessa racionalidade/irracionalidade da sociedade capitalista na lógica contraditória do capital e da sua acumulação. Schumpeter e os ordoliberais consideram que não há contradição interna na lógica do capital e da sua acumulação e que, por conseguinte, de um ponto de vista econômico e puramente econômico, o capitalismo é perfeitamente viável. Eis, *grosso modo*, o conjunto das teses comuns a Schumpeter e aos ordoliberais.

É aí que a diferença vai começar. Porque, para Schumpeter, embora seja verdade que [no plano do] processo econômico puro o capitalismo não é em absoluto contraditório e, por conseguinte, embora o econômico no capitalismo seja sempre viável, na realidade, diz Schumpeter, historicamente, concretamente, o capitalismo não pode se dissociar de tendências monopolistas. Isso não por causa do processo econômico, mas por razões que são as consequências sociais do processo de concorrência, ou seja, a própria organização da concorrência e a dinâmica da concorrência vão exigir, e exigem necessariamente, uma organização cada vez mais monopolista. De modo que o fenômeno monopolista, para Schumpeter, é um fenômeno social, consequente em relação à dinâmica da concorrência, mas não inerente ao processo econômico da própria concorrência. Há uma tendência à centralização, há uma tendência a uma incorporação da economia a centros de decisão cada vez mais próximos da administração e do Estado[40]. Isso é portanto a condenação histórica do capitalismo. Mas não condenação em termos de contradição: condenação em termos de fatalidade histórica. Para Schumpeter, o capitalismo não pode evitar essa concentração, isto é, não pode evitar que se realize, no próprio bojo do seu desenvolvimento, uma espécie de passagem ao socialismo, que é – pois é essa a definição que Schumpeter dá para o socialismo – "um sistema no qual uma autoridade central poderá controlar os meios de produção e a própria produção"[41]. Essa passagem ao socialismo está inscrita portanto na necessidade histórica do capitalismo, não por um ilogismo ou uma irracionalidade própria da economia capitalista, mas por causa da necessidade organizacional e social que um mercado concorrencial traz consigo. Passa-se portanto ao socialismo com certo custo político, é claro, que Schumpeter diz ser sem dúvida pesado para pagar, mas não acha ser totalmente impossível de pagar, isto é, não é totalmente insuportável nem incorrigível, e, por conseguinte, vai-se em direção a uma sociedade socialista cuja estrutura política deverá ser, evidentemente, altamente vigiada e elaborada para evitar certo preço que é, *grosso modo*, o totalitarismo[42]. É evitável, é evitável não sem dificuldade. Digamos que, *grosso modo*, para Schumpeter não vai ser fácil, mas vai acontecer. Vai acontecer e, se prestarmos bastante atenção, vai ser menos ruim do que se pode imaginar.

Em relação a essa análise de Schumpeter – ao mesmo tempo análise do capitalismo e previsão histórico-política –, a essa espécie de pessimismo, enfim do que se chamou de pessimismo de Schumpeter, os ordoliberais respondem reconstruindo, de certo modo, a análise de Schumpeter e dizendo: primeiro, esse custo político que Schumpeter diz que vai ser necessário pagar a partir do momento em que se estará em regime socialista, *grosso modo*, digamos, essa perda de liberdade, esse custo político, não se deve acreditar, como pensa Schumpeter, que seja aceitável. Não é aceitável por quê? Porque, na verdade, não são simplesmente os inconvenientes adjacentes a uma economia de tipo planificado. Na verdade, uma economia planificada não pode deixar de ser politicamente custosa, isto é, de ser feita à custa da liberdade. E, por conseguinte, não há nenhuma correção possível. Nenhum arranjo possível poderá contornar a consequência política necessária à planificação, a saber, a perda da liberdade. E por que essa perda total da liberdade é inevitável numa planificação? Porque, simplesmente, a planificação comporta uma série de erros econômicos fundamentais e vai ser perpetuamente necessário corrigir esses erros; e a correção do erro ou da irracionalidade intrínseca à planificação só pode ser conseguida pela supressão das liberdades fundamentais. Ora, dizem eles, como vai ser possível evitar esse erro da planificação? Justamente fazendo que essa tendência que Schumpeter reconheceu no capitalismo e viu que não era a tendência do processo econômico, mas a tendência das consequências sociais do processo econômico, que essa tendência à organização, à centralização, à absorção do processo econômico no interior do Estado seja corrigida, e seja corrigida precisamente por uma intervenção social. Nesse momento, a intervenção social, a *Gesellschaftspolitik*, esse intervencionismo jurídico, essa definição de uma nova moldura institucional da economia protegida por uma legislação formal, como a do *Rechtsstaat* ou do *Rule of law*, é o que possibilitará anular, absorver as tendências centralizadoras que são efetivamente imanentes à sociedade capitalista, e não à lógica do capital. É isso portanto que vai possibilitar manter a lógica do capital em sua pureza, que vai possibilitar, por conseguinte, fazer funcionar um mercado propriamente concorrencial que não corra o risco de cair nesses fenômenos monopolistas, nesses fenômenos de concentração, nesses fenômenos de centralização que se pôde constatar na sociedade moderna. É assim que, com isso, será possível ajustar uma à outra uma economia de tipo concorrencial, tal como haviam definido ou, em todo caso, problematizado os grandes teóricos da economia concorrencial, e uma prática institucional cuja importância os grandes trabalhos dos historiadores ou dos sociólogos da economia, como Weber, haviam mostrado. Direito, campo institucional definido pelo caráter propriamente formal das intervenções do poder público e deslanche de uma economia cujo processo será regulado com base na concorrência pura: é isso, em linhas gerais, que constitui, para os ordoliberais, a chance histórica atual do liberalismo.

Pois bem, creio que essa análise dos ordoliberais, esse projeto político, essa aposta histórica dos ordoliberais foi importantíssima, pois foi ela que afinal constituiu a armadura da política alemã contemporânea. E, se é verdade que existe um modelo alemão, que vocês sabem como assusta nossos compatriotas, esse modelo alemão não é o que tantas vezes se invoca, de um Estado todo-poderoso, do Estado de polícia. O que é o modelo alemão e o que se difunde não é o Estado de polícia, é o Estado de direito. E se eu fiz todas essas análises para vocês não foi simplesmente pelo prazer de fazer um pouco de história contemporânea; foi para tentar lhes mostrar como esse modelo alemão pôde se difundir, por um lado, na política econômica francesa contemporânea e, por outro lado, também num certo número de problemas, de teorias e de utopias liberais, tais como vemos se desenvolver nos Estados Unidos. Então, a próxima vez vou lhes falar, de um lado, de certos aspectos da política econômica giscardiana e, de outro, das utopias liberais americanas*.

....
* M. Foucault acrescenta:

> Bem, não vou dar minha aula quarta-feira que vem, por questão de cansaço e para tomar um pouco de fôlego. Peço-lhes desculpas. As aulas terão prosseguimento daqui a quinze dias. O seminário, segunda que vem, mas a aula daqui a quinze dias.

NOTAS

1. Cf. *infra*, pp. 240-1.
2. Cf. *supra*, aula de 14 de fevereiro de 1979.
3. Cf. *infra*, aulas de 21 de março e 28 de março de 1979.
4. Milton Friedman (nascido em 1912): fundador da corrente neoliberal americana, prêmio Nobel de economia em 1976, ficou conhecido no fim da década de 1950 por sua reabilitação da teoria quantitativa da moeda (teoria dita "monetarista"). Partidário de um liberalismo intransigente e principal inspirador da política econômica dos Estados Unidos a partir da década de 1970 (foi conselheiro econômico de Nixon e de Reagan quando da candidatura destes à presidência), é autor de numerosas obras, entre as quais *Capitalism and Freedom* (The University of Chicago Press, 1962 / *Capitalisme et liberté*, Paris, R. Laffont, 1971), onde afirmava que o mecanismo de mercado basta para regular a maioria dos problemas econômicos e sociais do nosso tempo. Cf. H. Lepage, *Demain le capitalisme*, op. cit. [*supra*, p. 210, nota 23], pp. 373-412, "Milton Friedman ou la mort de Keynes".
5. Louis Rougier (1889-1982), autor notadamente de *La Matière et l'Énergie, suivant la théorie de la relativité et la théorie des quanta*, Paris, Gauthier-Villars, "Actualités scientifiques", 1919; *Les Paralogismes du rationalisme. Essai sur la théorie de la connaissance*, Paris, F. Alcan, "Bibliothèque de philosophie contemporaine", 1920; *La Philosophie géométrique de Henri Poincaré*, Paris, F. Alcan, "Bibliothèque de philosophie contemporaine", 1920; *La Structure des théories déductives*, Paris, F. Alcan, 1921; *La Matière et l'Énergie*, Paris, Gauthier-Villars, 2ª ed., 1921. Representante do círculo de Viena na França, havia sido encarregado da organização do grande colóquio internacional de filosofia científica realizado em Paris em 1935. No plano econômico e político, havia escrito *La Mystique démocratique: ses origines, ses illusions*, Paris, Flammarion, 1929; reed. Paris, Albatros, 1983 (pref. de A. de Benoist); *La Mystique soviétique*, Bruxelas, Équilibres, 1934, e acabava de publicar *Les Mystiques économiques*, Paris, Librairie de Médicis, 1938, obra em que ele se propunha mostrar "como as democracias liberais se transformam em regimes totalitários por meio de reformas sociais inconsideradas e intervenções abusivas dos poderes públicos, encorajados

pelos teóricos da Economia dirigida", sendo essa "a nova Mística que cria o clima intelectual propício ao estabelecimento das ditaduras" (pp. 8-9). Cf. M. Allais, *Louis Rougier, prince de la pensée*, Fondation de Lourmarin, Lyon, Impr. Tixier et fils, 1990 (bibliografia, pp. 55-71), e F. Denord, "Aux origines du néo-libéralisme en France. Louis Rougier et le Colloque Walter Lippmann de 1938", *Le Mouvement social*, 195, abril-junho de 2001, pp. 9-34.

6. Sobre esse episódio controverso, cf. R. O. Paxton, *Vichy France: Old guard and new order 1940-1944*, Nova York, A. A. Knopf, 1972 / *La France de Vichy, 1940-1944*, trad. fr. C. Bertrand, Paris, Le Seuil, 1973, pp. 92-3: "As negociações franco-britânicas que se desenrolam em Madri de setembro a fevereiro de 1941 entre os embaixadores Robert de la Baume, sucedido por François Piétri, e sir Samuel Hoare são o verdadeiro vínculo entre Vichy e Londres. Poucos aspectos da política de Pétain deram ensejo, depois da guerra, a tantas mistificações. Dois intermediários oficiosos, Louis Rougier, professor da Universidade de Besançon, e Jacques Chevalier, ministro da Educação, depois da Saúde em 1940 e 1941, gabar-se-ão de ter negociado acordos secretos Churchill-Pétain. Se é verdade que Rougier esteve de fato em Londres em setembro de 1940, as anotações do documento que ele traz não são da mão de Winston Churchill, como ele pretende." Cf. também J. Lacouture, *De Gaulle*, Paris, Le Seuil, t. I, 1984, pp. 453-5.

7. O colóquio se realizou no Institut international de coopération intellectuelle, de 26 a 30 de agosto de 1938 (cf. *supra*, p. 207, nota 3).

8. *Colloque W. Lippmann*, *op. cit.*, pp. 16-7.

9. Sobre a "abstração isolante", condição da morfologia econômica segundo Eucken, distinta da "abstração generalizante" aplicada por Weber na formação dos tipos ideais, cf. F. Bilger, *La Pensée économique libérale de l'Allemagne contemporaine*, *op. cit.*, p. 52.

10. F. Bilger, *ibid.*, pp. 57-8.

11. Cf. *ibid.*, p. 58: "A ideia fundamental de Walter Eucken, a que lhe possibilitou resolver a antinomia [entre história e teoria econômica], é [a] distinção entre a moldura que está na história e o processo, que é, por sua vez, segundo a expressão de L. Miksch, 'não história'. O processo é um eterno recomeçar que também tem um tempo, um tempo de certo modo interno. Mas a moldura, o conjunto dos dados, está submetido ao tempo real, histórico, e evolui num certo sentido".

12. Léon Walras (1834-1910): aluno da Escola de Minas de Paris, tornou-se jornalista e, a partir de 1870, professor de economia política em Lausanne. Preocupado em conciliar a livre concorrência com a justiça social, elaborou, ao mesmo tempo que Jevons (*Theory of Political Economy*, 1871) e Menger (*Grundsätze der Volkwirtschatslehre*, 1871), mas segundo uma via axiomática que lhe era própria, uma nova teoria do valor baseada no princípio da utilidade marginal ("revolução marginalista" de 1871-1874). Construiu um modelo matemático, postulando o conhecimento perfeitamente "racional" do conjunto dos agentes, que devia possibilitar determinar o equilíbrio geral dos preços e das trocas num sistema de concorrência pura. Principais obras: *L'Économie politique et la Justice*, Paris, Guillaumin, 1860; *Éléments d'économie politique pure, ou Théorie de la richesse sociale*, Lausanne, 1874-1887; *Théorie mathématique de la richesse sociale*, Lausanne, 1883; *Études d'économie sociale*, Lausanne-Paris, 1896, e *Études d'économie appliquée*, Lausanne-Paris, 1898.

13. Alfred Marshall (1842-1924): economista britânico, professor em Cambridge, autor de um manual célebre: *Principles of Economics*, Londres, Macmillan & Co., 1890 / *Principes d'économie politique*, trad. fr. da 4ª ed. por F. Sauvaire-Jourdan, Paris, V. Giard et E. Brière, 2 vols., 1906-1909. Procurando fazer a síntese da economia política clássica e do marginalismo, ressaltou a importância do tempo como elemento capital do funcionamento do processo de equilíbrio (distinção entre períodos curtos e longos).

14. Johann Gustavknut Wicksell (1851-1926): economista sueco, professor da Universidade de Lund. Esforçou-se por superar a teoria walrasiana do equilíbrio geral com seus trabalhos sobre as flutuações do nível médio dos preços. É autor de: *Über Wert, Kapital und Rente nach den neueren nationalökonomischen Theorien* [Valor, capital e renda...], Iena, G. Fischer, 1893; *Geldzins und Güterpreise* [Juro e preço], Iena, G. Fischer, 1898; *Vorlesungen über Nationalökonomie auf Grundlage des Marginalprinzipes* [Curso de economia com base no princípio marginal], Iena, G. Fischer, 1928- (nenhuma dessas obras está traduzida em francês).

15. Cf. *supra*, aula de 31 de janeiro de 1979, p. 134, nota 25.

16. A expressão, ao que parece, é tirada da seguinte frase de F. Bilger, *La Pensée économique libérale*..., p. 65, a propósito da política científica preconizada por Eucken, com base em sua morfologia econômica: "[...] depois de ter refutado a filosofia evolucionista, Eucken

lembra que a maioria dos grupos se formou na história, não por necessidade técnica, mas graças à ausência de um verdadeiro direito econômico consciente".

17. Sobre essa noção de *Wirtschaftsordnung*, cf. W. Eucken, *Die Grundlagen der Nationalökonomie*, op. cit., 2ª ed., 1941, pp. 55-78. Cf. igualmente o título do livro de Müller-Armack: *Wirtschaftsordnung und Wirtschaftspolitik*, op. cit.

18. Alusão às polêmicas levantadas pela expulsão de Klaus Croissant, o advogado do grupo Baader? Sobre esse acontecimento, cuja repercussão na França havia sido considerável na época, ver *Sécurité, Territoire, Population*, op. cit., aula de 15 de março de 1978, p. 287, n. 28 (sobre Jean Genet), e a "Situação dos cursos", ibid., p. 385. Cf. por exemplo o artigo de O. Wormser, embaixador da França em Bonn de 1974 a 1977, "Connaître avant de juger", *Le Monde*, 5 de novembro de 1977: "O que queriam Andreas Baader e seus amigos ao mandarem sequestrar o sr. Schleyer? Antes de tudo, barganhar a libertação deles contra a do presidente do patronato e, com isso, desmoralizar o governo federal; subsidiariamente, se o governo federal não se prestasse a essa troca, levá-lo a renunciar ao 'Estado de direito', instaurado outrora com o concurso das potências ocidentais, para voltar a um 'Estado' em que a violência tomaria o lugar do direito, numa palavra, a um autoritarismo próximo do nazismo".

19. Cf. H. Mohnhaupt, "L'État de droit en Allemagne: histoire, notion, fonction", *Cahiers de philosophie politique et juridique*, nº 24, 1993, "L'État de droit", pp. 75-6: "A noção de Estado de direito na Alemanha era dirigida, de um lado, contra o Estado de polícia, isto é, a administração no sentido de um Estado-providência, de outro, contra o Estado arbitrário do absolutismo. A combinação das duas palavras, *direito* e *Estado*, fez sua aparição pela primeira vez na Alemanha em 1798, em Johann Wilhelm Petersen, que, com o nome de Placidus [*Literatur der Staats-Lehre. Ein Versuch*, I, Estrasburgo, 1798, p. 73], caracterizava com essa fórmula a doutrina jurídica filosófica de Kant, que ele havia intitulado de 'a crítica ou a escola da doutrina do Estado de direito' [*die kritische oder die Schule der Rechts-Staats-Lehre*]". Cf. M. Stolleis, "Rechtsstaat", in *Handwörterbuch zur deutschen Rechtsgeschichte*, t. IV, Berlim, E. Schmidt, 1990, col. 367; id., *Geschichte des öffentlichen Rechts in Deutschland*, Munique, C. H. Beck, t. 1, 1988, p. 326 / *Histoire du droit public en Allemagne, 1600-1800*, trad. fr. M. Senellart, Paris, PUF, 1998, p. 490.

20. C. Th. Welcker, *Die letzten Gründe von Recht, Staat und Strafe*, Giessen, Heyer, 1813, pp. 13-26. Cf. H. Mohnhaupt, art. cit., p. 78: "[Ele reconstituía] as seguintes etapas do desenvolvimento do Estado: despotismo como Estado da sensibilidade, teocracia como Estado da crença e, a título de desenvolvimento supremo, o 'Estado de direito' como 'Estado da razão'". O manuscrito, p. 12, acrescenta as seguintes referências: "Von Mohl, estudos sobre os Estados Unidos e o direito federal (*Bundesstaatsrecht*) [= *Das Bundes-Staatsrecht der Vereinigten Staaten von Nord-Amerika*, Stuttgart, 1824], *Polizeiwissenschaft nach den Grundsätzen des Rechtsstaates.* ([Tubingen, Laupp], 2 vols., 1832[-1833]); F. J. Stahl, *Philosophie des Rechts* [= *Die Philosophie des Rechts nach geschichtlicher Ansicht*, Heidelberg, J. C. B. Mohr, 2 vols., 1830-1837]".

21. Rudolf von Gneist, *Der Rechtsstaat*, Berlim, J. Springer, 1872; 2ª edição com o título de *Der Rechtsstaat und die Verwaltungsgerichte in Deutschland*, Berlim, J. Springer, 1879. Foucault se apóia aqui na obra de F. Hayek, a que fará referência posteriormente, *The Constitution of Liberty, op. cit.* [*supra*, p. 33, nota 3], ed. 1976, p. 200 (cap. 13: "Liberalism and administration: The *Rechtsstaat*") / trad. cit., pp. 200-1.

22. Otto Bähr, *Der Rechtsstaat. Eine publizistische Skizze*, Cassel, Wigand, 1864; reed. Aalen, Scientia Verlag, 1961. Cf. F. A. Hayek, *loc. cit.* / trad. cit., p. 200, sobre essa concepção "justicialista" do *Rechtsstaat*. Sobre esse ponto, cf. M. Stolleis, *Geschichte des öffentlichen Rechts in Deutschland*, t. 2, Munique, C. H. Beck, 1992, p. 387.

23. F. A. Hayek, *The Constitution of Liberty*, pp. 203-4 / trad. cit., p. 203, remete aqui à obra clássica de A. V. Dicey, *Lectures Introductory to the Study of the Law of the Constitution*, Londres, Macmillan & Co., 1886, que critica por "sua total incompreensão do uso do termo [*Rule of law / Staatsrecht*] no Continente" (*ibid.*, p. 484, n. 35 / trad. cit., p. 477).

24. Herdeiro do antigo Conselho do Rei, o Conselho de Estado, criado pela Constituição do ano VIII (15 de dezembro de 1799), é o órgão jurisdicional supremo da França. "Desde a reforma de 1953, reconhece ao contencioso três tipos de recurso: em primeira instância, contra certos atos administrativos importantes, como os decretos, no tribunal de apelação contra todas as sentenças proferidas pelos tribunais administrativos e no tribunal de cassação contra as decisões das jurisdições administrativas em última instância. As decisões do Conselho de Estado beneficiam-se da autoridade definitiva da coisa julgada" (*Encyclopaedia Universalis*, Thesaurus, t. 18, 1974, p. 438).

25. Hayek, depois de ter observado que Dicey, ignorando a evolução alemã do direito administrativo, só tinha conhecimento do direito francês, observa que, em relação a este último, "suas severas críticas podem ter sido então justificadas, ainda que mesmo nessa época o conselho de Estado já houvesse iniciado uma evolução que (como sugeriu um observador moderno) 'poderia, com o tempo, ter posto todos os poderes discricionários da administração ao alcance de agravos' [M. A. Sieghart, *Government by Decree*, Londres, Stevens, 1950, p. 221]" (*The Constitution of Liberty*, p. 204 / trad. cit., p. 203). Ele acrescenta entretanto que Dicey reconheceu posteriormente ter-se enganado em parte, em seu artigo "*Droit administratif* in Modern French Law", *Law Quarterly Review*, vol. XVII, 1901.

26. F. A. Hayek, *The Constitution of Liberty*. Trata-se na realidade, não desse livro, de que Foucault acabava de extrair certas referências, mas de *The Road to Serfdom*, *op. cit.* / *La Route de la servitude*, trad. cit. [*supra*, p. 174, nota 33]; cf. cap. VI, pp. 58-67, "Le planisme et la règle de la loi", que podemos comparar com o cap. 15 de *The Constitution of Liberty*, "Economic and the Rule of law" / "Politique économique et État de droit".

27. *Ibid.* (cap. VI), p. 59: "O planismo econômico do gênero coletivista introduz naturalmente o sistema oposto [ao do *Rule of law*]."

28. *Ibid.*: "No [caso do plano], é o governo que ajusta o emprego dos meios de produção a fins determinados".

29. *Ibid.*: "[A autoridade que elabora os planos] deve constantemente resolver problemas que não podem ser resolvidos guiando-se por princípios rígidos. Tomando suas decisões, a autoridade central deve estabelecer uma hierarquia entre as necessidades das diferentes categorias de cidadãos".

30. *Ibid.*, p. 42: "O que em geral [os partidários do planismo] sugerem é que é cada vez mais difícil ter um quadro coerente do conjunto do processo econômico e que, por conseguinte, é indispensável recorrer à coordenação de um órgão central se não se quer que a vida social se transforme num caos".

31. *Ibid.*, p. 58: "[...] o governo está obrigado em todos os seus atos por regras imutáveis e preestabelecidas, regras que permitem prever com certeza que, em circunstâncias determinadas, a autoridade executiva se exercerá de forma determinada"; e p. 59: "[...] o governo submetido à regra da lei está na impossibilidade de contrastar esforços individuais por meio de medidas improvisadas".

32. *Ibid.*, p. 42 (a impossibilidade "de ter uma visão sinótica" do conjunto do processo econômico): "Tendo a descentralização se tornado necessária, porque ninguém pode conscientemente equilibrar todas as considerações relativas às decisões de tão grande número de indivíduos, é claro que a coordenação não poderia ser alcançada por um 'controle consciente', mas unicamente por dispositivos que transmitem a cada agente de execução as informações de que necessita para adaptar eficazmente suas decisões às dos outros". Sobre essa cegueira necessária do Estado em relação ao processo econômico, cf. a leitura que faz Foucault da "mão invisível" de Adam Smith, *infra*, aula de 28 de março, pp. 380-1.

33. O manuscrito remete aqui a *Road of Serfdom* [sic], mas a citação é sem dúvida uma adaptação bastante livre do texto. Cf. trad. cit., p. 59: "No primeiro caso [o *Rule of law*], o governo se limita a estabelecer as condições em que os recursos existentes podem ser explorados. Cabe aos indivíduos decidir para que fim querem empregá-los. No segundo caso [o planismo centralizado], é o governo que ajusta o emprego dos meios de produção a fins determinados".

34. Michael Polanyi (1891-1976), químico, economista e filósofo de origem húngara (irmão do historiador Karl Polanyi). Foi professor de química na Universidade de Manchester de 1933 a 1948, depois professor de ciências sociais na mesma universidade, de 1948 a 1958. A citação é extraída de *The Logic of Liberty: Reflections and rejoinders*, Londres, Chicago University Press, 1951, p. 185 / *La Logique de la liberté*, trad. cit. [*supra*, p. 130, nota 11], p. 229: "[...] a principal função da ordem espontânea existente do direito é regular a ordem espontânea da vida econômica. Um sistema *consultivo* de direito desenvolve e garante as regras nas quais o sistema *competitivo* de produção e de distribuição age. Nenhum sistema de mercado pode funcionar sem um quadro jurídico que garanta poderes adequados à propriedade e faça os contratos serem respeitados".

35. Cf. "Le citron et le lait" (outubro de 1978), DE, III, n° 246, p. 698: "*Law and order*: não é simplesmente o lema do conservadorismo americano, é um monstro por hibridação. [...] Como se pergunta leite ou limão [no caso do chá (N. R. T.)], deve-se dizer lei *ou* ordem. Cabe-nos tirar dessa incompatibilidade as lições para o futuro".

36. M. Foucault não torna sobre esse tema na aula seguinte.

37. M. Foucault havia participado, em maio de 1977, das jornadas de reflexão do Sindicato da Magistratura e discutido a obra *Liberté*,

Libertés (1976), organizada por R. Badinter; ele criticava "o crescente papel atribuído pelo partido socialista aos juízes e ao poder judiciário como meio de regulação social" (D. Defert, "Chronologie", DE, I, p. 51). Esse texto saiu, depois da sua morte, no jornal do Sindicato, *Justice*, nº 115, junho de 1984, pp. 36-9 (não republicado em *Dits et Écrits*).

38. W. Röpke, *La Crise de notre temps*, trad. cit. [p. 128, nota 21], parte II, cap. 2, p. 253: "Os tribunais de um país são [...] a última cidadela da autoridade do Estado e da confiança no Estado, e um governo ainda não estará em via de dissolução enquanto essa cidadela resistir. Seria desejável portanto fazer os tribunais, muito mais que no passado, serem os órgãos da política econômica oficial, e submeter à sua decisão missões que até aqui eram confiadas às autoridades administrativas". Ele vê na jurisdição americana dos monopólios, desde o "Sherman Act" de 2 de julho de 1890, o exemplo que permite "imaginar tal política econômica jurisdicional" (*ibid.*).

39. Cf. *supra*, aula de 14 de fevereiro de 1979, p. 217, nota 59.

40. Cf. J. Schumpeter, *Capitalisme, Socialisme et Démocratie*, trad. cit. [*supra*, p. 217, nota 59], parte II, "Le capitalisme peut-il survivre?". Ver notadamente, pp. 190-4, "La destruction du cadre institutionnel de la société capitaliste".

41. *Ibid.*, p. 224: "Por sociedade socialista designaremos um sistema institucional em que uma autoridade central controla os meios de produção e a própria produção, ou ainda, podemos dizer, em que os negócios econômicos da sociedade são, em princípio, da alçada do setor público, e não do setor privado".

42. Cf. *ibid.*, parte IV, pp. 310-99, "Socialisme et démocratie". Ver notadamente a conclusão, pp. 391 ss., sobre o problema da democracia em regime socialista. "Nenhuma pessoa sensata pode encarar sem apreensão as consequências de uma extensão do método democrático (isto é, da esfera 'política') a todos os assuntos econômicos. Se ela acreditar que o socialismo democrático é precisamente sinônimo de tal extensão, essa pessoa concluirá naturalmente que o socialismo democrático está fadado ao fracasso. No entanto, essa conclusão não se impõe inevitavelmente. [...] a extensão da zona de gestão pública não implica uma extensão correspondente da zona de gestão política. Pode-se conceber que a primeira se amplie até absorver todos os assuntos econômicos da nação, enquanto a segunda não ultrapassaria as fronteiras definidas pelas limitações inerentes ao método democrático" (pp. 394-5).

AULA DE 7 DE MARÇO DE 1979

> Observações gerais: (1) O alcance metodológico da análise dos micropoderes. (2) O inflacionismo da fobia do Estado. Suas ligações com a crítica ordoliberal. – Duas teses sobre o Estado totalitário e o decrescimento da governamentalidade de Estado no século xx. – Observações sobre a difusão do modelo alemão, na França e nos Estados Unidos. – O modelo neoliberal alemão e o projeto francês de uma "economia social de mercado". – O contexto da passagem, na França, a uma economia neoliberal. – A política social francesa: o exemplo da seguridade social. – A dissociação entre o econômico e o social segundo Giscard d'Estaing. – O projeto de um "imposto negativo" e suas implicações sociais e políticas. Pobreza "relativa" e pobreza "absoluta". A renúncia à política do pleno emprego.

Gostaria de lhes garantir que, apesar de tudo, eu tinha a intenção, no começo, de lhes falar de biopolítica, mas, sendo as coisas como são, acabei me alongando, me alongando talvez demais, sobre o neoliberalismo, e ainda por cima o neoliberalismo em sua forma alemã. Tenho porém de me explicar um pouco, diante de vocês, sobre, digamos, essa inflexão na orientação que eu queria dar a este curso. Se me alonguei tanto assim sobre o neoliberalismo, pior ainda sobre o neoliberalismo em sua forma alemã, está claro que não foi porque eu quis reconstituir o *background* histórico ou teórico da democracia cristã alemã. Se assim fiz, não foi tampouco para denunciar o que há de não socialista no governo de Willy Brandt ou de Helmut Schmidt[1]. Se me detive demasiado longamente sobre esse problema do neoliberalismo alemão, foi primeiro por razões de método, porque, continuando um pouco o que havia começado a lhes dizer ano passado, eu queria ver que conteúdo concreto podíamos dar à análise das relações de poder – estando entendido, é claro, repito mais uma vez, que o poder não pode em hipótese alguma ser considerado nem um princípio em si nem um valor explicativo que funcione logo de saída. O próprio termo "poder" não faz mais que designar um [campo]* de relações que tem de ser analisado por inteiro, e o que propus chamar de governamentalidade, isto é, a maneira como se conduz a conduta dos homens, não é mais que uma proposta de grade de análise para essas relações de poder.

Tratava-se portanto de testar essa noção de governamentalidade e tratava-se, em segundo lugar, de ver como essa grade da governamentalidade – podemos supor que ela é válida quando se trata de analisar a maneira como se conduz a conduta dos loucos, dos doentes, dos delinquentes, das crianças –, como essa grade da governamentalidade também pode valer quando se trata de abordar fenômenos de outra escala, como, por exemplo, uma política econômica, como a gestão de todo um corpo social etc. O que eu queria fazer – e era esse o objeto da análise – era ver em que medida se podia admitir que a análise dos micropoderes ou dos procedimentos da governamentalidade não está, por definição, limitada a uma área precisa, que seria definida por um setor da escala, mas deve ser considerada simplesmente um ponto de vista, um método de decifração que pode ser válido para a escala inteira, qualquer que seja a sua grandeza. Em outras palavras, a análise dos micropoderes não é uma questão de escala, não é uma questão de setor, é uma questão de ponto de vista. Bom. Era essa, por assim dizer, a razão de método.

Há uma segunda razão pela qual me detenho nesses problemas do neoliberalismo. É uma razão que chamarei de moralidade crítica. De fato, à vista da recorrência dos temas, poderíamos dizer que o que é posto em questão atualmente e a partir de horizontes extremamente numerosos é quase sempre o Estado: o Estado e seu crescimento sem fim, o Estado e sua onipresença, o Estado e seu desenvolvimento

....
* M.F.: termo.

burocrático, o Estado com os germes de fascismo que ele comporta, o Estado e sua violência intrínseca sob seu paternalismo providencial... Em toda essa temática da crítica do Estado, creio que há dois elementos que são importantes e que encontramos com muita constância.

Em primeiro lugar, a ideia de que o Estado possui em si e por seu dinamismo próprio uma espécie de força de expansão, uma tendência intrínseca a crescer, um imperialismo endógeno que o leva sem cessar a ganhar em superfície, em extensão, em profundidade, em fineza, tanto e de tal modo que ele chegaria a se encarregar totalmente do que constituiria para ele ao mesmo tempo seu outro, seu exterior, seu alvo e seu objeto, a saber: a sociedade civil. O primeiro elemento que me parece de fato percorrer toda a temática geral da fobia do Estado é, portanto, essa força intrínseca do Estado em relação ao seu objeto-alvo, que seria a sociedade civil.

Em segundo lugar, segundo elemento que, parece-me, encontramos constantemente nesses temas gerais da fobia do Estado, é que há um parentesco, uma espécie de continuidade genética, de implicação evolutiva entre diferentes formas de Estado: o Estado administrativo, o Estado-providência, o Estado burocrático, o Estado fascista, o Estado totalitário, sendo isso tudo, conforme as análises, mas pouco importa, os ramos sucessivos de uma só e mesma árvore que cresceria em sua continuidade e em sua unidade, a grande árvore estatal. Essas duas ideias vizinhas uma da outra e que se sustentam reciprocamente – a saber, [primeiro], que o Estado tem uma força de expansão sem fim em relação ao objeto-alvo sociedade civil; segundo, que as formas de Estado se engendram umas às outras a partir de um dinamismo específico ao Estado –, essas duas ideias me parecem constituir uma espécie de lugar-comum crítico que encontramos com muita frequência na atualidade. Ora, parece-me que esses temas põem em circulação um certo valor crítico, uma certa moeda crítica, que poderíamos dizer inflacionista. Inflacionista por quê?

Primeiro, porque creio que essa temática faz crescer, e com uma velocidade cada vez mais acelerada, a intercambiabilidade das análises. E, de fato, a partir do momento em que se pode admitir que entre as diferentes formas de Estado há essa continuidade ou esse parentesco genético, a partir do momento em que se pode determinar um dinamismo evolutivo constante do Estado, nesse momento torna-se possível não apenas apoiar as análises umas nas outras, mas remeter umas às outras e fazer cada uma perder o que deveria ter de especificidade. Finalmente, uma análise, por exemplo, da seguridade social e do aparelho administrativo em que ela repousa vai remeter, a partir de alguns deslizamentos de sentido e graças a algumas palavras com as quais se joga, à análise dos campos de concentração. E, no entanto, da seguridade social aos campos de concentração, a especificidade de análise requerida se dilui[2]. Logo, inflação no sentido de que há crescimento da intercambiabilidade das análises e perda da sua especificidade.

Essa crítica me parece igualmente inflacionista por uma segunda razão. A segunda razão é que ela permite praticar o que poderíamos chamar de desqualificação geral pelo pior, na medida em que, qualquer que seja o objeto da análise, qualquer que seja a tenuidade, a exiguidade do objeto da análise, qualquer que seja o funcionamento real do objeto da análise, na medida em que sempre se pode remetê-lo, em nome de um dinamismo intrínseco do Estado e em nome das formas últimas que esse dinamismo pode assumir, a algo que vai ser o pior, pois bem, pode-se desqualificar o menos pelo mais, o melhor pelo pior. *Grosso modo*, em suma, não é que eu tome o exemplo do melhor, claro, mas imaginemos por exemplo que, num sistema como o nosso, um manifestante quebre as vidraças de um cinema, seja levado ao tribunal e receba uma condenação pesada demais; vocês sempre encontrarão quem diga que essa condenação é o sinal da fascistização do Estado, como se, muito antes de qualquer Estado fascista, não tivesse havido condenações desse gênero – e bem piores.

Terceiro fator, terceiro mecanismo inflacionista que me parece caracterizar esse tipo de análises, é que essas análises permitem evitar que se pague o preço do real e do atual, na medida em que, de fato, em nome desse dinamismo do Estado, sempre se pode encontrar algo como um parentesco ou um perigo, algo como o grande fantasma do Estado paranoico e devorador. Nessa medida, pouco importa finalmente que influência se tem sobre o real ou que perfil de atualidade o real apresenta. Basta encontrar, pela via da suspeita e, como diria François Ewald, da "denúncia"[3], algo como o perfil fantasístico do Estado para que já não se tenha necessidade de analisar a atualidade. A elisão da atualidade parece-me [ser] o terceiro mecanismo inflacionista que encontramos nessa crítica.

Enfim, eu diria que é uma crítica inflacionista, essa crítica pelo mecanismo do Estado, essa crítica do dinamismo do Estado, na medida em que penso que ela não opera sua própria crítica, que não opera sua própria análise. Ou seja, não se procura saber de onde vem realmente essa espécie de suspeita antiestatal, essa fobia do Estado que circula atualmente em tantas formas diversas do nosso pensamento. Ora, parece-me que esse gênero de análise – e é por isso que insisti sobre esse neoliberalismo dos anos 1930-1950 –, parece-me que essa crítica do Estado, essa crítica do dinamismo intrínseco e como que irreprimível do Estado, essa crítica das formas do Estado que se encaixam umas nas outras, se chamam umas às outras, se apoiam umas nas outras e se engendram reciprocamente, parece-me que já a encontramos perfeita e claramente formulada nos anos 1930-1945, tendo, então, uma localização bem precisa. Ela não tinha, naquela época, a força de circulação que tem agora. Encontrava-se bem localizada no bojo das opções neoliberais que estavam se formulando na época. Essa crítica do Estado polimorfo, onipresente, onipotente era encontrada naqueles anos, quando o intento do liberalismo, ou do neoliberalismo, ou, mais precisamente ainda, do ordoliberalismo alemão era, ao mesmo tempo, demarcar-se da crítica keynesiana, fazer a crítica das políticas, digamos, dirigistas e intervencionistas tipo New Deal e Frente Popular, fazer a crítica da economia e da política nacional-socialista, fazer a crítica das opções políticas e econômicas da União Soviética, enfim, de maneira geral, fazer a crítica do socialismo. É aí, nesse clima e considerando as coisas em sua forma mais estreita ou quase mais mesquinha, é nessa escola neoliberal alemã que encontramos tanto a análise dos parentescos necessários e de certo modo inevitáveis das diferentes formas de Estado, como a ideia de que o Estado em si tem uma dinâmica própria que faz que ele nunca possa parar em sua amplificação e em sua tendência a se encarregar da sociedade civil inteira.

Gostaria de citar simplesmente para vocês dois textos que atestam a precocidade dessas duas ideias que nos parecem tão contemporâneas, tão vivas e tão atuais. Citarei a reação de Röpke, em junho-julho de 1943, numa revista suíça[4], em que criticava o plano Beveridge que acabava de ser publicado naquela época e em que dizia o seguinte: o plano Beveridge conduz a "cada vez mais previdência social, cada vez mais burocracia social, cada vez mais confusão ligada à renda, cada vez mais selos a colar e carimbos a apor, cada vez mais encargos, cada vez mais contribuições, cada vez mais concentração de poder, de renda nacional e de responsabilidade nas mãos do Estado que, de qualquer modo, abrange tudo, regula tudo, concentra e controla tudo, com o único resultado certo de exercer sobre a sociedade uma ação ainda mais centralizada, destruidora da classe média, uma ação de proletarização e de estatização"[5]. E exatamente na mesma época, sempre em reação a esses planos do pós-guerra que os anglo-americanos, principalmente os ingleses, estavam montando nesse momento, em 1943 Hayek escrevia na Inglaterra o seguinte: "Estamos correndo o risco de ter o mesmo destino da Alemanha".[6] Ele não dizia isso por causa do perigo de invasão da Inglaterra pelos alemães, que nessa época estava definitivamente conjurado. Ter o destino da Alemanha em 1943 era, para Hayek, entrar num sistema Beveridge, num sistema de socialização, de economia dirigida, de planificação, de seguridade social. Aliás, ele retificava acrescentando: estamos perto não exatamente da Alemanha hitlerista, mas da Alemanha da outra guerra. Como naquela, pretende-se "[conservar]* para fins produtivos a organização elaborada tendo em vista a defesa nacional"[7]. Recusam-se a "reconhecer que a ascensão do fascismo e do nazismo não foi uma reação contra as tendências socialistas do período anterior, mas sim um resultado inevitável das tendências socialistas"[8]. Logo, dizia Hayek a propósito do plano Beveridge, estamos próximos da Alemanha – ele falava, é verdade, da Alemanha do kaiser, em todo caso da Alemanha da Guerra de 14 –, mas essa Alemanha com suas práticas dirigistas, suas técnicas planificadoras, suas opções socialistas foi, na realidade, a que gerou o nazismo, e, aproximando-nos da Alemanha de 1914-[19]18, também nos aproximamos da Alemanha nazista. Os perigos da invasão alemã estão longe de se encontrar definitivamente conjurados. Os socialistas ingleses, o Labour, o plano Beveridge: eis quais serão os verdadeiros agentes da nazificação da Inglaterra como complemento, crescimento da estatização. Vocês estão vendo portanto que todos esses temas são temas antigos, localizados, e eu os abordo aqui na sua formulação de 1945. Poderíamos encontrá-los também em 1939, em 1933 e até mesmo antes[9].

Pois bem, contra essa crítica inflacionista do Estado, contra essa espécie de laxismo, eu gostaria, se me permitem, de lhes sugerir algumas teses que percorreram, *grosso modo*, o que eu já lhes disse, mas gostaria agora de fazer um rápido balanço. Em primeiro lugar, a tese de que o Estado-providência, o Estado de bem-estar não tem nem a mesma forma, claro, nem, parece-me, a mesma cepa, a mesma origem do Estado

....
* M.F.: considerar.

totalitário, do Estado nazista, fascista ou stalinista. Gostaria de lhes sugerir, também, que esse Estado que podemos dizer totalitário, longe de ser caracterizado pela intensificação e pela extensão endógenas dos mecanismos de Estado, esse Estado dito totalitário não é, em absoluto, a exaltação do Estado, mas constitui, ao contrário, uma limitação, uma atenuação, uma subordinação da autonomia do Estado, da sua especificidade e do seu funcionamento próprio – em relação a quê? Em relação a algo diferente, que é o partido. Em outras palavras, a ideia seria a de que o princípio dos regimes totalitários não deve ser buscado num desenvolvimento intrínseco do Estado e dos seus mecanismos; em outras palavras, o Estado totalitário não é o Estado administrativo do século XVIII, o *Polizeistaat* do século XIX levado ao limite, não é o Estado administrativo, o Estado burocratizado do século XIX levado aos seus limites. O Estado totalitário é uma coisa diferente. Há que buscar seu princípio, não na governamentalidade estatizante ou estatizada que vemos nascer no século XVII e no século XVIII, há que buscá-lo numa governamentalidade não estatal, justamente, no que se poderia chamar de governamentalidade de partido. É o partido, é essa extraordinária, curiosíssima, novíssima organização, é essa novíssima governamentalidade de partido surgida na Europa no fim do século XIX que é provavelmente – bem, em todo caso é o que eu talvez procure lhes mostrar ano que vem, se eu continuar com essas ideias na cabeça[10] –, é essa governamentalidade de partido que está na origem histórica de algo como os regimes totalitaristas, de algo como o nazismo, de algo como o fascismo, de algo como o stalinismo.

Outra tese que eu gostaria de propor é a seguinte (quer dizer, é a recíproca do que acabo de dizer): o que está atualmente em questão na nossa realidade não é tanto o crescimento do Estado ou da razão de Estado, mas antes o seu decrescimento, que vemos se manifestar nas nossas sociedades do século XX nestas duas formas: uma, que é precisamente o decrescimento da governamentalidade de Estado com o crescimento da governamentalidade de partido; de outro lado, a outra forma de decrescimento, que é a que podemos constatar em regimes como o nosso, em que se tenta buscar uma governamentalidade liberal. Acrescento logo que, ao dizer isso, tento não fazer nenhum juízo de valor. Falando de governamentalidade liberal, não quero, com a utilização da palavra "liberal", sacralizar ou valorizar de saída esse tipo de governamentalidade. Não quero dizer tampouco que não seja legítimo, digamos, odiar o Estado. Mas creio que o que não se deve fazer é imaginar que se descreve um processo real, atual e que diz respeito a nós todos quando se denuncia a estatização ou a fascistização, a instauração de uma violência estatal etc. Todos os que participam da grande fobia do Estado fiquem sabendo que vão no sentido em que sopra o vento e que, de fato, em toda parte, se anuncia faz anos e anos um decrescimento efetivo do Estado, da estatização, da governamentalidade estatizante e estatizada. Não digo em absoluto que se engana sobre os méritos e deméritos do Estado quem diz "é ruim" ou quem diz "é ótimo". Meu problema não é esse. O que digo é que não devemos nos enganar acreditando que é próprio do Estado um processo de fascistização, que lhe é exógeno[11] e decorre muito mais do decrescimento e do desconjuntamento do Estado. Quero dizer também que não devemos nos enganar sobre a natureza do processo histórico que torna atualmente o Estado, ao mesmo tempo, tão intolerável e tão problemático. Bem, é por essa razão, digamos, que eu queria estudar mais detalhadamente a organização do que poderíamos chamar de modelo alemão e sua difusão, estando entendido, é claro, que esse modelo alemão, tal como eu procurava descrevê-lo para vocês e do qual eu gostaria de lhes mostrar agora algumas das formas da sua difusão, não é o modelo tão frequentemente depreciado, renegado, amaldiçoado, repugnado do Estado bismarckiano em via de tornar-se hitlerista. O modelo alemão que se difunde, o modelo alemão que está em questão, o modelo alemão que faz parte da nossa atualidade, que a estrutura e a perfila sob o seu corte real, esse modelo alemão é a possibilidade de uma governamentalidade neoliberal.

A difusão do modelo alemão poderia ser acompanhada de duas maneiras. Procurarei fazê-lo hoje para o caso da França e, talvez – se não mudar de ideia de novo –, para o dos Estados Unidos, a próxima vez. Na França, o que poderíamos chamar de difusão do modelo alemão se deu de maneira lenta, insidiosa, acerba e, a meu ver, com três características. Primeiro, não se deve esquecer que essa difusão do modelo neoliberal alemão se deu, na França, a partir do que poderíamos chamar de uma governamentalidade fortemente estatizada, fortemente dirigista, fortemente administrativa, com todos os problemas que isso implica. Segundo, vai-se tentar introduzir e aplicar esse modelo neoliberal alemão na França num contexto de crise, de crise econômica, de início relativamente limitada e agora aguda, crise econômica essa que constitui o motivo, o pretexto e a razão da introdução e da aplicação desse modelo alemão, e ao mesmo tempo seu freio. Enfim, terceiro, acontece que – pelas razões que acabo de citar, é essa a terceira característica – os agentes de difusão e os agentes de aplicação desse modelo alemão são, precisamente, os gestores do Estado e os que têm de gerir o Estado nesse contexto de crise. Então, por causa disso tudo, a aplicação do modelo alemão comporta, na França, toda uma série de dificuldades e como que uma espécie de peso misturado com hipocrisia de que veremos certo número de exemplos.

Nos Estados Unidos, a difusão do modelo alemão adquire um aspecto bem diferente. E, antes de mais nada, será que podemos falar verdadeiramente de difusão do modelo alemão? Porque, afinal de contas, o liberalismo, a tradição liberal, a renovação perpétua da política liberal foi uma constante nos Estados Unidos, o que faz que o que se vê surgir agora, ou o que se viu surgir em reação ao New Deal, não é necessariamente a difusão do modelo alemão. Pode-se perfeitamente considerá-lo um fenômeno absolutamente endógeno aos Estados Unidos. Haveria toda uma série de estudos mais precisos a fazer sobre o papel que representaram os imigrantes alemães nos Estados Unidos, o papel que desempenhou alguém como Hayek, por exemplo. Bom. Entre o modelo neoliberal alemão, formado essencialmente em torno das pessoas de Friburgo, e o neoliberalismo americano há toda uma série de relações históricas, sem dúvida muito difíceis de ser deslindadas.

A segunda característica da difusão do modelo alemão nos Estados Unidos é que ele também se desenvolve num contexto de crise, mas uma crise que é totalmente diferente daquela por que passa a França, pois se trata de uma crise econômica, claro, mas que tem uma forma bem diferente e é sem dúvida muito menos aguda do que na França. Em compensação, ele se desenvolve no interior de uma crise política, em que o problema da influência, da ação, da intervenção do governo federal, da sua credibilidade política etc. já estava posto desde o New Deal e, com maior razão, desde Johnson, desde Nixon[12], desde Carter[13].

Enfim, terceira característica dessa difusão do neoliberalismo nos Estados Unidos é que essa governamentalidade neoliberal, em vez de ser, de certo modo, propriedade quase exclusiva do pessoal governamental e dos seus conselheiros, como acontece na França, apresenta-se, pelo menos em parte, como uma espécie de grande alternativa econômico-política que adquire a forma, em todo caso num determinado momento, de todo um movimento de oposição política, se não de massa, pelo menos amplamente difundido no interior da sociedade americana. Tudo isso faz que seja totalmente impossível tratar, ao mesmo tempo, da difusão do modelo alemão na França e do movimento neoliberal americano. Os dois fenômenos não coincidem, não se superpõem, embora, é claro, entre um e outro exista todo um sistema de trocas e de apoios.

Hoje, portanto, gostaria de lhes falar um pouco do que poderíamos chamar de neoliberalismo na França e da existência do modelo alemão. Para dizer a verdade, estive um bom tempo embaraçado, porque não é possível, creio sinceramente, ler – porque é preciso lê-los – os discursos, os escritos, os textos, tanto de Giscard, como de Barre[14] [ou] de seus conselheiros, sem reconhecer de modo evidente, ainda que simplesmente intuitivo, que entre o que eles dizem e o modelo alemão, e o ordoliberalismo alemão, as ideias de Röpke, de Müller-Armack etc., salta aos olhos um parentesco. Ora, é muito difícil encontrar simplesmente o ato de reconhecimento, a declaração que permitiria dizer: ah, é isso que eles fazem e sabem que fazem. Era muito difícil, até estes últimos tempos, quase estas últimas semanas. Lá pelo fim de [19]78, creio que em dezembro de [19]78, foi publicado um livro de Christian Stoffaës, que se chama *A grande ameaça industrial*[15]. Como Stoffaës era um dos conselheiros mais ouvidos do atual governo, conselheiro econômico especializado nas questões industriais[16], pensei que talvez encontrasse enfim nele o que eu procurava, mas logo me decepcionei, porque na quarta capa do livro, na apresentação, lê-se o seguinte: que o autor, "repelindo a tentação de uma transposição apressada dos modelos alemão e japonês, lança as bases de uma política industrial original"[17]. Pensei então comigo mesmo: esta vez, de novo, não vou encontrar o que procuro. Mas o que é divertido, e bastante significativo das razões evidentes pelas quais essas coisas não podem ser ditas, o que há de curioso é que, embora seja isso que está escrito na quarta capa, em compensação, no capítulo conclusivo, que resume o conjunto da análise, o último parágrafo, creio eu, ou o penúltimo, começa assim, resumindo portanto tudo o que foi proposto no livro: "Finalmente, trata-se até certo ponto do modelo da *economia social de mercado*" – enfim, a fórmula foi pronunciada! –, tendo simplesmente, acrescenta o autor, "um pouco mais de audácia revolucionária que além-Reno"[18]. Trata-se, diz ele de fato, de constituir ao mesmo tempo uma economia de mercado eficaz, aberta ao mundo, de um lado, e, de outro, um projeto social avançado[19].

Está fora de cogitação eu lhes fazer a análise total, global, da política de Giscard[20] ou da política Giscard-Barre, primeiro porque não sou capaz, segundo porque isso sem dúvida não interessaria a vocês. Gostaria simplesmente de considerá-la sob certos aspectos. Primeiro, para ressituar um pouco as coisas, algumas indicações sobre o que poderíamos chamar de contexto econômico, que pôde precipitar, no curso dos últimos anos, a introdução e a aplicação desse modelo. Vamos retomar, se vocês quiserem, as coisas muito esquematicamente. Digamos que após a grande crise dos anos 1930, em suma, todos os governos, quaisquer que fossem, sabiam muito bem que os elementos econômicos que eles deviam levar necessariamente em consideração, qualquer que fosse a natureza dessas opções, quaisquer que fossem essas opções e esses objetivos, eram o pleno emprego, a estabilidade dos preços, o equilíbrio da balança de pagamentos, o crescimento do PIB, a redistribuição da renda e das riquezas e o fornecimento dos bens sociais. É *grosso modo* essa lista que constitui o que Bentham teria chamado, em seu vocabulário muito pessoal, de agendas econômicas do governo, aquilo com que ele deve se preocupar, qualquer que seja a maneira como se preocupe[21]. Digamos que, nessa série de objetivos, a fórmula alemã neo ou ordoliberal de que lhes falei, vocês se lembram, consistia em adotar como objetivo primeiro a estabilidade dos preços e da balança de pagamentos, e o crescimento e todos os outros elementos viriam de certo modo em consequência desses dois primeiros objetivos absolutos. As opções feitas na Inglaterra e na França – na França, na época da Frente Popular e, mais tarde, depois da Libertação; na Inglaterra no momento, justamente, da elaboração do plano Beveridge e da vitória trabalhista em 1945 –, as opções inglesa e francesa foram, ao contrário, estabelecer como objetivo primeiro e absoluto, não a estabilidade dos preços, mas sim o pleno emprego, não a balança de pagamentos, mas sim o fornecimento de bens sociais, o que implicava por conseguinte, para que ambos pudessem ser assegurados – o fornecimento de bens sociais e o pleno emprego –, evidentemente um crescimento, um crescimento voluntarista, um crescimento acentuado, um crescimento forte e sustentado.

Deixemos de lado o problema de saber por que esses objetivos aplicados na Inglaterra, para dizer numa palavra, fracassaram ou mostraram seu limite drástico, no decorrer dos anos [19]55-[19]75; por que na França, ao contrário, essa mesma política levou a resultados positivos. Pouco importa. Digamos que era essa a situação inicial e a razão pela qual, mesmo sob o regime de De Gaulle, manteve-se, *grosso modo*, com toda uma série de atenuações de tipo liberal, o essencial desses objetivos que podemos chamar de objetivos dirigistas, desses métodos dirigistas, desses procedimentos planificadores centrados portanto no pleno emprego e na distribuição de bens sociais, coisas que o v Plano apresentava no estado mais nítido[22]. Simplificando muito, podemos dizer que é nos anos [19]70-[19]75, em todo caso na década que está terminando agora, que se coloca na França o problema da liquidação final desses objetivos e dessas formas de prioridade econômico-política. É nessa década que se coloca o problema da passagem global a uma economia neoliberal, isto é, *grosso modo*, o problema de alcançar e de inserir o modelo alemão. As razões, os pretextos econômicos, os estímulos econômicos imediatos foram, evidentemente, a crise, tal como se apresentou, isto é, *grosso modo*, a pré-crise de antes de 1973, caracterizada por um crescimento constante do desemprego a partir de 1969, uma inversão do saldo credor da balança de pagamentos, uma inflação crescente: todos esses sinais que indicavam, de acordo com os economistas, não uma situação de crise keynesiana, isto é, uma crise de subconsumo, mas na realidade uma crise no regime de investimentos. Ou seja, estimava-se *grosso modo* que essa crise se devia a erros na política de investimento, nas opções de investimento, que não haviam sido suficientemente racionalizados e programados. Sobre esse fundo de pré-crise se desencadeia em [19]73 o que se chamou de crise do petróleo, que na verdade era o encarecimento do preço da energia, encarecimento esse que não se devia em absoluto à constituição de um cartel de vendedores que impunha um preço alto demais, mas era, ao contrário, simplesmente a diminuição da influência econômica e política do cartel dos compradores e a constituição de um preço de mercado para o petróleo e, de modo mais geral, para a energia, ou, em todo caso, uma tendência de o preço da energia chegar aos preços de mercado. Então, vê-se muito bem, nesse contexto (perdoem-me o caráter tão esquemático disso tudo), como o liberalismo econômico pode aparecer, e pôde efetivamente aparecer, como o único caminho possível para solucionar essa pré-crise e sua aceleração pelo encarecimento do preço da energia. O liberalismo, isto é, a integração total, sem restrições, da economia francesa numa economia de mercado interna, europeia e mundial: era essa opção que aparecia em primeiro lugar como a única maneira de poder retificar opções errôneas de investimento feitas durante o período precedente por causa de certo número de objetivos dirigistas, de técnicas dirigistas etc.; portanto, o único meio de retificar os erros de investimento levando em conta esse novo dado que era a carestia da energia e, na realidade, nada mais era que a constituição de um preço de mercado para a energia. A inserção geral da economia francesa no mercado para retificar os erros de investimento, por um lado, e para ajustar a economia francesa ao novo preço da energia era, portanto, a solução que parecia óbvia.

Vocês me dirão, afinal, que esse é apenas mais um dos episódios daquelas oscilações regulares e às vezes rápidas que ocorreram na França desde a guerra, desde 1920 digamos, entre uma política mais intervencionista, mais dirigista, protecionista, interessada nos equilíbrios globais, preocupada com o pleno emprego, e uma política liberal mais aberta ao mundo exterior, mais preocupada com as trocas, a moeda. As oscilações, digamos, que marcaram o governo Pinay em [19]51-52[23] e a reforma Rueff de [19]58[24], também representam inflexões no rumo do liberalismo. Ora, creio que o que está em jogo agora e aquilo para que a crise econômica, cujos aspectos procurei definir brevemente, serviu de pretexto não foi simplesmente uma dessas oscilações rumo a um pouco mais de liberalismo contra um pouco menos de dirigismo. De fato, trata-se agora, parece-me, de toda a implicação de uma política que seria globalmente neoliberal – e, como não tenho a menor intenção, mais uma vez, de descrever tudo isso em todos os seus aspectos, gostaria simplesmente de considerar um que não concerne, justamente, à economia propriamente dita ou à inserção direta e imediata da economia francesa numa economia de mercado mundial; gostaria de considerar [essa política]* sob um outro aspecto, o da política social. No governo atual, na governamentalidade atual que se viu virtualmente implicada pela chegada ao poder de Giscard e da sua política, o que era, o que poderia ser a política social e em que sentido ela se orienta? É disso, pois, que gostaria de lhes falar agora.

Para dizer duas palavras de história, mais uma vez de forma esquemática, a política social definida logo após a Libertação, programada durante a própria guerra, essa política social, na França e na Inglaterra, havia sido dominada por dois problemas e um modelo. Os dois problemas eram a manutenção do pleno emprego como objetivo econômico e social prioritário, porque se atribuía à inexistência do pleno emprego a crise econômica de 1929. Atribuía-se também a ela todas as consequências políticas que isso teve na Alemanha e na Europa em geral. Logo, manter o pleno emprego

....
* M.F.: considerá-la.

por razões econômicas, sociais e portanto políticas. Em segundo lugar, evitar os efeitos de uma desvalorização que uma política de crescimento fazia necessária. Foi para manter o pleno emprego e para atenuar os efeitos da desvalorização que torna ineficaz a poupança, a capitalização individual, que se considerou necessário instituir uma política de cobertura social dos riscos. A técnica para alcançar esses dois objetivos era o modelo de guerra, o modelo da solidariedade nacional, modelo que consiste no fato de que não se pergunta às pessoas nem o motivo pelo qual lhes aconteceu o que aconteceu, nem a que categoria econômica elas pertencem. O que acontece com um indivíduo em matéria de déficit, de acidente, de um infortúnio qualquer deve ser sempre assumido em nome da solidariedade nacional pela coletividade inteira. São esses dois objetivos, é esse modelo que explica que as políticas sociais inglesa e francesa foram políticas de consumo coletivo, garantidas por uma redistribuição permanente da renda, redistribuição permanente e consumo coletivo esses que deviam se aplicar ao conjunto da população, com apenas alguns setores privilegiados; e, na França, a família, por razões de política de natalidade, foi considerada um dos setores que deviam ser particularmente privilegiados, mas de maneira geral considerava-se que cabia a toda a coletividade cobrir os infortúnios dos indivíduos. A questão que se coloca a partir do momento em que se estabeleceram esses objetivos e em que se escolheu esse modelo de funcionamento é a de saber [se] uma política como essa, que se apresenta como política social, não vai ser ao mesmo tempo uma política econômica. Em outras palavras, será que não acarretará, voluntária ou involuntariamente, toda uma série de efeitos econômicos que podem vir a introduzir consequências inesperadas, efeitos perversos, como se diz, sobre a própria economia, que vão desajustar portanto o sistema econômico e o próprio sistema social?

A essa questão foram dadas várias respostas. Sim, responderam uns. Claro, uma política como essa vai produzir efeitos econômicos, mas são precisamente os efeitos buscados. Ou seja, por exemplo, o efeito de redistribuição de renda e de equalização da renda e do consumo é precisamente o que se busca, e a política social não tem verdadeira significação se não introduzir, no interior do regime econômico, certo número de retificações, certo número de nivelamentos, que a política liberal por si própria e os mecanismos econômicos em si mesmos não seriam capazes de proporcionar. Outros respondem: de maneira nenhuma, essa política social que pretendemos instituir, ou que foi instituída a partir de 1945[25], na verdade não tem nenhum efeito direto sobre a economia, ou só tem sobre a economia um efeito tão ajustado, tão conforme aos mecanismos da própria economia, que não é capaz de perturbá-los. O que é interessante é ver que o homem que esteve, não na origem da Seguridade Social na França, mas na origem da sua organização, que concebeu seu mecanismo, Laroque[26], num texto de 1947 ou 48[27], não me lembro mais, dava precisamente esta explicação, esta justificação da Seguridade Social. Ele dizia, no exato momento em que ela era criada: não se preocupem, a Seguridade Social não é feita para ter efeitos econômicos e não pode tê-los, a não ser efeitos benéficos[28]. Ele definia assim a Seguridade Social: não é nada mais que uma técnica que permite fazer que cada um seja "posto em condições de assegurar em toda e qualquer circunstância a sua subsistência e a das pessoas a seu encargo"[29]. Assegurar sua subsistência e a subsistência das pessoas que estão a seu encargo quer dizer o quê? Quer dizer simplesmente que será estabelecido um mecanismo tal que os encargos sociais serão cobrados unicamente sobre o salário, em outras palavras, vai-se acrescentar ao salário efetivamente pago em espécie monetária um salário virtual; na verdade, não é que seja um acréscimo, mas de fato se terá um salário total em que uma parte será considerada na forma de salário propriamente dito e a outra na forma de prestações sociais. Em outras palavras, é o próprio salário, é a massa salarial que paga os encargos sociais, e mais nenhuma outra coisa. É uma solidariedade que não é imposta aos não assalariados para os assalariados, é "uma solidariedade que é imposta à massa dos assalariados" para o seu único e exclusivo benefício, "para o benefício de seus filhos e de seus idosos", diz Laroque[30]. De modo que não se pode de maneira nenhuma dizer que essa Seguridade Social vai onerar a economia, vai pesar sobre ela, vai fazer o preço de custo da economia crescer. Na verdade, como a Seguridade Social nada mais é que certa maneira de pagar algo que nada mais é que um salário, ela não onera a economia. Melhor ainda, ela, no fundo, permite não aumentar os salários e, por conseguinte, tem como efeito aliviar os encargos da economia, aplacando os conflitos sociais e possibilitando que as reivindicações de salário sejam menos agudas e menos presentes. Eis o que dizia Laroque em 1947, 48, para explicar o mecanismo da Seguridade Social que ele próprio havia criado[31].

Trinta anos depois, isto é, em 1976, na *Revue française des affaires sociales*, foi publicado um relatório muito interessante, por ter sido feito por alunos da ENA* a título de estudo-balanço dos trinta anos de Seguridade Social[32]. Esses alunos da ENA fazem a seguinte constatação. Primeiro, dizem eles, a Seguridade Social tem incidências econômicas consideráveis, e essas incidências estão ligadas, aliás, à própria maneira como foi definida a base de cálculo das contribuições. De fato, a incidência se produz sobre o custo do trabalho. Por causa da Seguridade Social, o trabalho torna-se mais caro. A partir do momento em que o trabalho é mais caro, é evidente que haverá sobre o emprego um efeito restritivo, logo um aumento do desemprego devido diretamente a um aumento desse custo do trabalho[33]. Efeito, [também], sobre a concorrência internacional, na medida em que as diferenças

....

* École Nationale d'Administration [Escola Nacional de Administração]. (N. T.)

de regime de seguridade nos diferentes países vão fazer que a concorrência internacional seja falseada, e falseada em detrimento dos países em que a cobertura social é mais completa, isto é, aqui também encontramos um princípio de aceleração do desemprego[34]. Enfim, sempre por causa dessa elevação do custo do trabalho, as concentrações industriais, o desenvolvimento de tipo monopolista, o desenvolvimento das multinacionais serão acelerados. Logo, dizem eles, a política de seguridade tem incidências econômicas evidentes.

Em segundo lugar, não só essas consequências econômicas aparecem em função do custo do trabalho e produzem um aumento do desemprego, como, ainda por cima, a própria maneira como se estabelece um teto para as contribuições, isto é, a maneira como há diferenciação entre as porcentagens de contribuição, essa diferença vai introduzir efeitos sobre a distribuição da renda[35]. E, apoiando-se numa série de pesquisas que já tinham sido feitas, puderam mostrar que, em vez de as redistribuições, considerando-se uniformes os salários, irem dos jovens aos velhos, dos solteiros aos que têm uma família a seu encargo, das pessoas que gozam de boa saúde aos doentes, havia na verdade, por causa desse teto máximo das contribuições, uma abertura do leque de rendimentos reais que beneficiam os mais ricos em detrimento dos mais pobres. Logo, dizem eles, a Seguridade Social, tal como vem funcionando há trinta anos, introduz certo número de efeitos propriamente econômicos. Ora, "o objetivo da Seguridade Social não é e não deve ser de natureza econômica. As modalidades do seu financiamento não deveriam ser, falseando a lei do mercado, um elemento da política econômica. A Seguridade Social deve permanecer economicamente neutra"[36]. Vocês encontram aqui, quase palavra por palavra, as coisas que eu tinha lhes dito na última vez (ou há quinze dias, não me lembro mais) a propósito da política social tal como era concebida pelos ordoliberais alemães[37].

Ora, essa ideia de uma política social cujos efeitos seriam inteiramente neutralizados do ponto de vista econômico, vocês já vão encontrar claramente formulada bem no início desse período de instalação do modelo neoliberal na França, isto é, em 1972, pelo ministro das Finanças da época, Giscard d'Estaing[38]. Numa comunicação de 1972 (foi num colóquio organizado por Stoléru)[39], ele diz o seguinte: as funções econômicas do Estado, de todo Estado moderno, quais são? São, em primeiro lugar, uma redistribuição relativa da renda; em segundo, uma alocação, na forma de produção de bens coletivos; em terceiro, uma regulação dos processos econômicos capaz de assegurar, diz ele, o crescimento e o pleno emprego[40]. Temos aí os objetivos tradicionais da política econômica francesa que, ainda nessa época, não podiam ser questionados. Mas o que ele questiona, em compensação, é o vínculo entre essas três funções econômicas do Estado – redistribuição, alocação e regulação. Ele observa que, na verdade, o orçamento francês é constituído de tal modo que, no fim das contas, as mesmas somas podem perfeitamente servir para a construção de uma rodovia ou para determinada alocação de tipo propriamente social[41]. Ora, diz ele, isso é intolerável. Seria preciso, numa política sadia, "dissociar inteiramente o que corresponde às necessidades da expansão econômica do que corresponde à preocupação com a solidariedade e a justiça social"[42]. Em outras palavras, deveria haver dois sistemas tão impermeáveis um em relação ao outro quanto possível, dois sistemas a que corresponderiam dois tipos de imposto perfeitamente distintos, um imposto econômico e um imposto social[43]. Sob essa afirmação de princípio, vocês veem que encontramos essa ideia maior, de que a economia deve ter suas regras próprias e o social deve ter seus objetivos próprios, mas que é necessário descolá-los de tal modo que o processo econômico não seja perturbado ou comprometido pelos mecanismos sociais e que o mecanismo social tenha uma limitação, de certo modo uma pureza tal que nunca intervenha no processo econômico propriamente dito de forma a perturbá-lo.

Problema: como se poderá fazer funcionar semelhante dissociação entre o econômico e o social? Como será possível operar esse descolamento? Aqui também, sempre seguindo esse texto de Giscard, vê-se muito bem o que ele quer dizer. Ele apela para um princípio de que já lhes falei, que é comum ao ordoliberalismo alemão, ao neoliberalismo americano e que encontramos no neoliberalismo francês, a saber, o de que a economia é essencialmente um jogo, que a economia se desenvolve como um jogo entre parceiros, que a sociedade inteira deve ser permeada por esse jogo econômico e que o Estado tem por função essencial definir as regras econômicas do jogo e garantir que sejam efetivamente bem aplicadas. Quais são essas regras? Elas devem ser tais que o jogo econômico seja o mais ativo possível, que beneficie, por conseguinte, o maior número possível de pessoas, com simplesmente – e é aqui que vamos ter a superfície de contato sem penetração real do econômico e do social – uma regra, uma regra de certo modo suplementar e incondicional no jogo, a saber, de que deve ser impossível que um dos parceiros do jogo econômico perca tudo e, por causa disso, não possa mais continuar a jogar. Cláusula, por assim dizer, de salvaguarda do jogador, regra limitativa que não altera em nada o desenrolar do jogo, mas impede que alguém fique total e definitivamente fora de jogo. Espécie de contrato social ao revés: no contrato social, fazem parte da sociedade os que aceitam o contrato e, virtualmente ou em ato, o assinam, até o momento em que dele se excluem. Na ideia de um jogo econômico há o seguinte: ninguém originariamente participa do jogo econômico porque quer, por conseguinte cabe à sociedade e à regra do jogo imposta pelo Estado fazer que ninguém seja excluído desse jogo no qual esta pessoa se viu envolvida sem nunca ter desejado explicitamente participar dele. Essa ideia de que a economia é um jogo, de que há regras de jogo da economia garantidas pelo Estado e de que o único ponto de contato entre o econômico e o social é a regra de salvaguarda que faz que nenhum jogador seja excluído dele, é essa ideia que vocês encontram formulada por Giscard de uma maneira um tanto implícita, mas mesmo assim, creio, suficientemente clara, quando ele diz neste texto de [19]72: "O que caracteriza a economia de mercado é que existem regras do jogo que possibilitam tomadas de decisão descentralizadas, e essas regras são as mesmas para todos"[44]. Entre a regra da concorrência da produção e a da proteção do indivíduo, há que instaurar "um jogo particular" para que nenhum jogador possa correr o risco de perder tudo[45] – ele diz "jogo particular", mas sem dúvida melhor seria dizer "regra particular". Ora, essa ideia de que deve haver uma regra de não exclusão e de que a função da regra social, da regulamentação social, da Seguridade Social no sentido amplo do termo deve ser a de garantir pura e simplesmente a não exclusão de um jogo econômico que, fora disso, deve se desenrolar por si mesmo, é essa ideia que é aplicada, esboçada em todo caso, em toda uma série de medidas mais ou menos claras*.

Gostaria simplesmente (ao mesmo tempo porque o tempo urge e porque não quero aborrecê-los muito com esse ponto) de lhes mostrar o que isso quer dizer, não [a partir das] medidas que foram efetivamente tomadas e, por causa da crise e da intensidade da crise, não puderam ser levadas até o fim, não puderam constituir um conjunto coerente, [mas

....
* M. Foucault deixa de lado aqui as páginas 20 e 21 do manuscrito:

> Esse descolamento e esse jogo econômico com cláusula de salvaguarda compreendem duas partes: 1. Uma puramente econômica: restabelecimento do jogo do mercado sem levar em conta a proteção dos indivíduos. E sem ter de fazer uma política econômica que tenha como objetivo a manutenção do emprego [e] a manutenção do poder aquisitivo [...]. 2. A outra parte compreende por sua vez dois conjuntos de medidas: a) reconstituição do 'capital humano' [...], b) o imposto negativo (Chicago).

tomando] o exemplo de um projeto que retornou várias vezes desde 1974 e é o projeto do imposto negativo. De fato, quando Giscard, naquele texto de [19]72, [dizia] que era necessário fazer que nunca ninguém perdesse tudo, ele já tinha na cabeça essa ideia de um imposto negativo. O imposto negativo não é uma ideia do neoliberalismo francês, é uma ideia do neoliberalismo americano (de que lhes falarei talvez a próxima vez): é em todo caso uma ideia que foi retomada no próprio círculo de Giscard por gente como Stoléru[46] e como Stoffaës (de que lhes falava há pouco), e nas discussões preparatórias do VII Plano, em 1974 ou 75[47], houve todo um relatório de Stoffaës sobre o imposto negativo[48]. O que é o imposto negativo? Para resumir as coisas muito simplesmente mesmo, podemos dizer que a ideia do imposto negativo é a seguinte: um benefício social, para ser socialmente eficaz sem ser economicamente perturbador, não deve nunca, na medida do possível, se apresentar sob a forma de consumo coletivo, porque, dizem os partidários do imposto negativo, a experiência prova que quem dele tira proveito são os mais ricos, e tiram proveito sendo quem menos participa do seu financiamento. Logo, se se quer ter uma proteção social eficaz sem incidência econômica negativa, há simplesmente que substituir todos esses financiamentos globais, todos esses subsídios mais ou menos categoriais, por um subsídio que seria em espécie e proporcionaria recursos suplementares a quem, e somente a quem, a título definitivo ou a título provisório, não alcança um patamar suficiente. Falando bem claramente, digamos que não vale a pena dar às pessoas mais ricas a possibilidade de participar do consumo coletivo de saúde; elas podem perfeitamente garantir sua própria saúde. Em compensação, vocês têm na sociedade uma categoria de indivíduos que, seja a título definitivo, por serem idosos ou deficientes, seja a título provisório, por terem perdido o emprego, por serem desempregados, não podem alcançar um certo patamar de consumo que a sociedade considera decente.

Pois bem, é para eles e em favor deles exclusivamente que se deveria atribuir o que constitui os benefícios compensatórios, os benefícios de cobertura característicos de uma política social. Por conseguinte, abaixo de certo nível de renda será pago certo complemento, ainda que, evidentemente, se tenha de abandonar a ideia de que a sociedade inteira deve a cada um dos seus membros serviços como a saúde ou a educação, ainda também – e é esse, sem dúvida, o elemento mais importante – que se tenha de reintroduzir uma distorção entre os pobres e os outros, os assistidos e os não assistidos.

Esse projeto de imposto negativo não tem, evidentemente, sobretudo em suas formas francesas, o aspecto drástico que acabo de mencionar, nem o aspecto simplista que vocês poderiam imaginar. Na verdade, o imposto negativo, como subsídio à gente que tem uma renda insuficiente para proporcionar certo nível de consumo, esse imposto negativo é concebido por Stoléru e Stoffaës de uma maneira relativamente sofisticada, na medida em que é necessário, em particular, fazer que as pessoas não tomem esse subsídio suplementar como uma espécie de meio de viver que lhes evitaria procurar um trabalho e se reintroduzir no jogo econômico. Então, toda uma série de modulações, de gradações, faz que, por meio do imposto negativo, o indivíduo por um lado tenha garantido certo nível de consumo, mas com motivações suficientes ou, digamos, com frustrações suficientes para que ainda tenha vontade de trabalhar e seja sempre preferível trabalhar a receber um benefício[49].

Deixemos de lado, se vocês quiserem, todos esses detalhes – importantes embora. Gostaria simplesmente de observar certo número de coisas. Primeiro, que essa ideia de um imposto negativo visa explicitamente uma ação que vai atenuar o quê? Os efeitos da pobreza, e apenas seus efeitos. Ou seja, o imposto negativo não visa de forma alguma ser uma ação que teria por objetivo modificar esta ou aquela causa da pobreza. Não seria nunca no nível das determinações da pobreza que o imposto negativo agiria, mas simplesmente no nível dos seus efeitos. É o que diz Stoléru, quando escreve: "Para alguns, a ajuda social deve ser motivada pelas *causas* da pobreza", por conseguinte, aquilo que ela deve cobrir e a que deve se dirigir é a doença, é o acidente, é a inaptidão ao trabalho, é a impossibilidade de encontrar um emprego. Ou seja, nessa perspectiva, que é a perspectiva tradicional, não se pode atribuir uma assistência a alguém sem se perguntar por que esse alguém necessita dessa assistência e sem procurar, por conseguinte, modificar as razões pelas quais necessita. "Para outros", são eles os partidários do imposto negativo, "a ajuda social deve ser motivada unicamente pelos *efeitos* da pobreza: todo ser humano", diz Stoléru, "tem necessidades fundamentais e a sociedade deve ajudá-lo a satisfazê-las, quando ele não o consegue por si só"[50]. De modo que, no limite, pouco importa a distinção que a governamentalidade ocidental procurou por tanto tempo estabelecer entre os bons pobres e os maus pobres, os que não trabalham voluntariamente e os que estão sem trabalho por razões involuntárias. Afinal de contas, pouco importa e pouco deve importar saber por que alguém cai abaixo do nível do jogo social: não tem a mínima importância se é drogado, se é desempregado voluntário. O único problema é saber se, quaisquer que sejam as razões, ele está ou não acima ou abaixo do patamar. A única coisa importante é que o indivíduo caiu abaixo de certo nível, e o problema é, nesse momento, sem olhar mais longe e, por conseguinte, sem ter de fazer todas essas investigações burocráticas, policiais, inquisitórias, conceder-lhe um subsídio tal que o mecanismo pelo qual [ele] lhe é concedido o estimule a voltar ao nível do patamar e ele se sinta suficientemente motivado, ao receber a assistência, para ter vontade, apesar de tudo, de passar de novo acima do patamar. Mas, se não tem vontade, não tem a menor importância, e ele permanecerá assistido. É esse o primeiro ponto, que é, creio eu, importantíssimo em relação a tudo o que havia sido, mais uma vez desde havia séculos, elaborado pela política social no Ocidente.

Segundo, esse imposto negativo, como vocês veem, é uma maneira de evitar absolutamente tudo o que poderia ter, na política social, efeitos de redistribuição geral de renda, isto é, *grosso modo*, tudo o que se poderia colocar sob o signo da política socialista. Se se chamar de política socialista uma política da pobreza "relativa"*, isto é, uma política que tenda a modificar a diferença entre as diferentes rendas; se se entender por política socialista uma política na qual se procurará atenuar os efeitos da pobreza relativa devida a uma diferença de renda entre os mais ricos e os mais pobres, é absolutamente evidente que a política implicada pelo imposto negativo é o contrário de uma política socialista. A pobreza relativa não entra em absoluto nos objetivos de semelhante política social. O único problema é a pobreza "absoluta"**, isto é, esse limiar abaixo do qual se considera que as pessoas não têm uma renda decente capaz de lhes proporcionar um consumo suficiente[51].

Por pobreza absoluta, e creio que aqui há que fazer uma ou duas observações, não se deve entender, é claro, uma espécie de limiar válido para toda a humanidade. Essa pobreza absoluta é relativa para toda sociedade, e há sociedades para as quais o limiar de pobreza absoluta se situará relativamente alto e outras sociedades globalmente pobres em que o limiar de pobreza absoluta será muito mais baixo. Logo é um limiar relativo de pobreza absoluta. Em segundo lugar, como vocês veem – e essa é uma consequência importante –, introduz-se essa categoria do pobre e da pobreza, que todas as políticas sociais, desde a Libertação com certeza, mas para dizer a verdade todas as políticas de bem-estar, todas as políticas mais ou menos socializantes ou socializadas desde o fim do século XIX,

....

* Entre aspas no manuscrito (p. 25).
** Entre aspas no manuscrito (p. 25).

haviam tentado absorver. Uma política de tipo socialista de Estado à alemã, uma política de bem-estar tal como havia sido programada por Pigou[52], uma política de New Deal, uma política social como a da França ou da Inglaterra a partir da Libertação: todas essas políticas desejavam não ter a categoria do pobre, desejavam em todo caso fazer que as intervenções econômicas fossem tais que não houvesse, no interior da população, uma clivagem entre os pobres e os menos pobres. Era sempre no leque da pobreza relativa, era sempre na redistribuição da renda entre eles, era no jogo de diferença entre os mais ricos e os mais pobres que se situava a política. Aqui, ao contrário, temos uma política que vai definir um certo limiar, mais uma vez, relativo, mas um certo limiar absoluto para a sociedade, que vai separar os pobres dos não pobres, os assistidos dos não assistidos.

A terceira característica desse imposto negativo é que, como vocês veem, ele assegura de certo modo uma segurança geral, mas por baixo, ou seja, em todo o resto da sociedade vai-se deixar agir, precisamente, os mecanismos econômicos do jogo, os mecanismos da concorrência, os mecanismos da empresa. Acima do limiar, cada um deverá ser para si mesmo e para a sua família, de certo modo, uma empresa. Uma sociedade formalizada no modo da empresa e da empresa concorrencial vai ser possível acima do limiar, e ter-se-á simplesmente uma segurança-piso, isto é, uma anulação de certo número de riscos a partir de certo patamar inferior. Ou seja, vai-se ter uma população que será, do lado do piso econômico, uma população em perpétua mobilidade entre uma assistência, que será concedida se um certo número de infortúnios se produzir e se se descer abaixo do limiar, e será, ao contrário, ao mesmo tempo utilizada e utilizável, se as necessidades econômicas assim necessitarem, se as possibilidades econômicas assim ocasionarem. Será portanto uma espécie de população flutuante infra e supralimiar, população limiar que constituirá, para uma economia que justamente renunciou ao objetivo do pleno emprego, uma perpétua reserva de mão de obra que se poderá utilizar, se necessário, mas se poderá mandar de volta ao seu estatuto de assistida, se necessário também.

De modo que, com esse sistema – que, mais uma vez, não foi posto em prática por um certo número de razões, mas cujos delineamentos na política conjuntural de Giscard, e atualmente de Barre, vocês veem muito bem quais são –, vocês têm a constituição de uma política econômica que já não é centrada no pleno emprego, que não pode se integrar à economia geral de mercado a não ser renunciando a esse objetivo do pleno emprego e a seu instrumento essencial, que é um crescimento voluntarista. Renuncia-se portanto a tudo isso para se integrar numa economia de mercado. Mas isso implica um fundo de população flutuante, um fundo de população limiar, infra ou supraliminar, em que mecanismos de seguro permitem que cada um subsista, subsista de certo modo, subsista de tal modo que poderá sempre ser candidato a um possível emprego, se as condições do mercado assim exigirem. É um sistema totalmente diferente daquele pelo qual o capitalismo dos séculos XVIII ou XIX se constituiu e se desenvolveu, quando lidava com uma população camponesa, que podia constituir uma perpétua reserva de mão de obra. A partir do momento em que a economia funciona como funciona agora, a partir do momento em que a população camponesa não pode mais proporcionar essa espécie de fundo perpétuo de mão de obra, é necessário constituí-lo num modo totalmente diferente. Esse modo totalmente diferente é o da população assistida, assistida de um modo de fato bastante liberal, muito menos burocrático, muito menos disciplinar do que um sistema que fosse centrado no pleno emprego e pusesse em prática mecanismos como os da Seguridade Social. Em síntese, deixa-se às pessoas a possibilidade de trabalhar se quiserem ou se não quiserem. Proporciona-se sobretudo a possibilidade de não as fazer trabalhar, se não se tem interesse de fazê-las trabalhar. Garante-se simplesmente a elas a possibilidade de existência num certo patamar, e é assim que poderá funcionar essa política neoliberal.

Ora, um projeto como esse nada mais é que a radicalização desses temas gerais de que lhes falei a propósito do ordoliberalismo, quando os ordoliberais alemães haviam explicado que o objetivo principal de uma política social certamente não era considerar todas as vicissitudes que podem ocorrer à massa global da população, mas que uma verdadeira política social devia ser tal que, sem tocar em nada do jogo econômico e deixando, por conseguinte, a sociedade se desenvolver como uma sociedade empresarial, instaurar-se-ia um certo número de mecanismos de intervenção para assistir os que deles necessitam naquele momento, e somente naquele momento em que deles necessitam.

NOTAS

1. Cf. *supra*, aula de 10 de janeiro de 1979, p. 36, nota 17.
2. M. Foucault já se havia exprimido em termos muito semelhantes sobre esse tema, em novembro de 1977, em sua entrevista a R. Lefort a propósito do caso Croissant (cf. *Sécurité, Territoire, Population*, "Situation des cours", p. 385), opondo o argumento da fascistização do Estado à análise dos problemas reais que as "sociedades de segurança" colocam ("Michel Foucault: la sécurité et l'État", DE, III, nº 213, p. 387).
3. Alusão a uma conversa na qual F. Ewald, então assistente de M. Foucault no Collège de France, opunha denúncia a acusação, a primeira feita em nome dos princípios que ela denuncia e, por isso, fadada a permanecer abstrata, enquanto a segunda, por visar nomeadamente uma pessoa, compromete muito mais quem a formula (informação comunicada por F. Ewald).
4. W. Röpke, "Das Beveridgeplan", art. cit. [*supra*, p. 175, nota 39].
5. A frase é tirada na verdade de *Civitas Humana*, trad. cit. [*supra*, p. 171, nota 21], p. 239. Em suas notas, Foucault assinala a "crítica mais detalhada" desenvolvida no artigo citado, mas não se refere diretamente a ela. Röpke consagra as páginas 226-43 do seu livro à crítica do plano Beveridge e precisa em nota, p. 245: "Eu me alonguei mais detidamente sobre esse tema em outra oportunidade [segue a referência do artigo 'Das Beveridgeplan']", acrescentando: "Mas sobre essa questão deveremos recorrer antes de mais nada à excelente obra do sociólogo católico (antes alemão e hoje lecionando nos Estados Unidos), Goetz Briefs: *The Proletariat*, Nova York, 1937".
6. F. Hayek, *The Road to Serfdom*, *op. cit.* / trad. cit., introd., p. 10.
7. Trad. cit., *ibid.*: "Não é à Alemanha de Hitler, à Alemanha da guerra atual que nosso país se assemelha. Mas as pessoas que estudam as correntes de ideias não podem deixar de constatar que há mais que uma semelhança superficial entre, de um lado, as tendências da Alemanha no curso da guerra precedente e depois dela e, de outro, as correntes de ideias que hoje reinam em nosso país. Na Inglaterra de hoje, assim como na Alemanha de ontem, tem-se a firme decisão de conservar para fins produtivos a organização elaborada para fins de defesa nacional".

8. *Ibid.*, p. 11: "Poucas pessoas estão prontas a reconhecer que a ascensão do fascismo e do nazismo foi, não uma reação contra as tendências socialistas do período anterior, mas um resultado inevitável dessas tendências".

9. Cf. *supra*, aula de 7 de fevereiro de 1979, pp. 150-1, a exposição dos mesmos argumentos por Röpke em 1943.

10. M. Foucault, em 1980, tomará na verdade uma direção bem diferente, pois, reatando sua temática do curso de 1978, consagrará seu curso ("Do governo dos vivos") ao problema do exame de consciência e da confissão no cristianismo primitivo. Cf. o resumo do curso, DE, IV, nº 289, pp. 125-9.

11. Essa tinha sido a tese dos militantes esquerdistas da Gauche Prolétarienne. Cf. *Les Temps Modernes* 310 bis: *Nouveau Fascisme, Nouvelle Démocratie*, 1972. Mas a observação de Foucault se relaciona sobretudo aos debates sobre a Alemanha, a propósito do terrorismo, que corriam então. A repressão policial contra a Fração do Exército Vermelho tinha se intensificado depois do assassinato do presidente do patronato alemão, H. M. Schleyer, por membros do grupo em outubro de 1977. Alguns dias depois, Baader e vários dos que estavam presos com ele foram encontrados mortos em sua cela na prisão de Stammheim, em Stuttgart. A tese oficial de suicídio foi objeto de viva contestação. Foucault, ao mesmo tempo que apoiava Klaus Croissant, o advogado da Fração do Exército Vermelho ameaçado de ser extraditado da França (cf. "Va-t-on extrader Klaus Croissant?", DE, III, nº 210, pp. 361-5, onde sem dúvida pela primeira vez teoriza o "direito dos governados, [...] mais preciso, mais historicamente determinado que os direitos do homem", p. 362), havia rompido com os que, vendo na Alemanha de Helmut Schmidt um Estado fascistizante, caucionavam a luta terrorista. Sobre a atitude de Foucault ante a "questão alemã", cf. *Sécurité, Territoire, Population*, "Situation des cours", pp. 386-7.

12. Richard Nixon (1913-1994), presidente dos Estados Unidos de 1968 a 1974.

13. James Earl (dito Jimmy) Carter (nascido em 1924), presidente dos Estados Unidos de 1976 a 1980.

14. Raymond Barre (nascido em 1924): professor de ciências econômicas, ex-diretor de gabinete do ministro da Indústria Jean-Marcel Jeannenay, depois comissário europeu em Bruxelas de julho de 1967 a dezembro de 1972, foi primeiro-ministro de agosto de 1976 a maio de 1981 e, paralelamente, ministro da Economia e Finan-

ças de agosto de 1976 a abril de 1978. Propôs, em 22 de setembro de 1976, um plano feito de medidas de austeridade, chamado mais tarde de "plano Barre", para combater a "estagflação" (crescimento fraco e inflação forte) surgida com a crise de 1974. Sobre os princípios que inspiraram essa política de luta contra a inflação, cf. R. Barre, *Une politique pour l'Avenir*, Paris, Plon, 1981, pp. 24-7. Cf. também, no mesmo volume (pp. 98-114), a reprodução de uma entrevista a Jean Boissonnat, publicada na revista *L'Expansion* de setembro de 1978, "Dialogue sur le libéralisme", na qual, depois de rejeitar o diagnóstico de uma crise do liberalismo, bem como a oposição, a seu ver superada, entre liberalismo e intervencionismo, R. Barre declara: "Se você entende por liberalismo econômico a doutrina do '*laissez faire, laissez passer*', eu certamente não sou liberal. Se você entende por liberalismo econômico a gestão descentralizada de uma economia moderna, que combine ao mesmo tempo a liberdade, acompanhada de responsabilidade, dos centros de decisão privados e a intervenção reguladora do Estado, então você pode me considerar um liberal" (pp. 105-6). Enunciando em seguida os princípios em que deve se inspirar, em sua opinião, a gestão de uma economia moderna – livre escolha dos agentes econômicos, responsabilidades do Estado em matéria de regulação global da atividade econômica, de manutenção da concorrência, de correção dos efeitos do mercado sobre o emprego, de distribuição mais equitativa da renda –, ele conclui: "Eis o meu liberalismo. Não se diferencia muito do que pensam e fazem certos governos social-democratas" (p. 107). Em seguida, ele faz explicitamente referência à "economia social de mercado", cujos resultados defende ante as críticas da Escola de Chicago: "[...] o liberalismo exacerbado da escola de Chicago não pode inspirar uma política eficaz" (p. 108).

15. C. Stoffaës, *La Grande Menace industrielle*, Paris, Calmann-Lévy, "Perspectives de l'économique", 1978; reed. aumentada: Le Livre de Poche, "Pluriel", 1979 (cito dessa segunda edição). Esse livro, que teve grande repercussão, se inscreve no prolongamento do de L. Stoléru, *L'Impératif industriel*, Paris, Le Seuil, 1969 ("Somente um *novo imperativo industrial*, réplica do imperativo de industrialização lançado há dez anos, permitirá enfrentar essa grande ameaça [do terceiro mundo em desenvolvimento e dos países superindustrializados]", p. 48).

16. Nascido em 1947, politécnico e engenheiro de Minas, diplomado em Harvard, Christian Stoffaës era então professor de economia industrial no Instituto de Estudos Políticos de Paris e, desde 1978,

diretor do Centro de Estudos e de Previsão, criado por André Giraud, ministro da Indústria.

17. C. Stoffaës, *La Grande Menace*..., quarta capa: "Rejeitando a tentação de transpor apressadamente os modelos alemão e japonês, o autor lança as bases de uma política industrial original que permitiria enfrentar o grande desafio a que nosso país está confrontado. O que está em jogo: o futuro da economia francesa".

18. *Ibid.*, pp. 742-3 (palavras grifadas por Stoffaës).

19. *Ibid.*, p. 743 (logo depois da citação precedente): "Se se quiser que as leis do mercado deem novo vigor à esfera econômica, será necessário que, paralelamente, a imaginação retome o poder na esfera coletiva. Ao contrário do que se ouve com tanta frequência dizer, não há incompatibilidade entre uma economia de mercado eficaz aberta ao mundo e um projeto social avançado que iria muito mais depressa no sentido de reduzir as desigualdades das fortunas, da renda e das oportunidades e, sobretudo, de redistribuir os poderes na empresa e na vida pública".

20. Valéry Giscard d'Estaing: ministro da Economia e Finanças de 1962 a 1966 [na França], na presidência do general De Gaulle, e de 1969 a 1974, na de Georges Pompidou; presidente da República a partir de maio de 1974.

21. Cf. *supra*, aula de 10 de janeiro de 1979, p. 17.

22. Sobre o v Plano (1965-1970), ver o *Rapport sur les options principales du Ve Plan de développement économique et social*, Paris, La Documentation française, 1964. Cf. A. Gauron, *Histoire économique et sociale de la Ve République*, t. 1, *Le Temps des modernistes (1958-1969)*, Paris, La Découverte/Maspero, 1983, pp. 85-94, "Le Ve Plan ou l'impératif de concentration". "Numa economia de mercado, orientada pelo plano", precisa o relatório do v Plano, "a responsabilidade principal pelo desenvolvimento industrial pertence aos empresários. Da iniciativa deles depende o sucesso da política cujos objetivos e cujos meios são decididos no Plano." Mas, acrescenta o comissário para o Plano, seria "contrário à prudência entregar a economia a um *laissez-faire* cujas consequências não se teria procurado avaliar e, caso necessário, modificar" (*Sur les options principales du Ve Plan*, p. 72, citado por A. Gauron, *op. cit.*, p. 87, que comenta: "O comissário geral para o Plano não preconiza portanto uma nova forma de 'economia mista': a complementaridade entre plano e mercado reconhece e organiza a preeminência das leis de mercado sobre os objetivos do plano,

logo das decisões capitalistas sobre a política governamental. Ele sugere, com palavras ainda veladas, que isso supõe uma transformação profunda do modo de intervenção estatal [...]", *ibid*.). Sobre os objetivos econômicos e sociais dos quatro planos precedentes, desde o fim da guerra, cf. por exemplo P. Massé, *Le Plan, ou l'Anti-hasard*, Paris, Gallimard, "Idées", 1965, pp. 146-51; P. Bauchet, *La Planification française du premier au sixième plan*, Paris, Le Seuil, 5ª ed., 1970.

23. Antoine Pinay (1891-1994) acumulou a presidência do Conselho com o ministério das Finanças, de março a dezembro de 1952. Consagrou-se com sucesso, nesse curto período, à estabilização do franco e enfrentou o mal-estar social com diversas medidas de estabilização.

24. No dia 10 de junho de 1958, Jacques Rueff enviou a Antoine Pinay, nomeado ministro das Finanças e Assuntos Econômicos pelo general De Gaulle, uma nota intitulada "Élements pour un programme de rénovation économique et financière", em que preconizava a "restauração de uma moeda francesa", segundo a sua doutrina da ordem financeira, tendo em vista combater a inflação. Essa nota serviu de base, a despeito das reservas de A. Pinay, para a criação de uma comissão de especialistas que se reuniu de setembro a dezembro de 1958, sob a presidência de J. Rueff, e apresentou um projeto de plano de grande austeridade, apoiado por De Gaulle, que foi adotado no fim de dezembro pelo Conselho de ministros. Esse plano comportava três decisões fundamentais: "uma desvalorização enérgica, um aumento dos encargos fiscais, a liberalização do comércio exterior" (J. Lacouture, *De Gaulle*, Paris, Le Seuil, t. 2, 1985, p. 672).

25. Criada pelo governo provisório da República francesa (decreto de 4 de outubro de 1945), conforme o compromisso do Conselho Nacional da Resistência (o CNR, de que era membro A. Parodi, ministro do Trabalho em 1945), a Segurança Social tinha por missão "livrar os trabalhadores da incerteza do amanhã", geradora de um "sentimento de inferioridade" e "base real e profunda da distinção das classes". O decreto foi seguido de uma série de leis, até maio de 1946. Sobre a gênese do plano francês de Segurança Social, cf. H. C. Galant, *Histoire politique de la Sécurité sociale: 1945-1952*, pref. de P. Laroque, Paris, Hachette, 1974 (reprodução da ed.: Paris, A. Colin, "Cahiers de la Fondation nationale des sciences politiques", 76, 1955); N. Kerschen, "L'influence du rapport Beveridge sur le plan français de sécurité sociale de 1945", art. cit. [*supra*, p. 175, nota 38]. Sobre o programa social do CNR, cf. *supra*, p. 131, nota 15.

26. Pierre Laroque (1907-1997): jurista, especialista em direito trabalhista. Conselheiro de Estado, diretor-geral de seguro social do ministério do Trabalho, foi encarregado por A. Parodi, em setembro de 1944, de elaborar o plano de Seguridade Social. Presidiu a comissão de história da Seguridade Social de 1973 a 1989. Cf. *Revue française des affaires sociales*, nº especial *Quarante ans de Sécurité sociale*, julho-setembro de 1985. Presidiu a seção social do Conselho de Estado de 1964 a 1980.

27. P. Laroque, "La Sécurité sociale dans l'économie française" (conferência pronunciada no clube Échos, no sábado 6 de novembro de 1948), Paris, Fédération nationale des organismes de sécurité sociale, [s.d.], pp. 3-22.

28. *Ibid.*, pp. 15-6: "Fala-se com frequência dos encargos, mas fala-se raramente da contribuição da Seguridade Social à economia. Essa contribuição não é desprezível, porém. Todo industrial considera normal e necessário arrecadar sobre as suas receitas as somas indispensáveis para a manutenção do seu material. Ora, a Seguridade Social representa, em larguíssima medida, a manutenção do capital humano do país. [...] nossa economia necessita e necessitará cada vez mais de braços. [...] É essa uma das tarefas essenciais que a Seguridade Social deve se propor: fornecer homens à economia francesa. A Seguridade Social é, assim, um fator essencial da conservação e do desenvolvimento da mão de obra: quanto a isso, ela tem uma importância inegável para a economia do país".

29. *Ibid.*, p. 6: "A Seguridade Social aparece-nos, portanto, como *a garantia dada a cada um de que em todas as circunstâncias ela será capaz de assegurar, em condições decentes, sua subsistência e a das pessoas a seu encargo*". Esse princípio havia sido formulado por P. Laroque já em 1946 ("Le plan français de sécurité sociale", *Revue française du travail*, 56 (6), 1948, p. 621). Cf. N. Kerschen, "L'influence du rapport Beveridge...", p. 577.

30. P. Laroque, "La Sécurité sociale dans l'économie française", conferência citada, p. 17: "[...] o aumento dos encargos sociais incidiu integralmente sobre os salários e [...] por si próprio não onerou de forma alguma os preços de custo da economia. Na realidade, a Seguridade Social se limita a redistribuir uma fração da massa da renda dos assalariados. [...] Estamos diante de uma solidariedade imposta à massa dos assalariados, em benefício de seus filhos e de seus idosos".

31. *Ibid.*: "Podemos até mesmo ir mais longe e afirmar sem para-

doxo que a Seguridade Social possibilitou uma redução dos encargos que pesam sobre a economia do país, evitando aumentos de salários que, sem ela, teriam sido consideráveis e dificilmente evitáveis".

32. *Revue française des affaires sociales*, nº especial: *Perspectives de la sécurité sociale*, julho-setembro de 1976. Trata-se de um conjunto de relatórios redigidos pelos alunos da ENA (turma GUERNICA) no âmbito dos seus seminários, cada um desses seminários sendo concebido como "o estudo pluridisciplinar de um problema administrativo com vistas a encontrar uma solução 'operacional' para ele" (G. Dupuis, *ibid.*, p. IV). M. Foucault se baseia, neste parágrafo, no primeiro relatório, "Le financement du régime général de sécurité sociale", redigido por P. Begault, A. Bodon, B. Bonnet, J.-C. Bugeat, G. Chabost, D. Demangel, J.-M. Grabarsky, P. Masseron, B. Pommies, D. Postel-Vinay, E. Rigal e C. Vallet (pp. 5-66).

33. M. Foucault resume aqui, despojando-a de todo o seu tecnicismo, a análise desenvolvida na segunda seção ("Le mode de financement actuel du régime général n'est pas neutre au regard de l'activité économique") da primeira parte ("La nécessité et les principes d'une réforme") do relatório supracitado, pp. 21-7. O parágrafo 2.3 ("L'incidence des cotisations sur l'emploi") termina com estas palavras: "A base de cálculo e o limite máximo para as contribuições parecem, assim, desfavoráveis ao emprego no curto prazo".

34. *Ibid.*, parágrafo 2.4, pp. 24-7: "L'incidence des cotisations sur la concurrence internationale". No entanto, o relatório, embora saliente que "as distorções geradas na concorrência internacional por sistemas diferentes de financiamento dos gastos sociais podem comprometer a competitividade da indústria francesa" (p. 26), precisa que "essas distorções são mais que compensadas por dois elementos [a fraqueza relativa dos gastos sociais e do nível dos salários na França]" e conclui assim: "Definitivamente, não parece portanto que a competitividade das empresas francesas seja debilitada pelo tamanho dos encargos sociais que elas suportam; e os prejuízos à neutralidade na concorrência internacional que resultam do atual sistema de financiamento da Seguridade Social são suficientemente compensados de outras formas, para não justificar por si sós uma reforma desse sistema".

35. *Ibid.*, parágrafo 3, pp. 28-34: "O atual modo de financiamento do regime geral agrava as desigualdades de salário entre as diferentes categorias de assalariados".

36. *Ibid.*, p. 21: "O recolhimento realizado para financiar o regime geral supera 12% do PIB e comporta, por esse simples fato, consequências econômicas. Ora, o objetivo da Seguridade Social não é de natureza econômica e as modalidades do seu financiamento não deveriam constituir, falseando a lei do mercado, um elemento de política econômica. A Seguridade Social deve permanecer neutra a esse respeito".

37. Cf. *supra*, aula de 14 de janeiro de 1979.

38. Cf. *supra*, nota 20.

39. *Économie et société humaine. Rencontres internationales du ministère de l'Économie et des Finances (Paris, 20-22 juin 1972)*, pref. de Valéry Giscard d'Estaing, apresentação de L. Stoléru, Paris, Denoël, 1972. Lionel Stoléru (nascido em 1937) era então conselheiro técnico do Gabinete de Valéry Giscard d'Estaing. M. Foucault teve a ocasião de se encontrar frequentemente com ele.

40. *Ibid.*, p. 445: "[...] a diversidade das funções do Estado que os economistas dividiram, há tempo, em três categorias:

(1) A função de redistribuição: o Estado transfere dos mais ricos aos mais pobres;

(2) A função de alocação: o Estado produz bens coletivos: educação, saúde, rodovias;

(3) A função de regulação: o Estado regula e sustenta o crescimento e o pleno emprego com sua política conjuntural".

41. *Ibid.* (continuação da declaração precedente): "Ora, embora essas três funções sejam efetivamente distintas no plano intelectual, não o são na prática: o mesmo imposto financia indiferentemente as rodovias e os déficits da Seguridade Social, o mesmo gasto serve ao mesmo tempo para produzir tendo em vista aumentar a rede ferroviária e para subvencionar as famílias numerosas que viajam de trem".

42. *Ibid.* (continuação da citação precedente): "Eu me pergunto se esse misto de gêneros é conforme à justiça social e gostaria de submeter aqui à reflexão de vocês uma ideia pessoal:

Não se deveria dissociar o que corresponde às necessidades da expansão econômica do que pertence à preocupação com a solidariedade e a justiça social?".

43. *Ibid.* (continuação da citação precedente): "Pode-se imaginar um sistema em que cada cidadão pagaria seus impostos de duas formas distintas: o imposto econômico e o imposto social?".

44. *Ibid.*, p. 439: "O que caracteriza a economia de mercado é, sobretudo:

– que existem regras do jogo que permitem tomadas de decisão descentralizadas,
– que essas regras são as mesmas para todos".

45. *Ibid.*, p. 444: "[...] ainda haverá por muitos anos um enfrentamento entre o mecanismo de produção e os mecanismos de proteção do indivíduo: isso significa que somente o Estado poderá assegurar a arbitragem entre esses dois mecanismos e que deverá intervir cada vez mais, não de maneira burocrática, mas para estabelecer as regras de um jogo um tanto particular, pois que nenhum dos jogadores, nenhum dos parceiros, deve correr o risco de perder".

46. Depois de ter sido conselheiro técnico do ministério da Economia e Finanças de 1969 a 1974 (cf. *supra*, nota 39), Lionel Stoléru exerceu, de 1974 a 1976, a função de conselheiro econômico do Eliseu. Ele era, desde 1978, secretário de Estado do ministério do Trabalho e da Participação (Trabalho Manual e Imigração).

47. O VII Plano corresponde aos anos de 1976-1980.

48. C. Stoffaës, "Rapport du groupe d'étude de l'impôt négatif. Commissariat du Plan", Paris, 1973-74; *id.*, "De l'impôt négatif sur le revenu", *Contrepoint*, 11, 1973; L. Stoléru, "Coût et efficacité de l'impôt négatif", *Revue économique*, outubro de 1974; *id.*, *Vaincre la pauvreté dans les pays riches*, Paris, Flammarion, "Champs", 1977, 2ª parte, pp. 117-209, "L'impôt négatif, simple remède ou panacée?". A esse respeito, cf. H. Lepage, *Demain le capitalisme*, *op. cit.* [*supra*, p. 210, nota 23], pp. 280-3: "A teoria do imposto negativo sobre a renda é simples: trata-se de definir *um limiar de pobreza* em termos de renda anual, função do tamanho da família (pessoa sozinha ou casal com filhos), e de dar às famílias deficientes em relação à linha de pobreza um subsídio que lhes permita anular essa diferença. Em outras palavras, é *um sistema de renda mínima garantida pela coletividade*" (p. 280, n. 1). O imposto negativo foi novamente objeto de um debate no seio da esquerda, no governo de Lionel Jospin, em 2000-01. Cf., por exemplo, D. Cohen, "Impôt négatif: le mot et la chose", *Le Monde*, 6 de fevereiro de 2001.

49. Cf. L. Stoléru, *Vaincre la pauvreté*..., pp. 138-46, "Les incitations au travail: comment décourager l'oisiveté?", e p. 206: "Fora de qualquer outra adjunção administrativa, o sistema de imposto negativo se preocupa em desincentivar o ócio por meio das suas alíquotas. O incentivo consiste em zelar para que cada pessoa tenha sempre interesse em trabalhar, e em trabalhar mais, para melhorar sua renda final, que é a soma de seus ganhos e do subsídio recebido. O incentivo

é tanto mais forte quanto mais lentamente o subsídio diminui quando os ganhos aumentam, isto é, quando a alíquota é mais baixa".

50. L. Stoléru, *ibid.*, p. 242; cf. igualmente pp. 205-6: "O imposto negativo é [...] totalmente incompatível com as concepções sociais que querem saber por que a pobreza existe, antes de acudi-la. [...] Logo, aceitar o imposto negativo é aceitar uma concepção universalista da pobreza baseada na necessidade de ajudar os que são pobres sem procurar saber de quem é a culpa por sua pobreza, isto é, baseada na situação e não na origem".

51. Cf. *ibid.*, pp. 23-4: "No primeiro caso [o da *pobreza absoluta*], falaremos de 'mínimo vital', de limiar de subsistência, de orçamento padrão, de necessidades elementares [...]. No segundo caso [o da *pobreza relativa*], falaremos de *diferença* entre os mais pobres e os mais ricos, de *abertura* do leque de renda, de *hierarquia* dos salários, de *disparidades* de acesso aos bens coletivos, mediremos coeficientes de desigualdade de distribuição de renda." Cf. igualmente pp. 241-2; 292: "A fronteira entre pobreza absoluta e pobreza relativa é a fronteira entre capitalismo e socialismo".

52. Cf. *supra*, aula de 14 de fevereiro de 1979, p. 214, nota 45.

AULA DE 14 DE MARÇO DE 1979

> O neoliberalismo americano. Seu contexto. – Diferenças entre os neoliberalismos americano e europeu. – O neoliberalismo americano como reivindicação global, foco utópico e método de pensamento. – Aspectos desse neoliberalismo: (1) A teoria do capital humano. Os dois processos que ela representa: (a) uma incursão da análise econômica no interior do seu próprio campo: crítica da análise clássica do trabalho em termos de fator tempo; (b) uma extensão da análise econômica a campos considerados até então não econômicos. – A mutação epistemológica produzida pela análise neoliberal: da análise dos processos econômicos à análise da racionalidade interna dos comportamentos humanos. – O trabalho como conduta econômica. – Sua decomposição em capital-competência e renda. – A redefinição do *homo oeconomicus* como empreendedor de si mesmo. – A noção de "capital humano". Seus elementos constitutivos: (a) os elementos inatos e a questão da melhoria do capital humano genético; (b) os elementos adquiridos e o problema da formação do capital humano (educação, saúde etc.). – Interesse dessas análises: retomada do problema da inovação social e econômica (Schumpeter). Uma nova concepção da política de crescimento.

Hoje*, gostaria de começar a lhes falar do que está se tornando, aliás, um lugar-comum na França[1]: o neoliberalismo americano. Vou considerar apenas, é claro, alguns aspectos, os que podem ser mais pertinentes para o gênero de análise que lhes sugiro[2].

Algumas banalidades, claro, para começar. O neoliberalismo americano desenvolveu-se num contexto que não é muito diferente daquele em que se desenvolveram o neoliberalismo alemão e o que poderíamos chamar de neoliberalismo francês. Ou seja, os três principais elementos de contexto

....
* M. Foucault anuncia no início desta aula que vai "ser obrigado a sair às onze horas, porque [tem] uma reunião".

desse desenvolvimento do neoliberalismo americano foram primeiro, é claro, a existência do New Deal e a crítica ao New Deal e a essa política que poderíamos chamar, *grosso modo*, de keynesiana, desenvolvida a partir de 1933-34 por Roosevelt. O texto primeiro, fundador, desse neoliberalismo americano, escrito em 1934 [por] Simons[3], que foi o pai da Escola de Chicago, é um artigo que se chama "Um programa positivo para o *laissez-faire*"[4].

O segundo elemento de contexto é, evidentemente, o plano Beveridge e todos aqueles projetos de intervencionismo econômico e de intervencionismo social que foram elaborados durante a guerra[5]. Todos esses elementos tão importantes que poderíamos chamar, se vocês quiserem, de pactos de guerra, esses pactos pelos termos dos quais os governos – essencialmente o governo inglês e até certo ponto o governo americano – diziam às pessoas que tinham acabado de atravessar uma crise econômica e social muito grave: agora pedimos a vocês para darem a sua vida, mas prometemos que, feito isso, vocês manterão seus empregos até o fim dos seus dias. Todo esse conjunto de documentos, todo esse conjunto de análises, de programas, de pesquisas seria interessantíssimo estudá-lo por si mesmo, porque me parece, salvo engano aliás, que é a primeira vez afinal que nações inteiras fizeram a guerra a partir de um sistema de pactos, que não eram simplesmente os pactos internacionais de aliança entre potência e potência, mas uma [espécie] de pactos sociais segundo os quais [elas] prometiam – àqueles mesmos que [elas] pediam para fazer a guerra e dar a vida, portanto – um certo tipo de organização econômica, de organização social, em que a segurança (segurança do emprego, segurança em relação às doenças, às diversas vicissitudes, segurança quanto à aposentadoria) seria assegurada. Pactos de segurança no momento em que havia demanda de guerra. E a demanda de guerra por parte dos governos foi acompanhada continuamente e bem cedo – desde 1940, na Inglaterra, vocês têm textos sobre esse tema

– por essa oferta de pacto social e de segurança. Foi contra esse conjunto de programas sociais que, mais uma vez, Simons redigiu um certo número de textos e de artigos críticos. O mais interessante é sem dúvida um artigo que se chama "Program Beveridge: an unsympathetic interpretation"[6] – nem é preciso traduzir, o próprio título indica muito bem o sentido dessa crítica.

Em terceiro lugar, terceiro elemento de contexto, estão evidentemente todos os programas sobre a pobreza, a educação, a segregação, que se desenvolveram na América desde a administração Truman[7] até a administração Johnson[8] e através desses programas, claro, o intervencionismo de Estado, o crescimento da administração federal etc.

Creio que esses três elementos – a política keynesiana, os pactos sociais de guerra e o crescimento da administração federal através dos programas econômicos e sociais –, foi tudo isso que constituiu o adversário, o alvo do pensamento neoliberal, que foi aquilo em que ele se apoiou ou a que ele se opôs, para se formar e para se desenvolver. Vocês estão vendo que esse contexto imediato é evidentemente do mesmo tipo daquele que encontramos, por exemplo, na França, onde o neoliberalismo também se definiu por oposição à Frente Popular[9], às políticas keynesianas do pós-guerra [e] à planificação.

Penso no entanto que entre esse neoliberalismo à europeia e esse neoliberalismo à americana há certo número de diferenças maciças. Elas também, como sabemos, saltam aos olhos. Vou simplesmente recordá-las. Primeiro, o liberalismo americano, no momento em que se formou historicamente, isto é, bem cedo, já no século XVIII, não se apresentou como na França a título de princípio moderador em relação a uma razão de Estado preexistente, pois são precisamente, ao contrário, reivindicações de tipo liberal, reivindicações essencialmente econômicas aliás, que foram o ponto de partida histórico da formação da independência dos Estados Unidos[10]. Ou seja, o liberalismo desempenhou nos Estados Unidos, no período da guerra de Independência, mais ou menos o mesmo papel, ou um papel relativamente análogo ao que o liberalismo desempenhou na Alemanha em 1948. Foi a título de princípio fundador e legitimador do Estado que o liberalismo foi convocado. Não é o Estado que se autolimita pelo liberalismo, é a exigência de um liberalismo que se torna fundador de Estado. Isso, creio eu, é um dos traços do liberalismo americano.

Segundo, o liberalismo americano não parou de estar, é claro, no âmago de todos os debates políticos dos Estados Unidos por dois séculos, quer se trate da política econômica, do protecionismo, do problema do ouro e da prata, do bimetalismo; quer se trate do problema da escravidão; quer se trate do problema do estatuto e do funcionamento da instituição judiciária; quer se trate da relação entre os indivíduos e os diferentes Estados, entre os diferentes Estados e o Estado federal. Podemos dizer que a questão do liberalismo foi o elemento recorrente de toda a discussão e de todas as opções políticas dos Estados Unidos. Digamos, se vocês quiserem, que enquanto na Europa os elementos recorrentes do debate político no século XIX foram, ou a unidade da nação, ou sua independência, ou o Estado de direito, nos Estados Unidos foi o liberalismo.

Enfim, terceiro, em relação a esse fundo permanente do debate liberal, o não liberalismo – quero dizer, essas políticas intervencionistas, seja uma economia de tipo keynesiano, sejam as programações, os programas econômicos ou sociais – se apresentou, principalmente a partir do meado do século XX, como um corpo estranho, elemento ameaçador tanto na medida em que se tratava de introduzir objetivos que poderíamos dizer socializantes, como na medida em que se tratava também de assentar internamente as bases de um Estado imperialista e militar, de tal sorte que a crítica desse não liberalismo pôde encontrar uma dupla ancoragem: à direita, em nome precisamente de uma tradição liberal histórica e economicamente hostil a tudo o que pode soar socialista; e à esquerda, na medida em que se tratava de fazer não apenas a crítica, mas também travar a luta cotidiana contra o desenvolvimento de um Estado imperialista e militar. Donde o equívoco, o que parece ser, [para] vocês, um equívoco nesse neoliberalismo americano, pois nós o vemos aplicado, reativado, tanto à direita como à esquerda.

Em todo caso, creio que podemos dizer o seguinte: por todas essas razões históricas totalmente banais que acabo de evocar, o liberalismo americano não é – como é na França destes dias, como ainda era na Alemanha no imediato pós-guerra – simplesmente uma opção econômica e política formada e formulada pelos governantes ou no meio governamental. O liberalismo, nos Estados Unidos, é toda uma maneira de ser e de pensar. É um tipo de relação entre governantes e governados, muito mais que uma técnica dos governantes em relação aos governados. Digamos, se preferirem, que, enquanto num país como a França o contencioso dos indivíduos em relação ao Estado gira em torno do problema do serviço e do serviço público, o contencioso nos [Estados Unidos] entre os indivíduos e o governo adquire ao contrário o aspecto do problema das liberdades. É por isso que eu creio que o liberalismo americano, atualmente, não se apresenta apenas, não se apresenta tanto como uma alternativa política, mas digamos que é uma espécie de reivindicação global, multiforme, ambígua, com ancoragem à direita e à esquerda. É também uma espécie de foco utópico sempre reativado. É também um método de pensamento, uma grade de análise econômica e sociológica. Vou me referir a alguém que não é exatamente um americano, pois é um austríaco de que falamos várias vezes, mas foi para a Inglaterra e para os Estados Unidos antes de voltar para a Alemanha. É Hayek, que dizia, há alguns anos: precisamos de um liberalismo que seja um pensamento vivo. O liberalismo sempre deixou por conta dos socialistas o cuidado de fabricar utopias, e foi a essa atividade utópica ou utopizante que o socialismo deveu muito do seu vigor e do seu dinamismo histórico. Pois bem, o liberalismo também necessita de utopia. Cabe-nos fazer utopias liberais, cabe-nos pensar no modo do liberalismo, em vez de apresentar o liberalismo como uma alternativa técnica de governo[11]. O liberalismo como estilo geral de pensamento, de análise e de imaginação.

Eis, se vocês quiserem, alguns traços gerais, por alto, que talvez permitam distinguir um pouco o neoliberalismo americano desse neoliberalismo que vimos ser aplicado na Alemanha e na França. É precisamente por esse viés do modo de pensamento, do estilo de análise, da grade de decifração histórica e sociológica, é por aí que gostaria de pôr a nu certos aspectos do neoliberalismo americano, dado que não tenho a menor vontade nem a possibilidade de estudá-lo em todas as suas dimensões. Gostaria em particular de tomar dois elementos que são ao mesmo tempo métodos de análise e tipos de programação e me parecem interessantes nessa concepção neoliberal americana: primeiro, a teoria do capital humano e, segundo, por razões que vocês imaginam, claro, o programa da análise da criminalidade e da delinquência.

Primeiro, a teoria do capital humano[12]. O interesse, creio, dessa teoria do capital humano está no seguinte: é que essa teoria representa dois processos, um que poderíamos chamar de incursão da análise econômica num campo até então inexplorado e, segundo, a partir daí e a partir dessa incursão, a possibilidade de reinterpretar em termos econômicos e em termos estritamente econômicos todo um campo que, até então, podia ser considerado, e era de fato considerado, não econômico.

Primeiro, uma incursão da análise econômica dentro, de certa forma, do seu próprio campo, mas num ponto em que, precisamente, ela tinha ficado bloqueada ou, em todo caso, suspensa. De fato, os neoliberais americanos dizem o seguinte: é estranho, a economia política clássica sempre indicou, e indicou solenemente, que a produção de bens dependia de três fatores: a terra, o capital e o trabalho. Ora, dizem eles, o trabalho sempre permaneceu inexplorado. Ele foi, de certo modo, a página em branco na qual os economistas não escreveram nada. Claro, pode-se dizer que a economia de Adam Smith começa por uma reflexão sobre o trabalho, na medida em que é a divisão do trabalho e sua especificação que constituíram, para Adam Smith, a chave a partir da qual ele pôde constituir sua análise econômica[13]. Mas à parte essa espécie de primeira incursão, de primeira abertura, e desde esse momento, a economia política clássica nunca analisou o trabalho propriamente, ou antes, empenhou-se em neutralizá-lo, e em neutralizá-lo restringindo-o exclusivamente ao fator tempo. Foi o que fez Ricardo quando, querendo analisar o que era o aumento do trabalho, o fator trabalho, nunca definiu esse aumento senão de maneira quantitativa e segundo a variável temporal. Vale dizer que ele considerou que o aumento do trabalho ou a mudança, o crescimento do fator trabalho não podia ser nada mais que a presença no mercado de um número adicional de trabalhadores, ou seja, de novo, a possibilidade de utilizar mais horas de trabalho postas assim à disposição do capital[14]. Neutralização, por conseguinte, da própria natureza do trabalho, em benefício exclusivo dessa variável quantitativa de horas de trabalho e de tempo de trabalho, e dessa redução ricardiana do problema do trabalho à simples análise da variável quantitativa de tempo – disso, no fundo, a economia clássica nunca saiu[15]. E, afinal de contas, existe em Keynes uma análise do trabalho, ou melhor, uma não análise do trabalho, que não é tão diferente, que não é tão mais elaborada do que a não análise do próprio Ricardo, pois o que é o trabalho para Keynes? É um fator de produção, um fator produtor, mas que é em si passivo e não encontra emprego, não encontra atividade, atualidade, a não ser graças a certa taxa de investimento, contanto que esta seja evidentemente bem elevada[16]. O problema dos neoliberais, a partir dessa crítica que fazem da economia clássica e da análise do trabalho na economia clássica, é, no fundo, tentar reintroduzir o trabalho no campo da análise econômica. Foi o que tentou fazer certo número deles, sendo o primeiro Theodore Schultz[17], que, no correr dos anos 1950-60, publicou um certo número de artigos cujo inventário se encontra num livro publicado em 1971 chamado *Investment in Human Capital*[18]. Gary Becker[19] publicou, mais ou menos nos mesmos anos, um livro com o mesmo título[20], e vocês têm um terceiro texto que é bastante fundamental e mais concreto, mais preciso do que os outros, que é o de Mincer[21] sobre a escola e o salário, publicado em 1975[22].

Para dizer a verdade, essa crítica que o neoliberalismo faz à economia clássica, de esquecer o trabalho e nunca tê-lo feito passar pelo filtro da análise econômica, essa crítica pode parecer estranha quando se pensa afinal de contas que, ainda que seja verdade que Ricardo reduziu inteiramente a análise do trabalho à análise da variável quantitativa do tempo, há em compensação alguém que se chama Marx e... etc. Bom. Os neoliberais praticamente não discutem nunca com Marx por razões que talvez possamos ver como sendo as do esnobismo econômico, pouco importa. Mas creio que, se eles se dessem ao trabalho de discutir com Marx, é fácil imaginar o que poderiam dizer a [propósito da] análise de Marx. Eles diriam: é verdade que Marx faz do trabalho, no fundo, o eixo, um dos eixos essenciais da sua análise. Mas o que faz Marx quando analisa o trabalho? Ele mostra que o operário vende o quê? Não seu trabalho, mas sua força de trabalho. Ele vende a sua força de trabalho por certo tempo, e isso em troca de um salário estabelecido a partir de certa situação de mercado que corresponde ao equilíbrio entre a oferta e a procura de força de trabalho. E o trabalho que o operário faz é um trabalho que cria valor, parte do qual lhe é extorquido. Nesse processo Marx enxerga evidentemente a própria mecânica ou a própria lógica do capitalismo, lógica que consiste em quê? Pois bem, no seguinte: o trabalho, por tudo isso, é "abstrato"*, isto é, o trabalho concreto transformado em força de trabalho, medido pelo tempo, posto no mercado e retribuído como salário não é o trabalho concreto; é um trabalho que está, ao contrário, amputado de toda a sua realidade humana, de todas as suas variáveis qualitativas, e justamente – é bem isso, de fato, o que Marx mostra – a mecânica econômica do capitalismo, a lógica do capital só retém do trabalho a força e o tempo. Faz dele um produto mercantil e só retém seus efeitos de valor produzido.

Ora, dizem os neoliberais – e é justamente aí que a análise deles se separaria da crítica feita por Marx –, essa "abstração"**, para Marx, é culpa de quem? É culpa do próprio capitalismo. Ela é culpa da lógica do capital e da sua realidade histórica. Ao passo que os neoliberais dizem: essa abstração do trabalho, que efetivamente só aparece através da variável tempo, ela não é obra do capitalismo real, [mas] da teoria econômica que foi feita da produção capitalista. A abstração não vem da mecânica real dos processos econômicos, ela vem da maneira como foi pensada na economia clássica. E é precisamente porque a economia clássica não foi capaz de se encarregar da análise do trabalho em sua especificação concreta e em suas modulações qualitativas, é precisamente porque ela deixou essa página em branco, essa lacuna, esse vazio em sua teoria, que precipitaram sobre o trabalho toda uma filosofia, toda uma antropologia, toda uma política de que Marx é precisamente o representante. Por conseguinte, o que há que fazer não é em absoluto continuar a crítica de certo modo realista de Marx, criticando o capitalismo real por ter abstraído a realidade do trabalho; é preciso fazer uma crítica teórica da maneira como, no discurso econômico, o próprio trabalho apareceu como abstrato. E, dizem os neoli-

....
* Entre aspas no manuscrito.
** Entre aspas no manuscrito.

berais, se os economistas veem o trabalho de maneira tão abstrata, se eles deixam escapar a especificação, as modulações qualitativas e os efeitos econômicos dessas modulações qualitativas, é, no fundo, porque os economistas clássicos nunca encaram o objeto da economia senão como processos – do capital, do investimento, da máquina, do produto etc.

Ora, creio que é aqui que há que reinserir as análises neoliberais em seu contexto geral. O que, afinal, é a mutação epistemológica essencial dessas análises neoliberais é que elas pretendem mudar o que havia constituído de fato o objeto, o domínio de objetos, o campo de referência geral da análise econômica. Praticamente, a análise econômica de Adam Smith, até o início do século XX, tinha, como objeto, *grosso modo*, o estudo dos mecanismos de produção, dos mecanismos de troca e dos fatos de consumo no interior de uma estrutura social dada, com as interferências desses três mecanismos. Ora, para os neoliberais, a análise econômica deve consistir, não no estudo desses mecanismos, mas no estudo da natureza e das consequências do que chamam de opções substituíveis, isto é, o estudo e a análise da maneira como são alocados recursos raros para fins que são concorrentes, isto é, para fins que são alternativos, que não podem se superpor uns aos outros[23]. Em outras palavras, têm-se recursos raros, tem-se, para a utilização eventual desses recursos raros, não um só fim ou fins que são cumulativos, mas fins entre os quais é preciso optar, e a análise econômica deve ter por ponto de partida e por quadro geral de referência o estudo da maneira como os indivíduos fazem a alocação desses recursos raros para fins que são fins alternativos.

Eles adotam, ou antes, aplicam uma definição de objeto econômico que havia sido proposta em 1930 ou 1932, não me lembro mais, por Robbins[24], que, pelo menos desse ponto de vista, também pode passar por um dos fundadores da doutrina econômica neoliberal: "A economia é a ciência do comportamento humano, a ciência do comportamento humano como uma relação entre fins e meios raros que têm usos mutuamente excludentes"[25]. Vocês veem que essa definição da economia lhe propõe como tarefa, não a análise de um mecanismo relacional entre coisas ou processos, do gênero capital, investimento, produção, em que, nesse momento, o trabalho se encontra de fato inserido somente a título de engrenagem; ela lhe dá por tarefa a análise de um comportamento humano e da racionalidade interna desse comportamento humano. O que a análise deve tentar esclarecer é qual cálculo, que aliás pode ser despropositado, pode ser cego, que pode ser insuficiente, mas qual cálculo fez que, dados certos recursos raros, um indivíduo ou indivíduos tenham decidido atribuí-los a este fim e não àquele. A economia já não é, portanto, a análise da lógica histórica de processo, é a análise da racionalidade interna, da programação estratégica da atividade dos indivíduos.

E, com isso, o que quererá dizer fazer a análise econômica do trabalho, o que quererá dizer reinserir o trabalho na análise econômica? Não: saber onde o trabalho se situa entre, digamos, o capital e a produção. O problema da reintrodução do trabalho no campo da análise econômica não consiste em se perguntar a quanto se compra o trabalho, ou o que é que ele produz tecnicamente, ou qual valor o trabalho acrescenta. O problema fundamental, essencial, em todo caso primeiro, que se colocará a partir do momento em que se pretenderá fazer a análise do trabalho em termos econômicos será saber como quem trabalha utiliza os recursos de que dispõe. Ou seja, será necessário, para introduzir o trabalho no campo da análise econômica, situar-se do ponto de vista de quem trabalha; será preciso estudar o trabalho como conduta econômica, como conduta econômica praticada, aplicada, racionalizada, calculada por quem trabalha. O que é trabalhar, para quem trabalha, e a que sistema de opção, a que sistema de racionalidade essa atividade de trabalho obedece? E, com isso, se poderá ver, a partir dessa grade que projeta sobre a atividade de trabalho um princípio de racionalidade estratégica, em que e como as diferenças qualitativas de trabalho podem ter um efeito de tipo econômico. Situar-se, portanto, do ponto de vista do trabalhador e fazer, pela primeira vez, que o trabalhador seja na análise econômica não um objeto, o objeto de uma oferta e de uma procura na forma de força de trabalho, mas um sujeito econômico ativo.

Pois bem, a partir dessa tarefa, como é que eles fazem? Alguém como Schultz, alguém como Becker diz: no fundo, por que é que as pessoas trabalham? Trabalham, é claro, para ter um salário. Ora, o que é um salário? Um salário é simplesmente uma renda. Do ponto de vista do trabalhador, o salário não é o preço de venda da sua força de trabalho, é uma renda. E então os neoliberais americanos se referem à velha definição, que data do início do século XX, de Irving Fisher[26], que dizia: o que é uma renda? Como se pode definir uma renda? Uma renda é simplesmente o produto ou o rendimento de um capital. E, inversamente, chamar-se-á "capital" tudo o que pode ser, de uma maneira ou de outra, uma fonte de renda futura[27]. Por conseguinte, a partir daí, se se admite que o salário é uma renda, o salário é portanto a renda de um capital. Ora, qual é o capital de que o salário é a renda? Pois bem, é o conjunto de todos os fatores físicos e psicológicos que tornam uma pessoa capaz de ganhar este ou aquele salário, de sorte que, visto do lado do trabalhador, o trabalho não é uma mercadoria reduzida por abstração à força de trabalho e ao tempo [durante] o qual ela é utilizada. Decomposto do ponto de vista do trabalhador, em termos econômicos, o trabalho comporta um capital, isto é, uma aptidão, uma competência; como eles dizem: é uma "máquina"[28]. E, por outro lado, é uma renda, isto é, um salário ou, melhor ainda, um conjunto de salários; como eles dizem: um fluxo de salários[29].

Essa decomposição do trabalho em capital e renda induz, evidentemente, certo número de consequências importantes. Em primeiro lugar, sendo o capital assim definido como o que torna possível uma renda futura, renda essa que é o salário, vocês veem que se trata de um capital que é praticamente indissociável de quem o detém. E, nessa medida, não é um capital como os outros. A aptidão a trabalhar, a competência, o poder fazer alguma coisa, tudo isso não pode ser separado de quem é competente e pode fazer essa coisa. Em outras palavras, a competência do trabalhador é uma máquina, sim, mas uma máquina que não se pode separar do próprio trabalhador, o que não quer dizer exatamente, como a crítica econômica, ou sociológica, ou psicológica dizia tradicionalmente, que o capitalismo transforma o trabalhador em máquina e, por conseguinte, o aliena. Deve-se considerar que a competência que forma um todo com o trabalhador é, de certo modo, o lado pelo qual o trabalhador é uma máquina, mas uma máquina entendida no sentido positivo, pois é uma máquina que vai produzir* fluxos de renda. Fluxos de renda, e não renda, porque a máquina constituída pela competência do trabalhador não é, de certo modo, vendida casualmente no mercado de trabalho por certo salário. Na verdade, essa máquina tem sua duração de vida, sua duração de utilizabilidade, tem sua obsolescência, tem seu envelhecimento. De modo que se deve considerar que a máquina constituída pela competência do trabalhador, a máquina constituída, digamos, por competência e trabalhador individualmente ligados vai, ao longo de um período de tempo, ser remunerada por uma série de salários que, para tomar o caso mais simples, vão começar sendo salários relativamente baixos no momento em que a máquina começa a ser utilizada, depois vão aumentar, depois vão diminuir com a obsolescência da própria máquina ou o envelhecimento do trabalhador na medida em que ele é uma máquina. Portanto há que considerar o conjunto como um complexo máquina/ fluxo, dizem os neoeconomistas – tudo isso está em Schultz[30], não é? –, é

....

* M. Foucault acrescenta: e vai produzir algo que são.

portanto um conjunto máquina-fluxo, e vocês veem que estamos aqui no antípoda de uma concepção da força de trabalho que deveria se vender a preço de mercado a um capital que seria investido numa empresa. Não é uma concepção da força de trabalho, é uma concepção do capital-competência, que recebe, em função de variáveis diversas, certa renda que é um salário, uma renda-salário, de sorte que é o próprio trabalhador que aparece como uma espécie de empresa para si mesmo. Temos aqui, como veem, levado ao extremo, esse elemento que já lhes assinalei no neoliberalismo alemão e até certo ponto no neoliberalismo francês, a ideia de que a análise econômica deve encontrar como elemento de base dessas decifrações, não tanto o indivíduo, não tanto processos ou mecanismos, mas empresas. Uma economia feita de unidades-empresas, uma sociedade feita de unidades-empresas: é isso que é, ao mesmo tempo, o princípio de decifração ligado ao liberalismo e sua programação para a racionalização tanto de uma sociedade como de uma economia.

Direi que em certo sentido, e é o que se diz tradicionalmente, o neoliberalismo aparece nessas condições como o retorno ao *homo oeconomicus*. É verdade, mas, como vocês veem, ele o é com um deslocamento considerável, pois, na concepção clássica do *homo oeconomicus*, esse homem econômico é o quê? Pois bem, é o homem da troca, é o parceiro, é um dos dois parceiros no processo de troca. E esse *homo oeconomicus* parceiro da troca implica, evidentemente, uma análise do que ele é, uma decomposição dos seus comportamentos e maneiras de fazer em termos de utilidade, que se referem, é claro, a uma problemática das necessidades, já que é a partir dessas necessidades que poderá ser caracterizada ou definida, ou em todo caso poderá ser fundada, uma utilidade que trará o processo de troca. *Homo oeconomicus* como parceiro da troca, teoria da utilidade a partir de uma problemática das necessidades: é isso que caracteriza a concepção clássica do *homo oeconomicus*.

No neoliberalismo – e ele não esconde, ele proclama isso –, também vai-se encontrar uma teoria do *homo oeconomicus*, mas o *homo oeconomicus*, aqui, não é em absoluto um parceiro da troca. O *homo oeconomicus* é um empresário, e um empresário de si mesmo. Essa coisa é tão verdadeira que, praticamente, o objeto de todas as análises que fazem os neoliberais será substituir, a cada instante, o *homo oeconomicus* parceiro da troca por um *homo oeconomicus* empresário de si mesmo, sendo ele próprio seu capital, sendo para si mesmo seu produtor, sendo para si mesmo a fonte de [sua] renda. Não vou lhes falar a esse respeito, porque seria longo demais, mas vocês têm em Gary Becker, justamente, toda uma teoria interessantíssima do consumo[31], em que Becker diz: não se deve acreditar que o consumo consiste simplesmente em ser, num processo de troca, alguém que compra e faz uma troca monetária para obter um certo número de produtos. O homem do consumo não é um dos termos da troca. O homem do consumo, na medida em que consome, é um produtor. Produz o quê? Pois bem, produz simplesmente sua própria satisfação[32]. E deve-se considerar o consumo como uma atividade empresarial pela qual o indivíduo, a partir de certo capital de que dispõe, vai produzir uma coisa que vai ser sua própria satisfação. E, por conseguinte, a teoria, a análise clássica e mil vezes repisada daquele que é consumidor, por um lado, mas é produtor e, na medida em que é produtor de um lado e consumidor de outro, está de certo modo dividido em relação a si mesmo, todas as análises sociológicas (porque elas nunca foram econômicas) do consumo de massa, da sociedade de consumo etc., tudo isso não funciona e não vale nada em relação ao que seria uma análise do consumo nos termos neoliberais da atividade de produção. É portanto uma mudança completa na concepção do *homo oeconomicus*, ainda que haja efetivamente um retorno à ideia de um *homo oeconomicus* como grade de análise da atividade econômica.

Logo, chega-se à ideia de que o salário não é nada mais que a remuneração, que a renda atribuída a certo capital, capital esse que vai ser chamado de capital humano na medida em que, justamente, a competência-máquina de que ele é a renda não pode ser dissociada do indivíduo humano que é seu portador[33]. Então, de que é composto esse capital? É aqui que essa reintrodução do trabalho no campo da análise econômica vai permitir passar agora, por uma espécie de aceleração ou de extensão, à análise econômica de elementos que, até então, haviam lhe escapado totalmente. Em outras palavras, os neoliberais dizem: o trabalho fazia parte de pleno direito da análise econômica, mas a análise econômica clássica, tal como havia sido conduzida, não era capaz de tomar a si esse elemento, o trabalho. Bem, nós o fazemos. E a partir do momento em que eles o fazem, e o fazem nos termos que acabo de lhes dizer, a partir desse momento eles são levados a estudar a maneira como se constitui e se acumula esse capital humano, e isso lhes possibilita aplicar análises econômicas a campos e a áreas que são totalmente novos.

Esse capital humano é composto de quê? Pois bem, ele é composto, dizem eles, de elementos que são elementos inatos e de outros que são elementos adquiridos[34]. Falemos dos elementos inatos. Há os que podem ser chamados de hereditários e outros que são simplesmente inatos. Diferenças que são bem conhecidas, é claro, de qualquer um que tenha o mais vago verniz de biologia. Sobre esse problema dos elementos hereditários do capital humano, não creio que haja atualmente estudos feitos, mas vê-se muito bem como eles poderiam ser feitos, e sobretudo vê-se muito bem, através de um certo número de inquietudes, de preocupações, de problemas etc., como está nascendo uma coisa que poderia ser, conforme a preferência, interessante ou inquietante. De fato, nas análises, eu ia dizendo clássicas, desses neoliberais, nas análises de Schultz ou de Becker, por exemplo, diz-se claramente que a constituição do capital humano não tem interesse e só se torna pertinente para os economistas na medida em que esse capital se constitui graças à utilização de recursos raros, recursos raros esses cujo uso seria alternativo para um fim dado. Ora, é evidente que não temos de pagar para ter o corpo que temos, ou que não temos de pagar para ter o equipamento genético que é o nosso. Isso tudo não custa nada. Bem, não custa nada – será mesmo? Podemos muito bem imaginar uma coisa dessas acontecendo (o que estou fazendo nem chega a ser ficção científica, é uma espécie de problemática que está se tornando corrente agora).

De fato, a genética atual mostra muito bem que um número de elementos muito mais considerável do que se podia imaginar até hoje [é] condicionado pelo equipamento genético que recebemos dos nossos ascendentes. Ela possibilita, em particular, estabelecer para um indivíduo dado, qualquer que seja ele, as probabilidades de contrair este ou aquele tipo de doença, numa idade dada, num período dado da vida ou de uma maneira totalmente banal num momento qualquer da vida. Em outras palavras, um dos interesses atuais da aplicação da genética às populações humanas é possibilitar reconhecer os indivíduos de risco e o tipo de risco que os indivíduos correm ao longo da sua existência. Vocês me dirão: também nesse caso não podemos fazer nada, nossos pais nos fizeram assim. Sim, claro, mas, a partir do momento em que se pode estabelecer quais são os indivíduos de risco e quais são os riscos para que a união de indivíduos de risco produza um indivíduo que terá esta ou aquela característica quanto ao risco de que será portador, pode-se perfeitamente imaginar o seguinte: que os bons equipamentos genéticos – isto é, [os] que poderão produzir indivíduos de baixo risco ou cujo grau de risco não será nocivo, nem para eles, nem para os seus, nem para a sociedade –, esses bons equipamentos genéticos vão se tornar certamente uma coisa rara, e na medida em que será uma coisa rara poderão perfeitamente [entrar], e será perfeitamente normal que entrem, em circuitos ou em cálculos econômicos, isto é, em opções alternativas. Em termos claros, isso quererá dizer que, dado o meu equipamento genético, se eu quiser ter um descendente cujo equipamento genético seja pelo menos tão bom quanto o meu ou tanto quanto possível melhor, terei mesmo assim de encontrar para me casar alguém cujo equipamento genético também seja bom. Vocês veem muito bem como o mecanismo da produção dos indivíduos, a produção dos filhos, pode se encaixar em toda uma problemática econômica e social a partir desse problema da raridade dos bons equipamentos genéticos. E, se vocês quiserem ter um filho cujo capital humano, entendido simplesmente em termos de elementos inatos e de elementos hereditários, seja elevado, fica claro que será necessário, da parte de vocês, todo um investimento, isto é, ter trabalhado suficientemente, ter renda suficiente, ter uma condição social tal que lhes permitirá tomar por cônjuge, ou por coprodutor desse futuro capital humano, alguém cujo capital também seja importante. Não lhes digo isso, em absoluto, no limite da brincadeira; é simplesmente uma forma de pensar ou uma forma de problemática que está atualmente em estado de emulsão[35].

Quero dizer o seguinte: embora o problema da genética suscite atualmente tanta inquietação, não creio ser útil ou interessante recodificar essa inquietação a propósito da genética nos termos tradicionais do racismo. Se se quiser apreender o que há de politicamente pertinente no atual desenvolvimento da genética, deve-se tentar apreender as suas implicações no nível da própria atualidade, com os problemas reais que coloca. E, a partir do momento em que uma sociedade se coloca o problema da melhoria do seu capital humano em geral, não é possível que o problema do controle, da filtragem, da melhoria do capital humano dos indivíduos, em função, é claro, das uniões e das procriações que daí decorrerão, não seja posto e discutido. É portanto em termos de constituição, de crescimento, de acumulação e de melhoria do capital humano que se coloca o problema político da utilização da genética. Os efeitos, digamos, racistas da genética são certamente uma coisa que se deve temer e que estão longe de estar superados. Não me parece ser esse o debate político maior atualmente.

Bem, deixemos isso de lado, isto é, esse problema do investimento e da opção custosa da constituição de um capital humano genético. Claro, é muito mais do lado do adquirido, ou seja, da constituição mais ou menos voluntária de um capital humano no curso da vida dos indivíduos, que se colocam todos os problemas e que novos tipos de análise são apresentados pelos neoliberais. Formar capital humano, formar portanto essas espécies de competência-máquina que vão produzir renda, ou melhor, que vão ser remuneradas por renda, quer dizer o quê? Quer dizer, é claro, fazer o que se chama de investimentos educacionais[36]. Na verdade, não se esperaram os neoliberais para medir certos efeitos desses investimentos educacionais, quer se trate da instrução propriamente dita, quer se trate da formação profissional etc. Mas os neoliberais observam que, na verdade, o que se deve chamar de investimento educacional, em todo caso os elementos que entram na constituição de um capital humano, são muito mais amplos, muito mais numerosos do que o simples aprendizado escolar ou que o simples aprendizado profissional[37]. Esse investimento, o que vai formar uma competência-máquina, será constituído de quê? Sabe-se experimentalmente, sabe-se por observação, que ele é constituído, por exemplo, pelo tempo que os pais consagram aos seus filhos fora das simples atividades educacionais propriamente ditas. Sabe-se perfeitamente que o número de horas que uma mãe de família passa ao lado do filho, quando ele ainda está no berço, vai ser importantíssimo para a constituição de uma competência-máquina, ou se vocês quiserem para a constituição de um capital humano, e que a criança será muito mais adaptável se, efetivamente, seus pais ou sua mãe lhe consagraram tantas horas do que se lhe consagraram muito menos horas. Ou seja, o simples tempo de criação, o simples tempo de afeto consagrado pelos pais a seus filhos, deve poder ser analisado em termos de investimento capaz de constituir um capital humano. Tempo passado, cuidados proporcionados, o nível de cultura dos pais também – porque se sabe muito bem, justamente, que, para um mesmo tempo passado, pais cultos vão formar um capital humano, para a criança, muito mais elevado do que se não tiverem o mesmo nível de cultura –, o conjunto dos estímulos culturais recebidos por uma criança: tudo isso vai constituir elementos capazes de formar um capital humano. Ou seja, vai se chegar assim a toda uma análise ambiental, como dizem os americanos, da vida da criança, que vai poder ser calculada e, até certo ponto, quantificada, em todo caso, que vai poder ser medida em termos de possibilidades de investimento em capital humano. O que vai produzir capital humano no ambiente da criança? Em que este ou aquele tipo de estímulo, esta ou aquela forma de vida, esta ou aquela relação com os pais, os adultos, os outros, em que tudo isso vai poder se cristalizar em capital humano? Bem, como teríamos de ir longe, vou passar por cima desse problema. Poder-se-ia fazer igualmente a análise dos cuidados médicos e, de modo geral, de todas as atividades relativas à saúde dos indivíduos, que aparecem assim como elementos a partir dos quais o capital humano poderá primeiro ser melhorado, segundo ser conservado e utilizado pelo maior tempo possível. É necessário portanto repensar todos os problemas. Em todo caso, podem-se repensar todos os problemas da proteção da saúde, todos os problemas da higiene pública em elementos capazes ou não de melhorar o capital humano.

É preciso contar também, nos elementos constitutivos do capital humano, a mobilidade, isto é, a capacidade de um indivíduo se deslocar e, em particular, a migração[38]. Porque, de um lado, a migração representa evidentemente um custo, já que o indivíduo deslocado, durante o tempo em que se desloca, vai ficar sem ganhar dinheiro, vai haver um custo material, mas também um custo psicológico da instalação do indivíduo em seu novo meio. Vai haver também, pelo menos, um prejuízo no fato de que o período de adaptação do indivíduo sem dúvida não vai lhe permitir receber as remunerações que ele obtinha antes, ou as que obterá em seguida quando estiver adaptado. Enfim, todos esses elementos negativos mostram que a migração é um custo, que tem o que por função? Obter uma melhoria da posição, da remuneração etc., isto é, é um investimento. A migração é um investimento, o migrante é um investidor. Ele é empresário de si mesmo, que faz um certo número de despesas de investimento para obter certa melhoria. A mobilidade de uma população e a capacidade que ela tem de fazer opções de mobilidade, que são opções de investimento para obter uma melhoria na renda, tudo isso permite reintroduzir esses fenômenos, não como puros e simples efeitos de mecanismos econômicos que superariam os indivíduos e, de certo modo, os ligariam a uma imensa máquina que eles não dominariam; permite analisar todos esses comportamentos em termos de empreendimento individual, de empreendimento de si mesmo com investimentos e renda.

Vocês me dirão: que interesse têm todas essas análises? As conotações políticas imediatas vocês percebem, não é necessário sem dúvida insistir mais nelas. Se só houvesse esse produto político lateral, sem dúvida seria possível varrer com um gesto esse gênero de análises ou, em todo caso, praticar em relação a elas a pura e simples atividade de denúncia. Mas creio que isso seria ao mesmo tempo errado e perigoso. De fato, esse gênero de análises possibilita primeiro revisar um pouco certo número de fenômenos que haviam sido identificados desde havia um certo tempo, desde o fim do século XIX, e aos quais não se tinha dado exatamente o estatuto suficiente. Era o problema do progresso técnico ou do que Schumpeter chamava de "inovação"[39]. Schumpeter – ele não foi o primeiro, aliás, vamos simplesmente centrar as coisas nele – havia observado que, contrariamente às previsões que Marx e, aliás, a economia clássica de uma maneira geral tinham formulado, a baixa tendencial da taxa de lucro era efetiva e permanentemente corrigida. Essa correção da baixa tendencial da taxa de lucro tinha, como vocês sabem, uma interpretação dada pela doutrina do imperialismo, como a de Rosa Luxemburgo[40]. A análise de Schumpeter consiste em dizer que essa não baixa ou essa correção da baixa da taxa de lucro não se deve simplesmente a um fenômeno imperialista. Ela se deve, de modo geral* [à] inovação, isto é, à descoberta de novas técnicas, à descoberta de novas fontes, de novas formas de produtividade, à descoberta também de novos mercados ou de novas fontes de mão de obra[41]. Em todo caso, é no novo e nessa inovação que Schumpeter crê absolutamente consubstancial ao funcionamento do capitalismo, é aí que ele vai buscar a explicação desse fenômeno.

É esse problema da inovação, logo, no fim das contas, da baixa tendencial da taxa de lucro, que [os neoliberais retomam]**, e retomam-no não como uma espécie de característica ético-psicológica do capitalismo, ou ético-econômico-psicológica do capitalismo, como em Schumpeter, numa problemática que não era tão distante da de Max Weber, mas eles dizem: não se pode parar nesse problema da inovação e, de certo modo, depositar confiança na ousadia do capitalismo ou na situação permanente da concorrência para explicar esse fenômeno da inovação. Se inovação existe, isto é, se se encontram coisas novas, se se descobrem novas formas de produtividade, se se fazem invenções de tipo tecnológico, tudo isso nada mais é que a renda de um certo capital, o capital humano, isto é, o conjunto dos investimentos que foram fei-

....

* M. Foucault acrescenta: e ele coloca [*palavra inaudível*] aliás como categoria desse processo mais geral.
** M.F.: se situam as análises dos neoliberais.

tos no nível do próprio homem. E, retomando assim o problema da inovação no interior da teoria mais geral do capital humano, eles procuram mostrar, filtrando a história da economia ocidental e do Japão desde a década de 1930, que o crescimento, considerável sem dúvida, desses países durante os quarenta ou cinquenta últimos anos não pode ser em absoluto explicado simplesmente [a partir] das variáveis da análise clássica, isto é, a terra, o capital e o trabalho, entendido como tempo de trabalho, isto é, em número de trabalhadores e em número de horas. Só uma análise fina da composição do capital humano, da maneira como esse capital humano foi aumentado, dos setores nos quais ele foi aumentado e dos elementos que foram introduzidos a título de investimento nesse capital humano, é somente isso que pode explicar o crescimento efetivo desses países[42].

A partir dessa análise teórica e dessa análise histórica, é possível destacar portanto os princípios de uma política de crescimento que já não será simplesmente indexada ao problema do investimento material do capital físico, de um lado, e do número de trabalhadores, [de outro], mas uma política de crescimento que será centrada muito precisamente numa das coisas que o Ocidente, justamente, pode modificar com maior facilidade e que vai ser a modificação do nível e da forma do investimento em capital humano. É para esse lado, de fato, que se vê claramente que se orientam as políticas econômicas, mas também as políticas sociais, mas também as políticas culturais, as políticas educacionais, de todos os países desenvolvidos. Do mesmo modo, também, a partir desse problema do capital humano, podem ser repensados os problemas da economia do terceiro mundo. E a não decolagem da economia do terceiro mundo, como vocês sabem muito bem, está sendo repensada agora, não tanto em termos de bloqueio dos mecanismos econômicos, mas em termos de insuficiência de investimento do capital humano. Aqui também se retoma toda uma série de análises históricas. O célebre problema da decolagem econômica do Ocidente nos séculos XVI-XVII: a que ele se deveu? Deveu-se à acumulação do capital físico? Os historiadores são cada vez mais céticos quanto a essa hipótese. Não terá se devido, justamente, à existência de uma acumulação, e uma acumulação acelerada, de capital humano? É portanto, ao mesmo tempo, todo um esquema histórico que somos assim convidados a retomar e também toda uma programação de políticas de desenvolvimento econômico que poderiam ser orientadas, que são efetivamente orientadas, para esses novos caminhos. Claro, não se trata de eliminar os elementos, as conotações políticas de que lhes falava há pouco, mas de mostrar como essas conotações políticas devem ao mesmo tempo sua seriedade, sua densidade ou, se vocês preferirem, seu coeficiente de ameaça à própria eficácia da análise e da programação no nível dos processos de que vou lhes falar agora*.

....

* M. Foucault interrompe aqui o curso, desistindo, por falta de tempo, de desenvolver os últimos pontos da última parte da aula ("Qual o interesse desse gênero de análise?"), relativos (a) aos salários, (b) a toda uma série de problemas atinentes à educação, (c) às possibilidades de análise dos comportamentos familiares. O manuscrito termina com estas linhas:

> Problematizar de outra maneira todos os campos da educação, da cultura, da formação, de que a sociologia tinha se apoderado. Não que a sociologia tenha negligenciado o aspecto econômico disso tudo, mas, para nos atermos a Bourdieu,
> – reprodução das relações de produção
> – a cultura como solidificação social das diferenças econômicas.
> Ao passo que na análise neoliberal todos esses elementos estão diretamente integrados à economia e ao seu crescimento na forma da constituição de capital produtivo.
> Todos os problemas de [herança?] – transmissão – educação – formação – desigualdade do nível, tratados de um ponto de vista único como elementos homogeneizáveis, eles próprios por sua [vez?] centrados, não mais numa antropologia, ou numa ética, ou numa política do trabalho, mas numa economia do capital. E o indivíduo visto como empresa, isto é, como um investimento/investidor [...].
> Suas condições de vida são a renda de um capital.

NOTAS

1. Sobre a recepção das ideias neoliberais americanas na França no fim da década de 1970, cf. além do livro já citado, de H. Lepage (*Demain le capitalisme*), a obra coletiva organizada por J.-J. Rosa e F. Aftalion, *L'Économique retrouvée. Vieilles critiques et nouvelles analyses*, Paris, Economica, 1977. A publicação do primeiro havia suscitado numerosos artigos na imprensa, entre os quais o de J.-F. Revel, "Le Roi est habillé", *L'Express*, 27 de fevereiro de 1978; G. Suffert, "Économistes: la nouvelle vague", *Le Point*, 13 de março de 1978; R. Priouret, "Vive la jungle!", *Le Nouvel Observateur*, 11 de abril de 1978 (este último evoca o imposto negativo, entre os corretivos sociais que permanecem no âmbito do mercado, e faz referência a L. Stoléru: sobre um e outro, cf. *supra*, aula de 7 de março de 1979); B. Cazes, "Le désenchantement du monde se poursuit…", *La Quinzaine littéraire*, 16 de maio de 1978 P. Drouin, "Feux croisés sur l'État", *Le Monde*, 13 de maio de 1978 etc. Vários deles apresentam a ascensão dessas ideias na França como uma resposta ao livro de J. Attali e M. Guillaume, *L'Anti-économique* (Paris, PUF, 1972), que fazia eco às teses da New Left americana (cf. H. Lepage, *op. cit.*, pp. 9-12). Cf. igualmente a entrevista "Que veulent les nouveaux économistes? *L'Express* va plus loin avec J.-J. Rosa", *L'Express*, 5 de junho de 1978.

2. Além dos livros e artigos citados nas notas seguintes, M. Foucault havia lido, sobre esse tema, a antologia de H. J. Silverman, org., *American Radical Thought: The libertarian tradition*, Lexington, Mass., D. C. Heath and Co., 1970, e H. L. Miller, "On the Chicago School of Economics", *Journal of Political Economy*, vol. 70 (1), fevereiro de 1962, pp. 64-9.

3. Henry Calvert Simons (1889-1946), autor de *Economic Policy for a Free Society*, University of Chicago Press, 1948.

4. Trata-se de um livro, *A Positive Program for Laissez-Faire: Some proposals for a liberal economic policy?*, University of Chicago Press, 1934; reed. in *Economic Policy for a Free Society*.

5. Cf. *supra*, aula de 7 de fevereiro de 1979, p. 175, nota 38.

6. H. C. Simons, "The Beveridge Program: an unsympathetic interpretation", *Journal of Political Economy*, vol. 53 (3), setembro de 1945, pp. 212-33; reed. in *Economic Policy for a Free Society*, cap. 13.

7. Cf. *supra*, aula de 31 de janeiro de 1979, p. 130, nota 7.

8. *Ibid.*, nota 9.

9. Coligação dos partidos de esquerda que exerceu o poder na França de junho de 1936 a abril de 1938. Sob a presidência de Léon Blum, esse governo impôs várias medidas de reformas sociais (semana de 40 horas, férias pagas, nacionalização das ferrovias etc.).

10. Alusão aos acontecimentos que deflagraram a Guerra de Independência (1775-1783), em particular a "Boston Tea Party" (16 de dezembro de 1773), durante a qual colonos fantasiados de índios jogaram no mar uma carga de chá da Companhia das Índias, para a qual o Parlamento inglês acabava de abrir as portas do mercado americano. O governo inglês respondeu com uma série de leis – "*intolerable acts*" – que provocaram a reunião, em setembro de 1774, do I Congresso Continental na Filadélfia.

11. Trata-se talvez, aqui, de uma reformulação bastante livre das reflexões desenvolvidas por Hayek no *post-scriptum* a *The Constitution of Liberty*, *op. cit.* [*supra*, p. 33, nota 3], "Why I am not a Conservative", pp. 398-9 / trad. cit., pp. 394-5.

12. Cf. H. Lepage, *Demain le capitalisme*, pp. 21-8; 326-72 (sobre G. Becker). Alguns capítulos desse livro foram publicados em 1977 nas colunas de *Réalités*. O autor remete também, quanto ao capítulo sobre Becker, ao curso de Jean-Jacques Rosa, "Théorie micro-économique", IEP, 1977. Cf. também M. Riboud e F. Hernandez Iglesias, "La théorie du capital humain: un retour aux classiques", in J.-J. Rosa e F. Aftalion, org., *L'Économique retrouvée*, *op. cit.*, pp. 226-49; M. Riboud, *Accumulation du capital humain*, Paris, Economica, 1978 (essas duas obras figuravam na biblioteca de Michel Foucault).

13. Cf. A. Smith, *Recherches sur la nature et les causes de la richesse de nations*, livro I, caps. 1-3, trad. cit. [*supra*, p. 66, nota 11], ed. GF, pp. 71-89. Sobre a análise do trabalho por A. Smith, cf. *Les Mots et les Choses*, *op. cit.*, pp. 233-8.

14. David Ricardo (1772-1823), *Des principes de l'économie politique et de l'impôt* (1817), cap. 1, seção II, trad. fr. M. Constancio e A. Fonteyraud, in *Oeuvres complètes* [s.l., s.n.], "Collection des principaux économistes", 1847, pp. 14-6. Cf. M. Riboud e F. Hernandez Iglesias, "La théorie du capital humain...", *in op. cit.*, p. 227: "[Na análise dos economistas clássicos], o aumento do fator trabalho traduz[ia] necessariamente um número adicional de trabalhadores ou de horas de trabalho por homem, isto é, um aumento de quantidade". Cf. também as observa-

ções de J. Mincer, em seu prefácio à tese de M. Riboud, *Accumulation du capital humain*, *op. cit.*, p. III: "A hipótese simplificadora da homogeneidade do fator trabalho, feita por Ricardo, criou um vazio cuja consequência foi deixar os estudos da estrutura dos salários e do emprego aos partidários do enfoque 'institucionalista' (estudo dos tipos de relações existentes entre os trabalhadores e a direção das empresas), aos analistas das flutuações econômicas e aos estatísticos (estatística descritiva)".

15. Sobre a relação tempo-trabalho em Ricardo, cf. *Les Mots et les Choses*, pp. 265-70.

16. Cf. M. Riboud e F. Hernandez Iglesias, "La théorie du capital humain...", p. 231: "Quanto à análise de Keynes, ela está mais distante ainda que a dos clássicos da ideia de investimento em capital humano. Para ele, o fator trabalho é essencialmente um fator de produção passivo que só encontra emprego se existe uma taxa de investimento em capital físico suficientemente elevada" (essa última frase está sublinhada por Foucault em seu exemplar da obra; cf. *supra*, nota 12).

17. Theodor W. Schultz (1902-1998): professor de economia da Universidade de Chicago de 1946 a 1974. Prêmio Nobel de economia de 1979. Foi com seu artigo "The emerging economic scene and its relation to High School Education" (*in* F. S. Chase e H. A. Anderson, orgs., *The High School in a New Era*, University of Chicago Press, 1958) que ele abriu o campo de pesquisas sobre o capital humano. Cf. M. Beaud e G. Dostaler, *La Pensée économique depuis Keynes*, Paris, Le Seuil, "Points Économie", 1996, pp. 387-90. Ver, em francês, Th. Schultz, *Il n'est de richesse que d'hommes. Investissement humain et qualité de la population*, trad. fr. J. Challali, Paris, Bonnel, 1983.

18. T. W. Schultz, "Capital formation by education", *Journal of Political Economy*, vol. 68, 1960, pp. 571-83; *id.*, "Investment in human capital", *American Economic Review*, vol. 51, março de 1961, pp. 1-17 (republicado na obra epônima [citada abaixo], pp. 24-47); *id.*, "Reflections on investment in man", *Journal of Political Economy*, vol. 70 (5), parte 2, outubro de 1962, pp. 1-8; *id.*, *Investment in Human Capital: The role of education and of research*, Nova York, The Free Press, 1971.

19. Gary Becker (nascido em 1930): doutor em economia (Universidade de Chicago, 1925), ensina em Columbia até 1968 e volta a Chicago. Vice-presidente da Sociedade do Mont-Pèlerin em 1989. Prêmio Nobel em 1992. Cf. H. Lepage, *Demain le capitalisme*, p. 323.

20. G. Becker, "Investment in human capital: a theoretical analysis", *Journal of Political Economy*, vol. 70 (5), parte 2, outubro de 1962,

pp. 9-49; artigo republicado, de forma consideravelmente desenvolvida, in *Human Capital: A theoretical and empirical analysis with special reference to education*, Nova York, National Bureau of Economic Research, 1964; 3ª ed., Chicago-Londres, The University of Chicago Press, 1993, pp. 29-158, "Investment in human capital: effect on earnings", pp. 29-58, e "Investment in human capital: rates of return", pp. 59-158.

21. Jacob Mincer, nascido na Polônia (1922); professor da Universidade de Columbia.

22. J. Mincer, *Schooling, Experience and Earnings*, Nova York, National Bureau of Economic Research, Columbia University Press, 1974; cf. também "Investment in human capital and personal income distribution" (*Journal of Political Economy*, vol. 66, agosto de 1958, pp. 281-302), que Th. Schultz qualifica de "pioneering paper" (*Investment in Human Capital*, op. cit., p. 46, n. 33). É nesse artigo que a expressão "capital humano" aparece pela primeira vez (cf. M. Beaud e G. Dostaler, *La Pensée économique...*, op. cit., p. 184).

23. Cf. G. Becker, *The Economic Approach to Human Behavior*, Chicago-Londres, University of Chicago Press, 1976, p. 4: ele rejeita "the definition of economics in terms of material goods" em benefício da definição "in terms of scarce means and competing ends".

24. Lionel C. Robbins (Lord, 1898-1984): economista inglês, professor da London School of Economics, autor notadamente de uma obra sobre a metodologia da ciência econômica, *Essay on the Nature and Significance of Economic Science*, reed. Londres, Macmillan, 1962 (1ª ed. 1932). Hostil às posições de Keynes, quando da crise dos anos 1930 modificou sua posição, depois da experiência como conselheiro do governo britânico durante a guerra.

25. *Ibid.*, p. 16: "Economics is the science which studies human behavior as a relationship between ends and scarce means which have alternative uses" (citado por G. Becker, *The Economic Approach...*, op. cit., p. 1, n. 3).

26. Irving Fisher (1867-1947), matemático de formação, professor da Universidade de Yale de 1898 até o fim da sua carreira. É autor, em particular, de *The Nature of Capital and Income*, Nova York-Londres, Macmillan, 1906 / *De la nature du capital et du revenu*, trad. fr. S. Bouyssy, Paris, Giard, 1911. (Cf. J. A. Schumpeter, *Histoire de l'analyse économique*, trad. cit., t. III, pp. 172-3.)

27. Fórmulas tiradas do artigo já citado de M. Riboud e F. Hernandez Iglesias, "La théorie du capital humain...", p. 228: "Capital deve ser entendido aqui de acordo com a concepção do mercado desenvolvida por Irving Fisher: chama-se capital toda fonte de renda futura, e, reciprocamente, a renda (todas as categorias de renda) é o produto ou o rendimento do capital (de diferentes formas de capital)". Cf. J. A. Schumpeter, *loc. cit.*, pp. 207-8, e K. Pribram, *A History of Economic Reasoning*, *op. cit.* [*supra*, p. 214, nota 45], p. 333: "Para [Irving Fisher], o capital era o conjunto das coisas possuídas num momento dado por indivíduos ou sociedades, constituindo créditos ou um poder aquisitivo, e em condição de produzir um juro".

28. A palavra "máquina" parece ser do próprio Foucault (alusão ou aceno ao *Anti-Édipo* de Deleuze e Guattari (Paris, Minuit, 1972)?). Sobre o par máquina/fluxo, cf. por exemplo as páginas 43-4 desse livro. Nem Becker nem Schultz a empregam a propósito da aptidão ao trabalho (*ability*). Este último, no entanto, propõe integrar as aptidões humanas inatas (*the innates abilities of man*) num "all-inclusive concept of technology" (*Investment in Human Capital*, p. 11).

29. "Earning stream" ou "income stream". Cf. por exemplo T. W. Schultz, *op. cit.*, p. 75: "Not all investment in human capital is for future earnings alone. Some of it is for future well-being in forms that are not captured in the earnings stream of the individual in whom the investments are made."

30. T. W. Schultz, *ibid.*

31. Cf. G. Becker, "On the new Theory of Consumer Behavior", *Swedish Journal of Economics*, vol. 75, 1973, pp. 378-95, retomado *in The Economic Approach...*, pp. 130-49. Cf. H. Lepage, *Demain le capitalisme*, cap. VIII, "La nouvelle théorie du consommateur (Les révolutions de G. Becker)".

32. G. Becker, *The Economic Approach...*, p. 134: "[...] this approach views as the primary object of consumer choice various entities, called commodities, from which utility is directly obtained. These commodities are produced by the consumer unit itself through the productive activity of combining purchased market goods and services with some of the household's own time". Foi no seu artigo "A Theory of the Allocation of Time", *Economic Journal*, 75, nº 299, setembro de 1965, pp. 493-517 (reed. *in The Economic Approach...*, pp. 90-114), que G. Becker expôs pela primeira vez essa análise das funções de produção das atividades de consumo (cf. M. Riboud e F.

Hernandez Iglesias, "La théorie du capital humain...", pp. 241-2). Cf. H. Lepage, *op. cit.*, p. 327: "Nesse prisma, o consumidor não é somente um ser que consome; é um agente econômico que 'produz'. Que produz o quê? Satisfações de que ele próprio é o consumidor".

33. Cf. T. W. Schultz, *Investment in Human Capital*, p. 48: "The distinctive mark of human capital is that it is a part of man. It is *human* because it is embodied in man, and *capital* because it is a source of future satisfactions, or of future earnings, or of both" (frase retomada na página 161, a propósito da educação como forma de capital humano).

34. Cf. M. Riboud e F. Hernandez Iglesias, "La théorie du capital humain...", p. 235: "Se, de acordo com a hipótese da teoria do capital humano, a produtividade de um indivíduo depende em parte das suas capacidades herdadas ao nascer e em parte (mais importante) das suas capacidades adquiridas por meio de investimentos, seu nível de salário em cada período da vida varia diretamente com o montante do estoque de capital humano de que dispõe nesse momento".

35. Sobre essas questões, ver a 6ª parte do livro de G. Becker, *The Economic Approach...*, pp. 169-250, "Marriage, fertility, and the family"; T. W. Schultz, "New economic approach to fertility", *Journal of Political Economy*, vol. 81 (2), parte II, março-abril de 1973; A. Leibowitz, "Home investments in children", *Journal of Political Economy*, vol. 82 (2), parte II, março-abril de 1974. Cf. M. Riboud e F. Hernandez Iglesias, art. cit., pp. 240-1 (sobre a escolha entre "quantidade" e "qualidade" das crianças em função do capital humano que seus pais querem transmitir); H. Lepage, *Demain le capitalisme*, p. 344 ("La théorie économique de la démographie").

36. Cf. H. Lepage, *ibid.*, pp. 337-43, "L'investissement en 'capital humain' et les écarts de salaire".

37. Cf. a lista das formas de investimento estabelecida por T. W. Schultz, *Investment in Human Capital*, p. 8: "[...] during the past decade, there have been important advances in economic thinking with respect to human capital. This set of investments is classified as follows: schooling and higher education, on-the-job training, migration, health, and economic information".

38. Sobre esse tema, cf. a lista de trabalhos citados por T. W. Schultz, *ibid.*, p. 191.

39. Cf. *supra*, aula de 14 de fevereiro de 1979, p. 217, nota 59.

40. Cf. Rosa Luxemburgo (1870-1919), *Die Akkumulation des Kapitals. Ein Beitrag zur ökonomischen Erklärung des Imperialismus*, Ber-

lim, B. Singer, 1913 / *L'Accumulation du capital. Contribution à l'explication économique de l'impérialisme*, I, trad. fr. M. Ollivier, Paris, Librairie du travail, 1935; nova tradução fr. de I. Petit, Paris, F. Maspero, 1967, 2 vols.

41. Motor do desenvolvimento (em oposição ao "circuito"), a inovação, segundo Schumpeter, não é assimilada ao simples progresso do saber técnico. Cinco categorias de inovação podem ser distinguidas: (1) a fabricação de um novo bem; (2) a introdução de um novo método de produção; (3) a abertura de um novo mercado; (4) a conquista de uma nova fonte de matérias-primas; (5) a utilização de um novo método de organização da produção. Cf. J. Schumpeter, *La Théorie de l'évolution économique*, trad. cit. [*supra*, p. 217, nota 59], reed. 1999, cap. II, II, p. 95. É a concentração do capital, lembremos, que tende a burocratizar a inovação, a privar assim a empresa da sua justificação essencial e, com isso, a questionar a própria sobrevivência do capitalismo (cf. *supra*, aula de 21 de fevereiro de 1979, pp. 242-4).

42. Sobre os limites da classificação tripartite tradicional – terra, trabalho e capital (*land, labor and capital*) – na análise do crescimento econômico e sua incapacidade de explicar o "mistério da abundância moderna", cf. T. W. Schultz, *Investment in Human Capital*, pp. 2-4.

AULA DE 21 DE MARÇO DE 1979

O neoliberalismo americano (II). – A aplicação da grade econômica aos fenômenos sociais. – Retorno à problemática ordoliberal: os equívocos da *Gesellschaftspolitik*. A generalização da forma "empresa" no campo social. Política econômica e *Vitalpolitik*: uma sociedade a favor do mercado e contra o mercado. – A generalização ilimitada da forma econômica do mercado no neoliberalismo americano: princípio de inteligibilidade dos comportamentos individuais e princípio crítico das intervenções governamentais. – Aspectos do neoliberalismo americano: (2) A delinquência e a política penal. – Recapitulação histórica: o problema da reforma do direito penal no fim do século XVIII. Cálculo econômico e princípio de legalidade. A parasitagem da lei pela norma no século XIX e o nascimento de uma antropologia criminal. – A análise neoliberal: (1) a definição do crime; (2) a caracterização do sujeito criminoso como *homo oeconomicus*; (3) o estatuto da pena como instrumento de "enforço" da lei. O exemplo do mercado da droga. – Consequências dessa análise: (a) a supressão antropológica do criminoso; (b) o descarte do modelo disciplinar.

Hoje eu gostaria de falar um pouco de um aspecto do neoliberalismo americano, a maneira como [os neoliberais americanos]* tentam utilizar a economia de mercado e as análises características da economia de mercado para decifrar as relações não mercantis, para decifrar fenômenos que não são fenômenos estrita e propriamente econômicos, mas são o que se chama, se vocês quiserem, de fenômenos sociais**. Ou seja, em outras palavras, a aplicação da grade econômica a um campo que, no fundo, desde o século XIX e, podemos sem dúvida dizer, já desde o fim do século XVIII, havia sido definido em oposição à economia, em todo caso em comple-

....
* M.F.: eles.
** Esta aula, no manuscrito, tem o título de "A economia de mercado e as relações não mercantis".

mento à economia, como aquilo que em si, por suas próprias estruturas e por seus próprios processos, não pertence à economia, apesar de a economia se situar no interior desse campo. Em outras palavras ainda, é o problema da inversão das relações do social com o econômico que, a meu ver, está em jogo nesse tipo de análise.

Retomemos, se vocês quiserem, a temática do liberalismo alemão ou do ordoliberalismo. Vocês se lembram que nessa concepção – a de Eucken, Röpke, Müller-Armack etc. – o mercado era definido como um princípio de regulação econômica indispensável à formação dos preços e, por conseguinte, ao desenrolar conforme do processo econômico. Em relação a esse princípio de mercado como função reguladora indispensável da economia, qual era a tarefa do governo? Era organizar uma sociedade, implantar o que eles chamam de *Gesellschaftspolitik* tal que esses frágeis mecanismos de mercado, esses frágeis mecanismos concorrenciais possam agir, possam agir livremente e de acordo com sua estrutura própria[1]. Uma *Gesellschaftspolitik* era portanto uma *Gesellschaftspolitik* orientada para a constituição do mercado. Era uma política que devia assumir e levar em conta os processos sociais a fim de abrir espaço, no interior desses processos sociais, para um mecanismo de mercado. Mas essa política da sociedade, para chegar a constituir assim um espaço de mercado em que os mecanismos concorrenciais poderiam agir realmente, apesar da sua fragilidade intrínseca, essa *Gesellschaftspolitik* consistia em quê? Num certo número de objetivos de que lhes falei, que eram, por exemplo, evitar a centralização, favorecer as empresas médias, apoiar o que eles chamam de empresas não proletárias, isto é, *grosso modo*, o artesanato, o pequeno comércio etc., multiplicar o acesso à propriedade, procurar substituir o seguro individual pela cobertura social dos riscos, regular também todos os múltiplos problemas do ambiente.

Essa *Gesellschaftspolitik*, evidentemente, comporta certo número de equívocos e coloca certo número de questões. Questão, por exemplo, do seu caráter puramente optativo e do seu caráter "leve"* em comparação com os processos pesados e bem mais reais da economia. O fato, também, de que ela implica uma intervenção, um peso, um campo, uma quantidade de intervenções extraordinariamente numerosas, a cujo respeito podemos nos indagar se, efetivamente, elas de fato correspondem ao princípio de que não devem ser intervenções nos processos econômicos, mas intervenções em prol do processo econômico. Bem, toda uma série de questões e de equívocos, mas aquele sobre o qual eu gostaria de insistir seria este: há nessa ideia de uma *Gesellschaftspolitik* uma coisa que eu chamaria de um equívoco econômico-ético em torno da própria noção de empresa, porque fazer uma *Gesellschaftspolitik* no sentido de Röpke, de Rüstow, de Müller-Armack quer dizer o quê? Quer dizer, de um lado, generalizar de fato a forma "empresa" no interior do corpo ou do tecido social; quer dizer, retomar esse tecido social e fazer que ele possa se repartir, se dividir, se desdobrar, não segundo o grão dos indivíduos, mas segundo o grão da empresa. A vida do indivíduo não tem de se inscrever como vida individual num âmbito de grande empresa, que seria a firma ou, no limite, o Estado, mas [tem de] poder se inscrever no âmbito de uma multiplicidade de empresas diversas encaixadas e entrelaçadas, de empresas que estão, para o indivíduo, de certo modo ao alcance da mão, bastante limitadas em seu tamanho para que a ação do indivíduo, suas decisões, suas opções possam ter efeitos significativos e perceptíveis, bastante numerosas também para [que ele] não fique dependente de uma só; e, enfim, a própria vida do indivíduo – com, por exemplo, sua relação com a sua propriedade privada, sua relação com a sua família, com o seu casamento, com os seus seguros, com a sua aposentadoria – tem de fazer dele como que uma espécie de empresa permanente e de empresa múltipla. É portanto essa reenformação da sociedade segundo o modelo da empresa, das empresas, e isso até

....
* Entre aspas no manuscrito.

no seu grão mais fino, é isso que é um aspecto da *Gesellschaftspolitik* dos ordoliberais alemães[2].

Ora, que função tem essa generalização da forma "empresa"*? Por um lado, claro, trata-se de desdobrar o modelo econômico, o modelo oferta e procura, o modelo investimento-custo-lucro, para dele fazer um modelo das relações sociais, um modelo da existência, uma forma de relação do indivíduo consigo mesmo, com o tempo, com seu círculo, com o futuro, com o grupo, com a família. Desdobrar esse modelo econômico, é verdade. E, por outro lado, essa ideia dos ordoliberais de fazer da empresa, assim, o modelo social universalmente generalizado serve de suporte, em sua análise e em sua programação, para o que é designado por eles como a reconstituição de toda uma série de valores morais e culturais que poderíamos chamar de valores "quentes"** e que se apresentam justamente como antitéticos do mecanismo "frio"*** da concorrência. Porque, com esse esquema da empresa, o que se trata de fazer é que o indivíduo, para empregar o vocabulário que era clássico e estava na moda na época dos ordoliberais, já não seja alienado em relação ao seu meio de trabalho, ao tempo da sua vida, ao seu casamento, à sua família, a seu meio natural. Trata-se de reconstituir pontos de ancoragem concretos em torno do indivíduo, uma reconstituição de pontos de ancoragem que formam o que Rüstow chamava de *Vitalpolitik*[3]. O retorno à empresa é ao mesmo tempo, portanto, uma política econômica ou uma política de economização de todo o campo social de guinada de todo o campo social para a economia, mas é ao mesmo tempo uma política que se apresenta ou se pretende uma *Vitalpolitik* que terá por função compensar o que há de frio, de impassível, de calculista, de racional, de mecânico no jogo da concorrência propriamente econômica.

....

* Entre aspas no manuscrito.
** Entre aspas no manuscrito.
*** Entre aspas no manuscrito.

A sociedade empresarial com que sonham os ordoliberais é portanto uma sociedade para o mercado e uma sociedade contra o mercado, uma sociedade orientada para o mercado e uma sociedade tal que os efeitos de valor, os efeitos de existência provocados pelo mercado sejam compensados com isso. É o que Rüstow dizia no colóquio Walter Lippmann de que lhes falei há algum tempo[4]: "A economia do corpo social organizado de acordo com as regras da economia de mercado: é o que se deve fazer, mas além disso é necessário satisfazer novas e maiores necessidades de integração."[5] É isso a *Vitalpolitik*. Röpke, um pouco depois, dizia o seguinte: "A concorrência é um princípio de ordem no campo da economia de mercado, mas não um princípio em cima do qual seria possível erigir a sociedade inteira. Moral e sociologicamente, a concorrência é um princípio mais dissolvente do que unificante". É necessário portanto, ao mesmo tempo que se implanta uma política tal que a concorrência possa agir economicamente, organizar "um quadro político e moral", diz Röpke[6], um quadro político e moral que comporte o quê? Primeiro, um Estado que seja capaz de se manter acima dos diferentes grupos concorrenciais e das diferentes empresas em concorrência umas com as outras. É necessário que esse quadro político e moral assegure "uma comunidade não desagregada" e, enfim, garanta uma cooperação entre os homens "naturalmente enraizados e socialmente integrados"[7].

Em relação a essa ambiguidade, digamos assim, do ordoliberalismo alemão, o neoliberalismo americano se apresenta evidentemente com uma radicalidade bem mais rigorosa ou bem mais completa e exaustiva. No neoliberalismo americano, trata-se de fato e sempre de generalizar a forma econômica do mercado. Trata-se de generalizá-la em todo o corpo social, e generalizá-la até mesmo em todo o sistema social que, de ordinário, não passa ou não é sancionado por trocas monetárias. Essa generalização de certo modo absoluta, essa generalização ilimitada da forma do mercado acarreta certo número de consequências ou comporta certo número de aspectos. São dois desses aspectos que eu gostaria de reter.

Primeiro, a generalização da forma econômica do mercado no neoliberalismo americano, além das próprias trocas monetárias, funciona como princípio de inteligibilidade, princípio de decifração das relações sociais e dos comportamentos individuais. O que significa que a análise em termos de economia de mercado, em outras palavras, em termos de oferta e procura, vai servir de esquema que se pode aplicar a campos não econômicos. E graças a esse esquema de análise, a essa grade de inteligibilidade, vai ser possível revelar, em processos não econômicos, em relações não econômicas, em comportamentos não econômicos, um certo número de relações inteligíveis que não teriam sido reveladas assim – uma espécie de análise economista do não econômico. É o que [fazem os neoliberais]* para um certo número de áreas. A última vez, a propósito do investimento em capital humano, eu havia evocado alguns desses problemas. Na análise que eles fazem do capital humano, como vocês se lembram, os neoliberais procuravam explicar, por exemplo, como a relação mãe-filho, caracterizada concretamente pelo tempo que a mãe passa com o filho, pela qualidade dos cuidados que ela lhe dedica, pelo afeto de que ela dá prova, pela vigilância com que acompanha seu desenvolvimento, sua educação, seus progressos, não apenas escolares mas físicos, pela maneira como não só ela o alimenta, mas como ela estiliza a alimentação e a relação alimentar que tem com ele – tudo isso constitui, para os neoliberais, um investimento, um investimento mensurável em tempo, um investimento que vai constituir o quê? Capital humano, o capital humano da criança, capital esse que produzirá renda[8]. Essa renda será o quê? O salário da criança quando ela se tornar adulta. E, para a mãe, que investiu, qual renda? Bem, dizem os neoliberais, uma renda psíquica. Haverá a satisfação que a mãe tem de

....
* M.F.: eles fazem.

cuidar do filho e de ver que seus cuidados tiveram sucesso. Pode-se portanto analisar em termos de investimento, de custo de capital, de benefício do capital investido, de benefício econômico e de benefício psicológico, toda essa relação que podemos [chamar], se vocês quiserem, de relação formativa ou relação educacional, no sentido bem amplo do termo, entre mãe e filho.

Do mesmo modo, estudando então o problema da natalidade e do caráter nitidamente mais malthusiano das famílias ricas que das famílias pobres ou das famílias mais ricas que das famílias mais pobres – isto é, quanto mais elevada a renda, menos as famílias são numerosas, é uma velha lei que todo o mundo conhece –, os neoliberais procuram retomá-lo e analisá-lo dizendo: mas, afinal de contas, isso é paradoxal, pois em termos estritamente malthusianos mais renda deveria possibilitar mais filhos. A que eles [respondem]: mas será que a conduta malthusiana das pessoas ricas é de fato um paradoxo econômico, será que é devida a fatores não econômicos – de ordem moral, de ordem ética, de ordem cultural? De maneira nenhuma. São também e sempre fatores econômicos que agem aqui, na medida em que pessoas que têm renda elevada são pessoas que detêm, como prova o caráter elevado dos seus rendimentos, um capital humano elevado. O problema, para elas, é transmitir aos filhos não tanto uma herança no sentido clássico do termo, quanto este outro elemento que também liga as gerações umas às outras, mas de modo bem diferente da herança tradicional: a transmissão do capital humano. Transmissão e formação do capital humano que implicam, por conseguinte, como se viu, tempo de parte dos pais, cuidados educacionais etc. Uma família rica, isto é, uma família de renda elevada, isto é, uma família composta de elementos que possuem um capital humano elevado terá, portanto, como projeto econômico imediato e racional a transmissão para os filhos de um capital humano pelo menos tão elevado quanto o deles, o que implica toda uma série de investimentos: investimento financeiro, investimento em tempo também, de parte dos pais. Ora, esses investimentos não são possíveis se a família é numerosa. Portanto, é a necessidade de uma transmissão de capital humano para os filhos, pelo menos igual [ao] que os pais detinham, é isso que explica, segundo os neoliberais americanos, o caráter mais limitado das famílias ricas que das famílias pobres.

É sempre nesse mesmo projeto de analisar, em termos econômicos, tipos de relação que até então pertenciam mais à demografia, à sociologia, à psicologia, à psicologia social, é sempre nessa perspectiva que os neoliberais procuraram analisar, por exemplo, os fenômenos de casamento e do que acontece com um casal, isto é, a racionalização propriamente econômica que o casamento constitui na coexistência dos indivíduos. Temos sobre isso um certo número de trabalhos e de comunicações de um economista canadense que se chama Jean-Luc Migué[9] e escrevia o seguinte, um texto que apesar de tudo vale a pena ser lido[10]. Não vou entrar no resto da análise, mas ele diz o seguinte: "Uma das grandes contribuições recentes da análise econômica* foi aplicar integralmente ao setor doméstico o quadro analítico tradicionalmente reservado à firma e ao consumidor. [...] Trata-se de fazer do casal uma unidade de produção ao mesmo título que a firma clássica. [...] De fato, o que é um casal, senão o compromisso contratual de duas partes para fornecer *inputs* específicos e compartilhar em determinadas proporções os benefícios do *output* dos casais?". Que sentido tem o contrato de longo prazo estabelecido entre pessoas que vivem juntas na forma matrimonial? O que o justifica economicamente, o que o funda? Pois bem, é que esse contrato de longo prazo entre esposos possibilita evitar renegociar a cada instante e sem parar os inúmeros contratos que deveriam ser firmados para fazer a vida doméstica funcionar[11]. Passe-me o sal, eu te passo a pimenta. Esse tipo de negociação fica resolvido, de certo modo, por um

....
* M.F.: ele se refere à análise dos neoliberais.

contrato de longo prazo que é o próprio contrato de casamento, que permite fazer o que os neoliberais chamam – bem, acho aliás que não são somente eles que chamam isso assim – de economia dos custos de transação. Se fosse necessário fazer transação para cada um desses gestos, haveria um custo em tempo, logo um custo econômico, que seria absolutamente insuperável para os indivíduos. Ele é resolvido pelo contrato de casamento.

Pode parecer engraçado, mas aqueles de vocês que conhecem o texto deixado por Pierre Rivière antes da sua morte, no qual ele descreve como viviam seus pais[12], perceberam que, de fato, a vida matrimonial de um casal de camponeses no início do século XIX era perpetuamente tecida e tramada com toda uma série de transações. Vou lavrar o seu campo, diz o homem à mulher, mas contanto que possa fazer amor com você. E a mulher diz: você não vai fazer amor comigo enquanto não der de comer para as minhas galinhas. Vemos surgir, num processo como esse, uma espécie de perpétua transação, em relação à qual o contrato de casamento devia constituir uma forma de economia global que possibilitava não ter de renegociar a cada instante. E, de certo modo, a relação entre o pai e a mãe, entre o homem e a mulher, não era nada além do desenrolar cotidiano dessa espécie de contratualização da vida em comum, e nisso todos esses conflitos não eram senão a atualização do contrato; mas, ao mesmo tempo, o contrato não cumpria o seu papel: ele não havia, na verdade, [possibilitado]* a economia do custo de transação que devia assegurar. Em resumo, digamos que temos aí, nessas análises economistas dos neoliberais, uma tentativa de decifração em termos econômicos de comportamentos sociais tradicionalmente não econômicos.

A segunda utilização interessante dessas análises dos neoliberais é que a grade econômica vai permitir, deve permitir testar a ação governamental, aferir sua validade, deve

....
* M.F.: evitado.

permitir objetar à atividade do poder público seus abusos, seus excessos, suas inutilidades, seus gastos pletóricos. Em suma, com a aplicação da grade econômica tampouco se trata, desta vez, de fazer compreender processos sociais e torná--los inteligíveis; trata-se de ancorar e justificar uma crítica política permanente da ação política e da ação governamental. Trata-se de filtrar toda a ação do poder público em termos de jogo de oferta e procura, em termos de eficácia quanto aos dados desse jogo, em termos de custo implicado por essa intervenção do poder público no campo do mercado. Trata-se, em suma, de constituir, em relação à governamentalidade efetivamente exercida, uma crítica que não seja uma crítica simplesmente política, que não seja uma crítica simplesmente jurídica. É uma crítica mercantil, o cinismo de uma crítica mercantil oposta à ação do poder público. Isso não é simplesmente um projeto no ar ou uma ideia de teórico. Há nos Estados Unidos o exercício permanente desse tipo de crítica desenvolvido sobretudo numa instituição que não era destinada a isso, aliás, pois havia sido criada antes do desenvolvimento da escola neoliberal, antes do desenvolvimento da Escola de Chicago. É uma instituição que se chama *American Entreprise Institute*[13] e, agora, tem por função essencial aferir em termos de custo e benefício todas as atividades públicas, quer se trate dos tais grandes programas sociais, por exemplo, voltados para a educação, a saúde, a segregação racial, que a administração Kennedy e a administração Johnson haviam lançado no decorrer da década de [19]60-70. Trata-se também, nesse tipo de crítica, de aferir a atividade de numerosas agências federais que, desde o New Deal e, principalmente, desde o fim da Segunda Guerra Mundial, se estabeleceram, como por exemplo a administração para a alimentação e a saúde*, a *Federal Trade Commission* etc.[14] Logo, criticar, na forma do que poderíamos chamar de um "positivismo econômico",

....

* Manuscrito: *"Food and Health Administration"*.

criticar permanentemente a política governamental.

Ao ver se exercer esse tipo de crítica, não se pode deixar de pensar numa analogia que deixo mais uma vez sob a forma de analogia: a crítica positivista da linguagem cotidiana. Quando vocês pegam o modo como os americanos utilizaram a lógica, o positivismo lógico da Escola de Viena, para aplicá-lo ao discurso, seja aliás o discurso científico, o discurso filosófico ou o discurso cotidiano, vocês veem aí também uma espécie de filtragem, de filtragem de todo enunciado, qualquer que seja ele em termos de contradição, de falta de consistência, de falta de sentido[15]. Pode-se dizer, até certo ponto, que a crítica economista que os neoliberais tentam aplicar à política governamental também equivale a filtrar toda ação do poder público em termos de contradição, em termos de falta de consistência, em termos de falta de sentido. A forma geral do mercado se torna um instrumento, uma ferramenta de discriminação no debate com a administração. Em outras palavras, no liberalismo clássico pedia-se ao governo que respeitasse a forma do mercado e se "deixasse fazer". Aqui, transforma-se o *laissez-faire* em não deixar o governo fazer, em nome de uma lei do mercado que permitirá aferir e avaliar cada uma das suas atividades. O *laissez-faire* se vira assim no sentido oposto, e o mercado já não é um princípio de autolimitação do governo, é um princípio que é virado contra ele. É uma espécie de tribunal econômico permanente em face do governo. Enquanto o século XIX havia procurado estabelecer, em face e contra a exorbitância da ação governamental, uma espécie de jurisdição administrativa que permitisse aferir a ação do poder público em termos de direito, temos aqui uma espécie de tribunal econômico que pretende aferir a ação do governo em termos estritamente de economia e de mercado.

Esses dois aspectos – análise dos comportamentos não econômicos através de uma grade de inteligibilidade economista, crítica e avaliação da ação do poder público em termos de mercado –, são esses dois traços que se encontram na análise que certos neoliberais fizeram da criminalidade, do funcionamento da justiça penal, e é a título de exemplo desses dois usos (que eu evocava há pouco) da análise econômica que eu gostaria de lhes falar agora da maneira como [é] retomado o problema da criminalidade numa série de artigos de Ehrlich[16], de Stigler[17] e de Gary Becker[18]. A análise que eles fazem da criminalidade aparece, no início, como um retorno, o mais simples possível, aos reformadores do século XVIII, a Beccaria[19] e principalmente a Bentham[20]. E é verdade que, afinal de contas, quando se retoma o problema da reforma do direito penal no fim do século XVIII, percebe-se que a questão posta pelos reformadores era de fato uma questão de economia política, no sentido de que se tratava de uma análise econômica, ou de uma reflexão em todo caso de estilo econômico, sobre a política ou sobre o exercício do poder. Tratava-se de calcular economicamente, ou em todo caso de criticar em nome de uma lógica e de uma racionalidade econômica, o funcionamento da justiça penal tal como podia ser constatada e observada no século XVIII. Daí, num certo número de textos, mais claros por certo em Bentham do que em Beccaria, claros também em gente como Colquhoun[21], considerações grosseiramente quantificadas sobre o custo da delinquência: quanto custa, para um país ou uma cidade em todo caso, os ladrões poderem agir como bem entendem; o problema também do custo da própria prática judiciária e da instituição judiciária tal como funciona; crítica também da pouca eficácia do sistema punitivo: o fato, por exemplo, de que os suplícios ou o banimento não tinham nenhum efeito sensível sobre a baixa da taxa de criminalidade – na medida em que se podia estimá-la nessa época –, mas, enfim, havia uma grade econômica que era aplicada sob o raciocínio crítico dos reformadores do século XVIII. Já insisti sobre esse assunto[22], não voltarei a ele.

Filtrando assim toda a prática penal através de um cálculo de utilidade, o que os reformadores buscavam era precisamente um sistema penal cujo custo, em todos os sentidos que acabo de evocar, fosse o mais baixo possível. E creio que podemos dizer que a solução esboçada por Beccaria, sustentada por Bentham e finalmente escolhida pelos legisladores e pelos codificadores do fim do século XVIII e início do século XIX, essa solução era o quê? Pois bem, era uma solução legalista. Essa grande preocupação com a lei, esse princípio incessantemente invocado de que, para que um sistema penal funcione bem, é necessária e, no limite, quase suficiente uma boa lei, não era outra coisa senão que uma espécie de vontade de procurar o que se chamaria, em termos econômicos justamente, de redução do custo de transação. A lei é a solução mais econômica para punir devidamente as pessoas e para que essa punição seja eficaz. Primeiro, vai-se definir o crime como uma infração a uma lei formulada; logo, não há crime e é impossível incriminar um ato enquanto não há uma lei. Segundo, as penas devem ser estabelecidas, e estabelecidas de uma vez por todas, pela lei. Terceiro, essas penas devem ser estabelecidas, na própria lei, de acordo com uma gradação que acompanha a gravidade do crime. Quarto, o tribunal penal doravante só terá uma coisa a fazer: aplicar ao crime, tal como foi caracterizado e provado, uma lei que determina de antemão que pena o criminoso deve receber em função da gravidade do seu crime[23]. Mecânica absolutamente simples, mecânica aparentemente óbvia, que constitui a forma mais econômica, isto é, menos onerosa e mais certeira, para obter a punição e a eliminação das condutas consideradas nocivas à sociedade. A lei, o mecanismo da lei foi adotado no poder penal, creio eu, no fim do século XVIII, como princípio de economia, no sentido ao mesmo tempo lato e preciso da palavra "economia". O *homo penalis*, o homem que é penalizável, o homem que se expõe à lei e pode ser punido pela lei, esse *homo penalis* é, no sentido estrito, um *homo oeconomicus*. E é a lei que permite, precisamente, articular o problema da penalidade com o problema da economia.

Aconteceu, de fato, no decorrer do século XIX, que essa economia levou a um efeito paradoxal. Qual o princípio, qual a razão desse efeito paradoxal? Pois bem, uma ambiguidade devida ao fato de que a lei como lei, como forma geral da economia penal, era evidentemente indexada aos atos de infração. A lei sanciona unicamente atos, claro. Mas, por outro lado, os princípios da existência da lei penal, em outras palavras, a necessidade de punir, a gradação na punição também, a aplicação efetiva da lei penal só tinham sentido na medida em que, é claro, não se punia um ato – porque não tem sentido punir um ato –; só tinha sentido na medida em que se pune um indivíduo, um indivíduo infrator que se trata de punir, de emendar, de dar em exemplo a outros possíveis infratores. De modo que, nesse equívoco entre uma forma da lei que define uma relação com o ato e a aplicação efetiva da lei que só pode visar necessariamente um indivíduo, nesse equívoco entre o crime e o criminoso, vê-se como pôde se desenhar uma tendência interna a todo o sistema. Uma tendência interna a todo o sistema em que direção? Pois bem, em direção a uma modulação cada vez mais individualizante da aplicação da lei e, por conseguinte, reciprocamente, a uma problematização psicológica, sociológica, antropológica daquele a quem se aplica a lei. Ou seja, o *homo penalis* está derivando, ao longo de todo o século XIX, para o que se poderia chamar de *homo criminalis*. E, quando a criminologia se constitui no fim do século XIX, um século precisamente depois da reforma preconizada por Beccaria e esquematizada por Bentham, quando o *homo criminalis* se constitui um século depois disso, chega-se de certo modo ao cabo do equívoco, e o *homo legalis*, o *homo penalis* é retomado assim através de toda uma antropologia, toda uma antropologia do crime que substitui, claro, a rigorosa e econômica mecânica da lei por toda uma inflação: uma inflação de saber, uma inflação de conhecimentos, uma inflação de discursos, uma multiplicação das instâncias, das instituições, dos elementos de decisão, e toda a parasitagem da sentença em nome da lei por medidas individualizantes em termos de norma. De sorte que o princípio econômico da referência à lei e da mecânica pura da lei, essa economia rigorosa levava a toda uma inflação no interior da qual o sistema penal não cessou de patinar desde o fim do século XIX. Eis em todo caso como eu veria as coisas, atendo-me o mais possível ao que os neoliberais poderiam dizer dessa evolução.

Então a análise dos neoliberais, que não se preocupam com esses problemas de história, a análise dos neoliberais, a análise de Gary Becker – está num artigo que se chama "Crime e punição" e foi publicado no *Journal of Political Economy* em 1968[24] – consiste em retomar, no fundo, o filtro utilitário que havia sido o de Beccaria, de Bentham, procurando [evitar]*, na medida do possível, a série de deslocamentos que haviam levado a passar do *homo oeconomicus* ao *homo legalis*, ao *homo penalis* e, por fim, ao *homo criminalis*: ater-se na medida do possível, graças a uma análise que seria puramente econômica, a um *homo oeconomicus* e ver como o crime, talvez a criminalidade, pode ser analisado a partir daí. Em outras palavras, tentar neutralizar todos esses efeitos que vêm do momento em que se quis – o que era o caso de Beccaria e de Bentham – repensar os problemas econômicos e lhes dar forma no interior de um quadro jurídico que seria absolutamente adequado. Em outras palavras – aqui também não digo o que eles dizem, pois [a história não é o problema deles]** –, mas creio que esses neoliberais poderiam dizer o seguinte: que a culpa, o princípio do deslocamento no direito penal do século XVIII foi essa ideia de Beccaria e de Bentham, de que o cálculo utilitário podia tomar adequadamente forma no interior de uma estrutura jurídica. E, no fundo, esse foi de fato um dos móveis, ou um dos sonhos, de toda a crítica política e de todos os projetos do fim do século XVIII, em que a utilidade toma forma no direito e em que o direito se constrói

....

* Conjectura: palavra omitida.
** Sequência de palavras dificilmente audíveis.

inteiramente a partir de um cálculo de utilidade. A história do direito penal mostrou que essa adequação não podia ser feita. É preciso portanto manter o problema do *homo oeconomicus*, sem ter em vista traduzir imediatamente essa problemática nos termos e nas formas de uma estrutura jurídica.

Então, como eles fazem para analisar ou manter a análise desse problema do crime no interior de uma problemática econômica? Primeiro, definição do crime. É Becker, em seu artigo "Crime e castigo", [sic] que dá esta definição do crime: chamo de crime toda ação que faz um indivíduo correr o risco de ser condenado a uma pena[25]. [*Alguns risos.*] Fico surpreso com o riso de vocês, porque é afinal, com uma diferença bem pequena, a definição que o código penal francês e, por conseguinte, todos os códigos nele inspirados dão do crime, pois vocês sabem como o código penal define um delito: o delito é o que é punido por penas correcionais. O que é um crime?, diz o código penal, esse código penal que é o de vocês, é o que é punido por penas aflitivas e infamantes[26]. Em outras palavras, o código penal não dá nenhuma definição substancial, nenhuma definição qualitativa, nenhuma definição moral do crime. Crime é o que é punido pela lei, e ponto final. Portanto, vocês veem que a definição dos neoliberais é bem próxima: é o que faz um indivíduo correr o risco de ser condenado a uma pena. É bem próximo, mas, como vocês veem, tem uma diferença, uma diferença que é uma diferença de ponto de vista, já que o código, evitando dar uma definição substancial do crime, coloca-se do ponto de vista do ato e se pergunta o que é o ato, ou como caracterizar um ato que podemos dizer criminoso, isto é, que é punido, justamente, como crime. É o ponto de vista do ato, é uma espécie de caracterização operatória, de certo modo utilizável pelo juiz. Você deverá tomar como crime todo ato que é punido pela lei. Definição objetiva, operatória, feita do ponto de vista do juiz. Quando os neoliberais dizem: o crime é toda ação que faz um indivíduo correr o risco de ser condenado a uma pena, vocês simplesmente veem que a definição é a mesma, mas o ponto de vista simplesmente mudou.

Eles se colocam do ponto de vista de quem comete ou vai cometer o crime, guardando o conteúdo próprio da definição. A pergunta que se faz é: o que é para ele, isto é, para o sujeito de uma ação, para o sujeito de uma conduta ou de um comportamento, o que é o crime? Pois bem, é aquela coisa que faz que ele corra o risco de ser punido.

Vocês veem que esse deslocamento do ponto de vista é, no fundo, do mesmo tipo do que era realizado a propósito do capital humano e do trabalho. A última vez, procurei lhes mostrar como os neoliberais, retomando o problema do trabalho, procuravam não mais pensar do ponto de vista do capital ou do ponto de vista da mecânica e do processo econômico, mas sim do ponto de vista de quem toma a decisão de trabalhar. Passam portanto, aqui também, para o lado do sujeito individual, mas, passando para o lado do sujeito individual, nem por isso derramam nele um saber psicológico, um conteúdo antropológico, assim como, ao falar do trabalho do ponto de vista do trabalhador, não faziam uma antropologia do trabalho. Só passam para o lado do sujeito na medida em que – tornaremos aliás sobre esse ponto, porque é muito importante (digo aqui a coisa simplesmente, de forma bem grosseira) – se pode tomá-lo pelo viés, pelo aspecto, pela espécie de rede de inteligibilidade do seu comportamento que faz que seja um comportamento econômico. Só se toma o sujeito como *homo oeconomicus*, o que não quer dizer que o sujeito por inteiro seja considerado *homo oeconomicus*. Em outras palavras, considerar o sujeito como *homo oeconomicus* não implica uma assimilação antropológica de todo comportamento, qualquer que seja, a um comportamento econômico. Quer dizer, simplesmente, que a grade de inteligibilidade que será adotada para o comportamento de um novo indivíduo é essa. Isso quer dizer também que o indivíduo só vai se tornar governamentalizável*, que só se vai po-

....
* M. Foucault tropeça um pouco nessa palavra, acrescentando: ou governa..., enfim, sim, governamentalizável.

der agir sobre ele na medida em que, e somente na medida em que, ele é *homo oeconomicus*. Ou seja, a superfície de contato entre o indivíduo e o poder que se exerce sobre ele, por conseguinte o princípio de regulação do poder sobre o indivíduo, vai ser essa espécie de grade do *homo oeconomicus*. O *homo oeconomicus* é a interface do governo e do indivíduo. E isso não quer dizer de forma alguma que todo indivíduo, todo sujeito, é um homem econômico.

Vai-se passar portanto para o lado do sujeito individual, considerando-o *homo oeconomicus*, tendo como consequência que, se se define assim o crime como a ação que o indivíduo comete assumindo o risco de ser punido pela lei, vocês veem que não há então nenhuma diferença entre uma infração ao código de trânsito e um assassinato premeditado. Isso quer dizer igualmente que, nessa perspectiva, o criminoso não é, de forma alguma, marcado ou interrogado a partir de características morais ou antropológicas. O criminoso não é nada mais que absolutamente qualquer um. O criminoso é todo o mundo, quer dizer, ele é tratado como qualquer outra pessoa que investe numa ação, que espera lucrar com ela e aceita o risco de uma perda. O criminoso, desse ponto de vista, não é nada mais que isso e deve continuar sendo nada mais que isso. Nessa medida, vocês percebem que aquilo de que o sistema penal terá de se ocupar já não é essa realidade dupla do crime e do criminoso. É uma conduta, é uma série de condutas que produzem ações, ações essas cujos atores esperam um lucro, que são afetadas por um risco especial, que não é simplesmente o da perda econômica, mas o risco penal ou ainda o risco da perda econômica que é infligida por um sistema penal. O próprio sistema penal lidará portanto, não com criminosos, mas com pessoas que produzem esse tipo de ação. Em outras palavras, ele terá de reagir a uma oferta de crime.

Então o que vai ser a punição nessas condições? Pois bem, a punição – aqui também me remeto à definição de Becker – é o meio utilizado para limitar as externalidades[27] negativas de certos atos[28]. Vocês veem que aqui também estamos bem próximos de Beccaria ou de Bentham, de toda a problemática do século XVIII em que, como vocês sabem, a punição era justificada pelo fato de que o ato punido era nocivo e que era por isso mesmo que se havia feito uma lei. Era também esse mesmo princípio de utilidade que devia ser aplicado à medida da punição. Devia-se punir de maneira tal que os efeitos nocivos da ação pudessem ser ou anulados ou prevenidos. Logo, continuamos bem perto da problemática do século XVIII, mas, aqui também, com uma mudança importante. Enquanto a teoria clássica procurava simplesmente articular uns a outros diferentes efeitos heterogêneos esperados da punição, ou seja, o problema da reparação, que é um problema civil, o problema da recuperação do indivíduo, o problema da prevenção em relação aos outros indivíduos etc., os neoliberais vão fazer uma articulação, uma desarticulação diferente da punição. Eles distinguem duas coisas, enfim, não fazem mais que retomar, no fundo, uma problemática corrente no pensamento ou na reflexão jurídica anglo-saxã. Eles dizem: de um lado, há a lei, mas o que é a lei? A lei nada mais é que um interdito, e a formulação da interdição, por um lado, evidentemente, é uma realidade, uma realidade institucional. Poder-se-ia dizer, se preferirem, remetendo a outra problemática: é um *speech act* que tem certo número de efeitos[29]. Esse ato, por sinal, tem ele próprio certo custo, pois que a formulação da lei implica um parlamento, uma discussão e tomadas de decisão. É, de fato, uma realidade, mas não é apenas essa realidade. E há também, por outro lado, o conjunto dos instrumentos pelos quais vai se dar a essa interdição uma "força"* real. Essa ideia de uma força da lei é traduzida, como vocês sabem, por esta palavra, que encontramos com tanta frequência, *enforcement*, e que se costuma traduzir por "reforço" da lei. Não é isso. O *enforcement of law* é mais que a aplicação da lei, pois se trata de uma série bem diferente de instrumentos reais que se tem de pôr em prática para aplicar

....
* Entre aspas no manuscrito.

a lei. Mas não é o reforço da lei, é menos que o reforço da lei, na medida em que reforço significaria que ela é demasiado fraca e que é necessário acrescentar um pequeno suplemento ou torná-la mais severa. O *enforcement of law* é o conjunto de instrumentos postos em prática para dar a esse ato de interdição, em que consiste a formulação da lei, realidade social, realidade política etc.

Esses instrumentos de "enforço" da lei – perdoem-me o neologismo dessa transcrição – vão ser o quê? Pois bem, vão ser a quantidade de punição prevista para cada um dos crimes. Vão ser a importância, a atividade, o zelo, a competência do aparelho encarregado de detectar os crimes. Vão ser a importância, a qualidade do aparelho encarregado de acusar os criminosos e fornecer as provas efetivas de que cometeram o crime. Vão ser a maior ou menor rapidez dos juízes em julgar, a maior ou menor severidade dos juízes nas margens que lhes são dadas pela lei. Vão ser também a maior ou menor eficácia da punição, a maior ou menor invariabilidade da pena aplicada, que a administração penitenciária pode modificar, atenuar, eventualmente agravar. É todo esse conjunto de coisas que constitui o enforço da lei, tudo o que por conseguinte vai responder à oferta de crime como conduta, de que lhes falei, com o que se chama de demanda negativa. O enforço da lei é o conjunto de instrumentos de ação sobre o mercado do crime que opõe à oferta do crime uma demanda negativa. Ora, esse enforço da lei, evidentemente, não é nem neutro nem indefinidamente extensível, e isso por duas razões correlativas.

A primeira, claro, é a de que a oferta do crime não é indefinidamente e uniformemente elástica, isto é, ela não responde da mesma maneira a todas as formas e a todos os níveis [da] demanda negativa que lhe é oposta. Enfim, para dizer as coisas de modo bem simples: vocês têm certas formas de crime ou certas faixas de comportamento criminoso, que cedem muito facilmente a uma modificação ou a uma ligeira intensificação da demanda negativa. Para tomar o exemplo mais corrente: seja uma grande loja em que 20% do faturamento, digo isso de modo totalmente arbitrário, é desviado pelo roubo. É fácil, sem muita despesa de vigilância ou de enforço excessivo da lei, suprimir os 10% acima de 10. Entre 5[%] e 10% ainda é relativamente fácil. Chegar a reduzir abaixo de 5, aí fica bem difícil, abaixo de 2 etc. Do mesmo modo, é certo que existe toda uma primeira faixa de crimes passionais que se pode fazer praticamente desaparecer facilitando o divórcio. E há um núcleo de crimes passionais que o relaxamento das leis sobre o divórcio não alterará. Logo a elasticidade, isto é, a modificação da oferta em relação aos efeitos da demanda negativa, não é homogênea conforme as diferentes faixas ou os diferentes tipos de ação examinados.

Em segundo lugar, e esse é outro aspecto que está totalmente ligado ao primeiro, o próprio enforço tem um custo e tem externalidades negativas. Tem um custo, ou seja, requer uma remuneração alternativa. Tudo o que você investir no aparelho de enforço da lei, você não poderá utilizar de outro modo. Remuneração alternativa, é evidente. E tem um custo, ou seja, comporta inconvenientes políticos, inconvenientes sociais etc. Logo, uma política penal não vai ter por objetivo, ou por alvo, o que era o objetivo e o alvo de todos os reformadores do século XVIII, quando eles criavam seu sistema de legalidade universal, a saber, o desaparecimento total do crime. A lei penal, e toda a mecânica penal com que sonhava Bentham, devia ser tal que, no fim das contas, mesmo que na realidade isso não pudesse acontecer, já não houvesse crime. E a ideia do panóptico, a ideia de uma transparência, a ideia de um olhar que fixa cada um dos indivíduos, a ideia de uma gradação das penas suficientemente sutil para que cada indivíduo em seu cálculo, em seu foro íntimo, em seu cálculo econômico, possa se dizer: não, se cometo esse crime, a pena a que me exponho é pesada demais, por conseguinte não vou cometer esse crime – essa espécie de anulação geral do crime que se tinha em mira era o princípio de racionalidade, o princípio organizador do cálculo penal no espírito reformador do século XVIII. Aqui, ao contrário, a política penal deve renunciar absolutamente, a título de objetivo, a essa supressão, a essa anulação exaustiva do crime. A política penal tem por princípio regulador uma simples intervenção no mercado do crime e em relação à oferta de crime. É uma intervenção que limitará a oferta do crime, e a limitará tão somente por uma demanda negativa cujo custo, evidentemente, não deverá superar nunca o custo dessa criminalidade cuja oferta se quer limitar. É a definição que dá Stigler do objetivo de uma política penal. "O enforço da lei", diz ele, "tem por finalidade obter um grau de conformidade com a regra do comportamento prescrito que a sociedade acredita poder se proporcionar, levando em conta o fato de que o enforço é dispendioso." Está no *Journal of Political Economy* de 1970[30]. Vocês estão vendo que, nesse momento, a sociedade aparece como consumidora de comportamentos conformes, isto é, segundo a teoria neoliberal do consumo, produtora de comportamentos conformes que a satisfazem mediante certo investimento. Por conseguinte, a boa política penal não tem em vista, de forma alguma, uma extinção do crime, mas sim um equilíbrio entre curvas de oferta de crime e de demanda negativa. Ou ainda: a sociedade não tem uma necessidade indefinida de conformidade. A sociedade não tem a menor necessidade de obedecer a um sistema disciplinar exaustivo. Uma sociedade vai bem com certa taxa de ilegalidade e iria muito mal se quisesse reduzir indefinidamente essa taxa de ilegalidade. O que equivale mais uma vez a colocar como questão essencial da política penal não como punir os crimes, nem mesmo quais ações devem ser consideradas crime, mas o que se deve tolerar como crime. Ou ainda: o que seria intolerável não tolerar? É a definição de Becker em "Crime e castigo". Duas questões aqui: quantos delitos devem ser permitidos? Segunda: quantos delinquentes devem ser deixados impunes?[31] É essa a questão da penalidade.

Concretamente, isso dá no quê? Não há muitas análises feitas nesse estilo. Há uma análise de Ehrlich sobre a pena de morte, na qual ele conclui que, no fim das contas, a pena de morte é bastante útil[32]. Mas deixemos isso para lá. Esse gênero de análise não me parece nem o mais interessante nem o mais eficiente em relação ao objeto de que trata. Em compensação, é certo que em [outras] esferas, em particular onde a criminalidade concerne mais e melhor ao fenômeno de mercado, é um pouco mais interessante discutir os resultados. É essencialmente, claro, o problema da droga que, sendo ela própria um fenômeno de mercado, é do âmbito de uma análise econômica, de uma economia da criminalidade, muito mais acessível, muito mais imediata[33]. A droga se apresenta portanto como um mercado, e digamos que, até a década de 1970 mais ou menos, a política de enforço da lei em relação à droga visava essencialmente reduzir a oferta de droga. Reduzir a oferta de droga, a oferta de crime de droga, de delinquência de droga – reduzir essa oferta queria dizer o quê? Queria dizer, é claro, reduzir a quantidade de droga posta no mercado, e reduzir a quantidade de droga posta no mercado queria dizer o quê? Controlar e desmantelar as redes de refino, controlar e desmantelar também as redes de distribuição. Ora, essa política dos anos 1960, sabemos muito bem a que resultados levou. Desmantelando, nunca exaustivamente, é claro – por razões que poderíamos discutir, não é? –, desmantelando parcialmente as redes de refino e de distribuição, o que aconteceu? Primeiro, isso aumentou o preço unitário da droga. Segundo, beneficiou e fortaleceu a situação de monopólio ou de oligopólio de certo número de grandes vendedores, de grandes traficantes e de grandes redes de refino e distribuição de droga acarretando, como efeito de monopólio ou efeito oligopolístico, um aumento dos preços, na medida em que não se respeitavam as leis do mercado e da concorrência. E, por fim, terceiro, outro fenômeno mais importante no nível da criminalidade propriamente dita: o consumo da droga, pelo menos no caso dos intoxicados graves e de certo número de drogas, essa demanda de droga é absolutamente inelástica, ou seja, qualquer que seja o preço, o drogado vai querer encontrar sua mercadoria e estará disposto a pagar qualquer preço por ela. E é essa inelasticidade de toda uma camada da demanda de droga que vai fazer a criminalidade aumentar – claramente falando, vai-se assaltar alguém na rua para lhe tomar dez dólares, para comprar a droga de que se necessita. De modo que, desse ponto de vista, a legislação, o estilo de legislação, ou antes, o estilo de enforço da lei que havia sido desenvolvido no decorrer dos anos 1960 revelou-se um fracasso sensacional.

Daí a segunda solução, formulada em termos de economia liberal por Eatherly e Moore em 1973[34]. Eles dizem: é pura loucura tentar limitar a oferta de droga. É preciso deslocar para a esquerda a oferta de droga, isto é, globalmente, grosseiramente falando, fazer que a droga seja mais acessível e mais barata, mas com as seguintes modulações e precisões. De fato, o que acontece no mercado real da droga? Temos, no fundo, duas categorias de compradores: os que começam a consumir droga e cuja demanda é elástica, isto é, que podem se deter diante dos preços altos demais e renunciar a um consumo que lhes é prometido como fonte de muitos prazeres, mas não podem pagar. E temos a demanda inelástica, ou seja, a dos que, de qualquer modo e qualquer que seja o preço, comprarão. Então a atitude dos traficantes de droga consiste em quê? Em oferecer um preço de mercado relativamente baixo aos consumidores cuja demanda é elástica, isto é, aos iniciantes, isto é, aos pequenos consumidores, e depois – mas só depois – que se tornaram consumidores habituais, isto é, quando a sua demanda se tornou inelástica, nesse momento aumenta-se o preço, e as drogas que lhes fornecem nesse momento têm esses preços monopolísticos extremamente elevados que induzem portanto fenômenos de criminalidade. Qual deve ser então a atitude dos que orientam a política de enforço da lei? Pois bem, será preciso fazer o contrário, fazer que o que se chama de preço de ingresso, isto é, o preço para os novos consumidores, seja o mais alto possível, de modo que o preço seja em si mesmo uma arma de dissuasão e que os pequenos consumidores, que os consumidores eventuais não possam, por causa de um problema de limiar econômico, dar o passo do consumo. E, em compensação, para aqueles cuja demanda é inelástica, isto é, os que como quer que seja pagarão qualquer preço, proporcionar a estes a droga ao melhor preço possível, isto é, ao preço mais baixo possível, para que não sejam obrigados, já que comprarão de qualquer modo, a arranjar o dinheiro para comprar a droga por qualquer meio – em outras palavras, [para] que seu consumo de droga seja o menos criminógeno possível. Portanto há que fornecer aos drogados drogas a preço baixo e aos não drogados drogas a um preço altíssimo. Há toda uma política que se traduziu aliás, como vocês sabem, por uma [atitude]* que não procurava tanto diferenciar entre as chamadas drogas leves e as drogas pesadas, mas distinguia entre as drogas com valor indutivo e as drogas sem valor indutivo, e distinguia sobretudo dois tipos de consumo, o consumo elástico de droga e o consumo inelástico. E a partir daí toda uma política de enforço da lei voltada para os novos consumidores, para os consumidores potenciais, para os pequenos traficantes, para esse pequeno comércio que se faz nas esquinas; política de enforço da lei que obedecesse a uma racionalidade econômica que era a racionalidade de um mercado, com esses elementos diferenciados de que eu lhes falava.

Disso tudo, o que se pode tirar como consequências? Primeiro, supressão antropológica do criminoso. Supressão antropológica do criminoso – é bom dizer que não se trata da eliminação da escala individual**, mas da postulação de um elemento, de uma dimensão, de um nível de comportamento que pode ser ao mesmo tempo interpretado como comportamento econômico e controlado a título de comportamento econômico***. Ehrlich é que dizia no seu artigo sobre a punição

....

* M.F.: política.
** O manuscrito acrescenta, p. 19: "não uma anulação das tecnologias que visam influir no comportamento dos indivíduos".
*** *Ibid.*: "Um sujeito econômico é um sujeito que, no sentido estrito, procura em qualquer circunstância maximizar seu lucro, otimizar a

capital: "O caráter horrível, cruel ou patológico do crime não tem nenhuma importância. Não há motivo para crer que os que amam ou odeiam outras pessoas são menos 'responsive', são menos acessíveis, respondem menos facilmente às mudanças nos ganhos e perdas associados à sua atividade do que as pessoas indiferentes ao bem-estar dos outros"[35]. Em outras palavras, todas as distinções que havia, que foram introduzidas entre criminosos natos, criminosos ocasionais, perversos e não perversos, reincidentes, tudo isso não tem a menor importância. Deve-se poder admitir que, como quer que seja, por mais patológico, digamos, que seja o sujeito num certo nível e visto sob certo prisma, esse sujeito é até certo ponto, em certa medida, "responsive" a essas mudanças nos ganhos e perdas, ou seja, a ação penal deve ser uma ação sobre o jogo dos ganhos e perdas possíveis, isto é, uma ação ambiental. É sobre o ambiente do mercado em que o indivíduo faz a oferta do seu crime e encontra uma demanda positiva ou negativa, é sobre isso que se deve agir. O que levantará o problema, sobre o qual falarei a próxima vez, da técnica dessa nova tecnologia ligada, creio eu, ao neoliberalismo, que é a tecnologia ambiental ou a psicologia ambiental nos Estados Unidos.

Em segundo lugar, como vocês veem (mas também tornarei sobre esse ponto[36]), no horizonte de uma análise como essa, o que aparece não é em absoluto o ideal ou o projeto de uma sociedade exaustivamente disciplinar em que a rede legal que encerra os indivíduos seria substituída e prolongada de dentro por mecanismos, digamos, normativos. Tampouco é uma sociedade em que o mecanismo da normalização geral e da exclusão do não normalizável seria requerido. Tem-se, ao contrário, no horizonte disso, a imagem ou a ideia ou o tema-programa de uma sociedade na qual haveria otimização dos sistemas de diferença, em que o terreno ficaria livre para os processos oscilatórios, em que haveria uma tolerância conce-

....

relação ganho/perda; no sentido lato: aquele cuja conduta é influenciada pelos ganhos e perdas a ela associados."

dida aos indivíduos e às práticas minoritárias, na qual haveria uma ação, não sobre os jogadores do jogo, mas sobre as regras do jogo, e, enfim, na qual haveria uma intervenção que não seria do tipo da sujeição interna dos indivíduos, mas uma intervenção de tipo ambiental. São mais ou menos todas essas coisas que procurarei desenvolver a próxima vez*[37].

....

* O manuscrito compreende aqui seis folhas não paginadas, que se inscrevem na continuidade do desenvolvimento precedente:

> Análises como essa colocam um certo número de problemas.
> 1. Relativos à tecnologia humana
> Por um lado, um recuo maciço em relação ao sistema normativo-disciplinar. O conjunto constituído por uma economia de tipo capitalista e instituições políticas indexadas na lei tinha por correlata uma tecnologia do comportamento humano, uma "governamentalidade" individualizante que comportava: o quadriculamento disciplinar, a regulamentação indefinida, a subordinação/classificação, a norma.
> [2ª página] Considerada em seu conjunto, a governamentalidade liberal era ao mesmo tempo legalista e normalizante, sendo a regulamentação disciplinar a ponte entre os dois aspectos. Com, evidentemente, toda uma série de problemas relativos
> – à autonomia, à [...] ação (setorialização?) desses espaços e [...] regulamentares
> – à incompatibilidade terminal entre as formas da legalidade e as formas da normalização.
> É esse conjunto que aparece agora como não indispensável. Por quê? Porque a grande ideia de que a lei era o princípio da frugalidade governamental se mostra inadequada:
> – porque a "lei" não existe como (princípio?). (Pode-se ter?) tantas leis quantas se quiser, ultrapassar os limites da lei faz parte do sistema legal.
> – [3ª página] porque a lei só pode funcionar lastreada por outra coisa que é seu contrapeso, seus interstícios, seu suplemento → interdição.
> Seria necessário
> 1 mudar a concepção da lei ou, pelo menos, elucidar sua função. Em outras palavras, não confundir sua forma (que é sempre proibir ou coagir) e sua função, que deve ser a de regra do jogo. A lei é o que deve favorecer o jogo, i.e., as [...] ações, as empresas, as iniciativas, as mudanças, possibilitando que cada um seja um sujeito racional, i.e., maximize essas funções de utilidade.
> 2 e considerar que em vez de suplementá-la com uma regulamentação, uma planificação, uma disciplina
> calcular seu "enforço"

....

– isto é, não se deve lastreá-la com outra coisa, mas com o que deve simplesmente lhe dar força;
– [4ª página] mas dizendo-se claramente que esse enforço é, no fundo, o elemento principal,
– porque a lei não existe sem ele,
– porque a lei é elástica,
– porque é possível calculá-lo.

Como permanecer no *Rule of law*? Como racionalizar esse enforço, estando entendido que a própria lei não pode ser um princípio de racionalização?
– pelo cálculo dos custos
– a utilidade da lei
– e o custo do seu enforço
– e pelo fato de que, se se quiser não sair da lei e não desviar sua verdadeira função de regra do jogo, a tecnologia a utilizar não será a disciplina-normalização, será a ação sobre o ambiente. Modificar a distribuição das cartas do jogo, não a mentalidade dos jogadores.

[5ª página] Temos aí uma radicalização do que os ordoliberais alemães já haviam definido a propósito de uma ação governamental: deixar o jogo econômico o mais livre possível e fazer uma *Gesellschaftspolitik*. Os liberais americanos dizem: essa *Gesellschaftspolitik*, se se quiser mantê-la na ordem da lei, deve ver cada um como um jogador e só intervir sobre um ambiente em que ele poderá jogar. Tecnologia ambiental que tem por aspectos principais:
– a definição em torno do indivíduo de um quadro suficientemente flexível para que ele possa jogar;
– a possibilidade, para o indivíduo, de a regulação dos efeitos definir seu próprio quadro;
– a regulação dos efeitos ambientais
– o não dano
– a não absorção
– a autonomia desses espaços ambientais.

[6ª página] Não uma individualização uniformizante, identificatória, hierarquizante, mas uma ambientalidade aberta às vicissitudes e aos fenômenos transversais. Lateralidade.

Tecnologia do ambiente, das vicissitudes, das liberdades de (jogos?) entre demandas e ofertas.

– Mas será que isso é considerar que se está lidando com sujeitos naturais? *(fim do manuscrito)*

NOTAS

1. Cf. *supra*, aula de 14 de fevereiro de 1979, p. 199.
2. Cf. F. Bilger, *La Pensée économique libérale de l'Allemagne contemporaine*, *op. cit.*, p. 186: "A política sociológica se decompõe [...] em várias políticas particulares muito variadas, sendo as principais, para esses autores, uma organização do espaço econômico, um incentivo às pequenas e médias empresas e, sobretudo, uma desproletarização da sociedade pelo desenvolvimento da poupança privada e pela repartição mais ampla possível do capital nacional entre todos os cidadãos. Tornando todos os indivíduos capitalistas, estabelecendo um capitalismo popular, eliminam-se as taras sociais do capitalismo, independentemente do fato do assalariamento crescente na economia. Um assalariado também capitalista já não é um proletário".
3. Cf. *supra*, aula de 14 de fevereiro de 1979, pp. 201-2.
4. Cf. *supra*, aulas de 14 de fevereiro e 21 de fevereiro de 1979.
5. A. Rüstow, in *Colloque Walter Lippmann*, *op. cit.*, p. 83: "Se, no interesse da produtividade ótima da coletividade e da independência máxima do indivíduo, a economia desse corpo social for organizada segundo as regras da economia de mercado, resta satisfazer novas e maiores necessidades de integração".
6. W. Röpke, *La Crise de notre temps*, trad. cit., parte II, cap. 2, p. 236: "[...] não peçamos à concorrência mais do que ela pode dar. Ela é um princípio de ordem e de direção no campo particular da economia de mercado e da divisão do trabalho, mas não um princípio em cima do qual seria possível erigir a sociedade inteira. Moral e sociologicamente, é um princípio perigoso, mais dissolvente do que unificante. Para que a concorrência não aja como um explosivo social nem degenere ao mesmo tempo, ela pressupõe um enquadramento ainda mais forte, fora da economia, um quadro político e moral muito mais sólido".
7. *Ibid.*: "[...] um Estado forte, pairando bem acima dos grupos de interesses famintos, uma moralidade econômica bem elevada, uma comunidade não desagregada de homens dispostos à cooperação, naturalmente enraizados e socialmente integrados".
8. Cf. aula precedente (14 de março), pp. 314-6.

9. Jean-Luc Migué era, então, professor da École nationale d'administration publique de Québec.

10. "Méthodologie économique et économie non marchande", comunicação ao Congresso dos Economistas de Língua Francesa (Quebec, maio de 1976), reproduzida em parte na *Revue d'économie politique*, julho-agosto de 1977 (cf. H. Lepage, *Demain le capitalisme*, *op. cit.*, p. 224).

11. J.-L. Migué, *ibid.*, citado por H. Lepage, *op. cit.*, p. 346: "Uma das grandes contribuições recentes da análise econômica foi aplicar integralmente ao setor doméstico o quadro analítico tradicionalmente reservado à firma e ao consumidor. Fazendo do casal uma unidade de produção ao mesmo título que a firma clássica, descobre-se que seus fundamentos analíticos são na verdade idênticos aos da firma. Como na firma, as duas partes que formam o casal evitam, graças a um contrato que as liga por longos períodos, os custos de transação e o risco de serem privadas a todo instante dos *inputs* do cônjuge e, portanto, do *output* comum do casal. Com efeito, o que é o casal senão o compromisso contratual das duas partes para fornecer *inputs* específicos e compartilhar em determinadas proporções os benefícios do *output* do casal? Assim, portanto, em vez de se envolverem num processo custoso para renegociar e supervisionar incessantemente a incalculável quantidade de *contratos* inerentes às trocas da vida doméstica de todos os dias, as duas partes estabelecem num contrato de longo prazo os termos gerais da troca que os regerão".

12. Cf. *Moi, Pierre Rivière, ayant égorgé ma mère, ma soeur et mon frère...*, apresentado por M. Foucault, Paris, Julliard, "Archives", 1973. [Ed. bras.: *Eu, Pierre Rivière, que degolei minha mãe, minha irmã e meu irmão*, Rio de Janeiro, Graal, 1977.]

13. Criada em 1943, a *American Enterprise Institute for Public Policy Research* (AEI) tem sua sede em Washington. Ponta de lança da luta antirregulamentar, representa, ainda hoje, com as suas publicações (livros, artigos, relatórios), um dos mais importantes centros de estudos (*think tanks*) do neoconservadorismo americano.

14. Entre essas outras agências: a *Consumer Safety Product Commission*, a *Occupational Safety and Health Commission*, a *Civil Aeronautics Board*, a *Federal Communications Commission*, a *Security Exchange Commission* (cf. H. Lepage, *Demain le capitalisme*, pp. 221-2).

15. Como sugere a alusão à teoria dos *speech acts*, um pouco mais abaixo (p. 347), é sem dúvida aos trabalhos de J. R. Searle, entre

os representantes americanos da filosofia analítica, que Foucault faz aqui referência implícita. Cf. *infra*, pp. 361, nota 29. A conferência "La philosophie analytique de la politique", pronunciada em Tóquio no ano precedente (*DE*, III, nº 232, pp. 534-51), dá outro testemunho do seu interesse, durante esses anos, pela "filosofia analítica dos anglo-americanos": "Afinal, a filosofia analítica anglo-saxã não se atribui como tarefa refletir sobre o ser da linguagem ou sobre as estruturas profundas da língua; ele reflete sobre o uso cotidiano que se faz da língua nos diversos tipos de discurso. Trata-se, para a filosofia analítica anglo-saxã, de fazer uma análise crítica do pensamento a partir da maneira como se dizem as coisas" (p. 541).

16. I. Ehrlich, "The deterrent effect of capital punishment: a question of life and death", *American Economic Review*, vol. 65 (3), junho de 1975, pp. 397-417.

17. George J. Stigler (1911-1991): professor da Universidade de Chicago de 1958 a 1981, pesquisador do *National Bureau of Economic Research* de 1941 a 1976, dirigiu o *Journal of Political Economy* de 1973 até sua morte. Prêmio Nobel de ciências econômicas em 1982. Foucault faz referência aqui a "The optimum enforcement of laws", *Journal of Political Economy*, vol. 78 (3), maio-junho de 1970, pp. 526-36.

18. G. Becker, "Crime and punishment: an economic approach", *Journal of Political Economy*, vol. 76 (2), março-abril de 1968, pp. 196-217; republicado em *id.*, *The Economic Approach to Human Behavior*, *op. cit.*, pp. 39-85. Sobre os três autores citados, cf. F. Jenny, "La théorie économique du crime: une revue de la littérature", in J.-J. Rosa e F. Aftalion, org., *L'Économique retrouvée*, *op. cit.*, pp. 296-324 (artigo de que Foucault extrai aqui certo número de informações). Cf. também, desde então, G. Radnitsky e P. Bernholz, orgs., *Economic Imperialism: The Economic Approach applied outside the field of economics*, Nova York, Paragon House, 1987.

19. Cf. *supra*, aula de 17 de janeiro de 1979, pp. 68, nota 10.

20. Jeremy Bentham (cf. *supra*, aula de 10 de janeiro de 1979, p. 17); cf. notadamente *Traités de législation civile et pénale*, ed. por E. Dumont, Paris, Boussange, Masson & Besson, 1802, e *Théorie des peines et récompenses*, ed. por E. Dumont, Londres, B. Dulau, 1811, 2 vols. Essas adaptações-traduções de Dumont, a partir dos manuscritos de Bentham, é que deram a conhecer o pensamento deste último no início do século XIX. Sobre a gênese da edição dos *Traités de législation civile et pénale* a partir dos manuscritos de Bentham, cf. a reedição de

E. Halévy, *La Formation du radicalisme philosophique* (t. 1, Paris, F. Alcan, 1901), Paris, PUF, 1995, apêndice I, pp. 281-5. A primeira edição inglesa desses escritos data, no caso do primeiro, de 1864 (*Theory of Legislation*, traduzido a partir da edição francesa por R. Hildreth, Londres, Kegan Paul, Trench, Tübner) e, no caso do segundo, de 1825 (*The Rationale of Reward*, traduzido a partir da edição francesa por R. Smith, Londres, J. & J. Hunt) e 1830 (*The Rationale of Punishment*, traduzido a partir da edição francesa por R. Smith, Londres, R. Heward).

21. Cf. Patrick Colquhoun, *A Treatise on the Police of the Metropolis*, Londres, C. Dilly, 5ª ed., 1797 / *Traité sur la police de Londres*, trad. fr. Le Coigneux de Belabre, Paris, L. Collin, 1807.

22. Cf. *Surveiller et punir*, op. cit., pp. 77-84.

23. Sobre esses diferentes pontos, cf. "La vérité des formes juridiques" (1974), DE, II, nº 139, pp. 589-90.

24. Cf. *supra*, p. 359, nota 18.

25. Essa frase não se encontra no artigo de G. Becker. M. Foucault baseia-se na síntese dos trabalhos de G. Becker e G. J. Stigler apresentada por F. Jenny, "La théorie économique du crime...", *in op. cit.*, p. 298: "Rejeitando, aqui como nas outras áreas da teoria econômica, todo juízo moral, o economista distingue as atividades criminais das atividades legítimas com base unicamente no risco que corre. As atividades criminais são as que fazem o indivíduo que a elas se dedica correr um risco particular: o de ser detido e condenado a uma pena (multa, prisão, execução)".

26. O artigo I do Código Penal de 1810, que permaneceu em vigor em suas disposições essenciais até 1994, baseava a divisão das infrações – contravenções, delitos e crimes – na natureza da pena determinada. Reservava a qualificação de "crime" para a "infração que as leis punem com uma pena aflitiva ou infamante".

27. Sobre esse conceito, introduzido pela primeira vez por Pigou em 1920 em seu *Economics of Welfare*, op. cit. [*supra*, p. 214, nota 45], cf. P. Rosanvallon, *La Crise de l'État-providence*, Paris, Le Seuil, ed. 1984, pp. 59-60; cf. também Y. Simon, "Le marché et l'allocation des ressources", *in* J.-J. Rosa e F. Aftalion, orgs., *L'Économique retrouvée*, p. 268: "As externalidades são os custos e os benefícios monetários ou não monetários resultantes dos fenômenos de interdependência social. [...] Para os teóricos da economia do bem-estar [...], as externalidades refletem um fracasso do mercado no processo de alocação dos

recursos e necessitam da intervenção pública para reduzir a divergência entre os custos sociais e privados".

28. Cf. F. Jenny, "La théorie économique du crime...", p. 298: "Embora o crime possibilite ao indivíduo que o comete maximizar sua utilidade própria, ele gera porém, no nível da coletividade, externalidades negativas. O nível global dessa atividade ou dessa indústria deve portanto ser limitado. Uma das formas de limitar as externalidades negativas resultantes dos crimes é deter os criminosos e infligir-lhes penas [...]".

29. Foucault faz referência aqui à teoria dos atos de discurso (*speech acts*) desenvolvida por J. L. Austin (*How To Do Things with Words*, Londres, Oxford University Press, 1962 / *Quand dire, c'est faire*, trad. fr. G. Lane, Paris, Le Seuil, 1970), P. F. Strawson ("Intention and convention in speech-acts", *in Logico-Linguistic Papers*, Londres, Methuen, 1971, pp. 149-69), e J. R. Searle (*Speech Acts: An essay in the philosophy of language*, Londres, Cambridge University Press, 1969 / *Les Actes de langage. Essai de philosophie du langage*, trad. fr. [s.n.], Paris, Hermann, "Savoir: Lettres", 1972, com um importante prefácio de O. Ducrot, "De Saussure à la philosophie du langage"), no âmbito da linguística pragmática de Wittgenstein. Esses quatro autores foram brevemente evocados por Foucault numa mesa-redonda, no Rio de Janeiro, em 1973 (DE, II, nº 139, p. 631), sobre "a análise do discurso como estratégia". Cf. também, sobre essa noção de "*speech act*", *L'Archéologie du savoir*, Paris, Gallimard, "Bibliothèque des sciences humaines", 1969, pp. 110-1 [ed. bras.: *Arqueologia do saber*, 7ª ed., Rio de Janeiro, Forense Universitária, 2005], e a resposta de Foucault a Searle, com quem estava em correspondência, algumas semanas depois do fim deste curso: "Quanto à análise dos atos de linguagem, estou plenamente de acordo com as suas observações. Errei em dizer [na *Arqueologia do saber*] que os enunciados não eram atos de linguagem, mas dizendo isso eu queria salientar que eu os considero de um prisma diferente do seu" (carta de 15 de maio de 1979, citada por H. Dreyfus e P. Rabinow, *Michel Foucault: Beyond structuralism and hermeneutics*, Chicago, University of Chicago Press / *Michel Foucault. Un parcours philosophique*, trad. fr. F. Durand-Bogaert, Paris, Gallimard, "Bibliothèque des sciences humaines", p. 73, n. 1).

30. G. J. Stigler, "The optimum enforcement of laws", art. cit., pp. 526-7: "The goal of enforcement, let us assume, is to achieve that degree of compliance with the rule of prescribed (or proscribed) beha-

vior that the society believes it can afford. There is one decisive reason why the society must forego 'complete' enforcement of the rule: enforcement is costly."

31. G. Becker, "Crime and punishment", art. cit., p. 40: "[...] how many offenses should be permitted and how many offenders should go impunished?".

32. I. Ehrlich, "The deterrent effect of capital punishment...", art. cit., p. 416: "In view of the new evidence presented here, one cannot reject the hypothesis that law enforcement activities in general and executions in particular do exert a deterrent effect on acts of murder. Strong inferences to the contrary drawn from earlier investigations appear to have been premature" (Ehrlich visa especialmente aqui os argumentos desenvolvidos por T. Sellin contra a pena de morte em seu livro *The Death Penalty: A report for the model penal code project of the American Law Institute*, Filadélfia, Executive Office, American Law Institute, 1959).

33. Sobre a questão da droga, cf. F. Jenny, "La théorie économique du crime...", pp. 315-6.

34. B. J. Eatherly, "Drug-law enforcement: should we arrest pushers or users?", *Journal of Political Economy*, vol. 82 (1), 1974, pp. 210-4; M. Moore, "Policies to achieve discrimination on the effective price of heroin", *American Economic Review*, vol. 63 (2), maio de 1973, pp. 270-8. M. Foucault se baseia aqui na síntese desses artigos feita por F. Jenny, *loc. cit.*, p. 316.

35. I. Ehrlich, "The deterrent effect of capital punishment...", art. cit., p. 399: "The abhorrent, cruel and occasionaly pathological nature of murder notwithstanding, available evidence is at least not inconsistent with these basic propositions [1) that [murder and other crimes against the person] are committed largely as a result of hate, jealousy, and other interpersonal conflicts involving pecuniary and non pecuniary motives or as a by-product of crimes against property; and 2) that the propensity to perpetrate such crimes is influenced by the prospective gains and losses associated with their commissions]. [...] There is no reason a priori to expect that persons who hate or love others are less responsive to changes in costs and gains associated with activities they may wish to pursue than persons indifferent toward the well-being of others".

36. M. Foucault não torna sobre esse ponto nas aulas seguintes.

37. A aula seguinte será novamente infiel a esse anúncio.

AULA DE 28 DE MARÇO DE 1979

> O modelo do *homo oeconomicus*. – Sua generalização a toda forma de comportamento no neoliberalismo americano. – Análise econômica e técnicas comportamentais. – O *homo oeconomicus* como elemento básico da nova razão governamental surgida no século XVIII. – Elementos para uma história da noção de *homo oeconomicus* antes de Walras e de Pareto. – O sujeito de interesse na filosofia empirista inglesa (Hume). – A heterogeneidade entre sujeito de interesse e sujeito de direito: (1) O caráter irredutível do interesse em relação à vontade jurídica. (2) A lógica inversa do mercado e do contrato. – Segunda inovação em relação ao modelo jurídico: a relação do sujeito econômico com o poder político. Condorcet. A "mão invisível" de Adam Smith: a invisibilidade do vínculo entre a busca do lucro individual e o aumento da riqueza coletiva. Caráter não totalizável do mundo econômico. A necessária ignorância do soberano. – A economia política como crítica da razão governamental: exclusão da possibilidade de um soberano econômico, sob suas duas formas, mercantilista e fisiocrática. – A economia política, ciência lateral em relação à arte de governar.

Hoje, gostaria de partir do que lhes expliquei nas últimas semanas e voltar um pouco ao que tinha me servido de ponto de partida no início do ano. Na última vez procurei lhes mostrar como, nos neoliberais americanos, encontrávamos uma aplicação ou, em todo caso, uma tentativa de aplicação da análise economista a uma série de objetos, de campos de comportamentos ou de condutas, que não eram comportamentos ou condutas de mercado: tentativa, por exemplo, de aplicar a análise econômica ao casamento, à educação dos filhos, à criminalidade. O que coloca, é claro, um problema ao mesmo tempo de teoria e de método, o problema da legitimidade da aplicação de semelhante modelo econômico, o problema prático do valor heurístico desse modelo etc. Todos esses problemas giram em torno de um tema e de uma noção: a noção, é claro, do *homo oeconomicus*, do homem econômico. Em que medida é legítimo e em que medida é fecundo aplicar a grade, o esquema e o modelo do *homo oeconomicus* a todo ator não só econômico, mas social em geral, na medida por exemplo em que ele se casa, na medida em que comete um crime, na medida em que cria seus filhos, na medida em que dá afeto e passa tempo com os filhos? Validade, portanto, da aplicabilidade dessa grade do *homo oeconomicus*. Na verdade, esse problema da aplicação do *homo oeconomicus* tornou-se agora um dos clássicos, digamos assim, da discussão neoliberal nos Estados Unidos. O *background* dessa análise, enfim, o texto *princeps* é o livro de Von Mises que se chama *Human Action*[1], e vocês encontrarão sobretudo por volta dos anos 1960-[19]70, enfim nessa década e principalmente em 1962[2], toda uma série de artigos no *Journal of Political Economy*: o artigo de Becker[3], de Kirzner[4] etc.

Esse problema do *homo oeconomicus* e da sua aplicabilidade parece-me interessante, porque, nessa generalização da grade *homo oeconomicus* a áreas que não são imediata e diretamente econômicas, creio que estão em jogo questões importantes. A mais importante questão em jogo é sem dúvida o problema da identificação do objeto da análise econômica a toda conduta, qualquer que seja, que implique, claro, uma alocação ótima de recursos raros a fins alternativos, o que é a definição mais geral do objeto da análise econômica tal como foi definida, *grosso modo*, pela escola neoclássica[5]. Mas, por trás dessa identificação do objeto da análise econômica a essas condutas que implicam uma alocação ótima de recursos para finalidades alternativas, encontramos a possibilidade de uma generalização do objeto econômico, até a implicação de toda conduta que utilizasse meios limitados a uma finalidade entre outras. E chega-se assim a que talvez o objeto da análise econômica deva ser identificado a toda conduta finalizada que implique, *grosso modo*, uma escolha estratégica de meios, de caminhos e de instrumentos: em suma, identificação do objeto da análise econômica a toda conduta racional. Será que, afinal de contas, a economia não é a análise das condutas racionais, e será que toda conduta racional, qualquer que seja, não decorreria de algo como uma análise econômica? Uma conduta racional como a que consiste em sustentar um raciocínio formal não será porventura uma conduta econômica no sentido em que acabamos de defini-la, ou seja, alocação ótima de recursos raros para finalidades alternativas, já que um raciocínio formal consiste no fato de que se dispõe de certo número de recursos que são recursos raros – esses recursos raros vão ser um sistema simbólico, vão ser um jogo de axiomas, vão ser um certo número de regras de construção, e não qualquer regra de construção e não qualquer sistema simbólico, simplesmente alguns –, recursos raros esses que vão ser utilizados de forma ótima para uma finalidade determinada e alternativa, no caso uma conclusão verdadeira em vez de uma conclusão falsa, à qual se procurará chegar pela melhor alocação possível desses recursos raros? Logo, no limite, por que não definir toda conduta racional, todo comportamento racional, qualquer que seja, como objeto possível de uma análise econômica?

Para dizer a verdade, essa definição que já parece extremamente extensiva não é a única, e há quem diga, como Becker – os mais radicais, digamos, dos neoliberais americanos –, que ainda não basta, que afinal de contas o objeto da análise econômica pode se estender até mesmo para além das condutas racionais definidas e entendidas como acabo de dizer e que as leis econômicas e a análise econômica podem se aplicar perfeitamente a condutas não racionais, ou seja, a condutas que não têm absolutamente em vista ou, em todo caso, não têm somente em vista otimizar a alocação dos recursos raros para um fim determinado[6]. Becker diz: no fundo, a análise econômica poderá perfeitamente encontrar seus pontos de ancoragem e sua eficácia se a conduta de um indivíduo corresponder à cláusula de que a reação dessa conduta não é aleatória em relação ao real. Ou seja: toda conduta que responda de forma sistemática a modificações nas variáveis do meio – em outras palavras, como diz Becker, toda conduta "que aceite a realidade"[7] – deve poder resultar de uma análise econômica. O *homo oeconomicus* é aquele que aceita a realidade. A conduta racional é toda conduta sensível a modificações nas variáveis do meio e que responde a elas de forma não aleatória, de forma portanto sistemática, e a economia poderá portanto se definir como a ciência da sistematicidade das respostas às variáveis do ambiente.

Definição colossal que os economistas, claro, estão longe de endossar, mas que apresenta certo número de interesses. Um interesse prático, por assim dizer, na medida em que, quando você define o objeto da análise econômica como conjunto das respostas sistemáticas de um indivíduo às variáveis do meio, percebe que pode perfeitamente integrar à economia toda uma série de técnicas, dessas técnicas que estão em curso e em voga atualmente nos Estados Unidos e são chamadas de técnicas comportamentais. Todos esses métodos cujas formas mais puras, mais rigorosas, mais estritas ou mais aberrantes, como preferirem, são encontradas em Skinner[8] e consistem precisamente, não em fazer a análise do significado das condutas, mas simplesmente em saber como um dado jogo de estímulos poderá, por mecanismos ditos de reforço, acarretar respostas cuja sistematicidade poderá ser notada e a partir da qual será possível introduzir outras variáveis de comportamento – todas essas técnicas comportamentais mostram bem como, de fato, a psicologia entendida dessa maneira pode perfeitamente entrar na definição da economia tal como Becker a dá. Sobre essas técnicas comportamentais há alguma literatura na França. No último livro de Castel, *A sociedade psiquiátrica avançada*, há um capítulo sobre as técnicas comportamentais e vocês verão como é, muito exatamente, a aplicação, no interior de uma situação dada – no caso, um hospital, uma clínica psiquiátrica –, de métodos que são ao mesmo tempo métodos experimentais e métodos que implicam uma análise propriamente econômica do comportamento[9].

Eu gostaria de insistir, hoje, no entanto, mais sobre outro aspecto. É que essa definição que Becker dá – a qual, mais uma vez, não é a definição reconhecida pela média, muito menos pela maioria, dos economistas – possibilita apesar de tudo, não obstante seu caráter isolado, assinalar um certo paradoxo, porque no fundo o *homo oeconomicus* tal como aparece no século XVIII – daqui a pouco torno sobre esse ponto –, esse *homo oeconomicus* funcionava como o que se poderia chamar de um elemento intangível em relação ao exercício do poder. O *homo oeconomicus* é aquele que obedece ao seu interesse, é aquele cujo interesse é tal que, espontaneamente, vai convergir com o interesse dos outros. O *homo oeconomicus* é, do ponto de vista de uma teoria do governo, aquele em que não se deve mexer. Deixa-se o *homo oeconomicus* fazer. É o sujeito ou o objeto do *laissez-faire*. É, em todo caso, o parceiro de um governo cuja regra é o *laissez-faire*. E eis que agora, nessa definição de Becker tal como eu lhes dei, o *homo oeconomicus*, isto é, aquele que aceita a realidade ou que responde sistematicamente às modificações nas variáveis do meio, esse *homo oeconomicus* aparece justamente como o que é manejável, o que vai responder sistematicamente a modificações sistemáticas que serão introduzidas artificialmente no meio. O *homo oeconomicus* é aquele que é eminentemente governável. De parceiro intangível do *laissez-faire*, o *homo oeconomicus* aparece agora como o correlativo de uma governamentalidade que vai agir sobre o meio e modificar sistematicamente as variáveis do meio.

Creio que esse paradoxo permite identificar o problema de que eu queria lhes falar um pouco e que é precisamente o seguinte: será que, desde o século XVIII, tratava-se com o *homo oeconomicus* de erguer diante de qualquer governo possível um elemento essencial e incondicionalmente irredutível por ele? Será que, ao definir o *homo oeconomicus*, se tratava de indicar qual zona será definitivamente inacessível a toda ação do governo? Será que o *homo oeconomicus* é um átomo de liberdade diante de todas as condições, de todas as empresas, de todas as legislações, de todas as proibições de um governo possível, ou será que o *homo oeconomicus* já não era um certo tipo de sujeito que permitia justamente que uma arte de governar se regulasse de acordo com o princípio da economia – a economia em ambos os sentidos da palavra: economia no sentido de economia política e economia no sentido de restrição, autolimitação, frugalidade do governo? Não é preciso lhes dizer que meu modo de colocar essa questão já lhes dá a resposta, e é disso portanto que gostaria de lhes falar, do *homo oeconomicus* como parceiro, como *vis-à-vis*, como elemento de base da nova razão governamental tal como se formula no século XVIII.

De fato, não há na verdade teoria do *homo oeconomicus* nem mesmo história dessa noção[10]. Na prática, será preciso esperar o que se chama de neoclássicos, Walras[11] e Pareto[12], para ver emergir de maneira mais ou menos clara o que se entende por *homo oeconomicus*. Mas, de fato, antes de Walras e Pareto, já existe uma aplicação dessa noção de *homo oeconomicus*, mesmo que a sua conceitualização não seja feita de maneira muito rigorosa. Como se pode encarar esse problema do *homo oeconomicus* e do seu aparecimento? Para simplificar e, ao mesmo tempo, de forma um tanto arbitrária, partirei, como se fosse um dado, do empirismo inglês e da teoria do sujeito, que é efetivamente aplicada na filosofia empírica inglesa, considerando – mais uma vez, faço aqui um recorte um tanto arbitrário – que nessa teoria do sujeito, tal como é encontrada no empirismo inglês, há ao que tudo indica uma das mutações, uma das transformações teóricas mais importantes que já houve no pensamento ocidental desde a Idade Média.

O que o empirismo inglês – digamos, aquele que aparece *grosso modo* com Locke[13] –, o que o empirismo inglês traz, sem dúvida pela primeira vez na filosofia ocidental, é um sujeito que não é definido nem pela sua liberdade, nem pela oposição entre alma e corpo, nem pela presença de um foco ou um núcleo de concupiscência mais ou menos marcado pela queda ou pelo pecado, mas um sujeito que aparece como sujeito das opções individuais ao mesmo tempo irredutíveis e intransmissíveis. Irredutível quer dizer o quê? Vou dar um exemplo bem simples, frequentemente citado por Hume[14], que diz o seguinte: quando se faz a análise das opções do indivíduo, quando se indaga por que ele faz esta ou aquela coisa em vez de outra, qual tipo de pergunta se pode fazer e a que elemento irredutível se pode chegar? Pois bem, diz ele, "se perguntarmos a alguém: por que você faz exercício? Ele vai responder: faço exercício porque desejo a saúde. Vamos lhe perguntar: por que você deseja a saúde? E ele vai responder: porque prefiro a saúde à doença. Vamos lhe perguntar então: por que você prefere a saúde à doença? Ele vai responder: porque a doença é dolorosa e não quero me sentir mal. E, se lhe perguntarmos por que a doença é dolorosa, então ele vai se ver no direito de não responder, porque a pergunta não tem sentido". O caráter doloroso ou não doloroso da coisa constitui, em si, um motivo de opção além do qual não se pode ir. A opção entre o doloroso e o não doloroso constitui um irredutível que não remete a nenhum juízo, que não remete a nenhum raciocínio ou cálculo. É uma espécie de limitador regressivo na análise.

Em segundo lugar, esse tipo de opção é uma opção intransmissível. Digo intransmissível, não no sentido de que não se poderia, a partir daí, substituir uma opção por outra. Poder-se-ia perfeitamente dizer que, se alguém prefere a saúde à doença, também pode preferir a doença à morte e, nesse caso, optar pela doença. É evidente também que podemos perfeitamente dizer: prefiro estar eu doente em vez de outra pessoa estar. Mas, como quer que seja, essa substituição de uma opção por outra será feita a partir de quê? A partir da minha preferência e a partir do fato de que acharei mais doloroso, por exemplo, saber que outra pessoa está doente do que estar doente eu próprio. E será o meu sentimento pessoal de dor ou de não dor, de doloroso e de agradável, que vai finalmente ser o princípio da minha opção. É o célebre aforismo de Hume, que diz: quando me é dado optar entre o corte do meu dedinho e a morte de outrem, nada afinal pode me forçar a considerar, mesmo que me obriguem a deixar cortar o meu dedinho, que o corte do meu dedinho deve ser preferível à morte de outrem[15].

São portanto opções irredutíveis e opções intransmissíveis em relação ao sujeito. Esse princípio de uma opção individual, irredutível, intransmissível, esse princípio de uma opção atomística e incondicionalmente referida ao próprio sujeito – é isso que se chama interesse.

Creio que o fundamental nessa filosofia empírica inglesa – que trato aqui muito por alto – é que ela faz surgir algo que não existia em absoluto: a ideia de um sujeito de interesse, ou seja, um sujeito como princípio de interesse, como ponto de partida de um interesse ou lugar de uma mecânica de interesses. Claro, há toda uma série de discussões sobre a própria mecânica desse interesse, do que pode desencadeá-lo: será que é a conservação de si, será que é o corpo ou a alma, será que é a simpatia? Pouco importa, afinal. O importante é que o interesse aparece, e isso pela primeira vez, como uma forma de vontade, uma forma de vontade ao mesmo tempo imediata e absolutamente subjetiva.

Creio que o problema, aquilo que vai pôr em marcha toda a problemática do *homo oeconomicus*, é saber se esse sujeito do interesse assim definido, se essa forma de vontade que chamamos de interesse pode ser considerada do mesmo tipo da vontade jurídica ou se pode ser considerada articulável a ela. À primeira vista, pode-se dizer que o interesse e a vontade jurídica são, se não totalmente assimiláveis, pelo menos perfeitamente conciliáveis. E é, de fato, o que se vê no fim do século XVII, até num jurista como Blackstone[16], no meado do século XVIII: uma espécie de mistura de análise jurídica com análise em termos de interesse. Por exemplo, quando Blackstone coloca o problema do contrato primitivo, do contrato social, ele diz: por que os indivíduos contrataram? Eles contrataram porque tinham interesse. Cada indivíduo tem seus interesses, mas o caso é que, no estado de natureza e antes do contrato, esses interesses estão ameaçados. Logo, para salvaguardar pelo menos alguns dos seus interesses, eles são obrigados a sacrificar alguns outros. Vai-se sacrificar o imediato ao que é mais importante e, eventualmente, diferir[17]. Em suma, o interesse aparece como um princípio empírico de contrato. E a vontade jurídica que se forma então, o sujeito de direito que se constitui através do contrato é, no fundo, o sujeito do interesse, mas o sujeito de um interesse de certo modo depurado, que se tornou calculador, racionalizado etc. Ora, essa análise um pouco laxista, se vocês quiserem, na qual vontade jurídica e interesse se misturam e se entrelaçam, engendrando-se mutuamente, Hume observa que não é tão óbvia nem tão simples assim. Pois, diz Hume, por que você contrata? Por interesse. Você contrata por interesse porque você percebe que, se você está só e não tem um vínculo com os outros, pois bem, seus interesses são lesados. Mas, uma vez que você contratou, por que você respeita o contrato? Os juristas dizem, em particular Blackstone dizia mais ou menos nessa época: respeita-se o contrato porque, a partir do momento em que os indivíduos, sujeitos de interesse, reconheceram que era interessante contratar, a obrigação do contrato constitui uma espécie de transcendência em relação à qual o sujeito se acha de certo modo submetido e constrangido, de modo que, tendo se tornado sujeito de direito, vai obedecer ao contrato. A que Hume responde: mas não é nada disso, porque na verdade se alguém obedece ao contrato não é porque é um contrato, não é porque a obrigação do contrato o aprisiona ou, em outras palavras, não é porque você se tornou bruscamente sujeito de direito deixando de ser sujeito de interesse. Se você continua a respeitar o contrato, é porque simplesmente faz o seguinte raciocínio: "O comércio com nossos semelhantes, de que tiramos tão grandes vantagens, não teria nenhuma segurança se não respeitássemos nossos compromissos"[18]. Ou seja, se se respeita o contrato, não é porque há contrato, mas porque se tem interesse em que haja contrato. Ou seja, o aparecimento e a emergência do contrato não substituíram o sujeito de interesse por um sujeito de direito. Num cálculo de interesse, ele constituiu uma forma, constituiu um elemento que vai continuar até o fim a apresentar certo interesse. E se, por outro lado, ele já não apresenta interesse, nada pode me obrigar a continuar a obedecer ao contrato[19]. Logo, interesse e vontade jurídica não se substituem. O sujeito de direito não vem tomar lugar no sujeito de interesse. O sujeito de interesse permanece, subsiste e continua enquanto há estrutura jurídica, enquanto há contrato. Por todo o tempo em que a lei existe, o sujeito de interesse continua a existir. Ele extrapola permanentemente o sujeito de direito. Ele é portanto irredutível ao sujeito de direito. Não é absorvido por ele. Ele o extrapola, o rodeia, é sua condição de funcionamento em permanência. Logo, em relação à vontade jurídica, o interesse constitui um irredutível. Primeira coisa.

Em segundo lugar, o sujeito de direito e o sujeito de interesse não obedecem em absoluto à mesma lógica. O que caracteriza o sujeito de direito? É que ele tem de início direitos naturais, claro. Mas ele se torna sujeito de direito, num sistema positivo, quando aceita, pelo menos, o princípio de ceder esses direitos naturais, quando aceita pelo menos o princípio de renunciar a eles, quando subscreve uma limitação desses direitos, quando aceita o princípio da transferência. Ou seja, o sujeito de direito é por definição um sujeito que aceita a negatividade, que aceita a renúncia a si mesmo, que aceita, de certo modo, cindir-se e ser, num certo nível, detentor de um certo número de direitos naturais e imediatos e, em outro nível, aquele que aceita o princípio de renunciar a eles e vai com isso se constituir como um outro sujeito de direito superposto ao primeiro. A divisão do sujeito, a existência de uma transcendência do segundo sujeito em relação ao primeiro, uma relação de negatividade, de renúncia, de limitação entre um e outro, é isso que vai caracterizar a dialética ou a mecânica do sujeito de direito, e é aí, nesse movimento, que emergem a lei e a proibição.

Em compensação – e é aí que a análise dos economistas vai confluir com esse tema do sujeito de interesse e dar a ele uma espécie de conteúdo empírico –, o sujeito de interesse não obedece em absoluto à mesma mecânica. O que a análise do mercado mostrou, por exemplo, o que evidenciaram tanto os fisiocratas na França, quanto os economistas ingleses, e inclusive teóricos como Mandeville[20], foi que, no fundo, na mecânica dos interesses, nunca se pede que um indivíduo renuncie ao seu interesse. Seja, por exemplo, o que acontece no caso do mercado de cereais – vocês se lembram, falamos disso na última vez[21] –, suponhamos uma colheita abundante num país e escassez em outro. A legislação habitualmente estabelecida na maioria dos países proibia que se exportasse indefinidamente o trigo do país rico para os países em que faltava para que não houvesse escassez no país que tinha reservas. A que os economistas respondem: absurdo! Deixem a mecânica dos interesses agir, deixem os vendedores de cereais despejar sua mercadoria nos países em que há escassez, em que o cereal é caro e em que o vendem facilmente, e verão que, quanto mais eles seguirem seu interesse, melhor irão as coisas e vocês terão um ganho geral que vai se constituir a partir da própria maximização do interesse de cada um. Não só cada um pode perseguir seu próprio interesse, mas cada um deve perseguir seu próprio interesse, deve persegui-lo até o fim procurando levá-lo ao seu ponto máximo, e é nesse momento que vão se encontrar os elementos a partir dos quais o interesse dos outros não só será preservado, mas se verá por isso mesmo aumentado. Temos, portanto, com o sujeito de interesse tal como os economistas o fazem funcionar uma mecânica totalmente diferente dessa dialética do sujeito de direito, já que é uma mecânica egoísta, é uma mecânica imediatamente multiplicadora, é uma mecânica sem transcendência nenhuma, é uma mecânica em que a vontade de cada um vai se harmonizar espontaneamente e como que involuntariamente à vontade e ao interesse dos outros. Estamos bem longe do que é a dialética da renúncia, da transcendência e do vínculo voluntário que se encontra na teoria jurídica do contrato. O mercado e o contrato funcionam exatamente ao contrário um do outro, e têm-se na verdade duas estruturas heterogêneas uma à outra.

Para resumir, poderíamos dizer que toda a análise do interesse no século XVIII, que à primeira vista pode parecer ligar-se sem maior dificuldade à teoria do contrato, essa análise, quando a acompanhamos de perto, produz na verdade uma problemática que é, a meu ver, totalmente nova, totalmente heterogênea aos elementos característicos da doutrina do contrato e da doutrina do sujeito de direito*. É, de certo modo, no ponto de cruzamento entre essa concepção empírica do sujeito de interesse e as análises dos economistas que será possível definir um sujeito, um sujeito que é sujeito de interesse e cuja ação terá valor ao mesmo tempo multiplicador e benéfico pela própria intensificação do interesse, e é isso que caracteriza o *homo oeconomicus*. O *homo oeconomicus* é, a meu ver, no século XVIII, uma figura absolutamente heterogênea e não superponível ao que poderíamos chamar de *homo juridicus* ou *homo legalis*, se vocês quiserem.

Estabelecida essa heterogeneidade, creio ser necessário ir mais longe e primeiro dizer o seguinte: não apenas há uma

....
* O manuscrito acrescenta, p. 9: "a) Primeiro por um radicalismo empírico à maneira de Hume, b) depois por uma análise dos mecanismos de mercado".

heterogeneidade formal entre o sujeito econômico e o sujeito de direito, pelos motivos que acabo de lhes dizer, mas parece-me, até certo ponto por via de consequência, que entre o sujeito de direito e o sujeito econômico há uma diferença essencial na relação que eles mantêm com o poder político. Ou, se preferirem, a problemática do homem econômico coloca à questão do fundamento do poder e do exercício do poder um tipo bem diferente de questão que não podiam colocar a figura e o elemento do homem jurídico, do sujeito de direito. Para compreender o que há de radicalmente novo no homem econômico do ponto de vista do problema de poder e do exercício legítimo do poder, gostaria de começar por lhes citar um texto de Condorcet que me parece muito esclarecedor a esse respeito. Ele se encontra em *Os progressos do espírito humano*, na Nona época. Condorcet diz: seja o interesse de um indivíduo isolado do sistema geral de uma sociedade – ele não quer dizer que o indivíduo está isolado em relação à sociedade (isto é, ele não considera um indivíduo sozinho), ele quer dizer: seja um indivíduo na sociedade, mas do qual só se levará em conta seu interesse, e somente o seu –, pois bem, diz ele, esse interesse propriamente individual de alguém que se encontra no interior do sistema geral não apenas de uma sociedade, mas das sociedades, apresenta duas características. Primeiro, é um interesse que depende de uma infinidade de coisas. O interesse desse indivíduo vai depender de acidentes da natureza contra os quais ele não pode nada e que ele não pode prever. Isso depende de acontecimentos políticos mais ou menos remotos. Em suma, a fruição desse indivíduo estará ligada a um curso do mundo que o extrapola e lhe escapa por toda parte. Segundo, segunda característica, é que, apesar de tudo e em compensação, "nesse caos aparente", diz Condorcet, "vemos entretanto, por uma lei geral do mundo moral, os esforços de cada um por si mesmo servir ao bem de todos"[22]. O que quer dizer que, de um lado, cada um é efetivamente dependente de um todo que é incontrolável, que é não especificado, que é o curso das coisas e o curso do mundo. De certo modo, o acontecimento mais remoto que pode acontecer do outro lado do mundo pode repercutir no meu interesse, e não tenho como influir sobre ele. A vontade de cada um, o interesse de cada um e a maneira como esse interesse é realizado ou não, tudo isso está ligado a uma massa de elementos que escapam aos indivíduos. Ao mesmo tempo, o interesse desse indivíduo, sem que esse indivíduo tampouco dele saiba, sem que tampouco o queira, sem que tampouco possa controlá-lo, vai se ver ligado a toda uma série de efeitos positivos que vai fazer que tudo o que [lhe] é proveitoso vá ser proveitoso aos outros. De modo que o homem econômico se vê situado assim no que poderíamos chamar de campo de imanência indefinido, que o liga, de um lado, sob a forma da dependência, a toda uma série de acidentes e o liga, de outro lado, sob a forma da produção, ao proveito dos outros, ou que liga seu proveito à produção dos outros. A convergência de interesses vem assim reforçar e sobrepor-se a essa disparidade indefinida dos acidentes.

O *homo oeconomicus* vê-se portanto situado no que poderíamos chamar de duplo involuntário: o involuntário dos acidentes que lhe sucedem e o involuntário do ganho que ele produz para os outros sem que o tenha pretendido. Está igualmente situado num duplo indefinido porque, por um lado, os acidentes de que depende seu interesse pertencem a um campo que não se pode percorrer nem totalizar e, por outro lado, o ganho que ele vai produzir para os outros produzindo o seu também é um indefinido, um indefinido que não é totalizável. Duplo involuntário, duplo indefinido, duplo não totalizável, sem que por isso esses indefinidos, esses involuntários, esses incontroláveis desqualifiquem o seu interesse, sem que isso desqualifique o cálculo que ele pode fazer para alcançar da melhor maneira possível seu interesse. Ao contrário, esses indefinidos fundam de certo modo o cálculo propriamente individual que ele faz, dão-lhe consistência, dão-lhe efeito, inscrevem-no na realidade e o ligam da melhor maneira possível a todo o resto do mundo. Temos portanto um sistema em que o *homo oeconomicus* vai dever o caráter positivo do seu cálculo a tudo o que, precisamente, escapa do seu cálculo. Chegamos aqui, evidentemente, ao texto que não se pode evitar, que é o de Adam Smith, o célebre texto do capítulo 2 do livro IV, em que Adam Smith diz – é o único texto na *Riqueza das nações*, como vocês sabem, em que ele fala dessa célebre coisa – : "Preferindo o sucesso da indústria nacional ao da indústria estrangeira, o comerciante só pensa em obter pessoalmente maior segurança; dirigindo essa indústria de maneira que seu produto tenha o maior valor possível, o comerciante pensa apenas em seu próprio ganho; nesse e em muitos outros [casos]*, ele é conduzido por uma mão invisível para alcançar um fim que não está em absoluto nas suas intenções"[23]. Eis-nos portanto no cerne dessa problemática da mão invisível que é, por assim dizer, o correlativo do *homo oeconomicus*, ou antes, que é essa espécie de mecânica bizarra que faz funcionar o *homo oeconomicus* como sujeito de interesse individual no interior de uma totalidade que lhe escapa, mas funda a racionalidade das suas opções egoístas.

O que é essa mão invisível? Bem, costuma-se dizer que a mão invisível se refere, no pensamento de Smith, a um otimismo econômico mais ou menos ponderado. Costuma-se dizer também que se deve ver nessa mão invisível como que o resto de um pensamento teológico da ordem natural. Smith seria o indivíduo que teria mais ou menos implicitamente, com essa noção de mão invisível, estabelecido o lugar vazio, mas apesar de tudo secretamente ocupado, de um deus providencial que habitaria o processo econômico, quase, digamos, como o Deus de Malebranche ocupa o mundo inteiro,

....
* Palavra omitida por Foucault.

até o menor gesto de cada indivíduo, pelo intermédio de uma extensão inteligível de que tem o domínio absoluto[24]. A mão invisível de Adam Smith seria um pouco como o Deus de Malebranche, cuja extensão inteligível seria povoada, não de linhas, de superfícies e de corpos, mas povoada de comerciantes, de mercados, de navios, de carroças e de grandes estradas. Por conseguinte, a ideia de que existe como que uma transparência essencial nesse mundo econômico e de que, se a totalidade do processo escapa a cada um dos homens econômicos, em compensação há um ponto em que o conjunto é quase totalmente transparente a uma espécie de olhar, o olhar de alguém cuja mão invisível, segundo a lógica desse olhar e segundo o que esse olhar vê, ata os fios de todos esses interesses dispersos. Portanto uma exigência, se não um postulado, de transparência total do mundo econômico. Ora, quando se lê o texto pouco mais adiante, o que diz Adam Smith? Ele acabou de falar das pessoas que, sem saber direito por que nem como, seguem seu próprio interesse, e, no fim das contas, isso é proveitoso para todo o mundo. Só se pensa no próprio ganho e, afinal, a indústria inteira sai ganhando. As pessoas, diz ele, só pensam em seu próprio ganho e não pensam no ganho de todo o mundo. E acrescenta: aliás, não é tão ruim assim que essa finalidade, a saber, o ganho de todos, não preocupe nem um pouco a gente comerciante[25]. "Nunca vi os que, em suas empresas de comércio, aspiram a trabalhar para o bem geral terem feito muitas coisas boas. É verdade que essa bela paixão não é muito comum entre os comerciantes[26]."Pode-se dizer *grosso modo*: graças a Deus as pessoas só se preocupam com seus interesses, graças a Deus os comerciantes são uns egoístas consumados, e são raros, entre eles, os que se preocupam com o bem geral, porque, quando eles começam a se preocupar com o bem geral, é nesse momento que as coisas começam a não dar certo.

Em outras palavras, há dois elementos que são absolutamente acoplados um ao outro. Para que haja certeza de proveito coletivo, para que seja certo que o maior bem seja alcançado pelo maior número de pessoas, não apenas é possível, mas é absolutamente necessário que cada um dos atores seja cego a essa totalidade. Deve haver uma incerteza no plano do resultado coletivo para cada um, de maneira que esse resultado coletivo positivo possa ser efetivamente alcançado. A obscuridade, a cegueira são absolutamente necessários a todos os agentes econômicos[27]. O bem coletivo não deve ser visado. Não deve ser visado, porque não pode ser calculado, pelo menos não no interior de uma estratégia econômica. Estamos aqui no cerne de um princípio de invisibilidade. Em outras palavras, nessa célebre teoria da mão invisível de Adam Smith, costuma-se sempre insistir, digamos, no lado "mão", isto é, no fato de que haveria algo como uma providência que ataria todos esses fios dispersos. Mas creio que o outro elemento, o da invisibilidade, é no mínimo tão importante quanto o primeiro. A invisibilidade não é simplesmente um fato que, em consequência de alguma imperfeição da inteligência humana, impediria que as pessoas percebessem que há por trás delas uma mão que organiza ou que une o que cada um faz sem saber em seu foro interior. A invisibilidade é absolutamente indispensável. É uma invisibilidade que faz que nenhum agente econômico deva e possa buscar o bem coletivo.

Nenhum agente econômico, mas é necessário sem dúvida ir mais longe. Não somente nenhum agente econômico, mas nenhum agente político. Em outras palavras, o mundo da economia deve ser obscuro e é necessariamente obscuro para o soberano, e isso de duas maneiras. De uma maneira que já conhecemos, não vale a pena insistir muito nela, a saber, que, como a mecânica econômica implica que cada um siga seu próprio interesse, há que deixar, portanto, cada um fazer. O poder político não deve intervir nessa dinâmica que a natureza inscreveu no coração do homem. É proibido portanto que o governo crie obstáculo a esse interesse dos indivíduos. É o que diz Adam Smith, quando escreve: o interesse comum exige que cada um saiba entender o seu (interesse) e obedecer a ele sem obstáculo[28]. Em outras palavras, o poder, o governo não pode criar obstáculo ao jogo dos interesses individuais. Mas é preciso ir mais longe. Não somente o governo não deve criar obstáculo ao interesse de cada um, mas é impossível que o soberano possa ter sobre o mecanismo econômico um ponto de vista que totalize cada um dos elementos e permita combiná-los artificial ou voluntariamente. A mão invisível que combina espontaneamente os interesses proíbe, ao mesmo tempo, toda forma de intervenção, melhor ainda, toda forma de olhar sobranceiro que permitisse totalizar o processo econômico. Sobre esse ponto um texto de Ferguson é bem claro. Ele diz na *História da sociedade civil*[29]: "Quanto mais o indivíduo ganha por sua própria conta, mais aumenta a massa da riqueza nacional. [...] Todas as vezes que a administração, por refinamentos profundos, aplica uma mão ativa nesse objeto, mais não faz que interromper o andamento das coisas e multiplicar as causas de queixas. Todas as vezes que o comerciante esquece seus interesses para se consagrar a projetos nacionais, o tempo das visões e das quimeras está próximo"[30]. Ferguson toma como exemplo estabelecimentos franceses e ingleses na América e diz, analisando o modo de colonização francês e inglês: os franceses chegaram com seus projetos, sua administração, sua definição do que seria melhor para suas colônias na América. Construíram "vastos projetos" e esses vastos projetos nunca puderam ser "realizados senão na ideia" e as colônias francesas da América fracassaram. Em compensação, os ingleses chegaram para colonizar a América com o quê? Com grandes projetos? De maneira nenhuma. Com "vistas curtas". Não tinham nenhum outro projeto senão o proveito imediato de cada um, ou antes, cada um tinha em vista unicamente a vista curta do seu próprio projeto. Com isso, as indústrias foram ativas e os estabelecimentos floresceram[31]. A economia, por conseguinte, a economia entendida como prática, mas entendida também como tipo de intervenção do governo, como forma de ação do Estado ou do soberano, pois bem, a economia não pode deixar de ter a vista curta, e, se houvesse um soberano que pretendesse ter vista longa, o olhar global e totalizante, esse soberano nunca enxergaria mais que quimeras. A economia política denuncia, no meado do século XVIII, o paralogismo da totalização política do processo econômico.

Que o soberano seja, que o soberano possa, que o soberano deva ser ignorante, é o que Adam Smith diz no capítulo 9 do livro IV da *Riqueza das nações*, esclarecendo perfeitamente o que quer dizer com a mão invisível e a importância do adjetivo "invisível". Smith diz o seguinte: "Todo homem, contanto que não infrinja as leis da justiça, deve poder aplicar onde lhe aprouver seu interesse e seu capital"[32]. Logo, princípio do *laissez-faire*, cada um em todo caso deve seguir seu interesse. E com isso, diz ele de maneira relativamente hipócrita – bem, eu é que digo que é hipócrita –, o soberano não tem como não se sentir à vontade com isso, porque se vê "livre de um encargo de que não poderia tentar se desincumbir – a vigilância de todos os processos econômicos – sem se expor infalivelmente a se ver o tempo todo enganado de mil maneiras"[33]. Digo "frase hipócrita" porque se pode muito bem entendê-la assim: se o soberano, que é um homem só, rodeado de conselheiros mais ou menos fiéis, empreendesse a tarefa infinita de vigiar a totalidade do processo econômico, ver-se-ia sem dúvida enganado por administradores e ministros infiéis. Mas a frase quer dizer também que não é simplesmente pela infidelidade dos seus ministros ou pela complexidade de uma administração necessariamente incontrolável que ele cometeria erros. Ele cometeria erros, de certo modo, por uma razão essencial e fundamental. Não poderia não se enganar, e é isso aliás o que diz o fim da frase, falando portanto dessa tarefa, desse encargo de que o soberano deve se ver desencarregado, a tarefa de vigiar a totalidade do processo econômico: "para a consumação conveniente dessa tarefa, não há nenhuma sabedoria humana e nenhum conhecimento que baste"³⁴.

A racionalidade econômica vê-se não só rodeada por, mas fundada sobre a incognoscibilidade da totalidade do processo. O *homo oeconomicus* é a única ilha de racionalidade possível no interior de um processo econômico cujo caráter incontrolável não contesta, mas funda, ao contrário, a racionalidade do comportamento atomístico do *homo oeconomicus*. Assim, o mundo econômico é, por natureza, opaco. É por natureza intotalizável. É originária e definitivamente constituído de pontos de vista cuja multiplicidade é tanto mais irredutível quanto essa própria multiplicidade assegura espontaneamente e no fim das contas a convergência deles. A economia é uma disciplina ateia; a economia é uma disciplina sem Deus; a economia é uma disciplina sem totalidade; a economia é uma disciplina que começa a manifestar não apenas a inutilidade, mas a impossibilidade de um ponto de vista soberano, de um ponto de vista do soberano sobre a totalidade do Estado que ele tem de governar. A economia rouba da forma jurídica do soberano que exerce sua soberania no interior de um Estado o que está aparecendo como o essencial da vida de uma sociedade, a saber, os processos econômicos. O liberalismo, em sua consistência moderna, começou quando, precisamente, foi formulada essa incompatibilidade essencial entre, por um lado, a multiplicidade não totalizável dos sujeitos de interesse, dos sujeitos econômicos e, por outro lado, a unidade totalizante do soberano jurídico.

O grande esforço do pensamento jurídico-político, no curso do século XVIII, para mostrar como, a partir de sujeitos de direito individuais, sujeitos de direito natural, podia-se chegar à constituição de uma unidade política definida pela existência de um soberano, individual ou não, pouco importa, mas detentor, por um lado, da totalidade dos seus direitos individuais e princípio, ao mesmo tempo, da limitação desses direitos, toda essa grande problemática não é em absoluto completada pela problemática da economia. A problemática da economia, a problemática do interesse econômico obedece a uma configuração bem diferente, a uma lógica bem diferente, a um tipo bem diferente de raciocínio e a uma racionalidade bem diferente. De fato, o mundo político-jurídico e o mundo econômico aparecem, desde o século XVIII, como mundos heterogêneos e incompatíveis. A ideia de uma ciência econômico-jurídica é rigorosamente impossível e, aliás, efetivamente, nunca foi constituída. Ao soberano jurídico, ao soberano detentor de direitos e fundador do direito positivo a partir do direito natural dos indivíduos, o *homo oeconomicus* é alguém que pode dizer: tu não deves, não porque eu tenha direitos e tu não tens o direito de tocar neles; e isto é o que diz o homem de direito, o que diz o *homo juridicus* ao soberano: tenho direitos, confiei alguns a ti, tu não deves tocar nos outros, ou: confiei-te meus direitos para este ou aquele fim. O *homo oeconomicus* não diz isso. Ele diz também ao soberano, é verdade: tu não deves; mas diz ao soberano: tu não deves, por quê? Tu não deves porque não podes. E tu não podes no sentido de que "tu és impotente". E por que tu és impotente, por que tu não podes? Tu não podes porque tu não sabes e tu não sabes porque tu não podes saber.

Ou seja, temos aí um momento que é, a meu ver, importante: o momento em que a economia política pode se apresentar como crítica da razão governamental. "Crítica", eu emprego agora no sentido próprio e filosófico do termo[35]. Afinal, Kant, um pouco mais tarde aliás, diria ao homem que ele não pode conhecer a totalidade do mundo. Pois bem, a economia política tinha dito ao soberano, algumas décadas antes: tu também não podes conhecer, tu não podes conhecer a totalidade do processo econômico. Não há soberano em economia. Não há soberano econômico. Creio que temos aí um dos pontos afinal de contas importantíssimos na história do pensamento econômico, claro, mas principalmente na história da razão governamental. A ausência ou a impossibilidade de um soberano econômico: é esse problema que será finalmente colocado em toda a Europa e em todo o mundo moderno pelas práticas governamentais, pelos problemas econômicos, pelo socialismo, pela planificação, pela economia do bem-estar. Todos os retornos, todas as recorrências do pensamento liberal e neoliberal na Europa dos séculos XIX e XX ainda constituem, sempre, uma certa maneira de colocar o problema dessa impossibilidade da existência de um soberano econômico. E tudo o que vai aparecer, ao contrário, como planificação, economia dirigida, socialismo, socialismo de Estado, vai ser o problema de saber se não se pode superar, de certa forma, essa maldição formulada pela economia política, desde a sua fundação, contra o soberano econômico, e, ao mesmo tempo, condição própria da existência de uma economia política: não poderia haver, apesar de tudo, um ponto por onde se possa definir uma soberania econômica?

Em menor escala, a teoria da mão invisível parece-me ter essencialmente por função, por papel, a desqualificação do soberano político. Se o situamos, não mais através da história do liberalismo dos dois últimos séculos, mas em seu contexto imediato, é evidente que essa teoria da mão invisível, entendida como desqualificação da possibilidade de um soberano econômico, é a recusa desse Estado de polícia de que lhes falava ano passado[36]. O Estado de polícia, ou também o Estado governado pela razão de Estado, com sua política mercantilista, era desde o século XVII o esforço feito, de forma perfeitamente explícita, para constituir um soberano que já não seria soberano de direito ou em função de um direito, mas seria igualmente um soberano capaz de administrar, de administrar, é claro, os sujeitos sobre os quais ele exerce sua soberania, mas também os processos econômicos que podem se desenrolar entre os indivíduos, entre os grupos, entre os Estados. O Estado de polícia, o Estado tal como vai fazê-lo funcionar a política ao mesmo tempo voluntarista e mercantilista dos soberanos, ou em todo caso de certos soberanos do século XVII e do século XVIII, como o soberano francês – tudo isso repousa evidentemente no postulado de que deve haver um soberano econômico. A economia política não constitui simplesmente uma refutação das doutrinas ou das práticas mercantilistas. A economia política de Adam Smith não mostra simplesmente como o mercantilismo constituía um erro técnico ou um erro teórico. A economia política de Adam Smith, o liberalismo econômico, constitui uma desqualificação desse projeto político de conjunto e, mais radicalmente ainda, uma desqualificação de uma razão política que seria indexada ao Estado e à sua soberania.

Aliás, é interessante ver a que, mais precisamente ainda, se opõe a teoria da mão invisível. Ela se opõe, precisamente, ao que diziam quase na mesma época ou, em todo caso, ao que acabavam de dizer alguns anos antes os fisiocratas, porque a posição dos fisiocratas é, desse ponto de vista, muito interessante e muito paradoxal. Os fisiocratas na França fizeram precisamente, sobre o mercado e os mecanismos de mercado, as análises de que já lhes falei várias vezes[37] e que provavam que o governo, que o Estado, que o soberano não deviam de forma alguma intervir na mecânica dos interesses que fazia que as mercadorias fossem para onde encontrassem mais facilmente compradores e pelo melhor preço. A fisiocracia era portanto uma crítica severa a toda a regulamentação administrativa pela qual se exerce o poder do soberano sobre a economia. Mas os fisiocratas logo acrescentavam o seguinte: deve-se deixar os agentes econômicos livres, mas, primeiramente, há que considerar que o território inteiro de um país é, no fundo, propriedade do soberano ou, em todo caso, que o soberano é coproprietário de todas as terras do país e, por conseguinte, coprodutor; o que lhes permitia justificar o imposto. Logo, na concepção fisiocrática, o soberano vai ser, de certo modo, adequado de princípio e de direito – e também de fato aliás – a toda a produção e a toda a atividade econômica de um país, a título de coproprietário das terras e coprodutor do produto.

Em segundo lugar, a existência, dizem os fisiocratas, de um Quadro Econômico que possibilita acompanhar com exatidão o circuito da produção e da constituição da renda dá ao soberano a possibilidade de conhecer exatamente tudo o que acontece no interior do seu país e [o] poder, por conseguinte, [de] controlar os processos econômicos. Ou seja, o Quadro Econômico vai proporcionar ao soberano um princípio de análise e como que um princípio de transparência em relação à totalidade do processo econômico. De sorte que, se o soberano deixa livres os agentes econômicos, é porque sabe, e sabe graças ao Quadro Econômico, ao mesmo tempo o que acontece e como tem de acontecer. Logo, ele poderá, em nome desse saber total, aceitar livre e racionalmente, ou antes, terá de aceitar pela própria necessidade da razão, do saber e da verdade, o princípio da liberdade dos agentes econômicos. De modo que entre o saber do soberano e a liberdade dos indivíduos haverá uma segunda adequação.

Enfim, em terceiro lugar, um bom governo – justamente o de um soberano que conhece exatamente tudo o que acontece no que concerne aos processos econômicos graças ao Quadro Econômico – deverá explicar aos diferentes agentes econômicos, aos diferentes sujeitos, como a coisa acontece, por que acontece e o que devem fazer para maximizar seu lucro. Deverá haver um saber econômico que será difundido o mais amplamente possível, e tão uniformemente quanto possível, entre todos os sujeitos, e esse saber econômico, cujo princípio se encontra sempre no Quadro Econômico elaborado pelos fisiocratas, será comum aos sujeitos bem-educados economicamente e ao soberano que souber reconhecer as leis fundamentais da economia. De modo que haverá no nível do saber, no nível da consciência de verdade, uma terceira adequação entre o soberano e os processos, ou pelo menos os agentes econômicos. Vocês veem portanto que, para os fisiocratas, o princípio do *laissez-faire*, o princípio da liberdade necessária dos agentes econômicos deve poder coincidir com a existência de um soberano, e a existência de um soberano tanto mais despótico, tanto menos tolhido por tradições, hábitos, regras, leis fundamentais, quanto sua única lei seja a da evidência, a de um saber bem erigido e bem construído que ele compartilhará com os agentes econômicos. É aí, e somente aí, que se tem de fato a ideia de uma transparência do econômico e do político um em relação ao outro. É aí, e somente aí, que podemos encontrar a ideia de que é preciso deixar aos agentes econômicos sua liberdade e de que se terá uma soberania política que percorrerá com um olhar, e de certo modo na luz uniforme da evidência, a totalidade do processo econômico.

A mão invisível de Adam Smith é o exato contrário disso. É a crítica dessa ideia paradoxal de uma liberdade econômica total e de um despotismo absoluto que os fisiocratas haviam procurado sustentar na teoria da evidência econômica. A mão invisível postula, ao contrário, em princípio, que isso não é possível, que não pode haver soberano no sentido fisiocrático do termo, que não pode haver despotismo no sentido fisiocrático do termo, porque não pode haver evidência econômica. De modo que, como veem, desde o começo, em todo caso – se chamarmos de começo da economia política a teoria de Adam Smith e a teoria liberal –, a ciência econômica nunca se apresentou como devendo ser a linha de conduta, a programação completa do que poderia ser a racionalidade governamental. A economia política é de fato uma ciência, é de fato um tipo de saber, é de fato um modo de conhecimento que os que governam terão de levar em conta. Mas a ciência econômica não pode ser a ciência do governo e o governo não pode ter por princípio, lei, regra de conduta ou racionalidade interna, a economia. A economia é uma ciência lateral em relação à arte de governar. Deve-se governar com a economia, deve-se governar ao lado dos economistas, deve-se governar ouvindo os economistas, mas não se pode permitir, está fora de cogitação, não é possível que a economia seja a própria racionalidade governamental.

Creio que é assim, parece-me, que se pode comentar a teoria da mão invisível em relação ao problema da racionalidade governamental ou da arte de governar. Surge então um problema: de que vai se ocupar o governo e qual vai ser seu objeto, se de fato não é o processo econômico, a totalidade do processo econômico que constitui de pleno direito seu objeto? É isso, a meu ver, a teoria da sociedade civil de que procurarei lhes falar a próxima vez.

NOTAS

1. Ludwig von Mises, *Human Action: A treatise on economics*, *op. cit.* e trad. cit. [*supra*, p. 130, nota 11].
2. Cf. notadamente *Journal of Political Economy*, vol. 70 (5), outubro de 1962, 2ª parte, coordenado por Th. Schultz, inteiramente consagrado ao problema do "investment in human beings".
3. G. Becker, "Investment in human capital: a theoretical analysis", art. cit. [*supra*, p. 324, nota 18].
4. I. M. Kirzner, "Rational action and economic theory", *Journal of Political Economy*, vol. 70 (4), agosto de 1962, pp. 380-5.
5. Cf. *supra*, aula de 14 de março de 1979, pp. 324-5, notas 23 e 25.
6. Cf. G. Becker, "Irrational behavior and economic theory", *Journal of Political Economy*, vol. 70 (1), fevereiro de 1962, pp. 1-13; reed. in *The Economic Approach to Human Behavior*, *op. cit.* [*supra*, p. 324, nota 23], pp. 153-68.
7. *Ibid.*, p. 167: "Even irrational decision units must accept reality and could not, for example, maintain a choice that was no longer within their opportunity set. And these sets are not fixed or dominated by erratic variations, but are systematically changed by different economic variables [...]"
8. Burrhus Frederic Skinner (1904-1990), psicólogo e psicolinguista americano, é um dos principais representantes da escola behaviorista. Professor em Harvard desde 1947, publicou numerosas obras, entre as quais *Science and Human Behavior*, Londres, Collier-Macmillan, 1953; *Verbal Behavior*, Englewood Cliffs, NJ, Prentice Hall, 1957; *Beyond Freedom and Dignity*, Nova York, A. A. Knopf, 1971 / *Par-delà la liberté et la dignité*, trad. fr. A.-M. e M. Richelle, Paris, R. Laffont, "Libertés 2000", 1972. Hostil à utilização de estatísticas, ele considera necessário estudar os comportamentos individuais, "o que supõe dominar o ambiente em que é posto o sujeito e definir medidas de resposta que sejam informativas. [...] Quando um sujeito se desloca em seu ambiente, alguns dos seus comportamentos produzem neste modificações detectáveis (as contingências de reforço). A resposta operante é uma classe de respostas definida pelas consequências que

ela tem para o sujeito e emitida numa situação dada sem que dependa causalmente de um estímulo da situação. Um controle rigoroso das contingências permite portanto selecionar condutas reiteráveis" (*Encyclopaedia Universalis*, Thesaurus, 1975, vol. 20, p. 1797). O objetivo visado é portanto "selecionar as condutas pertinentes manipulando programas de reforço" (*ibid.*).

9. F. Castel, R. Castel e A. Lovell, *La Société psychiatrique avancée: le modèle américain*, Paris, Grasset, 1979, cap. 4, pp. 138-9, sobre a terapêutica comportamental (*behavior modification*), inspirada nos princípios do condicionamento (Pavlov) e do behaviorismo (Thorndike, Skinner), em meio psiquiátrico (cf. também cap. 8, pp. 299-302).

10. Cf. agora o livro de P. Demeulenaere, *Homo oeconomicus. Enquête sur la constitution d'un paradigme*, Paris, PUF, "Sociologies", 1996.

11. Cf. *supra*, aula de 21 de fevereiro de 1979, p. 249, nota 12.

12. Vilfredo Pareto (1848-1923, sociólogo e economista italiano, sucessor de Walras na Universidade de Lausanne), *Manuel d'économie politique* (1906), in *Oeuvres complètes*, t. VII, Genebra, Droz, 1981, pp. 7-18. Cf. J. Freund, *Pareto, la théorie de l'équilibre*, Paris, Seghers, 1974, pp. 26-7 (o *homo oeconomicus* segundo Pareto) – obra lida por M. Foucault.

13. John Locke (1632-1704), autor de *Essay concerning Human Understanding*, Londres, printed by E. Holt for Th. Bassett, 1690 / *Essai philosophique concernant l'entendement humain*, trad. fr. P. Coste, 5ª ed., 1755; repr. Paris, Vrin, 1972.

14. David Hume (1711-1776), *An Inquiry concerning the Principles of Morals* (1751), Chicago, Open Court Pub. Co., 1921, apêndice I, "Concerning moral sentiment" / *Enquête sur les principes de la morale*, trad. fr. A. Leroy, Paris, Aubier, 1947, p. 154. Cito a passagem a partir da tradução de E. Halévy, *La Formation du radicalisme philosophique*, *op. cit.*, t. 1, ed. 1995, p. 15: "Pergunte a um homem *por que ele faz exercício*, ele responderá, *porque deseja conservar sua saúde*; se você perguntar então *por que ele deseja a saúde*, ele responderá sem hesitar, *porque a doença é dolorosa*. Se você levar mais longe sua sondagem e perguntar *por que motivo ele odeia a dor*, será impossível que ele lhe dê um. É um fim último, que nunca é relacionado a outro objeto".

15. Cf. D. Hume, *A Treatise of Human Nature* (1739-40), ed. L. A. Selby-Bigge, Oxford, Clarendon Press, 1896, livro II, parte III, seção III: "Where a passion is neither founded on false suppositions, nor chuses means insufficient for the end, the understanding can neither justify

nor condemn it. 'Tis not contrary to reason to prefer the destruction of the whole world to the scratching of my finger." / *Traité de la nature humaine*, trad. fr. A. Leroy, Paris, Aubier, 1946, t. 2, p. 525: "[...] não é contrário à razão eu preferir a destruição do mundo inteiro a um arranhão no meu dedo".

16. William Blackstone (1723-1780): jurista conservador, professor de direito em Oxford, onde teve Bentham como aluno em 1763-64 (o qual se apresentou, em seguida, a partir do *Fragment on Government*, 1776, como o "anti-Blackstone" (Halévy)). Autor dos *Commentaries on the Laws of England*, Oxford, Clarendon Press, 1765-1769, 4 vols. / *Commentaires sur les lois anglaises*, trad. fr. N. M. Champré, Paris, F. Didot, 1822, 6 vols. Cf. E. Halévy, *La Formation du radicalisme philosophique*, t. 1, ed. 1995, pp. 55-6; Mohamed El Shakankiri, *La Philosophie juridique de Jeremy Bentham*, Paris, LGDJ, 1970, pp. 223-37.

17. *Commentaires...*, trad. cit., t. 1, pp. 210-4 (bom resumo in M. El Shakankiri, *op. cit.*, pp. 236-8). Sobre a mistura dos princípios jurídico e utilitário na justificação da pena por Blackstone, cf. E. Halévy (*op. cit.*, t. 1, ed. 1995, p. 101), que vê nisso uma falta de coerência.

18. D. Hume, "Of the original contract": "We are bound to obey our sovereign, it is said, because we have given a tacit promise to that purpose. But why are we bound to observe our promise? It must here be asserted, that the commerce and intercourse of mankind, which are of such mighty advantage, can have no security when men pay no regard to their engagements" (*in* D. Hume, *Quatre Essais politiques*, texto em inglês e trad. fr., ed. organizada por G. Granel, Toulouse, Trans-Europ-Repress, 1981, p. 17) / "Le contrat primitif", *in Essais politiques*, trad. fr. [s.n.] de 1752, Paris, Vrin, 1972, p. 343: "Devemos obedecer ao nosso soberano, diz-se, porque assim prometemos tacitamente, mas por que somos obrigados a cumprir nossas promessas? Só pode ser porque o comércio com nossos semelhantes, de que tiramos tão grandes proveitos, não tem nenhuma segurança a partir do momento em que se pode faltar com seus compromissos". Cf. também *A Treatise of Human Nature*, *op. cit.*, livro III, parte II, seção VIII / trad. cit., pp. 660-72.

19. *Ibid.*, trad. cit., livro III, parte II, seção IX, p. 676: "[...] se o interesse produz primeiro a obediência ao governo, a obrigação de obedecer deve cessar quando cessa o interesse, num grau considerável e num número considerável".

20. Bernard Mandeville (1670-1733), autor da célebre *Fable of the Bees, Or Private Vices, Public Benefits* (1714), Londres, Wishart &

Co., 1934 / *La Fable des abeilles, ou les vices privés font le bien public*, trad. fr. L. e P. Carrive, Paris, Vrin, 1990.

21. M. Foucault quer dizer "ano passado". Cf. *Sécurité, Territoire, Population*, op. cit., aulas de 18 de janeiro e 5 de abril de 1978.

22. Condorcet (Jean-Antoine-Nicolas Caritat, marquês de) (1743-1794), *Esquisse d'un tableau historique des progrès de l'esprit humain* (1793), Neuvième époque, Paris, Garnier-Flammarion, ed. 1988, p. 219: "Como, nessa surpreendente variedade de trabalhos e de produtos, de necessidades e de recursos, nessa assustadora complicação de interesses, que ligam a subsistência, o bem-estar de um indivíduo isolado, ao sistema geral das sociedades, que o torna dependente de todos os acidentes da natureza, de todos os acontecimentos da política, que estende de certo modo ao globo inteiro sua faculdade de experimentar ou fruições ou privações; como, nesse caos aparente, vê-se no entanto, por uma lei geral do mundo moral, os esforços de cada um por si mesmo servir ao bem-estar de todos; e, apesar do choque exterior dos interesses opostos, o interesse comum exigir que cada um saiba entender o seu e possa obedecer a ele sem obstáculo?".

23. A. Smith, *Recherche sur la nature et les causes de la richesse des nations*, op. cit., livro IV, cap. 2, ed. GF, t. 2, pp. 42-3.

24. Nicolas Malebranche (1638-1715): filósofo e teólogo, membro do Oratório. Foucault alude aqui à tese "ocasionalista", ou teoria das "causas ocasionais", defendida por Malebranche em várias das suas obras (*De la Recherche de la vérité* (1674), XVe Éclaircissement, *Oeuvres*, t. I, Paris, Gallimard, "Bibliothèque de la Pleiade", 1979, pp. 969-1014; *Entretiens sur la métaphysique et la religion* (1688), VII, *Oeuvres*, t. II, 1992, pp. 777-800 etc.), segundo a qual "somente Deus é verdadeiramente causa. O que se designa com o nome de causa natural não é uma causa real e verdadeira, mas simplesmente, se se fizer questão de conservar-lhe o nome, uma causa ocasional, que determina Deus, em consequência de leis gerais, a manifestar de certa maneira sua ação, única eficaz" (V. Delbos, "Malebranche e Maine de Biran", *Revue de métaphysique et de morale*, 1916, pp. 147-8). Esse Deus onipresente, oculto embora, é fonte de todos os movimentos e inclinações ativos: "Deus, que é o único capaz de agir em nós, esconde-se agora aos nossos olhos; suas operações não têm nada de sensível, e, embora ele produza e conserve todos os seres, o espírito que busca com tanto ardor a causa de todas as coisas tem dificuldade de reconhecê-lo, embora o encontre a todo instante" (*De la Recherche de la*

vérité, xve Éclaircissement, *op. cit.*, p. 969). Sobre as fontes teológicas da concepção smithiana da "mão invisível", cf. J. Viner, *The Role of Providence in Social Order*, Filadélfia, Independance Square, 1972, cap. 3, "The invisible hand and the economic order".

25. A. Smith, *Recherche sur la nature et les causes de la richesse des nations*, p. 43: "e não é sempre que é pior para a sociedade que esse fim não seja levado em conta em suas intenções [i.e., de cada indivíduo]".

26. *Ibid.* Adam Smith acrescenta: "e não seriam necessários longos discursos para curá-los dela".

27. Sobre essa "cegueira" necessária, cf. *supra*, aula de 21 de fevereiro de 1979, a análise do Estado de direito e da crítica do planismo de acordo com Hayek.

28. Cf. A. Smith, *op. cit.*, p. 43: "Buscando embora apenas seu interesse pessoal, [cada indivíduo] muitas vezes trabalha de maneira muito mais eficaz para a sociedade do que se tivesse realmente por fim trabalhar para ela".

29. A. Ferguson, *An Essay on the History of Civil Society*, Edimburgo, A. Kincaid & J. Bell, 1767; 2ª ed. corrigida, Londres, A. Millar & T. Cadell, 1768. A tradução francesa, *Essai sur l'histoire de la société civile*, devida a M. Bergier, foi publicada pela Librairie Mme Yves Desaint em 1783, embora o texto tenha sido impresso cinco anos antes. Essa tradução, revista e corrigida, foi reeditada, com uma importante introdução, por C. Gautier em 1992, PUF, "Léviathan". Nossas referências, para a comodidade do leitor, remetem a essas duas edições.

30. *Op. cit.*, trad. Desaint, t. 2, parte III, cap. 4, pp. 26-7 (a frase termina com estas palavras: "e o comércio perde sua base e sua solidez"); trad. Gautier, p. 240.

31. *Ibid.*, trad. Desaint, t. 2, parte III, cap. 4, pp. 27-8: "[...] em matéria de comércio e de abastecimento, o interesse particular é um guia mais seguro do que todas as especulações do governo. Uma nação projetou um estabelecimento no continente setentrional da América e, contando pouco com a conduta e com as luzes limitadas dos comerciantes, aplicou todos os recursos dos seus homens de Estado; uma outra nação deixou aos particulares a liberdade de pensar por sua própria conta e de escolher uma posição a seu bel-prazer: estes, com suas vistas curtas e sua indústria ativa, formaram um estabelecimento florescente; e os vastos projetos dos outros só foram realizados em ideia"; trad. Gautier, p. 241.

32. A. Smith, *Recherche sur la nature et les causes de la richesse des nations*, IV, 9, ed. GF, t. 2, p. 308.

33. *Ibid.*

34. *Ibid.*

35. Sobre a maneira como M. Foucault, nessa época, interpreta a crítica kantiana, cf. sua conferência do ano anterior, "Qu'est-ce que la critique?", pronunciada em 27 de maio de 1978 na Sociedade Francesa de Filosofia, *Bulletin de la société française de philosophie*, nº 2, abril-junho de 1990, pp. 38-9 (não republicada em *Dits et Écrits*).

36. Cf. *Sécurité, Territoire, Population*, aulas de 29 de março e 5 de abril de 1978.

37. Cf. *supra*, aula de 17 de janeiro de 1979, e *Sécurité, Territoire, Population*, aulas de 18 de janeiro e 5 de abril de 1978.

AULA DE 4 DE ABRIL DE 1979

> Elementos para uma história da noção de *homo oeconomicus* (II). – Volta ao problema da limitação do poder soberano pela atividade econômica. – A emergência de um novo campo, correlativo da arte liberal de governar: a sociedade civil. – *Homo oeconomicus* e sociedade civil: elementos indissociáveis da tecnologia governamental liberal. – Análise da noção de "sociedade civil": sua evolução de Locke a Ferguson. O *Ensaio sobre a história da sociedade civil* de Ferguson (1787). As quatro características essenciais da sociedade civil segundo Ferguson: (1) ela é uma constante histórico-natural; (2) ela assegura a síntese espontânea dos indivíduos. Paradoxo do vínculo econômico; (3) ela é uma matriz permanente de poder político; (4) ela constitui o motor da história. – Aparecimento de um novo sistema de pensamento político. – Consequências teóricas: (a) a questão das relações entre Estado e sociedade. As problemáticas alemã, inglesa e francesa; (b) a regulagem do exercício do poder: da sabedoria do príncipe aos cálculos racionais dos governados. – Conclusão geral.

Na última vez evoquei um pouco esse tema do *homo oeconomicus* que atravessou todo o pensamento econômico, sobretudo o pensamento liberal, desde aproximadamente o meado do século XVIII. Eu havia procurado lhes mostrar que esse *homo oeconomicus* constituía uma espécie de átomo de interesse insubstituível e irredutível. Havia procurado lhes mostrar como esse átomo de interesse não era superponível, nem identificável, nem redutível ao que constitui no pensamento jurídico o essencial do sujeito de direito; que *homo oeconomicus* e sujeito de direito não eram portanto superponíveis e que, afinal, o *homo oeconomicus* não se integra ao conjunto de que faz parte conforme a mesma dialética que o sujeito de direito em relação ao conjunto de que ele também faz parte, a saber, que o sujeito de direito se integra ao conjunto dos outros sujeitos de direito por uma dialética da renúncia a seus próprios direitos ou da transferência desses direitos a outro, ao passo que o *homo oeconomicus* se integra ao conjunto de que faz parte, ao conjunto econômico não por uma transferência, [uma] subtração, [uma] dialética da renúncia, mas por uma dialética da multiplicação espontânea.

Essa diferença, essa irredutibilidade do *homo oeconomicus* ao sujeito de direito acarreta – foi também o que procurei lhes mostrar na última vez – uma modificação importante quanto ao problema do soberano e ao exercício do poder soberano. De fato, ante o *homo oeconomicus*, o soberano não se encontra na mesma posição que ante o sujeito de direito. O sujeito de direito pode, sim, pelo menos em certas concepções ou análises, aparecer como o que limita o exercício do poder soberano. Em compensação, o *homo oeconomicus* não se contenta em limitar o poder do soberano. Até certo ponto, ele o destitui. Ele o destitui em nome de quê? De um direito em que o soberano não deveria tocar? Não, não é isso. Ele o destitui na medida em que faz surgir no soberano uma incapacidade essencial, uma incapacidade maior e central, uma incapacidade para dominar a totalidade da esfera econômica. Ante a esfera econômica em seu conjunto, ante o campo econômico, o soberano não tem como não ser cego. O conjunto dos processos econômicos não tem como não escapar de um olhar que se pretenderia um olhar central, totalizador e sobranceiro. Digamos ainda que na concepção clássica do soberano, a que encontramos na Idade Média e ainda no século XVII, havia, acima do soberano, algo impenetrável, os desígnios de Deus. Por mais absoluto que fosse o soberano, por mais assinalado como representante de Deus na terra, ainda havia algo que lhe escapava e que eram os desígnios da Providência, e ele estava englobado nesse destino. Existe agora, acima do soberano, algo que também lhe escapa, mas já não são os desígnios da Providência ou as leis de Deus, são os labirintos e meandros do campo econômico. E, nessa medida, creio que a emergência da noção de *homo oeconomicus* representa uma espécie de desafio político à concepção tradicional, à concepção jurídica, absolutista ou não, aliás, do soberano.

Então, em relação a isso, creio que havia – quer dizer, considerando as coisas de modo bem abstrato, bem esquemático – duas soluções possíveis. De fato, pode-se dizer: se o *homo oeconomicus*, se a prática econômica, se a atividade econômica, se o conjunto dos processos de produção e de troca escapa ao soberano, pois bem, muito bem, vamos limitar de certo modo geograficamente a soberania do soberano e vamos fixar para o exercício do seu poder uma espécie de fronteira: ele poderá mexer em tudo, menos no mercado. O mercado, digamos assim, como porto franco, como espaço franco, espaço livre no espaço geral da soberania. Primeira possibilidade. A segunda possibilidade é a que encontramos concretamente apresentada e defendida pelos fisiocratas. Ela consiste em dizer o seguinte: o soberano, de fato, deve respeitar o mercado, mas respeitar o mercado não quer dizer que haverá, de certo modo, no espaço da soberania, uma zona na qual ele não poderá mexer, na qual não poderá penetrar. Quer dizer, em vez disso, que, ante o mercado, o soberano deverá exercer um poder bem diverso do poder político que ele exercia até então. Ele deverá ser, ante o mercado e ante o processo econômico, não tanto como aquele que detém, por um direito qualquer, um poder absoluto de decisão. Ele deverá se encontrar, diante do mercado, como um geômetra diante das realidades geométricas, isto é, deverá reconhecê-lo: reconhecê-lo por uma evidência que o colocará numa posição ao mesmo tempo de passividade em relação à necessidade intrínseca do processo econômico e ao mesmo tempo de vigilância, e de certo modo de controle, ou antes, de constatação total e perpétua desse processo. Em outras palavras, o soberano, na perspectiva dos fisiocratas, deverá, ante o processo econômico, passar da atividade política, se vocês quiserem, à passividade teórica. Ele será como que o geômetra dessa esfera econômica que faz parte do seu campo de soberania. A primeira solução, que consiste em limitar a atividade do soberano a tudo o que não seja o mercado, consiste em manter a própria forma da razão governamental, a própria forma da razão de Estado, fazendo simplesmente uma subtração, a do objeto mercado, ou do campo mercado, ou do campo econômico. A segunda solução, a dos fisiocratas, consiste em manter toda a extensão da esfera de atividade da governamentalidade, mas em modificar em seu fundo a própria natureza da atividade governamental, já que se muda o coeficiente, já que se muda o indexador, e de atividade governamental ela se torna passividade teórica, ou ainda ela se torna evidência.

Na verdade, nem uma nem outra solução podia ser outra coisa senão uma espécie de virtualidade teórica e programática que não teve sequência real na história. É todo um reequilíbrio, todo um rearranjo da razão governamental que se fez a partir desse problema do *homo oeconomicus*, da especificidade do *homo oeconomicus* e da sua irredutibilidade à esfera do direito. Digamos mais precisamente o seguinte: o problema que é posto pelo aparecimento simultâneo e correlato da problemática do mercado, do mecanismo dos preços, do *homo oeconomicus*, é o seguinte: a arte de governar deve se exercer num espaço de soberania – e isso é o próprio direito do Estado que diz –, mas a chatice, o azar ou o problema é que o espaço de soberania é habitado ou povoado por sujeitos econômicos. Ora, esses sujeitos econômicos, se levássemos as coisas ao pé da letra e se apreendêssemos a irredutibilidade do sujeito econômico ao sujeito de direito, exigiriam, ou a abstenção do soberano, ou que a racionalidade do soberano, sua arte de governar, se inscrevesse sob o signo de uma racionalidade científica e especulativa. Como fazer para que o soberano não renunciasse a nenhum dos seus campos de ação, ou ainda para que o soberano não se convertesse em geômetra da economia – como fazer? A teoria jurídica não é capaz de assumir esse problema e de resolver a questão: como governar num espaço de soberania povoado por sujeitos econômicos, já que precisamente a teoria jurídica – a do sujeito de direito, a dos direitos naturais, a dos direitos concedidos por contrato, a das delegações –, tudo isso não se ajusta e não pode se ajustar (como procurei lhes mostrar na última vez) à ideia mecânica, à própria designação e à caracterização do *homo oeconomicus*. Por conseguinte, nem o mercado em si mesmo, em sua mecânica própria, nem o Quadro científico de Quesnay, nem a noção jurídica de contrato podem definir, delimitar em que e como os homens econômicos que povoam o campo da soberania serão governáveis*. A governabilidade ou a governamentabilidade – perdoem-me esses barbarismos – desses indivíduos que, como sujeitos de direito, povoam o espaço da soberania, mas nesse espaço de soberania são ao mesmo tempo homens econômicos, sua governamentabilidade só pode ser garantida, e só pôde ser efetivamente garantida pela emergência de um novo objeto, de uma nova área, de um novo campo que é, de certo modo, o correlativo da arte de governar que está se construindo nesse momento em função deste problema: sujeito de direito-sujeito econômico. É necessário um novo plano de referência, e esse novo plano de referência não será, evidentemente, nem o conjunto dos sujeitos de direito, nem a série dos comerciantes ou dos sujeitos econômicos ou dos atores econômicos. Esses indivíduos que são sim, sempre, sujeitos de direito, que são sim atores econômicos, mas não podem ser "governamentáveis"** nem a um título nem a outro, só são governáveis na medida em que se poderá definir um novo conjunto que os envolverá, ao mesmo tempo a título de sujeitos de direito e a título de atores econômicos, mas fará aparecer, não simplesmente a ligação ou a combinação desses dois elementos, mas toda uma série de outros elementos, em relação aos quais o aspec-

....
* M. Foucault acrescenta: eu ia dizendo governo..., sim governáveis. Manuscrito: "governamentáveis".
** Entre aspas no manuscrito.

to sujeito de direito ou o aspecto sujeito econômico constituirão aspectos, aspectos parciais, integráveis, na medida em que fazem parte de um conjunto complexo. E é esse novo conjunto que é, a meu ver, característico da arte liberal de governar.

Digamos ainda o seguinte: para que a governamentalidade possa conservar seu caráter global sobre o conjunto do espaço de soberania, para que ela não tenha tampouco de se submeter a uma razão científica e econômica que faria que o soberano tivesse de ser, ou um geômetra da economia, ou um funcionário da ciência econômica, para que tampouco se tenha de cindir a arte de governar em dois ramos, a arte de governar economicamente e a arte de governar juridicamente, em suma, para manter ao mesmo tempo a unidade da arte de governar, sua generalidade sobre o conjunto da esfera de soberania, para que a arte de governar conserve sua especificidade e sua autonomia em relação a uma ciência econômica, para responder a essas três questões é preciso dar à arte de governar uma referência, um espaço de referência, um campo de referência novo, uma realidade nova sobre a qual se exercerá a arte de governar, e esse campo de referência novo é, creio eu, a sociedade civil.

A sociedade civil é o quê? Pois bem, creio que a noção de sociedade civil, a análise da sociedade civil, o conjunto dos objetos ou elementos que se faz aparecer no âmbito dessa noção de sociedade civil, tudo isso é, em suma, uma tentativa de responder à questão que acabo de evocar: como governar, de acordo com as regras do direito, um espaço de soberania que tem o infortúnio ou a vantagem, como vocês quiserem, de ser povoado por sujeitos econômicos? Como encontrar uma razão, como encontrar um princípio racional para limitar de outro modo que não seja pelo direito, de outro modo que não seja pela dominação de uma ciência econômica, uma prática governamental que tem de assumir a heterogeneidade do econômico e do jurídico? A sociedade civil não é portanto uma ideia filosófica. A sociedade civil é, a meu ver, um conceito de tecnologia governamental, ou antes, é o correlativo de uma tecnologia de governo cuja medida racional deve indexar-se juridicamente a uma economia entendida como processo de produção e de troca. A economia jurídica de uma governamentalidade indexada à economia econômica: é esse o problema da sociedade civil e creio que a sociedade civil, aquilo que aliás logo se chamará de sociedade, o que se chamará no fim do século XVIII de nação, aliás, tudo isso é que vai possibilitar a uma prática governamental e a uma arte de governar, a uma reflexão sobre essa arte de governar, logo a uma tecnologia governamental, uma autolimitação que não infringe nem as leis da economia nem os princípios do direito, que não infringe tampouco nem sua exigência de generalidade governamental nem a necessidade de uma onipresença do governo. Um governo onipresente, um governo a que nada escapa, um governo que obedece às regras do direito, mas um governo que respeita a especificidade da economia, será um governo que administrará a sociedade civil, que administrará a nação, que administrará a sociedade, que administrará o social.

O *homo oeconomicus* e a sociedade civil são portanto dois elementos indis[soci]áveis*. O *homo oeconomicus* é, digamos, o ponto abstrato, ideal e puramente econômico que povoa a realidade densa, plena e complexa da sociedade civil. Ou ainda: a sociedade civil é o conjunto concreto no interior do qual é preciso recolocar esses pontos ideais que são os homens econômicos, para poder administrá-los convenientemente. Logo, *homo oeconomicus* e sociedade civil fazem parte do mesmo conjunto, o conjunto da tecnologia da governamentalidade liberal.

A sociedade civil – vocês sabem quantas vezes tem se aludido a ela, e não apenas no decorrer destes últimos anos.

....
* M.F.: indispensáveis.

Desde o século XIX, a sociedade civil sempre foi referida no discurso filosófico, no discurso político também, como essa realidade que se impõe, que luta e se ergue, que se insurge e escapa do governo, ou do Estado, ou do aparelho de Estado, ou da instituição. Creio que é preciso ser muito prudente quanto ao grau de realidade que se outorga a essa sociedade civil. Ela não é esse dado histórico-natural que viria de certo modo servir de pedestal, mas também de princípio de oposição ao Estado ou às instituições políticas. A sociedade civil não é uma realidade primeira e imediata. A sociedade civil é uma coisa que faz parte da tecnologia governamental moderna. Dizer que [ela] faz parte dessa tecnologia não quer dizer que seja o seu produto puro e simples, mas tampouco quer dizer que não tem realidade. A sociedade civil é como a loucura, é como a sexualidade. É o que chamarei de realidades de transação, ou seja, é precisamente no jogo das relações de poder e do que sem cessar lhes escapa, é daí que nascem, de certo modo na interface dos governantes e dos governados, essas figuras transacionais e transitórias que, mesmo não tendo existido desde sempre, nem por isso são menos reais e que podemos chamar, neste caso, de sociedade civil, em outros de loucura etc. Sociedade civil, portanto, como elemento de realidade transacional na história das tecnologias governamentais, realidade transacional que me parece plenamente correlativa dessa forma de tecnologia governamental chamada de liberalismo, isto é, uma tecnologia de governo que tem por objetivo sua própria autolimitação, na medida em que é indexada à especificidade dos processos econômicos.

Duas palavras, agora, sobre essa sociedade civil e o que a caracteriza. Gostaria de tentar lhes mostrar, pelo menos assim, em princípio, porque chegamos agora ao fim do curso, como essa noção de sociedade civil pode resolver bem os problemas que procurei indicar há pouco. Então, sobre a sociedade civil, primeira observação de uma banalidade deplorável, a saber, que a própria noção de sociedade civil mudou completamente no decorrer do século XVIII. Praticamente até o início da segunda metade do século XVIII, o termo "sociedade civil" designa constantemente uma coisa muito diferente do que vai designar em seguida. A sociedade civil é, por exemplo, em Locke, justamente uma sociedade caracterizada por uma estrutura jurídico-política. É a sociedade, é o conjunto dos indivíduos ligados entre si por um vínculo jurídico e político. Nessa acepção, a noção de sociedade civil não é em nada distinguível da noção de sociedade política. No *Segundo tratado do governo*, de Locke, o capítulo 7 se intitula: "Da sociedade política ou da sociedade civil"[1]. A sociedade civil é, portanto, até então, sempre, uma sociedade caracterizada pela existência de um vínculo jurídico e político. É a partir da segunda metade do século XVIII, precisamente na época em que se colocam as questões da economia política e da governamentalidade dos processos e dos sujeitos econômicos, que a noção de sociedade civil vai mudar, se não totalmente, pelo menos de forma considerável e vai ser remanejada de cabo a rabo.

De fato, é claro, em toda a segunda metade do século XVIII, a noção de sociedade civil será apresentada sob diferentes ângulos e com diferentes variantes. Para simplificar as coisas, vou tomar o texto que é, afinal, o texto mais fundamental, o texto quase estatutário quanto à caracterização da sociedade civil. É o célebre texto de Ferguson, traduzido em francês em 1783 com o título de *Essai sur l'histoire de la société civile*[2], texto próximo, bem próximo de Adam Smith e do *Ensaio sobre a riqueza das nações* – aliás, a palavra "nação" em Adam Smith tem mais ou menos o sentido de sociedade civil em Ferguson[3]. Temos aí o correlativo político, enfim o correlativo em termos de sociedade civil, do que Adam Smith estudava em termos puramente econômicos. A sociedade civil de Ferguson é de fato o elemento concreto, a globalidade concreta no interior da qual funcionam os homens econômicos que Adam Smith procurava estudar. Dessa sociedade civil, em Ferguson, eu gostaria de salientar três ou quatro características essenciais: primeiro, a sociedade civil entendida como constante histórico-natural; segundo, a sociedade civil como princípio de síntese espontânea; terceiro, a sociedade civil como matriz permanente de poder político; e quarto, a sociedade civil como elemento motor da história.

Primeiro, a sociedade civil como constante histórico-natural. De fato, para Ferguson a sociedade civil é um dado além do qual não há nada a buscar. Antes da sociedade civil, não existe nada, ou se algo existe, diz Ferguson, é algo que para nós é absolutamente inacessível, a tal ponto recuado no fundo dos tempos, a tal ponto, de certo modo, anterior ao que faz a humanidade do homem, que é impossível saber o que pode ter acontecido, o que pode ter sucedido antes da existência da sociedade civil. Em outras palavras, não é útil colocar a questão da não sociedade. Que essa não sociedade seja caracterizada em termos de solidão, de isolamento, como se pudesse ter havido homens dispersos assim na natureza, sem nenhuma união de nenhum tipo, sem nenhum meio de se comunicar, ou ainda, que essa não sociedade seja caracterizada, como em Hobbes, na forma da guerra perpétua ou da guerra de todos contra todos, como quer que seja – solidão ou guerra de todos contra todos –, tudo isso deve ser situado numa espécie de pano de fundo mítico que não adianta nada para a análise dos fenômenos que nos dizem respeito. A história humana sempre existiu "por grupos", diz Ferguson na página 9 do primeiro volume da sua *História da sociedade civil*[4]. Na página 20, ele diz: "a sociedade é tão antiga quanto o indivíduo", e seria tão inútil imaginar homens que não falem uns com os outros quanto imaginar homens que não teriam pés ou mãos[5]. A linguagem, a comunicação e por conseguinte certa relação perpétua dos homens entre si são coisas absolutamente características do indivíduo e da sociedade, porque o indivíduo e a sociedade não podem existir um sem o outro. Em suma, nunca houve um momento, em todo caso é inútil tentar imaginar um momento em que se teria passado da natureza à história, da não sociedade à sociedade. A natureza da natureza humana é ser histórica, pois a natureza da natureza humana é ser social. Não há natureza humana dissociável do próprio fato da sociedade. Ferguson evoca a espécie de mito, de utopia metodológica muitas vezes retomada no século XVIII: suponha-se, diz ele, um grupo de crianças que educassem a si mesmas, fora de qualquer outra forma de sociedade. Suponhamos crianças que sejam largadas num deserto, para se virarem sozinhas desde a sua mais tenra idade, formando-se por conta própria, sem instrução e sem orientação, pois bem, se voltássemos cinco anos, dez anos, quinze anos depois, o que veríamos, se não tivessem morrido? "Veríamos os membros dessa pequena sociedade comer, dormir, andar em grupos, brincar juntos, criar uma linguagem própria, dividir-se, brigar", fazer amizades, esquecer pelos outros sua própria conservação[6]. Logo, o vínculo social se forma espontaneamente. Não há operação específica que possa estabelecê-lo ou fundá-lo. Não há que instaurar ou autoinstaurar a sociedade. Estamos de qualquer modo na sociedade. O vínculo social não tem pré-história. Dizer que ele não tem pré-história significa que ele é, ao mesmo tempo, permanente e indispensável. Permanente significa que, por mais longe que possamos ir na história da humanidade, encontraremos não só a sociedade, é claro, mas também a natureza. Ou seja, o estado de natureza, esse estado de natureza que os filósofos iam buscar na realidade ou no mito de um selvagem, não temos que nos deslocar em relação a nós mesmos [para encontrá-lo], podemos encontrá-lo aqui mesmo. Na França, diz Ferguson, tanto quanto no cabo da Boa Esperança, vamos encontrar o estado de natureza, pois é o estado de natureza que quer que o homem esteja em estado social[7]. A sociedade estudada até mesmo em suas formas mais complexas, até mesmo as mais desenvolvidas, o estado de sociedade em sua espessura máxima nos dirá sempre o que é o estado de natureza, pois o estado de natureza quer que vivamos em sociedade. Logo, permanência do estado de natureza no estado de sociedade, caráter indispensável também do estado de sociedade para a natureza, isto é, o estado de natureza nunca pode aparecer no estado nu e simples. Ferguson diz: "No estado selvagem como no estado civilizado, vemos, a cada passo, as marcas da invenção dos homens"[8]. E acrescenta esta frase que é característica porque é, não como um ponto de origem, mas como um ponto de sinalização da possibilidade teórica de uma antropologia: "Se o palácio está longe da natureza, a cabana não está menos"[9]. Ou seja, a cabana não é a expressão natural e pré-social de alguma coisa. Não se está mais perto da natureza com uma cabana do que com um palácio. É simplesmente uma outra distribuição, uma outra forma de imbricação do social e do natural, já que o social faz parte do natural e o natural é sempre veiculado pelo social. Logo, temos o princípio de que a sociedade civil é, assim, uma constante histórico-natural para a humanidade.

Segundo, a sociedade civil assegura a síntese espontânea dos indivíduos. Síntese espontânea, ou seja, voltamos ao que eu dizia há pouco: não há contrato explícito, não há união voluntária, não há renúncia a direitos, não há delegação de direitos naturais a um outro; em suma, não há constituição de uma soberania por uma espécie de pacto de sujeição. Na verdade, se a sociedade civil realiza efetivamente uma síntese, é simplesmente por uma soma das satisfações individuais no próprio vínculo social. "Como conceber um público feliz se os membros considerados que constituem esse público não são eles próprios felizes?"[10], indaga Ferguson. Em outras palavras, reciprocidade entre os elementos e o todo. No fundo, não se pode falar de um indivíduo, não se pode imaginar, não se pode conceber que um indivíduo seja feliz se o conjunto de que ele faz parte não for feliz. Melhor, não se pode nem mesmo apreciar exatamente a qualidade de um indivíduo, seu valor, sua virtude, não se pode atribuir-lhe o coeficiente do bem ou do mal se não o pensarmos na reciprocidade ou, em todo caso, se não o pensarmos a partir da posição que ele ocupa no todo, do papel que desempenha nele e dos efeitos que nele produz. Cada elemento da sociedade civil é apreciado pelo bem que vai produzir ou provocar para o todo. Pode-se dizer de um homem que ele é bom, que é direito, que tem valor, na medida em que, e somente na medida em que, ele é bem feito para o lugar que ocupa e em que, diz Ferguson, "produz o efeito que deve produzir"[11]. Mas, inversamente, o valor do todo não é um absoluto, o valor do todo não deve ser referido ao todo, e somente ao todo, mas sim a cada um dos membros desse todo: "Também é verdade que a felicidade dos indivíduos é o grande objeto da sociedade civil"[12].

Vocês veem que não estamos diante de um mecanismo ou de um sistema de troca de direitos. Estamos diante de um mecanismo de multiplicação imediata que tem, sim, a mesma forma dessa multiplicação imediata do lucro na mecânica puramente econômica dos interesses. A forma é a mesma, mas os elementos e os conteúdos não são os mesmos. E é nisso que a sociedade civil pode ser, ao mesmo tempo, o suporte do processo econômico e dos vínculos econômicos, mas extrapolando-os e não podendo reduzir-se a eles. Porque, na sociedade civil, o que une os homens uns aos outros é, sim, uma mecânica análoga à dos interesses, mas não são interesses no sentido estrito, não são interesses econômicos. A sociedade civil é muito mais que a associação dos diferentes sujeitos econômicos, muito embora a forma na qual esse vínculo se estabelece seja tal que os sujeitos econômicos poderão tomar lugar nela, que o egoísmo econômico poderá representar nela o seu papel. De fato, o que liga os indivíduos na sociedade civil não é o máximo de lucro na troca, é toda uma série que poderíamos chamar de "interesses desinteressados". O que é isso? Pois bem, diz Ferguson, o que vincula os indivíduos na sociedade civil é o instinto, é o sentimento, é a simpatia, são os movimentos de benevolência dos indivíduos uns para com os outros, é a compaixão, é também a repugnância a outros indivíduos, é a repugnância à infelicidade dos indivíduos, mas é eventualmente o prazer que podemos sentir com a infelicidade de outros indivíduos de que vamos nos separar[13]. Logo, é essa a primeira diferença entre o vínculo que une os sujeitos econômicos e os indivíduos que fazem parte da sociedade civil: há todo um interesse não egoísta, todo um jogo de interesses não egoístas, todo um jogo de interesses desinteressados muito mais amplo que o próprio egoísmo.

E a segunda diferença igualmente importante e que vemos aparecer fazendo agir esses elementos de que eu falava há pouco é que entre os sujeitos econômicos o vínculo é, digamos assim, não local. A análise do mercado prova que em toda a superfície do globo, afinal de contas, a multiplicação dos ganhos se fará pela síntese espontânea dos egoísmos. Não há localização, não há territorialidade, não há agrupamento singular no espaço total do mercado. Em compensação, na sociedade civil, esses laços de simpatia, esses laços de benevolência são, ao contrário, correlativos de laços, como eu lhes dizia, de repugnância, de não adesão, de não benevolência em relação a alguns outros, ou seja, a sociedade civil sempre se apresentará como conjunto limitado, como conjunto singular entre outros conjuntos. A sociedade civil não será a humanidade em geral; será conjuntos, conjuntos do mesmo nível ou conjuntos de nível diferente que vão agrupar os indivíduos num certo número de núcleos. É a sociedade civil, diz Ferguson, que faz que o indivíduo "abrace a causa de uma tribo ou de uma comunidade"[14]. A sociedade civil não é humanitária, é comunitária. E é, de fato, a sociedade civil que veremos aparecer na família, na aldeia, na corporação, que veremos aparecer em níveis, claro, mais elevados e até na nação, na nação no sentido de Adam Smith, [no sentido que lhe é dado]* mais ou menos

....
* M.F.: tal como é empregado.

na mesma época na França. Essa nação é precisamente uma das formas maiores, [mas] somente uma das formas possíveis, da sociedade civil.

Dito isso, vocês veem que, em relação a esses vínculos – vínculos que são os do interesse desinteressado e adquirem a forma de unidades locais e de níveis diferentes* –, o vínculo de interesse econômico se encontra numa posição ambígua. Vocês veem que, por um lado, o vínculo econômico, o processo econômico que liga os sujeitos econômicos uns aos outros, poderá se alojar nesta forma que é a da multiplicação imediata e não é a da renúncia [a] direitos. Formalmente, portanto, a sociedade civil é efetivamente o que vai ser o veículo do vínculo econômico. Mas o vínculo econômico vai desempenhar, no interior dessa sociedade civil em que ele pode se instalar, um papel muito curioso, já que, de um lado, ele vai vincular os indivíduos entre si pela convergência espontânea dos interesses, mas vai ser, ao mesmo tempo, princípio de dissociação. Princípio de dissociação na medida em que, em relação aos vínculos ativos que serão os da compaixão, da benevolência, do amor ao próximo, do sentimento de comunidade dos indivíduos uns em relação aos outros, o vínculo econômico tenderá – de certo modo marcando, acentuando, tornando mais incisivo o interesse egoísta dos indivíduos – a desfazer perpetuamente o que o vínculo espontâneo da sociedade civil terá ligado. Em outras palavras, o vínculo econômico surge na sociedade civil, só é possível por meio [dela], une-a de certo modo, mas a desfaz pela outra ponta. Assim é que na página 50 do primeiro volume dessa *Histoire de la société civile*, Ferguson escreve o seguinte: nunca o vínculo entre os indivíduos é mais forte do que quando o indivíduo não vê interesse direto nele; nunca o vínculo é mais forte entre os indivíduos do que quando se trata,

....

* M. Foucault acrescenta: que (têm o aspecto?) de vínculos comunitários [*palavras dificilmente audíveis*].

vamos dizer, de se sacrificar, por exemplo, ou de ajudar um amigo ou de preferir ficar na sua tribo a ir buscar alhures abundância e segurança[15]. Isso é muito interessante, corresponde exatamente àquilo mediante o que se define a racionalidade econômica. Se o sujeito econômico vê que pode lucrar, por exemplo, comprando trigo no Canadá e vendendo na Alemanha, ele faz isso. Faz isso porque sai ganhando, e aliás todo o mundo vai sair ganhando. Em compensação, os vínculos da sociedade civil fazem que prefiramos permanecer em nossa comunidade, mesmo encontrando abundância e segurança alhures. Logo, "num estado comerciante em que se supõe que os indivíduos conheçam por experiência própria a extensão do interesse que têm na conservação do seu país*, é nele, há que convir, que o homem às vezes parece isolado e solitário. Ele encontrou um objeto que o põe em concorrência com seus semelhantes"[16]. Por conseguinte, quanto mais se vai no sentido de um estado econômico, mais paradoxalmente o vínculo constitutivo da sociedade civil se desfaz e mais o homem é isolado pelo vínculo econômico que tem com todo o mundo e qualquer um. É esta portanto a segunda característica da sociedade civil: uma síntese espontânea no interior da qual o vínculo econômico encontra seu lugar, mas que o vínculo econômico ameaça sem parar.

A terceira característica da sociedade civil é que ela é uma matriz permanente de poder político. De fato, nessa sociedade civil que desempenha, de certo modo, o papel espontâneo de contrato social, de *pactum unionis*, como é que o poder vai vir à sociedade civil, o que vai ser o equivalente do que os juristas chamavam de *pactum subjectionis*, pacto de

....

* M. Foucault para aqui, não conseguindo ler o que escreveu ("... bem, enfim, escutem, o texto diz mais ou menos o seguinte, como nos manuscritos da Idade Média, o manuscrito está um pouco deteriorado"), mas a citação que ele dá é exata, salvo um pequeno detalhe ("deve-se supor que os indivíduos", em vez de "se supõe que os indivíduos").

sujeição, que obriga os indivíduos a obedecer a alguns outros? Pois bem, assim como não é necessário um *pactum unionis* para vincular os indivíduos na sociedade civil, não é necessário um *pactum subjectionis*, não são necessárias a renúncia a certos direitos e a aceitação da soberania de algum outro para que o poder político apareça e atue no interior da sociedade civil. Há formação espontânea de poder – formação espontânea de poder que se realiza como? Simplesmente por um vínculo de fato que vai ligar entre si dois indivíduos concretos e diferentes. De fato, essas diferenças entre os indivíduos se traduzem, claro, por certo número de papéis diferentes que eles vão ter na sociedade, tarefas diferentes que vão assumir. Essas diferenças espontâneas vão induzir imediatamente divisões do trabalho, e não apenas divisões do trabalho na produção, mas divisões do trabalho no processo pelo qual as decisões de conjunto são tomadas pelo grupo. Uns vão dar sua opinião. Outros vão dar ordens. Uns vão refletir, outros vão obedecer. "Anteriormente a toda instituição política", diz Ferguson, "os homens são dotados de uma variedade infinita de talentos. Se você os puser juntos, cada um encontrará seu lugar. Eles vão portanto aprovar ou criticar ou decidir todos juntos, mas examinam, consultam e deliberam em porções mais seletas; como indivíduos, assumem ou deixam de assumir a supremacia[17]." Ou seja, a decisão do grupo aparece de fato na sociedade civil como a decisão de todo o grupo, mas quando se observa mais apuradamente como a coisa acontece: as coisas aconteceram, diz ele, por "porções mais seletas". Como indivíduos, uns assumiram a supremacia e os outros deixaram que assumissem a supremacia sobre eles. Por conseguinte, o fato do poder precede o direito que vai instaurar, justificar, limitar ou intensificar esse poder. Antes que o poder se regulamente, antes que ele se delegue, antes que ele se estabeleça juridicamente, ele já existe. "Seguimos um chefe antes de pensarmos em discutir suas pretensões ou de estabelecermos as formas para a sua eleição; e foi só depois de terem cometido muitos erros na qualidade de magistrados [ou]* de súditos que os homens decidiram sujeitar o próprio governo a regras[18]." A estrutura jurídica do poder vem sempre depois, *a posteriori*, depois do fato do próprio poder**. [Portanto] não se pode dizer: os homens eram isolados, decidiram constituir um poder e ei-los, pois, em estado de sociedade. Era, *grosso modo*, essa a análise que se fazia no século XVII e no início do século XVIII. Não se pode dizer tampouco: os homens se agrupam em sociedade e, uma vez agrupados em sociedade, eles [pensam]: como seria bom, ou cômodo, ou útil, estabelecer um poder e regulamentar suas modalidades. Na verdade, a sociedade civil secreta em permanência, e desde a sua origem, um poder que não é nem sua condição nem seu suplemento. "Um sistema de subordinação", diz Ferguson, "é tão essencial aos homens quanto a própria sociedade[19]." Ora, lembrem-se que Ferguson dizia: não se pode conceber um homem sem sociedade. Não se pode conceber um homem sem linguagem e comunicação com os outros, como tampouco se pode conceber um homem sem pés e sem mãos. Logo, o homem, sua natureza, seus pés, suas mãos, sua linguagem, os outros, a comunicação, a sociedade, o poder – tudo isso constitui um conjunto solidário que é precisamente característico da sociedade civil.

Quarta característica. Essa sociedade civil constitui o que poderíamos chamar, utilizando um termo muito mais tardio e até certo ponto desqualificado agora, mas para o qual me parece que podemos encontrar aqui um ponto de aplicação primordial, de motor da história. É o motor da história, porque justamente, se retomarmos os dois elementos de que acabo de lhes falar – por um lado, a sociedade civil é

....

* M.F.: O texto original da tradução de Ferguson, p. 174, diz: "e".

** M. Foucault acrescenta: Em suma, a sociedade civil secreta seu próprio poder que não é nem a sua condição primeira nem o seu suplemento.

síntese espontânea e subordinação espontânea e, [por outro lado], nessa síntese espontânea e nessa subordinação espontânea existe um elemento que nela toma lugar naturalmente e que também é seu princípio de dissociação, a saber, o egoísmo do *homo oeconomicus*, os procedimentos econômicos –, teremos [em primeiro lugar], com essa ideia de que a sociedade civil é síntese e subordinação espontânea, o princípio, ou o tema, ou a ideia, ou a hipótese, se vocês quiserem, de que estamos diante de um equilíbrio estável. Afinal de contas, como os homens se ligam espontaneamente uns aos outros por vínculos de benevolência, já que formam comunidades, já que nessas comunidades as subordinações se estabelecem por consentimento imediato, isso não deveria se alterar e tudo, por conseguinte, deveria permanecer em seu lugar. E é, de fato, sob esse primeiro aspecto que aparece certo número de comunidades – direi, se vocês quiserem: um equilíbrio funcional do conjunto. Descrevendo os selvagens da América do Norte, ou melhor, relatando observações dos selvagens da América do Norte, Ferguson, na página 237 desse mesmo texto, diz: "Assim, sem nenhuma forma fixa de governo, sem nenhum vínculo explícito de união e por um efeito no qual o instinto parece ter um papel maior do que a razão, [as famílias desses selvagens da América do Norte] se conduzem com toda a inteligência, o concerto, o vigor de uma nação. Os estrangeiros, sem conseguir descobrir direito quem é o magistrado, [...] encontram sempre e em qualquer circunstância um conselho com que negociar [...]. Sem polícia, sem lei coercitiva, sua sociedade doméstica funciona ordeiramente"[20]. Logo, vínculo espontâneo e equilíbrio espontâneo.

No entanto, justamente na medida em que há, no interior desse vínculo espontâneo, um vínculo igualmente espontâneo, mas dissociativo, o desequilíbrio vai ser introduzido ou vai se introduzir espontaneamente, criar-se espontaneamente, pelo próprio fato da mecânica econômica. Ferguson logo invocará o egoísmo puro e simples. "O primeiro, por exemplo", diz ele, "que se pôs sob o mando de um chefe não desconfiava que dava o exemplo de uma subordinação permanente, que dá ao homem arrogante um pretexto de exigir dele um serviço e [ao]* homem ávido um pretexto para se apoderar das suas posses[21]." Logo, temos aí um mecanismo de dissociação devido simplesmente ao egoísmo do poder. No entanto, mais frequente e constantemente, Ferguson faz agir como princípio de dissociação dos equilíbrios espontâneos da sociedade civil o interesse econômico propriamente dito e a própria maneira como o egoísmo econômico vai tomar forma. E é assim – aqui, remeto vocês a esses textos, que são célebres e famosos – [que] Ferguson explica como as sociedades civis passaram regularmente por três fases: a fase da selvageria, a fase da barbárie e a fase da civilização[22]. O que caracteriza a selvageria? Pois bem, precisamente e antes de mais nada, certa forma de realização, de efetivação dos interesses ou dos egoísmos econômicos. O que é a sociedade selvagem? É a sociedade de caça, é a sociedade de pesca, é a sociedade da produção natural, sem agricultura, sem criação de animais propriamente dita. É portanto uma sociedade sem propriedade, e nela encontramos alguns elementos, algum início de subordinação e de governo[23]. Depois, com os egoísmos econômicos, com os interesses econômicos agindo, com cada um querendo ter o seu quinhão, passa-se da sociedade selvagem à sociedade bárbara. Com isso, temos – eu ia dizendo uma nova relação de produção –, temos novas instituições econômico-políticas: rebanhos que pertencem a indivíduos, pastos que pertencem seja a comunidades, seja a indivíduos. Começa a se instaurar a sociedade privada, mas uma sociedade privada que ainda não é garantida por leis, e a sociedade civil adquire nesse momento a forma de relações entre patrono e cliente, amo e servidor, família e escravo etc.[24] Temos aí, como veem, toda uma mecânica propriamen-

....

* M.F. (modificando um pouco a citação): para.

te econômica que mostra como, a partir da sociedade civil, a partir do jogo econômico que a sociedade civil torna possível e, de certo modo, abriga em seu seio, vai se passar a toda uma série de transformações históricas. O princípio dissociativo de associação também é um princípio de transformação histórica. O que faz a unidade do tecido social é, ao mesmo tempo, o que faz o princípio da transformação histórica e do dilaceramento perpétuo do tecido social.

Na teoria do *homo oeconomicus* de que lhes falei na última vez, vocês se [lembram] que o interesse coletivo nascia de um jogo necessariamente cego entre os diferentes interesses egoístas. Pois bem, agora essa espécie de esquema da totalidade pela cegueira de cada um, da globalidade pela cegueira de cada um, esse mesmo esquema será encontrado a propósito da história. A história da humanidade em seus efeitos globais, em sua continuidade, em suas formas gerais e recorrentes, selvagens, bárbaras, civilizadas etc., nada mais é que a forma perfeitamente lógica, decifrável e identificável, a série de formas que nascem de iniciativas cegas, de interesses egoístas e de cálculos que os indivíduos não fazem mais que referir a si próprios. Multipliquem esses cálculos através dos tempos, façam-nos agir, pois bem, os economistas, de seu lado, dizem: ganho cada vez maior para toda a coletividade; Ferguson, em nome da sociedade civil, dirá: transformação perpétua da sociedade civil. Não quero dizer: entrada da sociedade civil na história, já que sempre se está nela, mas: motor da história na sociedade civil. É o interesse egoísta, é por conseguinte o jogo econômico que vai introduzir na sociedade civil essa dimensão pela qual a história se encontra perpetuamente presente nela, os processos pelos quais a sociedade civil está fatalmente e necessariamente engajada na história. "Os homens [diz ele na página 336 do primeiro volume; M.F.], seguindo o impulso do momento, procurando remediar os inconvenientes que experimentam e obter as vantagens que se apresentam ao seu alcance, chegam a termos que não podiam prever [...]. Como os outros animais, seguem o curso da sua natureza sem perceber o fim deste. [...] Como os ventos que vêm de não se sabe onde e sopram onde bem lhes apraz, as formas da sociedade civil se relacionam a uma origem obscura e remota[25]." Em suma, os mecanismos que constituem em permanência a sociedade civil e os que engendram em permanência a história em suas formas gerais são portanto os mesmos.

Com uma análise como essa – que, mais uma vez, não é mais que um exemplo entre as tão numerosas análises da sociedade civil feitas nos últimos cinquenta anos do século XVIII, ou em todo caso fim do século XVIII – início do século XIX –, estamos, a meu ver, num cruzamento importante, já que, [primeiro], vemos abrir-se um campo de relações, de relações sociais, de vínculos entre os indivíduos, que constituem, para além do vínculo puramente econômico, unidades coletivas e políticas, sem ser por isso vínculos jurídicos: nem puramente econômicos, nem puramente jurídicos, não superponíveis às estruturas do contrato, do jogo dos direitos concedidos, delegados, alienados, diferentes também, em sua natureza, se não em sua forma, do jogo econômico, é isso que vai caracterizar a sociedade civil. Segundo, a sociedade civil é a articulação da história com o vínculo social. A história não vem, como um puro e simples desenvolvimento lógico, prolongar uma estrutura jurídica dada de início. Ela não é tampouco esse princípio de degenerescência que vai fazer que, em relação a um estado de natureza ou em relação a uma situação de princípio dada, fenômenos negativos venham turvar essa transparência originária. Há uma geração perpétua da história sem degenerescência, uma geração que não é uma sequência jurídico-lógica, que é uma formação perpétua de um novo tecido social, de novas relações sociais, de novas estruturas econômicas e, por conseguinte, de novos tipos de governo. Terceiro, enfim, a sociedade civil permite designar e mostrar uma relação interna e complexa entre o vínculo social e a relação de autoridade na forma de governo. Esses três elementos – abertura de um campo de relações sociais não jurídicas; articulação da história com o vínculo social, de uma forma que não é a da degenerescência; e pertinência orgânica do governo ao vínculo social e do vínculo social à forma de autoridade – são o que demarca a noção de sociedade civil (1) de Hobbes, (2) de Rousseau e (3) de Montesquieu. Entra-se num sistema de pensamento político totalmente diferente, parece-me, que é, a meu ver, o pensamento ou, em todo caso, a reflexão política interna a uma nova tecnologia de governo. Ou a um novo problema posto às técnicas de governo, às tecnologias de governo, pela emergência do problema econômico.

Gostaria de ir bem depressa agora para concluir – ou antes, para abrir uma série de problemas. Por um lado, vocês veem que, com essa noção de sociedade civil, temos um conjunto de questões, de problemas, de conceitos, de análises possíveis que permitem descartar o problema teórico e jurídico da constituição originária da sociedade. O que não quer dizer, é claro, que o problema jurídico do exercício do poder no interior da sociedade civil não vá se colocar, mas ele vai se colocar de certo modo ao revés. Nos séculos XVII e XVIII, tratava-se de saber como seria possível encontrar na origem da sociedade a forma jurídica que limitaria de antemão, na própria raiz da sociedade, o exercício do poder. Aqui, ao contrário, estamos diante de uma sociedade que existe com fenômenos de subordinação, logo fenômenos de poder, e o problema vai simplesmente ser o de saber como regular o poder, como limitá-lo no interior de uma sociedade em que a subordinação já atua. E é assim que vai se colocar a questão que vai atormentar praticamente todo o pensamento político do fim do século XVIII até nossos dias: [o problema das] relações entre a sociedade civil e o Estado. Problema que não podia, evidentemente, ser formulado dessa maneira antes da segunda metade do século XVIII e agora vai se apresentar da seguinte maneira: seja algo que já está dado e que é a sociedade. O que o Estado, em sua estrutura jurídica, em seu aparelho institucional, pode fazer e como pode funcionar em relação a ela?

Então, sobre isso, toda uma série de soluções possíveis que vou simplesmente evocar[26]. Ou o Estado vai aparecer como uma das dimensões e das formas da sociedade civil. É o tema desenvolvido por Jung-Stilling no fim do século XVIII, dizendo: a sociedade tem três eixos, a família, a criadagem ou a propriedade, e o Estado[27]. Ou vai haver a análise, digamos, genética e histórica, a que vocês encontram em Bensen, por exemplo, que vai dizer: a sociedade civil deve ser concebida como tendo passado sucessivamente por três etapas, a etapa da sociedade familiar, a etapa da sociedade civil propriamente dita e a etapa da sociedade de Estado, da sociedade estatal[28]. Ou ainda a análise tipológica que vocês encontram em Schlözer, que diz: podemos encontrar vários tipos de sociedade; um tipo absolutamente universal, que vale ao longo do tempo e, principalmente, em todo o espaço e em toda a geografia do mundo, a saber, que não pode existir sociedade sem sociedade familiar; e, diz ele, existe atualmente um tipo de sociedade que é a sociedade civil, a sociedade civil que está presente em todas as formas de agrupamento humano que conhecemos hoje. Quanto ao Estado, é o que vai caracterizar certas formas da sociedade civil, as que conhecemos[29]. Vocês têm, claro, Hegel e, não vou falar sobre isso, o Estado como consciência de si e realização ética da sociedade civil[30].

Bom, não tenho tempo de insistir sobre tudo isso. Digamos, se quiserem, que na Alemanha, por toda uma série de razões que vocês podem facilmente imaginar, é nesses termos de oposição e de relação [entre] sociedade civil e Estado que a análise da sociedade civil será feita. Nunca se interrogará a sociedade civil senão em função da capacidade que ela tenha de suportar um Estado, ou só se interrogará na medida em que o Estado for, em relação a essa sociedade civil, seja o elemento contraditório, seja, ao contrário, o elemento revelador e como que a verdade enfim realizada. Na Inglaterra, a análise da sociedade civil será feita, também por razões que vocês imaginarão facilmente, não em termos de Estado, já que o Estado nunca foi um problema para a Inglaterra, mas em termos de governo. Ou seja, o problema será saber: se é verdade que a sociedade civil é inteiramente dada, se é verdade que ela mesma assegura sua própria síntese, se é verdade que há uma espécie de governamentalidade interna à sociedade civil, que necessidade há de um governo suplementar? Será que é mesmo necessário um governo para a sociedade civil? É essa questão que Paine colocará no fim do século XVIII e que vai atormentar, apesar de tudo, a política inglesa até pelo menos o século XX: afinal de contas, será que a sociedade não poderia existir sem governo, em todo caso sem outro governo fora o que ela cria espontaneamente, e sem que sejam necessárias instituições que, de certo modo, se encarreguem da sociedade civil e lhe imponham limitações que ela não aceita? Questão de Paine: "Não se deve confundir sociedade e governo", diz ele. "A sociedade é produzida pelas nossas necessidades, mas o governo é produzido por nossas fraquezas. [...] A sociedade incentiva a relação, o governo cria diferenças. A sociedade é um patrono [no sentido inglês do termo, um protetor; M.F.], o governo é um punidor. Em todas as circunstâncias, a sociedade é uma bênção. O governo, na melhor das hipóteses, não passa de um mal necessário, na pior, é intolerável[31]." Na França, o problema nunca se colocará nos termos ingleses nem nos termos alemães*. Não é tanto o

....

* M. Foucault afasta-se aqui do manuscrito, pp. 20-1:

> Na França, o problema foi, ao contrário, transcrito no debate sobre a necessidade de uma Declaração dos Direitos do Homem.
> Direitos do Homem: noção complexa que veicula tanto a ideia jurídica de um direito natural, que o pacto político tem por função garantir [p. 21], quanto a ideia de condições que a sociedade impõe ao Estado para lhe possibilitar existir e reconhecer sua legitimidade.

problema "governo em relação à sociedade civil" ou o problema "Estado em relação à sociedade civil" que vai se colocar. Vai ser, também nesse caso por motivos políticos e históricos que vocês conhecem bem, uma outra maneira de colocar o problema. Vai ser o problema do terceiro estado como problema político, como problema teórico, como problema histórico até o meado do século XIX: a ideia da burguesia, na medida em que ela foi o elemento vetor e portador da história da França desde a Idade Média até o século XIX[32], é no fundo uma maneira de colocar o problema da sociedade civil e do governo, e do poder em relação à sociedade civil. Filósofos alemães, analistas políticos na Inglaterra, historiadores na França, é sempre esse mesmo problema da sociedade civil que vocês vão encontrar como, a meu ver, problema político e teoria política maiores.

O outro aspecto, e é com isso que terminarei o curso deste ano, é que, claro, com essa ideia de sociedade civil temos uma redistribuição ou uma espécie de recentragem/descentragem dessa razão governamental de que já havia procurado lhes falar ano passado. Retomemos, se vocês quiserem, o problema geral. Parece-me que o que vemos surgir a partir do século XVI, que vemos aliás surgir já na Idade Média, é a [seguinte] questão: o exercício do poder, essa prática afinal de contas bastante singular a que os homens não podem escapar, ou a que só escapam em certos momentos, instantes, processos singulares e atos individuais ou coletivos, que colocam ao jurista, ao historiador, toda uma série de problemas, como pode ser regulado e medido esse exercício do

....

    Essa prática dos Direitos do Homem se refere a uma concepção da democracia. A que os liberais oporão, segundo o esquema inglês, a ideia de que as liberdades é o que resta, uma vez que se delimitou a ação do governo, que não devem ser estabelecidas como direito "antes da entrada em política", mas devem ser obtidas, conservadas, ampliadas por transações, garantias, um sistema eleitoral, uma opinião pública etc.

poder em quem governa? Pois bem, digamos de maneira muito geral, muito global, que por muito tempo a ideia de regular, de medir e, por conseguinte, de limitar o exercício indefinido do poder foi buscada numa sabedoria de quem governasse. Sabedoria, era a velha resposta. Sabedoria quer dizer governar de acordo com a ordem das coisas. Quer dizer governar segundo o conhecimento das leis humanas e divinas. Isso quer dizer de acordo com o que Deus prescreveu. Quer dizer governar de acordo com o que a ordem geral das coisas divinas e humanas pode nos prescrever. Em outras palavras, quando se procurava então identificar aquilo em que o soberano devia ser sábio, quando se procurava saber em que devia consistir a sabedoria do soberano, no fundo procurava-se regular o governo pela verdade. Verdade do texto religioso, verdade da revelação, verdade da ordem do mundo, era isso que devia ser o princípio de regulamentação, de regulagem, melhor dizendo, do exercício do poder.

A partir dos séculos XVI-XVII – foi o que procurei lhes mostrar ano passado –, a regulagem do exercício do poder não me parece ser feita segundo a sabedoria, mas segundo o cálculo, isto é, cálculo das forças, cálculo das relações, cálculo das riquezas, cálculo dos fatores de poder. Ou seja, não se procura mais regular o governo pela verdade, procura-se regulá-lo pela racionalidade. Regular o governo pela racionalidade é, parece-me, o que se poderia chamar de formas modernas da tecnologia governamental. Ora, essa regulagem pela racionalidade adquiriu sucessivamente duas formas, e aqui também esquematizo bastante. Pode se tratar, nessa racionalidade segundo a qual se regula o poder, da racionalidade do Estado entendido como individualidade soberana. A racionalidade governamental, nesse momento – estamos na época da razão de Estado –, é a racionalidade do próprio soberano, a racionalidade daquele que pode dizer "eu, o Estado". O que evidentemente levantava uma série de problemas. Primeiro, o que é esse "eu", ou ainda, o que é esse "eu" que refere a racionalidade do governo à sua própria racionalidade de soberano, maximizando seu próprio poder? E temos a questão jurídica do contrato. Questão também de fato: como se pode exercer essa racionalidade do soberano que pretende dizer "eu", quando se trata de problemas como os do mercado ou, de maneira geral, como os processos econômicos, em que a racionalidade não só se dispensa facilmente de uma forma unitária, mas exclui totalmente tanto a forma unitária quanto o olhar sobranceiro? Donde, novo problema, passagem a uma nova forma de racionalidade como indexador de regulagem do governo. Trata-se agora de regular o governo não pela racionalidade do indivíduo soberano que pode dizer "eu, o Estado", [mas] pela racionalidade dos que são governados, dos que são governados como sujeitos econômicos e, de modo mais geral, como sujeitos de interesse, interesse no sentido mais geral do termo, [pela] racionalidade desses indivíduos na medida em que, para satisfazer a esses interesses no sentido geral do termo, eles utilizam certo número de meios e os utilizam como querem: é essa racionalidade dos governados que deve servir de princípio de regulagem para a racionalidade do governo. É isso, parece-me, que caracteriza a racionalidade liberal: como regular o governo, a arte de governar, como [fundar]* o princípio de racionalização da arte de governar no comportamento racional dos que são governados.

É esse, parece-me, o ponto de clivagem, é essa a transformação importante que procurei situar, o que não quer dizer, longe disso, que a racionalidade do Estado-indivíduo ou do indivíduo soberano que pode dizer "eu, o Estado" esteja abandonada. Pode-se até dizer, de maneira global, geral, que todas as políticas nacionalistas, as políticas estatais etc. vão ser políticas cujo princípio de racionalidade será indexado à racionalidade ou, digamos, em outras palavras, ao interesse e

....
* M.F.: encontrar.

à estratégia dos interesses do indivíduo soberano, ou do Estado, na medida em que constitui uma individualidade soberana. Do mesmo modo, poder-se-á dizer que o governo regulado pela verdade não é tampouco uma coisa que desapareceu. E, afinal de contas, o que é uma coisa como o marxismo, senão a busca de um tipo de governamentalidade que será indexado, claro, a uma racionalidade, mas uma racionalidade que não se apresentará tanto como a racionalidade dos interesses individuais quanto como a racionalidade de uma história que se manifesta pouco a pouco como verdade? E é nisso que vocês veem no mundo moderno, o mundo que nós conhecemos desde o século XIX, toda uma série de racionalidades governamentais que se acavalam, se apoiam, se contestam, se combatem reciprocamente. Arte de governar pautada pela verdade, arte de governar pautada pela racionalidade do Estado soberano, arte de governar pautada pela racionalidade dos agentes econômicos, de maneira mais geral, arte de governar pautada pela racionalidade dos próprios governados. São todas essas diferentes artes de governar, essas diferentes maneiras de calcular, de racionalizar, de regular a arte de governar que, acavalando-se reciprocamente, vão ser, *grosso modo*, objeto do debate político desde o século XIX. O que é a política, finalmente, senão ao mesmo tempo o jogo dessas diferentes artes de governar com seus diferentes indexadores e o debate que essas diferentes artes de governar suscitam? É aí, parece-me, que nasce a política. Bom, é isso. Obrigado*.

....

* (*Segue-se um certo alvoroço.*) M. Foucault responde brevemente a uma série de perguntas pontuais e pergunta a uma pessoa, num dado momento, se essa pessoa tem "datilografias dos cursos que [ele deu] no ano passado e nos anos precedentes", "porque eu não tenho nada", diz ele.

NOTAS

1. John Locke, *The Second Treatise of Government* (1690), cap. 7, "Of political or civil society" / *Le Second Traité du gouvernement*, trad. fr. J.-F. Spitz, Paris, PUF, "Épiméthée", 1994, p. 56. (Cf. também *supra*, p. 138, nota 48.)
2. Cf. *supra*, aula de 28 de março de 1979, p. 394, nota 29. Como precisa C. Gautier, trad. cit. [*ibid.*], p. 99, o *Essay* é na verdade uma versão consideravelmente aumentada de um texto escrito em 1755-56, mas não publicado, que tem por título *Treatise on Refinement*.
3. Cf. sobre esse ponto P. Rosanvallon, *Le Capitalisme utopique*, Paris, Le Seuil, "Sociologie politique", 1979, pp. 68-9 (reed. com o título de *Le Libéralisme économique. Histoire de l'idée de marché*, Paris, Le Seuil, "Points Essais", 1989). Foucault saúda esse "livro importante", publicado na primavera de 1979, no "Resumo do curso" (cf. *infra*, p. 435), e talvez tivesse conhecimento do seu conteúdo quando dava seu curso.
4. A. Ferguson, *Essai sur l'histoire de la société civile*, trad. Desaint (citada *supra*, p. 394, nota 29), t. I, I, 1, p. 9: "É necessário considerar a espécie humana por grupos, tal como sempre existiu"; cf. trad. Gautier, p. 109.
5. *Ibid.*, trad. Desaint, t. I, I, 1, p. 20; trad. Gautier, p. 111: "No [homem] a sociedade se revela tão antiga quanto o indivíduo, e o uso da língua tão universal quanto o da mão ou do pé".
6. *Ibid.*, trad. Desaint, t. I, I, 1, pp. 9-10: "A história do indivíduo não é nada mais que o detalhe dos seus pensamentos e dos seus sentimentos relativamente à sua espécie: todas as experiências desse gênero têm de ser feitas em sociedades inteiras e não em homens tomados separadamente. Suponhamos entretanto que se fizesse esse teste numa colônia de crianças transplantadas para longe do berço, que fossem deixadas à vontade para formar uma sociedade à parte, sem instruções, sem guia. Cabe crer que elas não nos proporcionariam mais que a repetição das mesmas coisas que já se passaram em tantas partes diferentes da terra. Veríamos os membros dessa pequena sociedade comer e dormir, andar em grupo e brincar juntos, inventar uma linguagem a seu modo, brigar, dividir-se, querer ser uns para os outros os objetos

mais importantes da cena e, no calor das suas amizades e das suas rivalidades, fechar os olhos para seu perigo pessoal e esquecer o cuidado com a sua própria conservação"; cf. trad. Gautier, p. 110.

7. *Ibid.*, trad. Desaint, t. I, I, 1, p. 20: "Se portanto nos perguntarem onde se encontra o estado de natureza, responderemos: é aqui, quer estejamos na França, no cabo da Boa Esperança ou no estreito de Magalhães. Onde quer que esse ser ativo esteja exercendo seus talentos e agindo sobre os objetos que o rodeiam, todas as situações são igualmente naturais"; cf. trad. Gautier, p. 113.

8. *Ibid.*, trad. Desaint, t. I, I, 1, p. 21; trad. Gautier, p. 113.

9. *Ibid.*, trad. Desaint, *loc. cit.*: "Um palácio está longe da natureza, mas uma cabana não está menos".

10. *Ibid.*, trad. Desaint, t. I, I, 9, pp. 157-8: "Se o bem público deve ser o principal objeto dos indivíduos, é igualmente verdade que a felicidade dos indivíduos é o grande objeto da sociedade civil. Pois como conceber um público feliz, se seus membros considerados separadamente não o são?"; trad. Gautier, p. 158: "[...] como conceber que um povo possa ter acesso a um bem, se seus membros, considerados separadamente, são infelizes?".

11. *Ibid.*, trad. Desaint, t. I, I, 9, p. 157: "[O homem] deverá sacrificar sua felicidade, sua liberdade, se elas forem incompatíveis com o bem da sociedade; ele é tão só uma porção de um todo e, nessa qualidade, todo elogio que sua virtude merece se reduz ao elogio mais geral que se faz de um membro de um corpo qualquer, de uma parte de um edifício, de uma peça de uma máquina, quando se diz que são bem feitos para o lugar que ocupam e produzem o efeito que devem produzir"; cf. trad. Gautier, p. 158.

12. *Ibid.*, trad. Desaint, t. I, I, 9, p. 157 (cf. *supra*, nota 10).

13. Cf. I, 3, "Dos princípios de união entre os homens", e I, 4, "Dos princípios de guerra e de dissenso".

14. *Ibid.*, trad. Desaint, t. I, I, 2, p. 28: "[O homem] tem uma parte de disposições que têm por objetivo sua conservação animal e a propagação da sua raça, e outras disposições que tendem a levá-lo à sociedade e, fazendo-o abraçar a causa de uma tribo ou de uma comunidade, tornam-no muitas vezes inimigo ou rival do resto dos homens"; cf. trad. Gautier, p. 116.

15. *Ibid.*, trad. Desaint, t. I, I, 3, p. 50: "É tão pouco verdadeiro que os homens só se apegam à sociedade pelo motivo das vantagens exteriores desta que geralmente é onde eles encontram menos dessas

vantagens que eles lhe são mais dedicados, e seu apego nunca é mais firme do que quando é pago com tributos de sangue"; cf. trad. Gautier, p. 123.

16. *Ibid.*, trad. Desaint, t. I, I, 3, p. 51 (a última frase termina por "e usa-o com estes como age com a sua terra e o seu gado, conforme o ganho que dele tira"); cf. trad. Gautier, p. 123.

17. *Ibid.*, trad. Desaint, t. I, I, 10, pp. 172-3: "Anteriormente a toda instituição política, os homens são dotados de uma variedade infinita de talentos, de qualidades, de têmperas d'alma diversas, de diversos graus de calor em suas paixões, para poder desempenhar uma infinidade de papéis diversos. Ponha-os juntos, cada um encontrará seu lugar; eles aprovam ou criticam em corpo, examinam, consultam, deliberam em porções mais seletas; como indivíduos, assumem ou deixam assumir a supremacia [...]"; cf. trad. Gautier, p. 163.

18. *Ibid.*, trad. Desaint, t. I, I, 10, p. 174; trad. Gautier, p. 163.

19. *Ibid.*, trad. Desaint, p. 172; trad. Gautier, pp. 162-3.

20. *Ibid.*, trad. Desaint, t. I, II, 3, pp. 237-8: "Assim, sem nenhuma forma fixa de governo, sem nenhum vínculo de união e por um efeito para o qual o instinto parece influir mais que a razão, elas se portaram com toda a boa inteligência, o concerto e o vigor de nações. Os estrangeiros, sem conseguir descobrir qual é o magistrado ou em que base o senado é formado, encontram em todos os tempos um conselho com o qual negociar e guerreiros prontos para combater. Sem polícia, sem leis coativas, sua sociedade doméstica funciona ordeiramente; costumes isentos de disposições viciosas são uma salvaguarda mais segura contra os crimes do que os melhores estabelecimentos públicos"; cf. trad. Gautier, pp. 186-7.

21. *Ibid.*, trad. Desaint, t. I, III, 2, p. 336: "O primeiro a se pôr sob o mando de um chefe não desconfiava que dava o exemplo de uma subordinação permanente, que seria um pretexto para o homem arrogante exigir dele serviço e para o homem ávido apoderar-se das suas posses"; cf. trad. Gautier, p. 221.

22. Cf. as partes II e III. Sobre essas quatro etapas do desenvolvimento social, M. Foucault havia lido, notadamente, o livro de R. L. Meek, *Economics and Ideology, and other essays*, Londres, Chapman & Hall, 1967, pp. 34-40.

23. *Essai...*, trad. Desaint, t. I, II, 2, p. 224: "Entre as nações que habitam essas regiões ou quaisquer outras partes menos cultivadas da terra, algumas tiram a subsistência principalmente da caça, da pesca

ou das produções naturais do solo. Estas se incomodam pouco com a propriedade, e mal encontramos nelas alguns inícios de subordinação ou de governo"; cf. trad. Gautier, p. 182.

24. *Ibid.*, trad. Desaint, pp. 224-5: "Outras [nações] possuem rebanhos e tiram a subsistência dos pastos. Estas sabem o que é pobreza e riqueza. Elas conhecem as relações entre patrono e cliente, amo e servidor, e deixam-se classificar de acordo com a medida da sua riqueza"; cf. trad. Gautier, p. 182.

25. *Ibid.*, trad. Desaint, t. I, III, 2, pp. 336-7: "Os homens, seguindo o impulso do momento, procurando remediar os inconvenientes que experimentam ou obter as vantagens que se apresentam ao seu alcance, chegam a termos que não podiam prever, nem mesmo em imaginação. E, como os outros animais, seguem o curso da sua natureza sem perceber o fim deste. [...] Como os ventos que vêm não se sabe de onde e sopram onde bem lhes apraz, as formas das sociedades se relacionam a uma origem obscura e remota: elas nasceram antes da data da filosofia, e nelas o instinto teve um papel maior que a razão"; cf. trad. Gautier, pp. 220-1.

26. Cf. o verbete de M. Riedel, "Gesellschaft, bürgerliche", *in* O. Brunner, W. Conze, R. Koselleck, orgs., *Geschichtliche Grundbegriffe*, t. 2, Stuttgart, E. Klett, 1975, pp. 719-800, utilizado por M. Foucault.

27. Johann Heinrich Jung-Stilling (1740-1817), *Die Grundlehre der Staatswirtschaft*, Marburgo, [s.n.], 1792 (ed. recente: Königstein/ Ts, Scriptor-Verlag, 1978), p. 680: "Das gesellschaftliche Leben ist dreifach: 1) bezieht es sich auf die Familie oder auf das häusliche Verhältnis, 2) auf das Zusammenwohnen der Hausväter oder auf die bürgerliche Gesellschaft, und 3) auf das Verhältnis gegen die regierende Gewalt und ihre Gesetze, das ist: auf die Staatsgesellschaft"; citado por M. Riedel, *loc. cit.*, p. 753.

28. Carl Daniel Heinrich Bensen (1761-1805), *System der reinen und angewandten Staatslehre für Juristen und Kameralisten*, t. I, Erlangen, Palm, 1804: "Unsere Staaten und ihre Bewohner haben nur allmählich ihre jetzige Form erhalten. Von der häuslischen Gesellschaft rückte nämlich das Menschengeschlecht zur bürgerlichen und von dieser zur Staatsgesellschaft fort"; citado por M. Riedel, *loc. cit.*, p. 754.

29. August Ludwig von Schlözer (1735-1809), *Staats-Anzeigen*, Göttingen, t. 17, 1792, p. 354: "Alle bisher bekannt gewordene Menschenhaufen alter, mittler und neuer Zeiten, leben in den 3 Arten häuslicher Gesellschaft. Alle ohne Ausnahme leben in bürgerlicher

Gesellschaft. Und bei weitem die allermeisten, wenngleich nicht alle, leben in Staats-Gesellschaft, oder unter Obrigkeit"; citado por M. Riedel, *loc. cit.*, p. 754. Cf. igualmente G. Gurvitch, *Traité de sociologie*, Paris, PUF, 1958, pp. 31-2, consultado por Foucault: "Os discípulos de Leibniz – Nettelbladt, em primeiro lugar –, simplificando suas ideias, opuseram o *regimen societatis* ou bloco de agrupamentos de atividade variada, de preferência econômica, ao *regimen civitatis* ou bloco de agrupamentos locais que culminam no Estado. Foi a fonte da oposição entre a sociedade civil e econômica (*bürgerliche Gesellschaft*) e o Estado. Formulada pela primeira vez pelo historiador e estatístico alemão A. L. Schlözer, essa oposição foi objeto de meditação de vários pensadores alemães, franceses e britânicos durante a segunda metade do século XVIII e a primeira metade do século XIX".

30. G. W. F. Hegel, *Grundlinien der Philosophie des Rechts*, parte III, seção II, § 182-256, Berlim, Librairie Nicolaï, 1821 / *Principes de la philosophie du droit*, trad. fr. R. Derathé, Paris, Vrin, 1975, pp. 215-57. Cf. M. Riedel, "Gesellschaft, bürgerliche", pp. 779-83, assim como J. Hyppolite, "La conception hégélienne de l'État", *Cahiers internationaux de sociologie*, t. II, 1947, p. 146, e B. Quelquejeu, *La Volonté dans la philosophie de Hegel*, Paris, Le Seuil, "L'Ordre philosophique", 1973, a que remetem as notas de M. Foucault.

31. Th. Paine, *Common Sense Addressed to the Inhabitants of America...*, Filadélfia, W. & T. Bradford, 1776 / *Sens commun, ouvrage adressé aux Américains* (precedido por *Théorie et Pratique des droits de l'homme*), trad. fr. F.-X. Lanthenas, Rennes, R. Vatan, 1793, p. 165. Cf. o livro de H. K. Girvetz, *From Wealth to Welfare* (Stanford, Cal., Stanford University Press, 1950, p. 44), que ele havia lido ao preparar esse curso, e P. Rosanvallon, *Le Capitalisme utopique*, *op. cit.*, p. 144. Embora Thomas Paine (1737-1809) seja de fato de origem britânica, convém precisar no entanto que *Common Sense* foi publicado catorze meses depois da sua instalação na América e que esse livro, escrito a pedido de Benjamin Franklin, traduz as aspirações do povo americano, no início da guerra de Independência.

32. Cf. *"Il faut défendre la société"*, *op. cit.*, aula de 10 de março de 1976, pp. 193-212.

RESUMO DO CURSO*

O curso deste ano acabou sendo inteiramente consagrado ao que devia formar apenas a sua introdução. O tema escolhido era portanto a "biopolítica": eu entendia por isso a maneira como se procurou, desde o século XVIII, racionalizar os problemas postos à prática governamental pelos fenômenos próprios de um conjunto de viventes constituídos em população: saúde, higiene, natalidade, longevidade, raças... Sabe-se o lugar crescente que esses problemas ocuparam desde o século XIX e que desafios políticos e econômicos eles vêm constituindo até hoje.

Pareceu-me que não se podia dissociar esses problemas do âmbito de racionalidade política no interior do qual eles apareceram e adquiriram sua acuidade. A saber, o "liberalismo", já que foi em relação a ele que adquiriram o aspecto de um verdadeiro desafio. Num sistema preocupado com o respeito dos sujeitos de direito e com a liberdade dos indivíduos, como é que o fenômeno "população" com seus efeitos e seus problemas específicos pode ser levado em conta? Em nome do que e segundo que regras pode ele ser administrado? O debate

....

* Publicado in *Annuaire du Collège de France*, 79e année, *Histoire des systèmes de pensée*, année 1978-1979, 1979, pp. 367-72. Republicado em *Dits et Écrits, 1954-1968*, editado por D. Defert e F. Ewald, com a colaboração de J. Lagrange, Paris, Gallimard, "Bibliothèque des sciences humaines", 1994, 4 vols.; cf. t. III, nº 274, pp. 818-25.

que ocorreu na Inglaterra no meado do século XIX acerca da legislação sobre a saúde pública pode servir de exemplo.

◆

O que se deve entender por "liberalismo"? Apoiei-me nas reflexões de Paul Veyne a propósito dos universais históricos e da necessidade de testar um método nominalista em história. E, retomando um certo número de opções de método já feitas, procurei analisar o "liberalismo", não como uma teoria nem como uma ideologia, menos ainda, claro, como uma maneira de a "sociedade" "se representar..."; mas como uma prática, isto é, como uma "maneira de fazer" orientada para objetivos e regulando-se por uma reflexão contínua. O liberalismo deve ser analisado então como princípio e método de racionalização do exercício do governo – racionalização que obedece, e é essa a sua especificidade, à regra interna da economia máxima. Enquanto toda racionalização do exercício do governo visa maximizar seus efeitos diminuindo o máximo possível o custo (entendido no sentido político tanto quanto no sentido econômico), a racionalização liberal parte do postulado de que o governo (trata-se, é claro, não da instituição "governo", mas da atividade que consiste em reger a conduta dos homens num quadro e com instrumentos estatais) não poderia ser sua própria finalidade. Ele não tem em si sua razão de ser, e sua maximização, ainda que nas melhores condições possíveis, não deve ser seu princípio regulador. Nisso, o liberalismo rompe com essa "razão de Estado" que, desde o fim do século XVI, havia procurado na existência e no fortalecimento do Estado o fim capaz de justificar uma governamentalidade crescente e de regular seu desenvolvimento. A *Polizeiwissenschaft* desenvolvida pelos alemães no século XVIII, seja porque lhes faltava uma grande forma estatal, seja ainda e também porque a estreiteza dos recortes territoriais lhes dava acesso a unidades muito mais facilmente observáveis dados os instrumentos técnicos e conceituais da época, sempre se colocava sob este princípio: não se presta atenção suficiente, coisas demais escapam, áreas demasiado numerosas carecem de regulação e de regulamento, faltam ordem e administração – em suma, governa-se pouco demais. A *Polizeiwissenschaft* é a forma assumida por uma tecnologia governamental dominada pelo princípio da razão de Estado: e é de certo modo "naturalmente" que ela leva em conta os problemas da população, que deve ser a mais numerosa e a mais ativa possível – para a força do Estado: portanto, saúde, natalidade e higiene nela encontram sem dificuldade um lugar importante.

O liberalismo, por sua vez, é atravessado pelo princípio: "sempre se governa demais", ou, pelo menos, sempre se deve suspeitar que se governa demais. A governamentalidade não deve ser exercida sem uma "crítica", muito mais radical que um teste de otimização. Ela não deve se interrogar apenas sobre os melhores meios de alcançar seus efeitos (ou os menos custosos), mas sobre a possibilidade e a própria legitimidade do seu projeto de alcançar efeitos. A desconfiança de que sempre se pode estar governando demais é habitada pela questão: por que então seria preciso governar? Daí o fato de que a crítica liberal não se separa de uma problemática, nova na época, da "sociedade": é em nome desta que vai se procurar saber por que é necessário haver um governo, mas em que se pode prescindir dele e sobre o que é inútil ou prejudicial que ele intervenha. A racionalização da prática governamental, em termos de razão de Estado, implicava sua maximização ótima, na medida em que a existência do Estado supõe imediatamente o exercício do governo. A reflexão liberal não parte da existência do Estado, encontrando no governo o meio de alcançar esse fim que ele seria para si mesmo; mas da sociedade, que está numa relação complexa de exterioridade e de interioridade com o Estado. É ela – ao mesmo tempo a título de condição e de fim último – que possibilita não mais levantar a questão: como governar o máximo possível e ao menor custo possível? Mas, em vez dela, esta: por que é preciso governar? Ou seja: o que é que torna necessário que haja um governo e que finalidades deve ele perseguir, em relação à sociedade, para justificar sua existência. A ideia de sociedade é o que possibilita desenvolver uma tecnologia de governo a partir do princípio de que ele já é, em si mesmo, "demais", "excessivo" – ou pelo menos que vem se acrescentar como um suplemento a que sempre se pode e se deve perguntar se é necessário e para que serve.

Em vez de fazer da distinção Estado/sociedade civil um universal histórico e político que pode permitir interrogar todos os sistemas concretos, pode-se tentar ver nela uma forma de esquematização própria de uma tecnologia particular de governo.

◆

Não se pode dizer portanto que o liberalismo seja uma utopia nunca realizada – a não ser que se tomem por núcleo do liberalismo as projeções das suas análises e das suas críticas que ele foi levado a formular. Ele não é um sonho que se choca com uma realidade e não consegue se inscrever nela. Ele constitui – e é essa a razão, tanto do seu polimorfismo como das suas recorrências – um instrumento crítico da realidade: de uma governamentalidade anterior, de que seus adeptos procuram se distinguir; de uma governamentalidade atual que tentam reformar e racionalizar, restringindo-a; de uma governamentalidade à qual se opõem e cujos abusos querem limitar. De sorte que se poderá encontrar o liberalismo, sob formas diferentes mas simultâneas, como esquema regulador da prática governamental e como tema de oposição às vezes radical. O pensamento político inglês, no fim do século XVIII e na primeira metade do século XIX, é característico desses usos múltiplos do liberalismo. E mais particularmente ainda a evolução ou as ambiguidades de Bentham e dos benthamistas.

Na crítica liberal, é certo que o mercado como realidade e a economia política como teoria desempenharam um papel importante. Mas, como confirmou o importante livro de P. Rosanvallon*, o liberalismo não é nem a sua consequência nem o seu desenvolvimento. O mercado representou em vez disso, na crítica liberal, o papel de um teste, de um espaço de experiência privilegiada onde se podem identificar os excessos de governamentalidade e até mesmo medi-los: a análise dos mecanismos da "escassez alimentar" ou, mais geralmente, do comércio de cereais, no meado do século XVIII, tinha por finalidade mostrar a partir de que ponto governar era sempre governar demais. E quer se trate do Quadro dos fisiocratas ou da "mão invisível" de Smith, quer se trate portanto de uma análise visando tornar visíveis, na forma da "evidência", a formação do valor e a circulação das riquezas, ou, ao contrário, de uma análise que supõe a invisibilidade intrínseca do vínculo entre a busca do ganho individual e o crescimento da riqueza coletiva, como quer que seja, a economia mostra uma incompatibilidade de princípio entre o desenrolar ótimo do processo econômico e uma maximização dos procedimentos governamentais. Foi por aí, muito mais que pelo jogo das noções, que os economistas franceses ou ingleses do século XVIII se separaram do mercantilismo e do cameralismo; eles fizeram a reflexão sobre a prática econômica escapar da hegemonia da razão de Estado e da saturação com a intervenção governamental. Utilizando-a como medida do "governar demais", situaram-na "no limite" da ação governamental.

Sem dúvida, tanto quanto de uma reflexão jurídica, o liberalismo tampouco deriva de uma análise econômica. Não foi a ideia de uma sociedade política fundada num vínculo

....

* P. Rosanvallon, *Le Capitalisme utopique. Critique de l'idéologie économique*, Paris, Le Seuil, "Sociologie politique", 1979.

contratual que lhe deu origem. Mas, na busca de uma tecnologia liberal de governo, veio à luz que a regulação pela forma jurídica constituía um instrumento muito mais eficaz do que a sabedoria ou a moderação dos governantes. (Os fisiocratas, de seu lado, por desconfiarem do direito e da instituição jurídica, tendiam antes a buscar essa regulação no reconhecimento, por um déspota de poder institucionalmente ilimitado, das leis "naturais" da economia que se impunham a ele como uma verdade evidente.) Foi na "lei" que o liberalismo buscou essa regulação, não por um juridismo que lhe seria natural, mas porque a lei define formas gerais de intervenções que excluem medidas particulares, individuais, excepcionais, e porque a participação dos governados na elaboração da lei, num sistema parlamentar, constitui o sistema mais eficaz de economia governamental. O "Estado de direito", o *Rechtsstaat*, o *Rule of law*, a organização de um sistema parlamentar "realmente representativo" estiveram, durante todo o início do século XIX, estreitamente ligados ao liberalismo, mas assim como a economia política utilizada de início como critério da governamentalidade excessiva não era liberal, nem por natureza nem por virtude, e até induziu rapidamente atitudes antiliberais (seja na *Nationalökonomie* do século XIX ou nas economias planificadoras do século XX), assim também a democracia e o Estado de direito não foram necessariamente liberais, nem o liberalismo foi necessariamente democrático ou apegado às formas do direito.

Portanto, em vez de uma doutrina mais ou menos coerente, em vez de uma política que persegue um certo número de objetivos mais ou menos definidos, eu estaria tentado a ver no liberalismo uma forma de reflexão crítica sobre a prática governamental; essa crítica pode vir de dentro ou de fora; pode se basear em determinada teoria econômica ou se referir a determinado sistema jurídico sem vínculo necessário e unívoco. A questão do liberalismo, entendida como questão do "governar demais", foi uma das dimensões constantes deste fenômeno recente na Europa e que, aparentemente, surgiu primeiro na Inglaterra: a "vida política". Ela é inclusive um dos seus elementos constitutivos, se é que a vida política existe quando a prática governamental é limitada em seu excesso possível pelo fato de ser objeto do debate público quanto ao seu "bem ou mal", quanto ao seu "demais ou pouco demais".

◆

Claro, não se trata aqui de uma "interpretação" do liberalismo que se pretendesse exaustiva, mas de um plano de análise possível – o da "razão governamental", isto é, dos tipos de racionalidade que são postos em ação nos procedimentos pelos quais a conduta dos homens é conduzida por meio de uma administração estatal. Procurei efetuar essa análise tomando dois exemplos contemporâneos: o liberalismo alemão dos anos 1948-1962 e o liberalismo americano da Escola de Chicago. Em ambos os casos, o liberalismo se apresentou, num contexto bem definido, como uma crítica da irracionalidade própria do excesso de governo e como um retorno a uma tecnologia de governo frugal, como diria Franklin.

Esse excesso foi, na Alemanha, o regime de guerra, o nazismo, mas, para além disso, um tipo de economia dirigista e planificada oriunda do período de 1914-1918 e da mobilização geral dos recursos e dos homens; foi também o "socialismo de Estado". Na verdade, o liberalismo alemão do segundo pós-guerra foi definido, programado e até, em parte, aplicado por homens que, a partir dos anos 1928-1930, haviam pertencido à Escola de Friburgo (ou que, pelo menos, tinham sido inspirados por ela) e tinham se exprimido mais tarde na revista *Ordo*. No ponto de cruzamento da filosofia neokantiana, da fenomenologia de Husserl e da sociologia de Max Weber, próximas em certos pontos dos economistas vienenses, preocupados com a correlação que se manifesta na história entre processos econômicos e estruturas jurídicas, homens como Eucken, W. Röpke, Franz Böhm e Von Rüstow haviam desenvolvido suas críticas em três frentes políticas diferentes: socialismo soviético, nacional-socialismo, políticas intervencionistas inspiradas por Keynes; mas eles se voltavam contra o que consideravam um adversário único: um tipo de governo econômico que ignorava sistematicamente os mecanismos de mercado, únicos capazes de assegurar a regulação formadora dos preços. O ordoliberalismo, trabalhando sobre os temas fundamentais da tecnologia liberal de governo, procurou definir o que poderia ser uma economia de mercado, organizada (mas não planejada nem dirigida) no interior de um quadro institucional e jurídico, que, de um lado, proporcionaria as garantias e as limitações da lei e, de outro, garantiria que a liberdade dos processos econômicos não produzisse distorção social. Foi ao estudo desse ordoliberalismo, que havia inspirado a opção econômica da política geral da RFA, na época de Adenauer e de Ludwig Erhard, que a primeira parte do curso foi consagrada.

A segunda foi consagrada a alguns aspectos do que se chama de neoliberalismo americano: o que é posto em geral sob o signo da Escola de Chicago e também se desenvolveu em reação a esse "governo demais" que representavam, a seu ver, desde Simons, a política do New Deal, a planificação de guerra e os grandes programas econômicos e sociais apoiados na maior parte do tempo, no pós-guerra, pelas administrações democratas. Como no caso dos ordoliberais alemães, a crítica feita em nome do liberalismo econômico insiste no perigo que representaria a inevitável sequência: intervencionismo econômico, inflação dos aparelhos governamentais, superadministração, burocracia, enrijecimento de todos os mecanismos de poder, ao mesmo tempo que se produziriam novas distorções econômicas, indutoras de novas intervenções. Mas o que chamou a atenção nesse neoliberalismo americano foi um movimento totalmente oposto ao que encontramos na economia social de mercado da Alemanha: enquanto esta considera que a regulação dos preços pelo mercado – único fundamento de uma economia racional – é, de per si, tão frágil que precisa ser sustentada, arranjada, "ordenada" por uma política interna e vigilante de intervenções sociais (que implicam auxílio aos desempregados, cobertura das necessidades de saúde, política habitacional etc.), esse neoliberalismo americano procura, em vez disso, ampliar a racionalidade do mercado, os esquemas de análise que ela propõe e os critérios de decisão que sugere a campos não exclusivamente ou não primordialmente econômicos. É o caso da família e da natalidade; é o caso da delinquência e da política penal.

O que deveria ser estudado agora é a maneira como os problemas específicos da vida e da população foram postos no interior de uma tecnologia de governo que, sem ter sempre sido liberal, longe disso, não parou de ser acossada desde o fim do século XVIII pela questão do liberalismo.

✦

O seminário foi consagrado este ano à crise do pensamento jurídico nos últimos anos do século XIX. Houve exposições feitas por François Ewald (sobre o direito civil), Catherine Mevel (sobre o direito público e administrativo), Éliane Allo (sobre o direito à vida na legislação da infância), Nathalie Coppinger e Pasquale Pasquino (sobre o direito penal), Alexandre Fontana (sobre as medidas de segurança), François Delaporte e Anne-Marie Moulin (sobre a polícia e a política de saúde).

SITUAÇÃO DO CURSO
Michel Senellart*

Este curso se apresenta, desde a primeira sessão, como a continuação direta do precedente. Anunciando a intenção de continuar o que havia começado a dizer no ano anterior, Foucault precisa antes de mais nada a escolha do método que comanda sua análise[1], depois resume as últimas aulas, consagradas ao governo da razão de Estado e à sua crítica a partir do problema dos cereais. O princípio de limitação externa da razão de Estado, que o direito representava, é substituído, no século XVIII, por um princípio de limitação interna, sob a forma da economia[2]. De fato, a economia política traz em si a exigência de uma autolimitação da razão governamental, ba-

---

* Michel Senellart é professor de filosofia política na École normale supérieure des lettres et sciences humaines de Lyon. É autor de *Machiavélisme et Raison d'État* (Paris, PUF, 1989), *Les Arts de gouverner* (Paris, Le Seuil, 1995). Traduziu em fr. a *Histoire du droit public en Allemagne, 1600-1800. Théorie du droit public et science de la police*, de M. Stolleis (Paris, PUF, 1998).
[As páginas que seguem foram extraídas da "Situação" que acompanha *Segurança, território, população. Curso dado no Collège de France (1977--1978)*, editado por M. Senellart, São Paulo, Martins Fontes, 2008.]

1. Foucault precisa, no manuscrito do curso, quais são os efeitos políticos das suas opções metodológicas. Cf. *Sécurité, Territoire, Population* [daqui em diante STP], aula de 8 de fevereiro de 1978, pp. 123-4, n. *.
2. No manuscrito sobre o "governo", que serviu de introdução ao seminário de 1979, Foucault descreve essa passagem como "o grande deslocamento da veridição jurídica para a veridição epistêmica".

seada no conhecimento do curso natural das coisas. Ela assinala portanto a irrupção de uma nova racionalidade na arte de governar: governar menos, para ter eficiência máxima, em função da naturalidade dos fenômenos com que se tem de lidar. É essa governamentalidade, ligada em seu esforço de autolimitação permanente à questão da verdade, que Foucault chama de "liberalismo". O objeto do curso é, portanto, o de mostrar em que o liberalismo é condição de inteligibilidade da biopolítica:

> Com a emergência da economia política, com a introdução do princípio limitativo na própria prática governamental, realiza-se uma substituição importante, ou melhor, uma duplicação, pois os sujeitos de direito sobre os quais se exerce a soberania política aparecem como uma *população* que um governo deve administrar.
> É aí que a linha de organização de uma "biopolítica" encontra seu ponto de partida. Mas quem não vê que isso é apenas uma parte de algo bem mais amplo, que [é] essa nova razão governamental?
> Estudar o liberalismo como quadro geral da biopolítica.[3]

O projeto anunciado é o seguinte: estudar primeiro o liberalismo em sua formulação original e em suas versões contemporâneas, a alemã e a americana, depois chegar ao problema da política da vida[4]. Somente a primeira parte desse programa será realizada, pois Foucault foi levado a desenvolver sua análise do liberalismo alemão mais demoradamente do que previa[5]. Esse

....
3. Manuscrito da primeira aula. Cf. *supra*, aula de 10 de janeiro de 1979, p. 28, nota *.
4. Cf. *ibid.*, pp. 28 ss. O projeto esboçado aqui é precisado (e, por isso, retrospectivamente aclarado) mais adiante: cf. *supra*, aula de 31 de janeiro de 1979, pp. 107 ss.
5. Cf. *supra*, início da aula de 7 de março de 1979, p. 257: "[...] eu tinha a intenção, no começo, de lhes falar de biopolítica, mas, sendo as coisas

interesse pela economia social de mercado não se deve apenas ao caráter paradigmático da experiência alemã. Ele se explica também por razões de "moralidade crítica" ante "essa espécie de laxismo", que constitui, a seu ver, certa "crítica inflacionista do Estado" pronta a denunciar o fascismo no funcionamento dos Estados democráticos ocidentais[6]. A "questão alemã" vê-se, assim, situada no cerne das questões metodológicas, históricas e políticas que formam a trama do curso.

As aulas 2 e 3 (17 e 24 de janeiro de 1979) são consagradas ao estudo das características específicas da arte liberal de governar, tal como se esboça no século XVIII. Nelas, Foucault explicita, em primeiro lugar, o vínculo entre verdade e governamentalidade liberal, através da análise do mercado como lugar de veridição, e precisa as modalidades de limitação interna que daí decorrem. Ele faz aparecer, desse modo, as duas vias de limitação do poder público, correspondentes a duas concepções heterogêneas da liberdade: a via axiomática revolucionária, que parte dos direitos humanos para fundar o poder soberano; e a via radical utilitarista, que parte da prática governamental para definir, em termos de utilidade, o limite de competência do governo e a esfera de independência dos indivíduos. Vias distintas, mas não excludentes uma da outra. É à luz da sua interação estratégica que convém estudar a história do liberalismo europeu desde o século XIX. É ela também que ilumina, ou põe em perspectiva, a maneira como Foucault, a partir de 1977, problematiza os "direitos dos governados" em relação à invocação, mais vaga e mais abstrata, dos "direitos do homem"[7].

....

como são, acabei me alongando, me alongando talvez demais, sobre o neoliberalismo, e ainda por cima o neoliberalismo em sua forma alemã". Cf. também o "Resumo do curso", *ibid.*, p. 431: "O curso deste ano acabou sendo inteiramente consagrado ao que devia formar apenas a sua introdução."

6. Cf. *supra*, aula de 7 de março de 1979, pp. 261-4.
7. Não se trata, é claro, de reduzir a problemática dos "direitos dos go-

Na terceira aula, depois de examinar a questão da Europa e das suas relações com o resto do mundo segundo a nova razão governamental, ele reconsidera sua opção de chamar de "liberalismo" aquilo que, no século XVIII, se apresenta muito mais como um naturalismo. A palavra "liberalismo" se justifica pelo papel que a liberdade desempenha na arte liberal de governar: liberdade garantida, sem dúvida, mas também produzida por essa arte, que para alcançar seus fins necessita suscitá-la, mantê-la e enquadrá-la permanentemente. Assim, o liberalismo pode ser definido como o cálculo do risco – o livre jogo dos interesses individuais – compatível com o interesse de cada um e de todos. É por isso que a incitação a "viver perigosamente" implica o estabelecimento de múltiplos mecanismos de segurança. Liberdade e segurança: os procedimentos de controle e as formas de intervenção estatal requeridos por essa dupla exigência é que constituem o paradoxo do liberalismo e estão na origem das "crises de governamentalidade"[8] que ele vem conhecendo há dois séculos.

Portanto, a questão agora é saber que crise de governamentalidade caracteriza o mundo atual e que revisões a arte liberal de governar ocasionou. É a essa tarefa de diagnóstico que responde o estudo, a partir da quarta aula (31 de janeiro), das duas grandes escolas neoliberais, o ordoliberalismo alemão[9] e o

....

vernados", indissociável do fenômeno da dissidência (cf. "Va-t-on extrader Klaus Croissant?", DE, III, n. 210, p. 364), à problemática da independência dos governados segundo o cálculo utilitarista, mas de salientar uma proximidade que, sem dúvida, não é alheia ao interesse que Foucault manifesta então pelo liberalismo.

8. Cf. *supra*, aula de 24 de janeiro de 1979, p. 93.
9. Como a bibliografia francesa sobre esse tema é extremamente reduzida, fora a tese de F. Bilger (*La Pensée économique libérale de l'Allemagne contemporaine*, Paris, Librairie Générale de Droit, 1964), de que Foucault se serve, assinalemos a recente publicação do colóquio *L'Ordolibéralisme allemand. Aux sources de l'économie sociale de marché*, org. P. Commun, Université de Cergy-Pontoise, CIRAC/CICC, 2003.

anarcoliberalismo americano[10] – única incursão de Foucault, ao longo de todo o seu ensino no Collège de France, no campo da história contemporânea. Essas duas escolas não participam apenas de um mesmo projeto de refundação do liberalismo. Elas também representam duas formas distintas de "crítica da irracionalidade própria do excesso de governo"[11], uma valorizando a lógica da concorrência pura, no terreno econômico, ao mesmo tempo que enquadra o mercado por meio de intervenções estatais (teoria da "política de sociedade"), a outra procurando ampliar a racionalidade do mercado a campos tidos até então como não econômicos (teoria do "capital humano").

As duas últimas aulas tratam do nascimento da ideia de *homo oeconomicus*, como sujeito de interesse distinto do sujeito de direito, no pensamento do século XVIII, e da noção de "sociedade civil", correlativa da tecnologia liberal de governo. Enquanto o pensamento liberal, em sua versão mais clássica, opõe a sociedade ao Estado, como a natureza ao artifício ou o espontâneo ao forçado, Foucault põe em evidência o paradoxo que a relação entre ambos constitui. De fato, a sociedade representa o princípio em nome do qual o governo liberal tende a se autolimitar. Ela o obriga a se indagar sem cessar se ele não governa demais e, desse ponto de vista, desempenha um papel crítico em relação a todo excesso de governo. Mas também constitui o alvo de uma intervenção governamental permanente, não para restringir, no plano prático, as liberdades formalmente concedidas, mas para produzir, multiplicar e garantir essas liberdades de que o sistema liberal necessita[12]. Assim, a sociedade representa

....
10. Cf. *supra*, "Resumo do curso", pp. 437-9.
11. Cf. *supra*, "Resumo do curso", pp. 437-9.
12. Cf. a última aula de STP (5 de abril de 1978, pp. 360-2), a que Foucault remete implicitamente quando fala de um "governo onipresente, [...]" que, ao mesmo tempo que "respeita a especificidade da economia", deve "administr[ar] o social" (*supra*, p. 403).

ao mesmo tempo o "conjunto das condições do menor governo liberal" e a "superfície de transferência da atividade governamental"[13].

....
13. Manuscrito de 1981 sobre "[O] liberalismo como arte de governar" em que Foucault, remetendo ao seminário do ano anterior, recapitula sua análise do liberalismo. Essa análise deve ser cotejada, notadamente, com a que é proposta por P. Rosanvallon, *Le Capitalisme utopique. Critique de l'idéologie économique*, Paris, Le Seuil, "Sociologie politique", 1979, pp. 68-9 (reed. sob o título de *Le Libéralisme économique. Histoire de l'idée de marché*, Paris, Le Seuil, "Points Essais", 1989), com a qual parece às vezes dialogar (cf. referência de Foucault a esse livro no "Resumo do curso", *supra*, p. 435).

ÍNDICES

ÍNDICE DAS NOÇÕES

abundância/escassez: 64 n. 6
   "mistério da abundância
   moderna" (Schultz): 296,
   319 n. 42/recursos raros:
   298; v. Robbins
abuso da soberania: 18;
   v. excesso
ação penal: ambiental: 333
   (neoliberalismo americano)
ações conformes: 185, 207 n. 31
ações ordenadoras: uma
   "política de moldura",
   prefiguração do Mercado
   Comum, Eucken e o plano
   Mansholt: 188-92
ações reguladoras (objetivo
   das –: controle da inflação,
   estabilidade dos preços: 186);
   v. intervencionismo
   neokantiano
agenda e non agenda: 17, 180
ambiental
   (tecnologia –;
      ambientalidade): 348 n. *
ambiente: 381 n. 8; v. Skinner
   (– social, *die soziale Umwelt*:
      arranjo do –, "deslocamento
      do centro de gravidade da
   ação governamental para
   baixo") [Röpke]: 213;
   v. política da vida
análise do neoliberalismo (sob o
   prisma da moralidade crítica):
   249-50
análise dos micropoderes,
   procedimentos de
   governamentalidade: 250
análise econômica: 294-300
anarcocapitalismo americano:
   180
anarcoliberalismo (Escola de
   Chicago): 156, 216, 435
antiestatismo: 104; v. fobia do
   Estado
aparelho(s)
   diplomático-militar(es) e
   pluralidade de Estados: 7-9;
   v. limitação
"arbitragem dos consumidores";
   v. neoliberalismo (princípios
   gerais do –); Rougier
arte de governar (pautada pela
   razão de Estado, pela razão
   governamental; pela verdade,
   pela racionalidade do Estado
   soberano, pela racionalidade

dos agentes econômicos, pela racionalidade dos governados): 3-10, 413; v. limitação, autolimitação, razão governamental
arte de governar economicamente e arte de governar juridicamente; v. limitação, autolimitação, sociedade civil
arte liberal de governar (no século XVIII): 67, 79, 88, 136, 393; v. liberalismo [clássico]
arte neoliberal de governar (abandono do sistema de tipo keynesiano, gestão da liberdade, doutrina de governo como critério da ação governamental): 82, 136, 138-9, 161, 177, 201; v. política de sociedade, estilo econômico; Erhard, Eucken, Röpke, Spiethof
autolimitação, v. limitação (princípio de – da prática governamental e "justiça equitativa"), v. sabedoria do príncipe

balança europeia: 8-9, 20, 68, 72, 77
bem-estar
(economia de –): 190-1, 375-6
(políticas de –): 195, 275-6
(Estado de –): 255-6
(neoliberalismo e produção de –, Alemanha): 109

biopolítica: 29-31, 124 n. 5, 249, 421
bom preço: 42, 64 n. 4, 70; v. fisiocratas

cálculo, *ratio* governamental e prática governamental: 6, 16; v. autolimitação; utilidade
(– mercantilista): 68
(– penal, princípio de racionalidade aplicado ao crime, século XVIII): 341
(– planetário (novo tipo de –)): 72-4
(– do equilíbrio europeu): 78; v. Metternich
campo de adversidade dos neoliberais alemães (o socialismo de Estado bismarckiano; o dirigismo keynesiano; essencialmente, o nazismo): 140-3
capital
(–, o que torna possível uma renda baseada no critério da competência); v. teoria do capital humano
(do – ao capitalismo): 140; v. crises
capitalismo
(figuras históricas do –): 220-1
(– e instituição jurídica): 221
(– e monopólio) [Schumpeter]: 237-8; v. história do capitalismo; racionalidade; sociedade
capitalização: 193; v. política social privatizada

Common Law: 32-3 n. 3
comportamento(s)
(– econômico do sujeito
individual): 336-7
(racionalidade interna do –
humano, objeto de análise
econômica) [Robbins]: 298;
v. teoria do capital humano
(sociedade produtora,
consumidora de –
conformes): 342;
v. neoliberalismo americano
concorrência
(a –, princípio [neoliberal] de
formalização, jogo formal
entre desigualdades):
157-60; v. jogo; *vs.* dado
natural, monopólio
(– entre Estados, princípio de
limitação externa da razão
de Estado): 8-10, 19, 29
n. *; v. balança europeia,
limitação
(ausência de – e inflação): 203
n. 10; *vs.* estabilidade dos
preços; v. Rueff
(ação reguladora dos
mecanismos de –): 161,
184
condução (princípio de –,
Führertum): 148
conduta: 336, 338
(– econômica, de mercado):
355-6; v. trabalho
consumo socializado,
coletivo: 191
(– e redistribuição
permanente da renda): 265;
v. política social

contrato: 13
(–, expressão da vontade
jurídica e do interesse)
[Hume, Blackstone]: 362-3
(doutrina do – e sujeito de
direito): 366
(teoria jurídica do –): 366
controle (procedimentos de –):
87; v. liberalismo
(– e intervenção): 87;
v. intervenção
crime
(teoria econômica do –:
limitação das externalidades
negativas): 338-40;
v. penalidade, utilidade
crise(s)
(–, contexto de
desenvolvimento do
neoliberalismo): 258
(– de governamentalidade, do
dispositivo de
governamentalidade):
89-90, 98
(– da economia liberal):
89-90, 155
(efeitos das –: desvalorização,
ineficácia da capitalização
individual, desemprego,
política de pleno emprego e
cobertura social): 264-5;
v. política social
(– do capitalismo): 90-1
(consciência de –): 89
crítica
(– interna da razão
governamental): 17; v. arte
de governar, limitação
(– política do saber): 48

crescimento
(– indefinido do Estado, expansionismo endógeno): 250
(– da demanda judiciária no Estado de direito): 234

desemprego e pleno emprego em regime neoliberal: 187; v. política social
desigualdade
(igualdade da – [neoliberalismo]: poupança e investimento): 189-96
(– e cobertura dos riscos): 193-4; v. política social
despotismo
(o –, poder sem limitação externa): 20
(concepção fisiocrática do –): 80
(crítica do – no séc. XVIII): 98
dever-ser do Estado, dever-fazer do governo: 6
direito(s)
(o –, princípio de limitação interna da prática governamental segundo a razão de Estado): 10-12, 17-8; v. arte de governar, limitação, razão de Estado
(– administrativo em formação): 58
(– cosmopolita): 75
(– internacional): 75
(– penal [reformadores do s. XVIII]: cálculo utilitário no interior de uma estrutura jurídica, prática penal e critério de utilidade): 336; v. utilidade
(redefinição do – pelos ordoliberais): 216; v. princípio jurídico de Estado
(– originário/s): 13, 21, 52
(– público): 13, 50-1
(– em formação): 58
(– natural): 13
(– naturais): 7, 52
(limitação dos –: princípio da transferência) [Hume]: 364
(– soberanos): 25
(limites do – da soberania): 52
direitos do homem: 52, 55
(axiomática fundamental dos – e cálculo utilitário da independência dos governados): 56
direitos fundamentais: 54; (jogo complexo entre – e independência dos governados): 59
direitos imprescritíveis: 52
dissidência política do século XX (exílio político, política do exílio): 98
doutrina liberal tradicional e neoliberalismo
(deslocamentos e inversões: da troca à concorrência): 156-7; v. concorrência, troca, liberalismo

economia política: 18-24, 30 n. *, 39
(– e autolimitação da razão governamental, e limitação

do poder público): 18-24,
50; v. limitação
(– e distribuição dos poderes):
19
economia
(a – como jogo, jogo de
empresas): 232
(– da criminalidade, de efeito
oligopolístico, aplicada à
droga nos Estados Unidos):
343
(– de mercado, princípio
organizador e regulador do
Estado [programa
ordoliberal]): 154, 158
(– social de mercado): 127
n. 19; v. Erhard; vs.
políticas do *laissez-faire*
(– de poder liberal): 85
(– dirigida, na Alemanha):
144-5; v. planificação;
v. Rathenau
(– protecionista, no s. XIX):
233
(libertação da – das injunções
estatais): 104
economista
(aplicação da grade de
inteligibilidade – a
fenômenos não
econômicos): 321-2,
326-31, 356
(– aos fenômenos sociais):
321-2
(– aos comportamentos não
econômicos: a
criminalidade): 331-2
empirismo inglês: 360
empresa: 197-8

(ética social da –): 197
enriquecimento
(– coletivo e – indefinido):
70-1
(– do Estado, objeto da
economia política): 19
(– pela política de
laissez-faire): 136
(– da Europa): 70-1
(mecanismo de – mútuo pela
liberdade do mercado,
mundialização): 69-70
época da razão de Estado: 54, 72
época do mercantilismo: 72
equilíbrio europeu: 68-9
equilíbrios internacionais: 67
era da política: 24
era das liberdades: 87
era de uma historicidade
econômica: 70
era do governo frugal: 38
espaço
(– de liberdade dos parceiros
econômicos e legitimação
do Estado) [Alemanha,
1948-]: 139
(– de mercado territorial);
v. Ferguson
(elaboração de um –
planetário): 73-4
Estado
(o –, efeito móvel de um
regime de
governamentalidades
múltiplas): 100
(o –, objetivo a construir): 6-9
(– burguês capitalista)
[ordoliberais: crítica de
Sombart]: 151-2, 156

(– de direito); v. formalização
(– de justiça): 11
(– de partido): 148-9, 255-6,
  v. condução (princípio de –)
(– de polícia): 8-11, 49, 72
(ilimitação [dos objetivos
  internos] da
  governamentalidade do –):
  49-50; vs. limitação da arte
  de governar segundo a
  razão de Estado
(– econômico [ordoliberais],
  objetivo de renovação do
  capitalismo): 155, 217-8,
  226-9, 234-8; v. liberdade
  de mercado, princípio de
  regulação; vs. Estado de
  polícia, intervencionismo
  administrativo
(– totalitário); v. Estado de
  partido
(arbitragem do –): 218;
  v. neoliberalismo
(– e sociedade civil): 101;
  v. sociedade civil
(especificidade plural do –):
  7-8
(perda do estatuto de
  personalidade jurídica do
  – em regime
  nacional-socialista); v. povo
Estados
(não absorção dos – no
  Império): 7
estatização
(problema da –): 100
"estilo econômico",
  Wirtschaftsstil [Spiethoff]: 165
  n. 15

estilo governamental (problema
  do –): 181; v. monopólio, ações
  conformes, política social
Europa
(– clássica da balança): 71
(– como região econômica
  particular): 79
(– do enriquecimento
  coletivo): 70-1
(– imperial e carolíngia): 71
(– e mercado mundial): 76
excesso(s): 23
(– de governo): 18; v. abuso
  da soberania; vs. limitação,
  radicalismo, razão
  governamental
(– de intervencionismo): 89

fisiocratas: 20, 31, 70, 79-80
fobia de Estado: 97-8, 251-2
forma "empresa"
(desdobramento da – no
  interior do corpo social,
  objetivo da política
  neoliberal; reenformação da
  sociedade com base no
  modelo da –): 323-4
formalização da moldura
  jurídico-econômica do Estado
  de direito: 231
frugalidade governamental
  (princípio da –): 347 n. *;
  v. governo frugal

genealogia: 65 n. 8
(– dos regimes veridicionais):
  47
Gesellschaftspolitik; v. política de
  sociedade

governamentalidade: 21, 39-40,
49, 56, 77, 82, 98, 100, 111;
v. arte de governar, crises,
Império, Estado, natureza
(– alemã, [1948-]): 107
(– individualizante, em
regime capitalista): 347 n. *
(– estatal integral): 49; v. – e
pura razão de Estado
(– liberal [segundo Turgot]):
100
(– neoliberal,
econômico-política
[segundo Erhard e Schiller]:
101, 111-2, 114-6
(– de partido): 255-6;
v. Estado de partido
(– moderna): 28 n. *;
v. independência dos
governados
(– socialista): 118-21
(delimitação da –): 52
(– e cálculo de utilidade): 56,
67; v. utilitarismo
(– e direito público): 50-1;
v. limitação
(– e direitos do homem): 52
(– e liberdade fundamental):
16; v. *agenda* e *non agenda*;
Bentham
(– e pura razão de Estado):
49-50
(coisas em si da –): 60
(práticas da – e problema do
Estado): 100; v. crises
governo
(– econômico): 19
(– frugal: sistema da razão do
Estado mínimo, séc. XVIII):
38-9, 63 n. 1, 360, 427

(– interventor): 182
(– segundo a razão de
Estado): 9; v. arte de
governar
(fronteiras da competência
do –): 52
(– dos homens): 3, 17
(– liberal): 87, 185
(critério da utilidade do –):
61-2; v. utilidade

heterogeneidade: 55-6
(– entre doutrina do contrato
e doutrina do sujeito de
direito): 366; v. contrato,
teoria jurídica do
história
(– da economia, por
cruzamento da análise
histórica dos sistemas e da
análise formal dos
processos econômicos): 160
(– do exílio político): 98
(– da governamentalidade
ocidental): 45
(– do poder público no
Ocidente): 58
(– da veridição, dos regimes
de veridição): 47-8
(– da verdade ligada a uma
história do direito): 46
(– do indivíduo): 416 n. 6;
v. Ferguson
(– do capitalismo): 220-3
(– do direito): 46
(– do direito marítimo, séc.
XVIII): 73
(– do direito de propriedade):
58

(– do governo): 5
(– do liberalismo europeu): 58, 100
(– do mercado jurisdicional, depois veridicional): 45
(– do monopólio): 206 n. 22
historicismo: 5; v. universais
homo oeconomicus: 337-8, 356, 359-60, 389-91
homogeneização do heterogêneo (convergência dos interesses): 368

Império: 77; v. Estados
imposto negativo: 270-8, 287 n. 48
independência dos governados: 55
individualização
(– de e pela política social [ordoliberais]): 193; v. política social privatizada
indivíduo(s): 10, 55, 60
indivíduos-sujeitos (do soberano): 10, 31
inflação: 162 n. 1; v. crise econômica; v. Eucken
(– do saber): 334
inflacionismo crítico: intercambiabilidade das análises [neoliberalismo, 1930-1945]: 251-2; v. fobia do Estado
instituições
(– de encerramento): 45
(– judiciárias): 11-3
(do primado da lei ao primado da –): 234
(– penais): 46

interesse(s)
(– e vontade jurídica, [Blackstone s. XVII]): 362
(cálculo do – não totalizável) [Adam Smith]: 370
(manipulação dos – indivíduos e coletivos): 59, 85
(proteção dos – individuais, coletivos, individuais/ coletivos); v. perigo, segurança, política social
intervencionismo administrativo: 234
intervencionismo
(– dos poderes públicos na economia): 101, 121-2 n. *, 144-6, 150-1, 178, 180, 185, 195
(– federal): 101
(– jurídico): 217, 234-5; v. programa ordoliberal
(– social ordoliberal, como condição de possibilidade de uma economia de mercado): 215-6, 234, 239-40
(não intervencionismo político no campo econômico [neoliberalismo]): 185
intervenções [do governo] (problema da natureza das –): 180; v. *agenda* e *non agenda*
irracionalidade econômica (anulação da – por uma nova racionalidade social [Escola de Frankfurt]): 140-1

irracionalidade social
(anulação da – por uma
redefinição da racionalidade
econômica [Escola de
Friburgo]): 140-1;
v. weberianismo

"jogo"
(– no Estado de direito): 232
(– da concorrência): 68-9
(– dos interesses): 60
(regra do – econômico:
concorrência e proteção do
indivíduo [imposto
negativo]): 269-71, 347
n. *; v. Stoléru
juridificação do mundo: 73
jurisdição e veridição
(cruzamentos entre –): 45
(jurisdições de tipo policial e
processo de veridição;
passagem da prática
jurisdicional às práticas
veridicionais): 45-6
juristas e legisladores da
Revolução Francesa: 52
justo preço (*justum pretium*): 41,
63-4 n. 2

laissez-faire: 136, 159, 176-9,
198, 290, 331, 359, 373, 379
legalista
(solução –, séc. XVIII);
v. direito penal
legislação antimonopólio: 84
legislação econômica
(formalização da –): 51, 230;
vs. planificação; v. Hayek
legitimidade do soberano
(condições da –): 51

legitimidade/ilegitimidade: 23
lei(s)
(duas concepções da –:
vontade e transação): 55
(a – no Estado de direito): 231
(– de natureza): 22
(– fundamentais do reino): 12
(individualização da prática
da –): 346-7; v. tribunais
("enforço" da –, *enforcement of
law*): 339-45
(– e ordem, *Law and order*):
101
liberalismo
(o – como autolimitação da
razão governamental): 28-9
e n. *, 31, 62, 67-8, 79-80,
124 n. 5; v. limitação
(– atual): 79
(– alemão contemporâneo
[1948-]): 31
(– econômico e – político):
121-2 n. *
(– europeu): 56
(– positivo): 178-9;
v. intervencionismo federal;
Röpke
(– sociológico) [Röpke]: 211
n. 51
(– dos fisiocratas): 30
(– dos utilitaristas ingleses):
30-1
(– e o problema da utilidade):
58
(–, utilidade e valor de troca):
62
(– e biopolítica): 30 n. *
(– e equilíbrio europeu: do
jogo econômico de

resultado nulo ao enriquecimento coletivo): 71-2; v. mercado
(– e extensão dos procedimentos de controle): 86-8
(– e liberdade, relação de produção/destruição, séc. XVIII): 82-3
(– e liberdades): 31, 55, 79-80, 83
(– e naturalismo, séc. XVIII): 80; v. Kant, Adam Smith
(– e questão da frugalidade do governo): 39

liberdade
(– econômica fundadora e legitimadora do Estado): 105-11, 155
(– fundamental): 16
(– individual, dos indivíduos): 58-86
(– do comportamento em regime liberal): 83-4
(– de comércio): 82-3
(– do mercado): 70-1, 205 n. 16
(– do mercado no Estado de polícia: liberdade dos privilégios): 135-6; v. políticas do *laissez-faire*
(– do mercado e direito público): 51
(– e legislação antimonopolista): 89
(concepção jurídica da –): 55
(concepções heterogêneas, radical e revolucionária da –): 55
(consumo de –): 82-3
(custo de fabricação da –): 84-5
(definição do custo econômico do exercício das –s): 90
(– "a mais"): 88
(– e segurança): 85

limitação
(– no Estado mínimo): 49-50
(– de fato da prática governamental): 14-6
(– pelo cálculo de utilidade): 67
(– pela tecnicização [segundo os ordoliberais]): 152-3; v. natureza
(– de direito, extrínseca à razão de Estado): 13-4, 19
(– jurídica do poder público, do exercício do poder político): 51, 58

lógica
(– da conexão do heterogêneo): 56
(– da homogeneização do contraditório): 56

"mão invisível" [Adam Smith]: 376-80
mecanismos compensatórios da liberdade (inflação dos –): 89
mecanismos concorrenciais (papel regulador dos – na *Gesellschaftspolitik*): 196
(formalização dos –): 220
mecanismos de intervenção econômica: 90
mecanismos de jurisdição: 45

mecanismos de segurança/
   liberdade: 85-6
meio ambiente
   (– e formação do capital
      humano): 308; v. migração,
      teoria do capital humano
      (variáveis do –): 358
mercado: 43, 58-9, 79
   (–: conexão de um regime de
      verdade com a prática
      governamental): 49-50
   (–, regulador econômico e
      social): 188
   (–, lugar de conexão da troca
      e da utilidade): 58-9
   (–, lugar de jurisdição, da
      justiça distributiva): 41, 43,
      58, 69
   (–, lugar de veridição, de
      verificação-falsificação):
      40-5, 58-9, 64 n. 6, 69;
      v. Condillac
   (– concorrencial, na
      contradição entre
      concorrência e monopólio):
      223
   (– europeu, indefinido,
      mundial): 71-4
   (codificação das práticas do –,
      s. XVI-XVII): 25-6
   (princípio econômico do –
      dissociado do princípio
      político do *laissez-faire*):
      177; v. neoliberalismo
      alemão
   (regulação do –, princípio
      regulador econômico da
      sociedade [economia
      neoliberal]): 114, 197

mercantilismo: 8, 44, 68
método do condicionamento
   governamental exaustivo:
   29 n. *
método do resíduo jurídico
   necessário e suficiente: 29 n. *
métodos de transação: 28 n. *;
   v. liberalismo
migração: 308
"Moldura"
   (–, condição de existência do
      mercado) [formalismo
      ordoliberal]: 188
   (– política e moral) [Röpke];
      v. política de moldura
   (– das ações ordenadoras):
      190
   (– institucional da sociedade
      capitalista) [Schumpeter,
      "cadre institutionnel"]: 248
      n. 40
   (– do Estado de direito):
      231-2
   v. ambiente, meio ambiente
monarquia administrativa: 81
monopólio
   (ação do – sobre o mecanismo
      regulador da economia,
      sobre os preços): 184-5
   (instabilidade do –, jogo de
      variáveis): 184
   (limite das possibilidades do
      –: campo de ação mundial)
      [Mises e Rüstow após
      Bismarck]: 182-3
   (paradoxo do – em regime
      liberal): 180-5; v. Mises,
      North, Röpke; *vs.*
      concorrência

(princípio do –): 180-1
(– e concorrência: relações de compatibilidade): 183-4

nacionalismo: 122 n. *; v. List
naturalidade: 22
(– econômica): 30 n. *
(– dos objetos): 29 n. *
naturalismo: 80
natureza: 22-3, 74-5
(aplicação à sociedade de um esquema de racionalidade próprio da –): 152-3;
v. tecnicização
(– e exercício da governamentalidade): 22
nazismo: 146, 152; v. campo de adversidade
neoliberalismo (princípios gerais do –): 217: v. Rougier
neoliberalismo alemão: 102, 135-9 (condições: limitação do Estado, exigência da reconstrução, 1948-);
v. ordoliberalismo
neoliberalismo americano: 289-354, anarcoliberalismo: 155, 216 (condições: desenvolvimento de um Estado imperialista e militar)
neoliberalismo francês (condições: a Libertação; início do –: sistema de dissociação entre funções econômicas e sociais): 7-8
neomarginalismo austríaco: 98, 102
norma (a): 347 n. *

opções substituíveis (natureza e consequências das –), objeto de análise dos neoliberais americanos: 298; v. recursos raros; vs. Adam Smith
ordem
(– concorrencial, reguladora da economia): 190;
v. concorrência
(– econômico-jurídica e relações de produção) [Rougier]: 218; v. "sistema"
(– natural, séc. XVIII): 218
(– da economia [*Wirtschaftsordnung*]): 225 (ordem econômica, princípio e efeito da sua própria regulação);
v. ordoliberalismo; vs. Estado de direito, *Rule of law*
ordoliberal (programa), *Ordnungstheorie*: 129 n. 28;
v. Eucken
ordoliberalismo (Escola de Friburgo): 137-9, 146-7, 163 n. 8; v. neoliberalismo alemão

penalidade
(séc. XVII - séc. XVIII): 60
(articulação da – com a economia): 333
(problema da – moderna): 46
(a questão da –): 342
perigo
(– e liberalismo): 85-6;
v. mecanismos de segurança/liberdade: 85-6
planificação: 145, 230

planismo
(crítica do –) [Röpke]: 130
n. 34, 170-1 nn. 38-39;
v. Beveridge, Göring,
Rathenau, Schacht
pleno emprego
(–, objetivo das políticas
sociais em tempo de crise):
264
(– e intervencionismo estatal):
103, 124 n. 10; v. política
social; Keynes
poder político
(– e economia de mercado):
177
poder real: 12-3
política da vida, *Vitalpolitik*
[Rüstow]: 199, 213 n. 62, 324
política de sociedade,
Gesellschaftspolitik
(– ordoliberal: anulação dos
mecanismos
concorrenciais): 191-2,
196, 215-6
(–, resposta a uma situação de
crise econômica): 264
política e economia
(bipolaridade entre –): 27;
v. arte de governar
política(s)
(– de moldura) [Eucken]:
188-91
(– econômica "ativa",
"vigilante"): 204-5 n. 14
(– econômica protecionista
[List, Rathenau]): 143-5
(– nacional e economia
liberal: problema de
compatibilidade): 143

(– social, seu objetivo numa
economia de bem-estar):
190-1; v. bem-estar,
políticas de –, consumo
socializado,
intervencionismo social; vs.
desigualdade; vs. Röpke
(– social individual: a
capitalização): 193;
v. individualização
(– social ordoliberal e política
social bismarckiana):
143-4; v. Brentano
(– social individual e espaço
econômico): 193; v. risco(s)
(– social privatizada, de
transferência): 195
(– social e crise: seguridade
social na França; encargos
com base na massa salarial):
153, 170-1 n. 38, 251-4,
265-9, 283-5 nn. 25-32; v./
vs. pleno emprego; Laroque
povo
(– como comunidade:
nacional-socialismo):
148-9; v. condução,
princípio de –
"preço de proporção": 64 n. 3
"preço de rigor": 64 n. 3
"preço natural" [Boisguilbert]:
42, 64 n. 3
"preço normal": 42
princípio de regulação
(– econômica): 322
(– do poder sobre o
indivíduo): 337-8
princípio jurídico de Estado
[ordoliberalismo];

v. intervencionismo jurídico: 216-7
protecionismo econômico: 143, 169 n. 31; v. List, Röpke

racionalidade
(– europeia: crítica do excesso de –) [Escola de Frankfurt]: 47
(– irracional da sociedade capitalista): 140; v. Max Weber
(nova – econômica: anulação da irracionalidade social) [Escola de Friburgo]: 140
(nova – social: anulação da irracionalidade econômica) [Escola de Frankfurt]: 140
radicalismo [Inglaterra]; v. direitos originários; utilitarismo, utilidade
razão de Estado
[segundo juristas]: 13-4
(nova –): 69
(– e Estado de polícia, diferença de objetivos): 10-2
razão do Estado mínimo: 38
razão governamental: 16-20
(– moderna): 14
razão jurídica: 13-4
razão liberal: 29 n. *
recursos raros: 144, 298-9, 304, 356-7
regulação do mercado e pelo mercado: 73-4
"regulação interna" (por "transação" entre governantes e governados): 14-6; v. *agenda* e *non agenda*

revoltas urbanas: 25
revolucionária (axiomática –): 55
risco(s), 193-4
Rule of law: 225, 229-33, 239, 348 n. *, 426

sabedoria do príncipe (princípio de autolimitação da prática governamental) e "justiça equitativa": 24-5, 27, 414
saber econômico [fisiocratas]: 378; *vs.* "mão invisível" [Adam Smith]
segurança
(estratégias de – e liberalismo): 85
(liberdade e –): 85; v. interesse
segurança: 194; v. planismo, política social
"sistema (o)" [Eucken]: 220
"sistema econômico", *Wirtschaftssystem* [Sombart]: 165 n. 15
situacionismo, crítica situacionista: 144-5 e 172 n. 46
soberania política (exercício da –): 3-4
soberano [e súditos]: 4, 7, 12, 16
socialismo
(passagem ao –) [Schumpeter]: 237
(problema da governamentalidade adequada ao –): 121
sociedade capitalista [Sombart]: 150; *vs.* Estado nacional-socialista

ÍNDICE DAS NOÇÕES **453**

sociedade civil, alvo e objeto da governamentalidade estatal: 251, 387
sociedade da velocidade [Sombart]: 197
sociedade empresarial
(–, indexada à multiplicidade das empresas, e não à uniformidade da mercadoria): 201
[segundo Röpke]: 198
v. Schumpeter, Sombart, Weber
(– e fortalecimento da instituição judiciária): 201
(– e *Vitalpolitik*) [Rüstow]: 198
(da sociedade submetida ao efeito mercadoria à –): 197
sociedade empresarial;
v. sociedade
(unidade –) [programa ordoliberal]: 198; v. sujeito
sujeito(s)
(– de direito): 364
(–, limitativo do exercício do poder soberano): 388
(– de interesse): 364
(– de interesse individual e "mão invisível"): 369;
v. "mão invisível"
(– econômico): 345 n. ***
(– econômico "ativo") [neoliberalismo americano]: 300
(irredutibilidade do – econômico ao sujeito de direito): 366
(– naturais): 348 n. *
(teoria do –) [Locke]: 360

técnicas comportamentais (integração das – à economia): 358-9; v. comportamento(s)
tecnicização: 154-5
teoria do capital humano [neoliberalismo americano]: 294-312 e 317 n. 27, 318 n. 35
teoria do direito do Estado (*Wirtschaftsordnung, Rule of law*): 11-2, 225-9; vs. tribunais administrativos; v. Welcker
teoria do direito natural: 12
trabalho
(o –, conduta econômica): 299
(o fator tempo no –) [crítica de Ricardo pelos neoliberais]: 295-6;
v. Schultz, Becker, Mincer
tribunais administrativos [programa ordoliberal]: 228, 235, 248 n. 38
troca
(a –, dado natural): 158
(justa –): 62
(– e efeito-mercadoria): 197
(– e utilidade): 58-9;
v. interesse, liberalismo, utilitarismo
da – à concorrência (princípio do mercado), da equivalência à desigualdade: 156-7, 197;
v. mercantilismo; vs. concorrência

universais (a questão dos – e o historicismo): 4-5, 33 n. 4

utilidade
  (cálculo da –): 67
  (princípio da – marginal): 243 n. 12; v. Walras
utilitarismo, filosofia utilitarista: 23, 55

verdade
  (–, demarcação do verdadeiro e do falso): 25-6
  (série de práticas/regime de –): 27
  (sistemas de –s insulares e autônomas): 47
veridição; v. mercado

weberianismo [Escola de Friburgo e Escola de Frankfurt]: 140-1

ÍNDICE DOS NOMES DE PESSOAS

Abeille (L.-P.): 35 n. 14
Adenauer (K): 127 n. 19, 130 n. 33, 139, 198, 428
Aftalion (F.): 313 n.1, 314 n. 12
Allais (M.): 241-2 n. 5
Allo (E.): 429
Anderson (H.A.): 315 n. 17
Argenson (R.-L. de Voyer d'): 28, 31, 34 n. 10, 35 n. 13 e 16, 36 n. 17, 122 n. *
Aron (R.): 179, 204 n. 12
Attali (J.): 313 n. 1
Attlee (C.R.): 129 n. 29
Auboin (R.): 203 n. 7
Audegean (P.): 65-6 n. 10
Austin (J.L.): 353 n. 29

Baader (A.): 244 n. 18
Badinter (R.): 247-8 n. 37
Bähr (O.): 245 n. 22
Baldwin (J.W.): 63 n. 2
Bark (D.L.): 127 n. 19, 129-30 n. 31, 131-2 nn. 42-44
Barre (R.): 168 n. 24, 280-1 n. 14
Bauchet (P.): 282-3 n. 22
Baudin (L.): 179, 203 n. 6
Bauer (C.): 163 n. 7

Bazard (A.): 172-3 n. 48
Beaud (M.): 315 n. 17
Beccaria (Cesare Bonesana): 51, 61, 65 n. 10, 332-5, 339
Becker (G.): 296, 300, 303-4, 314 n. 12, 315-6 nn. 19 e 20, 316 nn. 23 e 25, 317 nn. 28 e 31, 332, 335, 338, 342, 351 n. 18, 352 n. 25, 356-9, 381 n. 3
Beckerath (E. von): 163 n. 7, 210 n. 48
Begault (P.): 285 n. 32
Benoist (A. de): 171-2 n. 42, 241 n. 5
Bensen (D.H.): 410, 419 n. 28
Bentham (J.): 17, 31, 34 n. 9, 51, 66 n. 12, 87-8, 95 nn. 25 e 27, 332-5, 339, 351 n. 20, 383 n. 16
Berenson (B.): 97, 124 nn. 1-2
Bernholz (P.): 351 n. 18
Bertani (B.): 33 n. 8
Beveridge (W.): 146-7, 170-1 nn. 38, 171 n. 39, 191, 194 254-5, 261, 279 nn. 4-5, 283 n. 25, 284 n. 29
Bidault (G.): 126 n. 15

Bilger (F.): 126 n. 13, 127 n. 17 e n. 18-19, 129-30 n. 31, 162 nn. 1-2, 162 n. 3, 165 n. 14, 166 nn. 16 e 20, 169 n. 30, 173 nn. 52 e 54, 205 nn. 17-19, 207 nn. 30-31 e 33-35, 208-9, nn. 38-42 e 47, 211 n. 52, 212 n. 55, 213 nn. 61-62, 242 nn. 9-11, 243 n. 16, 349 n. 2, 434 n. 9
Bismarck (O. E. L. Bismarck-Schönhausen, 1815-1898): 32 n. 1
Blackstone (W.): 362-3, 383 n. 16
Blank (T.): 113, 130 n. 33
Blum (L.): [1872-1950, presidente da Frente Popular]: 133 n. 53, 314 n. 9
Boarman (P.M.): 129-30 n. 31
Bodon (A.): 285 n. 32
Böhm (F.): 126 n. 16, 138, 140, 162 n. 3, 163 n. 8, 164 n. 11, 180, 205 n. 18, 208 n. 38, 428
Böhm-Bawerk (E. von): 125 n. 11
Boisguilbert (Pierre le Pesant de): 42, 64 n. 3
Boissonnat (J.): 280-1 n. 14
Bonnard (R.): 171 n. 40
Bonnet (B.): 285 n. 32
Bourdon (J.): 93 n. 15
Bourgeois (M.): 203 n. 7
Brandt (H.K. Frahm, dito Willy): [1913-1992, chanceler da Alemanha Federal]: 36 n. 18, 117, 132 nn. 45 e 46
Brentano (L.): 123 n. *, 142, 169 n. 30

Broyer (S.): 165-6 n. 15
Bugeat (J.C.): 285 n. 32

Carter (J.E.): [presidente dos Estados Unidos, 1976-1980]: 259, 280 n. 13
Casanova (J.-C.): 63 n. 2
Castel (F.): 368, 391 n. 9
Castel (R.): 94 n. 22, 382 n. 9
Castelreagh (R.H. Stewart): 78 n. *
Cazes (B.): 313 n. 1
Chaban-Delmas (J.): 196, 211 n. 53
Chabost (G.): 285 n. 32
Chase (F.S.): 315 n. 17
Chevalier (J.): 242 n. 6
Chevalley (C.): 92 n. 3
Churchill (W.L. Spencer): [1874-1965, primeiro-ministro britânico]: 129 n. 29, 170 n. 38, 217, 242 n. 6
Cohen (D.): 287 n. 48
Colbert (J.-B.): [1619-1683]: 28, 35 n. 14
Colliot-Thélène (C.): 168-9 n. 27
Colquhoun (P.): 332, 352 n. 21
Commun (P.): 162 n. 2, 166 n. 15, 208 n. 35, 434 n. 9
Comte (A.): 173 n. 48
Condillac (E. Bonnot de): 64 n. 6
Condorcet (M.J.A.N. de Caritat de): 367, 384 n. 22
Coppinger (N.): 429
Cot (M.): 171 n. 40
Croissant (K.): 244 n. 16, 280 n. 11, 434 n. 7

Custodi (P.): 65 n. 10
Debord (G.): 172 n. 46
Defert (D.): 33 n. 4, 133 n. 53, 240 n. 37
Delaporte (F.): 429
Delbos (V.): 384 n. 24
Deleuze (G.): 317 n. 28
Delors (J.): 211 n. 53
Demangel (D.): 285 n. 32
Demeulenaere (P.): 382 n. 10
Denord (F.): 242 n. 5
Depitre (F.): 35 n. 14, 64 n. 4
Detoeuf (A.): 203 n. 7
Diehl (K.): 163 n. 7
Dietzel (H.): 162 n. 1
Dostaler (G.): 315 n. 17
Dreyfus (H.): 353 n. 29
Drouin (P.): 313 n. 1
Dubos (J.-B.): 94 n. 17
Ducrot (O.): 353 n. 29
Dupont de Nemours [Du Pont de Nemours] (P.S.): 64 n. 4
Durand (C.): 93 n. 15

Eatherly (B.): 344, 354 n. 34
Ehrlich (I.): 332, 342, 345, 351 n. 16, 354 nn. 32 e 35
Einaudi (L.): [1874-1961, presidente da República da Itália]: 104, 128 n. 24
El Shakankiri (M.): 383 n. 16
Erhard (L.): [1897-1977, chanceler da Alemanha Federal]: 103-7, 112-3, 117, 127 nn. 19 e 21, 129 nn. 28 e 30, 137, 194, 196, 428
Eucken (R.): 162 n. 2
Eucken (W.): 126 n. 16, 137, 140, 162 nn. 1-2 e 4, 163 n. 7, 164 nn. 9 e 11, 165 n. 15, 173 n. 50, 203 n. 7, 207 nn. 30 e 32, 322, 427
Ewald (F.): 33 n. 4, 429

Ferguson (A.): 372, 385 n. 29, 395-407, 416-9 nn. 4-25
Fichte (J.G.): 111, 122 n. *
Fisher (I.): 300, 316 n. 26
Fleury (A.-H. de, cardeal): 35 n. 13
Fontana (A.): 33 n. 8, 429
François-Poncet (J.): 126 n. 13, 127 n. 19, 163 n. 6, 166 n. 16, 207 n. 30
Franklin (B.): 34 n. 10, 63 n. 1, 427
Freud (S.): 3, 32 n. 1
Freund (J.): 382 n. 12
Friedman (M.): 164-5 n. 12, 216, 241 n. 4
Friedrich (C.J.): 167 n. 23, 213-4 n. 62
Fugger [banqueiros, sécs. XIV-XVI]: 182, 206 n. 22

Galant (H.G.): 126 n. 15
Gautier (C.): 416 n. 2
Giscard d'Estaing (V.) [presidente da República da França: 1974-1981]: 196, 260-1, 264, 269-71, 277, 282 n. 20, 286 n. 39
Glucksmann (A.): 202 n. 1
Göring (H.) [1893-1946]: 149, 145, 163 n. 6, 170 nn. 36-37
Gournay (V. de): 35 n. 16
Gress (D.R.): 127 n. 19, 130 n. 31, 131 nn. 42-43, 132 n. 44

Grossmann-Doerth (H.): 162 n. 3, 163 n. 8
Guattari (F.): 317 n. 28
Guilherme II [1859-1941, imperador do Reich]: 168 n. 25
Guillaume (M.): 313 n. 1
Gurvitch (G.): 420 n. 29

Halévy (E.): 352 n. 20, 382 n. 14, 383 n. 16
Hayek (F.A. von): 33 n. 3, 102, 118, 124 n. 3, 125 n. 11, 139, 146, 164 n. 12, 168 n. 24, 170 nn. 33 e 37, 179, 216, 230-3, 245 nn. 21-23, 246 nn. 25-31, 247 n. 32, 279 nn. 6-7, 280 nn. 8-9, 293, 314 n. 11, 385 n. 27
Hegel (G.W.F.): 410, 420 n. 30
Hernandez Iglesias (F.): 314 n. 14, 315 n. 16, 317 nn. 27 e 32
Hill (C.): 66 n. 14
Hobbes (T.): 117, 132 n. 47, 396, 409
Honecker (E.): 119, 133 n. 52
Horkheimer (M.): 141, 169 n. 28
Huismans (D.): 33 n. 4
Hume (L.J.): 96 n. 27, 361, 363, 382 nn. 14-15
Hunold (A.): 214 n. 62
Husserl (E.): 137-9, 159-60, 162 n. 2, 167 n. 22, 173 nn. 50-51, 427
Hyppolite (J.): 420 n. 30

Jaurès (J.): 133 n. 53

Jenny (F.): 352 n. 25, 353 n. 28
Jessen (H.): 163 n. 7
Johnson (L.B.) [presidente dos Estados Unidos: 1963-1969]: 101, 124 n. 9, 330
Jung-Stilling (J.H.): 410, 419 n. 27

Kant (I.): 74, 80, 92 nn. 2-7, 93 nn. 8-13, 375
Kaplan (S.L.): 63 n. 2
Kelsen (H.): 137, 162 n. 3
Kennedy (J.F.) [1917-1963, presidente dos Estados Unidos: 1961-1963]: 101, 124 n. 8, 330
Kerschen (N.): 171 n. 38, 283 n. 25
Kershaw (I.): 170 n. 36
Keynes (J. Mainard): 90, 101, 124 n. 10, 295, 315 nn. 16-17, 316 n. 24, 428
Kiesinger (H.): 131 n. 38, 132 n. 46
Kirzner (I.M.): 356, 381 n. 4
Klotz (G.): 35 n. 16
Klump (R.): 162 n. 2, 163 n. 7
Kohl (H.): 36 n. 18
Körner (H.): 131 n. 40
Kreiterling (W.): 131 n. 42
Kuenne (R.): 63 n. 2
Kunz (P.A.): 126 n. 13, 202 n. 3

Laboulaye (E.): 34 n. 10
Lagrange (J.): 95 n. 25
Lampe (A.): 126 n. 16
Larrère (c.): 92 n. 2
Lautenbach (W.): 137, 144, 162 n. 5

Lavergne (B.): 203 n. 7
Le Gendre [comerciante]: 28
Le Mercier de la Rivière: 34 n. 12
Leão XIII: 129 n. 31
Lepage (H.): 314 n. 12, 318 n. 36, 350 n. 10
Liebert (A.): 167 n. 22
Lippmann (W.): 178, 202 n. 3, 203 n. 5, 205 n. 15, 216, 242 n. 5, 325
List (F.): 122 n. *, 143, 169 n. 31
Locke (J.): 117, 132 n. 48, 360, 382 n. 13, 395, 416 n. 1
Locré (J.-G.): 93 n. 15
Lovell (A.): 382 n. 9
Luxemburgo (R.): 318 n. 40

Mably (G. Bonnot de): 94 n. 18
Malebranche (N.): 369, 384 n. 24
Mandeville (B.): 383 n. 20
Mansholt (S. Leendert): 190, 209 n. 43
Mantoux (E.): 203 n. 7
Marchetti (V.): 94 n. 23
Marcuse (H.): 172 nn. 43 e 46
Marjolin (R.): 179, 204 n. 11
Marlio (L.): 203 n. 7 e 204 n. 14, 205 n. 15, 211 n. 51
Marquiset (A.): 93 n. 15
Marshall (A.): 64 n. 5, 173 n. 49, 223, 226, 243 n. 13
Marshall (G.C.): 102, 126 n. 14
Marx (K.): 117, 140, 168 n. 27, 171 n. 41, 176, 198, 202 n. 1, 237, 296, 310
Maurice Florence: 33 n. 4

Maximiliano I [1459-1519, imperador do Santo Império Romano Germânico]: 182, 206 n. 22
McCoy (D.R.): 63 n. 1
Meek (R.L.): 418 n. 22
Menger (C.): 125 n. 11
Mercier (?): 203 n. 7
Metternich [K.W.N. Lothar von Metternich-Winneburg, 1773-1859]: 78, 94 n. 19
Mevel (C.): 429
Migué (J.-L.): 328, 350 n. 9
Miksch (L.): 126 n. 16, 180, 205 n. 19, 207 n. 30
Miller (H.L.): 313 n. 2
Mincer (J.): 296, 315-6 n. 14, 316 n. 21
Mises (L. von): 102, 118, 124 n. 3, 125 n. 11, 132 n. 49, 164-5 n. 12, 168 n. 24, 179, 182-4, 203 n. 9, 206 nn. 25-26, 216, 356, 381 n. 1
Mitterrand (F.): 133 n. 53
Möller (H.): 165 n. 15
Montesquieu: 409
Moore (M.): 344, 354 n. 34
Moulin (A.-M.): 429
Moulin (J.): 126 n. 15
Müller-Armack (A.): 126 n. 16, 138, 164 n. 12, 165 nn. 14-15, 196, 210 n. 48, 211 n. 52, 214, n. 55, 244 n. 17, 322-3

Napoleão: 77, 94
Nell-Breuning (O. von, SJ): 113, 126 n. 16, 129 n. 31, 130 n. 32

Nemo (P.): 125 n. 11
Neumann (F.): 170 n. 36
North (D.C.): 182, 206 n. 23

Oncken (A.): 36 n. 16

Paine (T.): 411, 420 n. 31
Pareto (V.): 360, 381 n. 12
Pascal (B.): 92 n. 3
Pasquino (P.): 429
Pavlov (L.P.): 382 n. 9
Peacock (A.): 163 n. 8, 210 n. 48
Perroux (F.): 125 n. 11, 212 n. 59
Pétain (P.) [1856-1961, marechal]: 217
Peter (H.): 126 n. 16
Piatier (A.): 203 n. 7
Pietri (N.): 127 n. 19
Pigou (A.C.): 125 n. 10, 190, 210 n. 45, 276, 352 n. 27
Pio XI [1857-1939, Achille Ratti, papa]: 129 n. 31
Polanyi (M.): 125 n. 11
Pribram (K.): 210 n. 45, 317 n. 27
Priouret (R.): 313 n. 1

Quesnay (F.): 34 n. 10, 391

Rabinow (P.): 353 n. 29
Radnitsky (G.): 351 n. 18
Rathenau (W.): 144-5, 169 n. 33, 170 n. 37
Revel (J.-F.): 313 n. 1
Riboud (M.): 314 n. 12, n. 14, 315 n. 16, 317 n. 27, 317-8 n. 32
Ricardo (D.): 295-6, 314 n. 14

Riedel (M.): 419 n. 26
Ritter (G.): 163 n. 7
Rivière (P.): 329, 350 n. 12
Robbins (L.C.): 298, 316 n. 24
Rodrigues (B.-O.): 172-3 n. 48
Roosevelt (F.D.) [1882-1945, presidente dos Estados Unidos]: 88, 96 n. 28, 101, 290
Röpke (W.): 128 n. 23, 138-40, 146, 164-5 n. 12, 166 n. 21, 171 n. 39, 172 n. 47, 213 n. 61, 322-3, 325, 349 nn. 6-7, 427-8
Rosa (J.-J.): 313 n. 1, 314 n. 12
Rosanvallon (P.): 352 n. 27, 416 n. 3, 420 n. 31, 425, 436 n. 13
Rougier (L.): 202 nn. 3-4, 203 n. 5, 204 n. 14, 205 n. 15, 217-9, 224, 234, 241 n. 5, 242 n. 6
Rousseau (J.-J.): 19, 34 n. 11, 409
Rueff (J.): 127 n. 19, 179, 203 n. 10, 205 n. 15
Rüstow (F.W. von): 139, 166 nn. 17-18, 167 n. 23, 179, 183, 199, 206 n. 27, 213 n. 62, 216, 323-5, 349 n. 5, 428

Saint-Simon (C.H. de Rouvroy de): 153, 172 n. 48
Salomoni (A.): 94 n. 23
Salústio: 32 n. 3
Sauvy (A.): 64 n. 3
Schacht (H.G.H.): 137, 145, 163 n. 6

Schiller (K.): 114, 116, 126 n. 16, 130 n. 37, 131 n. 39, 132 n. 45
Schleicher (K. von) [1882-1934, chanceler do Reich]: 138, 166 n. 17
Schlözer (A.L. von): 410, 419 n. 29
Schmidt (H.): 31, 36 n. 18, 119
Schmitt (C.): 32 n. 1
Schmoller (G. von): 162 n. 1, 165 n. 15, 169 n. 30
Schmolz (H.): 163 n. 7
Schneilin (G.): 129 n. 28
Schultz (T.W.): 296, 300, 304, 315 nn. 17-18, 317 n. 29, 318 nn. 33, 35 e 37, 381 n. 2
Schumacher (H.): 115, 129 n. 28, 162 n. 1
Schumacher (K.): 132 n. 44
Schumpeter (E. Boody): 63 n. 2
Schumpeter (J.A.): 63-4 nn. 2-3, 66 n. 10, 169 n. 30, 198, 212 n. 59, 237-9, 248 nn. 40-42, 309-10, 316 n. 26
Searle (J.R.): 350 n. 15, 353 n. 29
Sellin (T.): 354 n. 32
Senellart (M.): 33 n. 4, 431
Servoise (R.): 170-1 n. 38
Silverman (H.J.): 313 n. 2
Simon (Y.): 352 n. 27
Simons (H. Calvert): 290, 313 nn. 3 e 6
Skinner (B.F.): 358, 381 n. 8
Smith (A.): 31, 51, 66 nn. 10-11, 70-1, 76, 80, 176-7, 247 n. 32, 295, 298, 314 n. 13, 369-73, 377, 379, 384 n. 23, 385 nn. 25-28, 386 n. 32, 395, 400, 425
Smyth (A.H.): 63 n. 1
Soljenitsin (A.I.): 176, 202 n. 1
Sombart (W.): 150-1, 156, 165 n. 15, 171 n. 41, 172 n. 44-45, 197-8, 212 nn. 56 e 58
Spiethoff (A.): 165 n. 15, 171 n. 41
Stephen (L.): 32 n. 3
Stigler (G.J.): 332, 342, 351 n. 17, 352 n. 25, 353-4 n. 30
Stoffaës (C.): 260, 272-3, 281 nn. 15-16, 282 nn. 17-19, 287 n. 48
Stoléru (L.): 269, 273-4, 281 n. 15, 286 n. 39, 287 n. 46, n. 48-49, 288 n. 50, 313 n. 1
Stolleis (M.): 431 n. *
Strawson (P.F.): 353 n. 29
Stützel (W.): 127-8 n. 21-23

Thorndike (E.L.): 382 n. 9
Treilhard (J.-B.): 94 n. 16
Tribe (K.): 171 n. 39
Truman (H.S.) [1884-1972, presidente dos Estados Unidos: 1945-1953]: 101, 124 n. 7, 291
Turgot (A.R.J.): 35 n. 16, 103, 111, 122 n. *, 127 n. 18

Ulbricht (W.): 133 n. 52
Veit (O.): 126 n. 16
Veyne (P.): 33 n. 4, 422
Villey (D.): 131 n. 40
Virgílio: 32 n. 1

Walpole (H.): 33 n. 3
Walpole (R.): 3, 14, 28, 32-3 nn. 2-3
Walras (L.): 173 n. 49, 223, 226, 243 n. 12, 360, 382 n. 12
Weber (A.): 137, 167 n. 23
Weber (M.): 109, 128 n. 25, 140, 160, 168 nn. 26-27, 171 n. 41, 198, 219, 226, 237, 240, 242 n. 9, 310

Webster (C.K.): 93 n. 14
Weisser (G.): 126 n. 16
Wicksell (J.G.K.): 173 n. 49, 223, 226, 243 n. 14
Wieser (F. von): 125 n. 11, 168 n. 24
Willgerodt (H.): 163-4 n. 8, 210 n. 48